기업경영분석

BUSINESS ANALYSIS

이 책은 여신결정, 회사채 평가등급 설정, 기업의 부실 예측, 기업의 인수합병 등 기업경영분석의 확대된 범위를 반영하였고,
기업경영분석의 철학적 토대라고 할 수 있는 기업의 경영전략과 산업분석에 대한 기법을 사례와 더불어 설명하고 있어
경영전략 및 산업구조분석-비용구조분석을 공부하고자 하는 학생들에게 도움을 주고 있다.

정기웅 지음

우수학술도서
문화체육관광부

기업경영분석의 확대된 지평 반영
기업의 경영전략과 산업분석기법을 사례로 설명

MEDIA JIPHIL
(주)지필미디어

저자서문

오늘날 세계화와 정보통신기술의 발달에 따라 기업의 경영환경은 더욱 복잡해지고 기업의 조직구조와 경영방식에 대한 변화가 지속적으로 요구되고 있다. 특히, 우리나라의 경우 1997년말 외환위기와 2007년말 글로벌 금융위기 이후 기업들의 상시적 구조조정문제가 주요 이슈로 현실화되고 있는 상황이다. 이와 같이 국내외의 경제환경이 급속하게 변하면서 기업경영의 불확실성도 더욱 높아지고 있다. 따라서 이러한 불확실성을 줄이기 위해서 기업들은 합리적이고 과학적인 의사결정을 통하여 경쟁력을 강화시키려고 노력하여 왔다. 이러한 관점에서 기업경영분석은 기업의 의사결정을 위한 필수적인 도구가 되어 왔다.

기업경영분석은 원래 1900년대 초 미국에서 은행가들이 그들의 거래처에 대한 신용능력을 파악하기 위한 방법으로서 활용되었다. 그 이후 기업경영분석은 방법론적으로나 내용적인 측면에서 크게 진전을 보였다. 즉, 은행의 여신결정, 회사채 평가등급설정, 기업의 부실예측, 기업의 인수합병(M&A) 등 기업경영분석의 범위는 크게 확대되어 왔다. 따라서 본서는 이러한 변화추세에 적합한 주제를 폭넓게 취급하고자 노력하였다.

본서의 특징을 간단하게 정리하면 다음과 같다. 첫째, 사례를 중심으로 기업경영분석기법에 대해 서술하였다. 둘째, 기업경영분석의 철학적 토대라고 할 수 있는 기업의 경영전략과 산업분석에 대한 기법을 사례와 더불어 설명하였다. 셋째, 경영전략 및 산업구조분석-비용구조분석을 토대로 한 기업경영분석을 통해 한 기업에 대한 경영분석이 일관성을 갖도록 하였다.

본서는 크게 4부로 구성되어 있다.

제 1부 에서는 재무제표분석, 재무비율분석, 그리고 현금흐름분석기법에 대해 살펴본다. 그리고 그 사례로서 두 기업을 대상으로 한 기업의 재무분석에 대해 살펴본다.

제 2부에서는 기업의 비용구조에 대한 분석이라고 할 수 있는 손익분기점분석, 레버리지분석에 대한 기법을 살펴본다. 그리고 그들의 활용사례에 대해 살펴본다.

제 3부에서는 기업경영분석을 하기 위한 기본토대라고 할 수 있는 경영전략과 산업분석에 대한 기법과 그 사례에 대해 살펴본다. 또한, 기업의 재무예측에 매우 중요한 주제인 기업의 성장과 그에 따른 자금조달 필요액의 추정기법에 대해 살펴본다.

제 4부에서는 기업경영분석기법을 가장 많이 활용하고 있는 기업의 이해관계자(stakeholders) 중 하나인 신용공급자(금융기관, 공급업자 등)의 관점에서 기업에 대한 신용분석과 그 활용사례에 대해 살펴본다.

마지막으로 부록에서는 신용평가회사의 기업경영분석기법에 대한 실제 자료가 제시되어 있다.

본서를 출판하는 데 있어서 많은 분들의 도움이 있었다. 우선 본서를 흔쾌히 출판해 주신 IB Book 출판사의 김성남 사장님과 치밀한 편집과 교정을 해주신 임희남 과장님을 비롯한 관계자 분들의 노고에 감사를 드린다. 그리고 여러 가지로 도움을 주신 영남대학교 김지수, 변종국 교수님, 그리고 국민대학교 이상학 교수님께 심심한 감사를 드린다.

2010년 8월
저자 올림

차 례

제 1 부
기업의 재무분석

제 1 장 기업경영분석의 의의

1. 기업경영분석의 의의와 목적 1

2. 기업경영분석 절차와 방법 3
   (1) 기업경영분석의 절차 3
   (2) 기업경영분석의 방법 4

3. 기업경영분석의 유용성과 한계점 5
   (1) 유용성 5
   (2) 한계성 6

4. 인터넷 주요 기업경영분석 자료 7

▪ 연습문제 8

제 2 장 재무제표와 재무비율의 이해

1. 의의 9

2. 재무제표의 이해: 대차대조표, 손익계산서, 현금흐름표 11
   (1) 대차대조표 11
   (2) 손익계산서 16
   (3) 현금흐름표 20
   (4) 표준 대차대조표와 표준 손익계산서 21

3. 재무비율분석 23
(1) 재무비율분석의 의의 23
(2) 여러 가지 재무비율의 분석 25
(3) 듀퐁분석기법 33
(4) 재무제표정보의 활용 34
(5) 재무비율분석의 판단기준 35
(6) 재무비율분석의 한계 35
■ 연습문제 38

제 3 장 현금흐름분석

1. 현금흐름분석의 의의와 내용 41
(1) 현금흐름분석의 의의 41
(2) 현금과 이익의 관계 43
(3) 현금과 자금의 관계 44
2. 현금흐름표의 의의와 작성원리 45
(1) 현금흐름표의 의의 45
(2) 현금흐름표의 작성원리 46
(3) 현금흐름표의 작성 51
(4) 순운전자산과 현금창출능력 56
3. 현금흐름 비율 분석 59
(1) 현금창출능력에 관한 지표 60
(2) 지급능력에 관한 지표 61
(3) 주가관련 비율 63
4. 현금흐름표를 이용한 기업의 재무상태 파악 64
(1) 현금흐름과 기업의 재무상태 64
(2) 기업의 현금지출 우선순위 66
(3) 부실화에 따른 현금흐름의 6단계 과정 67
(4) 현금흐름에 의한 기업 부실화 판정사례 72
(5) 현금흐름을 통한 부실기업 예측 모형 73
5. 현금흐름분석에 관한 예제 74
■ 연습문제 80

제 4 장 재무분석의 사례: 노드스트롬과 TJX

1. 재무분석의 의의 85

2. 재무비율분석 85
   (1) 재무비율분석의 의의 85
   (2) 재무비율분석방법 86
3. 재무비율 분석사례 86
   (1) 경영전략의 비교 86
   (2) 수익성(ROE)의 측정 88
   (3) ROE의 분해: 전통적인 방법 89
   (4) ROE의 분해: 현대적인 방법 90
4. 현금흐름분석 사례 108
   (1) 현금흐름의 의의 108
   (2) 현금흐름정보의 분석 110
   (3) 두 기업의 현금흐름분석 113

제 2 부
기업의 비용구조분석

제 5 장 손익분기점 분석

1. 손익분기점 분석의 의의 115
   (1) 손익분기점의 개념 115
   (2) 손익분기점분석의 기본적인 사례 116
2. 손익분기점 분석 도표 117
   (1) 매출액을 축으로 사용하였을 때의 도표 117
   (2) 매출량을 축으로 사용하였을 때의 도표 119
3. 손익분기점의 측정 120
   (1) 매출량으로 측정할 때 120
   (2) 매출액으로 측정할 때 122
   (3) 목표이익을 감안할 때 123
   (4) 손익분기점률과 MS비율 125

4. 손익분기점 분석의 특수 문제 126
(1) 다품종제품 생산 기업의 손익분기점분석 126
(2) 매출액과 영업비용의 비선형성 128
5. 현금분기점과 자본조달분기점 129
(1) 현금분기점 분석 129
(2) 자본조달분기점 분석 130
6. 손익분기점 분석의 한계 133
7. 손익분기점 분석에 관한 예제 135
■ 연습문제 143

제 6 장 레버리지 효과의 분석

1. 레버리지 효과의 개념과 종류 147
(1) 레버리지 효과의 개념 147
(2) 레버리지 효과의 종류 149
2. 레버리지 효과의 결정 요인 150
(1) 영업레버리지의 결정요인 150
(2) 재무레버리지의 결정 요인 152
(3) 결합레버리지 155
3. 비용의 분해 157
(1) 개별비용법(계정과목조사법) 158
(2) 비례율법 158
(3) 회귀분석법 160
(4) 공학적 방법 162
4. 레버리지 효과의 측정 163
(1) 영업레버리지 효과의 측정 163
(2) 재무레버리지도의 측정 168
(3) 결합레버리지 효과의 측정 172
5. 레버리지 효과와 기업위험 174
6. 레버리지 효과에 관한 예제 177
■ 연습문제 182

제 7 장 손익분기점과 영업레버리지 분석의 활용사례

1. 자본예산결정방법 185
(1) 시나리오분석 186
(2) 민감도분석 190
(3) 시뮬레이션(모의실험) 분석 192
(4) 손익분기점과 영업레버리지 분석 193
2. 회계적 손익분기점 195
(1) 회계적 손익분기점의 정의와 사례 195
3. 매출수량과 손익분기점, 그리고 매출수량과 영업현금흐름
(1) 회계적 손익분기점과 영업현금흐름 197
(2) 매출수량과 영업현금흐름 199
(3) 여러 가지의 손익분기점 측정치 200
4. 영업레버리지와 손익분기점 203
(1) 영업레버리지(operating leverage)의 기본개념 204
(2) 영업레버리지의 의미 204
(3) 영업레버리지의 측정 204
(4) 영업레버리지와 손익분기점 206
▪ 연습문제 209

제 3 부

기업의 경영전략과 산업분석

제 8 장 경영전략 분석

1. 경영전략 분석의 의의 213
2. 경영전략분석의 필요성 213
3. 두 가지의 경영전략: 비용우위전략과 차별화전략 214
4. 경영전략과 경쟁우위의 원천 214
(1) 경영전략 1: 비용우위전략 215
(2) 경영전략 2: 차별화 전략 215
5. 경쟁우위의 달성과 지속성 216

6. 경쟁우위전략의 활용사례: 델 컴퓨터 216
(1) 직접판매 217
(2) 재고관리 217
(3) 낮은 매출채권 217
(4) 제3자 서비스 217
(5) R&D에 집중투자 217
7. 비용우위전략과 차별화전략의 비교 218
(1) 높은 가격을 부과할 수 있어 비용우위전략보다 차별화전략이 더 낫다. NO. 218
(2) 저기술(LowTec) 산업보다 고기술(HighTec) 산업의 수익성이 더 높다. NO. 218
(3) 자금조달비용이 높아 거액의 투자가 요구되는 산업의 진입장벽은 높다. NO. 219

제 9 장 산업분석

1. 산업분석의 의의 221
2. 산업 수익성의 5 가지 결정요인 222
(1) 경쟁강도 222
(2) 세 가지 잠재적 경쟁요인 222
(3) 구매자와 공급업자의 협상력 225
3. 산업분석의 활용: PC산업 227
(1) PC산업의 경쟁강도 227
(2) 공급업자와 구매자의 협상력 228
(3) 결론 228
4. 산업분석의 활용: 반도체산업 229
(1) 메모리칩 반도체산업의 특징 229
(2) 기존 기업간 경쟁강도 229
(3) 대체재의 위협 230
(4) 구매자의 가격민감도(협상력) 230
5. 산업분석의 활용: 탄산음료산업 230
(1) 두 회사의 특징 231
(2) 두 회사의 경영전략 231
(3) 기존 기업간의 경쟁 231
(4) 음료시럽생산에서의 새로운 기업의 진입위협 231
(5) 공급업자에 대한 협상력 232
6. 진입장벽의 결정요인 232
(1) 진입장벽의 결정요인 232
(2) 진입장벽 지속성의 결정요인 233

제10장 장기재무계획과 성장

1. 장기재무계획의 정의 237
(1) 재무경영목표로서의 성장 238
(2) 재무계획의 두 요소 238
(3) 동태적인 재무계획(financial planning)의 목적 238
2. 재무계획모형 239
(1) 재무계획모형의 구성요인 239
(2) 간단한 재무계획모형 239
3. 매출액백분율법 241
4. 외부자금조달과 성장 244
(1) 외부자금조달 필요액(external financing need: EFN)과 성장 245
(2) 재무정책과 성장 247
5. 현금흐름의 항등식과 자금소요액 예측 250
(1) 자산으로부터의 현금흐름 250
(2) 채권자와 주주로의 현금흐름 251
(3) 현금흐름 항등식 251
6. 재무계획모형의 한계 254
■ 연습문제 255

제 4 부
기업경영분석의 활용사례

제11장 신용분석과 도산예측

1. 신용분석의 의의 257
2. 신용분석의 활용 257
(1) 상업은행(→ 대출) 257
(2) 잠재적 투자자(→ 회사채 투자) 257
(3) 잠재적 공급업자(→ 매입채무 제공) 257
(4) 제 3자 258
3. 기업이 부채를 사용하는 이유 258
(1) 법인세 절약효과 258
(2) 가치창조를 위한 경영자 인센티브 258

4. 신용시장의 종류 260
(1) 상업은행 260
(2) 비은행 금융기관 261
(3) 공모채권시장(Public Debt Markets) 261
(4) 자금조달수단을 제공하는 공급업자 262
5. 대출시장(Private Debt Markets)에서의 신용분석 262
(1) 대출의 목적 고려 262
(2) 대출유형과 가능한 담보 고려 263
(3) 잠재적 차입자(기업)에 대한 재무분석 실행 265
(4) 대출조건의 설정 266
6. 재무제표분석과 공모사채(Public Debt) 269
(1) 회사채신용등급결정의 의미 269
(2) 회사채신용등급의 결정요인 271
7. 도산예측과 기업회생 273
(1) 도산(또는 재무적 곤경) 예측모형 274
(2) 도산기업(재무곤경기업)에 대한 투자기회 276
8. 토론사항 276

부록 1 신용평가회사의 기업경영분석기법 사례

1. 개요 279
2. 산업분석 284
3. 영업분석 290
4. 재무분석 296
5. 경영관리분석 301
6. 계열분석 305

부록 2 유동성위험 분석

1. 유동성 위험분석(Liquidity Risk Assessments)의 개념 315
2. 기업어음 신용등급 vs 유동성 위험 분석 315
3. 분석방법론 316

- 참고문헌 319
- 찾아보기 323

제 1 장

기업경영분석의 의의

기업경영분석은 기업의 과거 경영성과 뿐만 아니라 미래의 경영성과를 예측하는데 필요한 정보를 얻기 위하여 기업의 내·외부적 자료를 바탕으로 체계화시키는 일련의 과정을 의미한다. 기업경영분석에 사용되는 기업의 내부적 자료는 일반적으로 재무제표와 같은 회계자료가 이용되고 기업 외부적 자료로는 증권시장 자료를 비롯해서 산업 및 국가 경제 분석 등과 관련된 자료 등이 이용된다.

기업경영분석은 기업내부의 이해관계자는 물론 증권분석가, 투자자, 그리고 자금을 공급하는 금융기관 등에서 기업의 경영성과와 재무상태를 파악하여 각자의 목적을 수행하는데 효율적이며 합리적인 의사결정을 할 수 있도록 한다.

본 장에서는 기업경영분석의 의의와 목적에 대하여 알아보고 그 유용성 및 한계점에 대하여 설명한다.

1 기업경영분석의 의의와 목적

좋은 기업과 나쁜 기업을 평가하는 기준에는 여러 가지가 있다. 어떤 회사가 생산하는 제품이 환경 친화적일 경우 환경 측면에서는 좋은 기업임에 틀림없지만, 재무상태가 건전하지 못할 경우는 자금을 공급하는 금융기관 측에서는 나쁜 기업으로 분류될 것이다. 따라서 좋은 기업과 나쁜 기업을 하나의 기준으로 평가하기는 힘들고 다양한 각도에서 분석할 필요가 있다. 기업경영분석은 기업을 둘러싸고 있는 외부적 환경과 기업 내부의 현 상황을 유기적인 관계로 파악하여 급변하는 경제 환경에 대한 대응정도, 그 기업이 속한 산업 내에서의 경쟁력 수준, 기업 내 재무 및 인적 요소에 이르기까지 광범위하게 분석하여 좋은 기업과 나쁜 기업을 구분하는데 객관적 자료를 제공하는 일련의 과정을 지칭한다. 물론 이런 분석을 기업 자체적으로 시행하여 자신의 강점을 더욱 강화하고 약점을 보완함으로써 미래의 경쟁력을 강화하는데 이용하고 있다.

기업경영분석은 회계자료를 바탕으로 각종 재무비율을 분석하는 협의의 의미로 파악할 수 있지만, 현대에는 재무제표에서 직접 입수할 수 없는 계량적 정보와 경영자의 경영철학과 능력, 구성원들의 신뢰 구축 정도, 노사간의 관계 등 비계량적이며 주관적 요소까지를 포함하여 광의적으로 파악하는 경향이 있다. 왜냐하면 경제환경이 수시로 급변하고 경제 소비주체의 기호가 다양해짐에 따라 비계량적 요소의 중요성이 더 높아지기 때문이다. 따라서 기업경영분석을 통한 계량적 요소는 반드시 기업을 둘러싸고 있는 외부환경 요인의 중요성과 민감도에 따라 종합적인 해석을 필요로 한다.

한편 기업경영분석의 목적은 기업분석을 통해 생성된 정보를 필요로 하는 수요자의 성격에 따라 달라진다. 기업경영분석은 정보의 이용자가 기업 내부에 있는 내부분석(internal analysis)과 반대로 기업 외부의 이용자가 자신의 목적을 위해 하는 외부적 분석(external analysis)으로 나누어진다.

내부분석은 주로 경영자가 기업내부 통제, 경영전략 수립 등 경쟁력 확보를 위해 행해지며, 외부분석은 투자가, 금융기관, 신용평가기관, 증권분석가, 정부 등이 각자의 목적을 위해 행해지는 분석이다. 금융기관이나 채권자들이 행하는 기업경영분석은 자신이 제공한 자금의 회수여부를 파악하기 위한 신용분석이 주목적이며, 투자자는 수익성의 정도를 파악하는 수익성분석, 세무당국은 과세소득과 그에 따른 납세액이 적정한가를 조사할 목적으로 기업경영분석을 하게 된다. 따라서 기업경영분석은 기업 자신뿐만 아니라 기업 외부 관계인들의 원활한 업무를 위해서 필수적인 것이므로 분석에 세심한 주의를 필요로 한다.

표 1-1 기업경영분석의 종류와 분석 주체

구분	분석종류	분석주체	분석대상	분석목적
내부적 분석	내부경영 분석	경영자	기업의 강점과 약점분석	경영효율성 제고 경쟁력 강화
		종업원	성과배분, 생산성자료	단체교섭 및 생산성
외부적 분석	신용분석	금융기관 채권자	유동성, 안정성	원리금차입 상환 능력과 의지파악
	투자분석	증권분석가 투자자 투자은행	투자수익과 위험성	적정배당금 확보와 투자수익
	정부분석	세무당국	과세자료	과세 적정성
		국가 공공단체	사업의 수익성, 공익성 국민경제 기여도	경제 및 재정금융 정책수립
	감사분석	회계법인 감독기관	재무상태 및 경영성과	회계원칙의 적법성 여부 파악

2 기업경영분석 절차와 방법

(1) 기업경영분석의 절차

기업경영분석의 주체에 따라 기업경영분석의 목적은 앞서 살펴본 바와 같이 다양하다. 그리고 기업경영분석의 절차는 그 목적이 다를지라도 일반적으로 유사한 과정을 거치게 된다. 기업경영분석을 위해서는 기업 내부의 재무제표를 수집하는 것은 말할 필요도 없고, 기업 외부의 경제 관련 자료를 필요로 한다. 주식 투자가나 증권 분석사들은 기업의 경영성과와 미래 성장 가능성을 분석하는데 기본적 분석(fundamental analysis)이라는 방법을 이용한다.

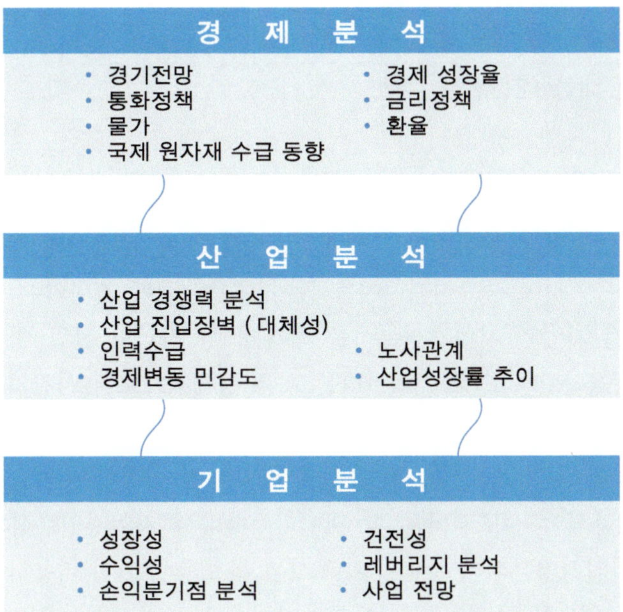

[그림 1-1] 기본적 분석의 틀

기본적 분석은 경제분석, 산업분석, 기업분석으로 구성되며 경제분석이 제일 광의의 영역을 차지한다. 경제, 산업, 기업분석에 우선순위는 없지만 올바른 기업경영분석을 위하여 기업주위 환경분석을 먼저 실시하고 주위환경의 변화에 대처한 능력을 기업내부 자료를 이용하여 경영성과를 분석한다. 따라서 기업내부는 물론 외부의 경제 동향에 대한 자료를 수집하는 것으로 출발하게 된다.

그 다음 단계로 수집된 자료를 계량화 할 수 있는 것과 비계량적 분야를 구분하여 기업경영분석에 맞추어 가공하는 단계이다. 계량적 분석은 주로 재무제표를 이용하여 각종 재무비율을 계산하고 경영성과나 재무상태를 파악하며, 비계량적 분석에서는 분석대상 기업에 대한 경영진의 자질, 연구개발 능력, 그리고 산업내 기업의 경쟁력 등에 관한 질적 분석을 하게 된다.

이렇게 분석된 자료들은 단순히 과거의 경영성과에 대한 지표만을 가공하는 것이 아니라 미래에 대한 예측이 중요하다. 따라서 기업경영분석의 최종단계는 과거지표를 바탕으로 기업의 강점과 약점을 분석하는 정확한 해석과 그에 따른 예측이다. 정확한 해석과 미래에 대한 예측은 다소 주관적 요소가 내포되므로 주관적 관점을 최대한 배제하고 객관성을 가지기 위해서는 경제 및 산업분석에서 준비된 자료와 종합적으로 연계시키는 것이 중요하다. 결론적으로 기업경영분석의 절차는 다음과 같이 정리할 수 있다.

i) 경제, 산업 및 기업과 관련된 자료의 수집
ii) 수집된 자료의 계량적, 비계량적 분석 가공
iii) 분석된 지표를 바탕으로 해석 및 예측
iv) 주위 변화에 대한 대응전략 수립

(2) 기업경영분석의 방법

기업경영분석의 방법은 다양하지만 기업경영분석의 주체가 자신의 목적에 부합하는 방법을 선택하는 것이 중요하다. 예를 들어 세무당국이 조세의 적절성을 조사할 목적으로 어떤 기업의 기업경영분석을 하는데 이 기업의 산업 내 경쟁력과 미래 성장가능성 등을 포괄적으로 분석한다는 것은 경제적으로나 시간적으로나 비용을 과다하게 지출할 수 있다. 회계 년도 동안 수익 지출을 규명하고 회계 계정상의 과대 혹은 과소 책정된 것이 있는지 유무를 파악하여 적정한 세액을 책정하는 방법으로 기업경영분석이 시도되어야 할 것이다. 따라서 기업경영분석의 방법을 선택하는 데에는 기업경영분석의 주체가 추구하는 목표를 주어진 비용하에서 최대의 효율을 얻을 수 있도록 초점을 두어야 할 것이다.

1) 계량적분석과 비계량적분석

기업경영분석은 재무제표와 증권시장자료들을 이용하여 분석하는 계량적분석과 비계량적분석으로 나누어진다. 계량적분석은 비교재무제표, 현금흐름 및 손익분기점 등을 분석하는 실수분석과 유동성, 수익성비율, 구성비율 및 지수재무제표 등을 분석하고 비율분석으로 세분된다. 비계량적분석은 경영진의 경영철학과 능력, 업계내 지위, 금융기관과의 관계 등의 비재무적 질적자료를 사용하는 분석이다.

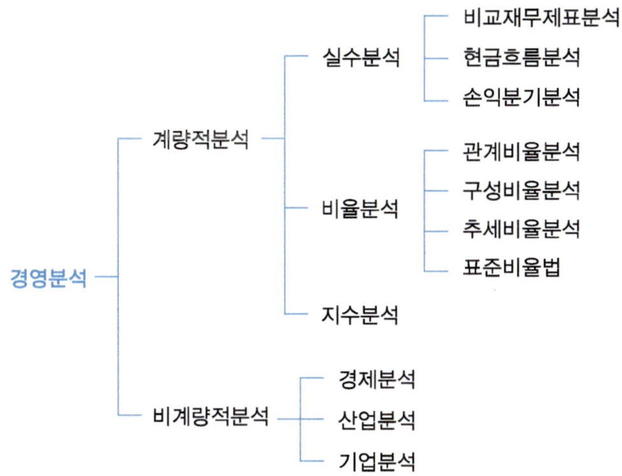

[그림 1-2] 기업경영분석의 방법

2) 추세분석과 상호비교분석

추세분석(trend analysis)은 분석대상기업의 재무자료가 시간의 흐름에 따라 변화하는 정도를 파악하여 예측하고자 하는 시계열분석(time series analysis)인데 반하여 상호비교분석(cross-sectional analysis)은 기업 상호간에 재무자료를 비교하여 상대적인 위치를 파악하는 방법이다.

3 기업경영분석의 유용성과 한계점

(1) 유용성

기업의 경영성과를 재무제표를 이용하여 가장 손쉽게 분석할 수 있다는 측면에서 재무분석의 의의를 찾을 수 있다. 그러나 과거의 전통적인 재무분석은 재무비율분석에 국한되었지만 현대에 와서는 재무자료 이외의 분야에까지 질적 분석을 시도함에 따라 기업경영자의 과거와 현재의 상황은 물론 미래의 나아갈 방향을 결정하는데 이용하고 있어 기업재무분석이란 용어보다는 기업경영분석이라는 용어를 더 많이 사용하고 있다.

기업경영분석을 이용하는 주체의 목적을 달성하고 분석의 결과에 대해 주관적인 해석보다는 객관적인 평가가 더 중요하다는 측면에서 기업경영분석의 유용성을 찾을 수 있다.

기업경영분석의 정확도를 높이기 위해 여러 가지 방법이 시도되고 있는데 그 바탕에는 각 항목별 비율을 종합적으로 연관지어 해석하여야 한다는 것을 공통적인 분모로 가지고 있다. 듀퐁시스템(Dupont System)이 대표적인 종합적 평가 방법으로 인정받고 있다.

따라서 기업경영분석은 과거와 현재의 상태만을 평가하는 것이 아니라 미래에 대한 예측을 하며, 주위 환경의 변화에 대처하기 위한 전략의 수립에 필요한 자료를 제공하여 기업 경쟁력을 높이는데 이용된다는 것이 기업경영분석의 주된 유용성이라 할 수 있다.

(2) 한계성

기업경영분석은 주로 기업의 과거 경영활동과 관련된 자료를 이용하고 있기 때문에 기업의 미래가치에 더 관심이 많은 경제 주체에게 명확한 평가기준이 될 수 없다는 지적이 있다. 즉 모든 자산의 가치 결정(asset pricing)에는 이 자산으로부터 미래에 창출될 현금흐름(cash flow)이 중요한 요소이지 이미 지나간 과거의 자료는 자산의 가치에 영향을 미치지 못하기 때문이다.

또한 재무자료라는 것이 일정한 회계기준하에 작성된 것이며 회계기준의 변화에 따라 달라질 수가 있으므로 기업간에 상대적인 우열을 가린다는 것이 어렵다. 특히 급변하는 주위 경제환경의 변화에 대하여 그 당시의 재무상태만 기록한 재무자료만으로는 기업의 평가를 할 수 없다는 시각도 있다.

그러나 기업경영분석이 가지는 한계성보다는 기업경영분석을 통하여 얻을 수 있는 혜택이 더 많고, 보다 객관적이며 체계화된 경영분석자료를 얻을 수 있는 대체방법이 없어 기업경영분석은 현대에 와서 더 많이 시도되고 있다. 그 이면에는 재무자료를 통하여 얻은 각종비율 상호간의 역동적 관계(dynamic relationship)를 과학적으로 손쉽게 분석할 수 있도록 해 주는 컴퓨터의 발달이 있다. 컴퓨터의 발달로 인하여 기업의 어떤 재무항목에서의 변화가 다른 항목과 기업의 수익구조에 얼마만큼의 영향을 미치는가를 즉시에 알 수 있게 되었고 이를 바탕으로 한 미래 예측과 경영전략의 수립이 용이해져 가고 있다. 그러나 무엇보다도 중요한 것은 주위 환경의 변화에 대처하는 방법과 시기의 선택을 현명하게 할 수 있는 안목을 가지는 분석가의 존재 유무에 있다는 것을 잊지 말아야 하겠다.

4 인터넷 주요 기업경영분석 자료

인터넷을 이용하면 기업경영분석에 관한 자료를 신속하고 정확하게 얻을 수 있다. 경영의 선명성과 투자자를 보호하기 위하여 기업의 회계자료를 공시할 것을 법제화하고 있으며, 증권시장에 참여하는 투자자들을 대상으로 투자정보를 온라인상에서 제공함에 따라 기업의 회계자료는 물론 비회계자료에 이러기까지 다양한 정보를 용이하게 얻을 수 있게 되었다. 국내를 중심으로 기업자료 및 주가자료를 무료로 혹은 저렴하게 얻을 수 있는 주요 사이트를 소개하면 다음과 같다.

표 1-2 기업자료 관련 주요 웹 사이트

주 소	제공처	주요내용
http://www.bok.or.kr	한국은행	· 통화, 환율 및 금리정보 · 경제통계 · 기업경영분석
http://www.dart.fss.or.kr	금융감독원 전자공시시스템	· 기업공시 · 기업 회계 감사보고서 · 상장기업재무제표
http://www.kse.or.kr	한국증권거래소	· 기업공시자료 · 재무제표 · 증권시장관련 자료
http://www.nice.co.kr	한국신용정보	· 기업신용평가 · 상장기업분석
http://www.kdb.co.kr	한국산업은행	· 경영(재무)분석 · 산업분석
http://www.hankyung.com	한국경제신문	· 경제, 금융정보 · 증권정보
http://www.mk.co.kr	매일경제신문	· 경제금융정보 · 증권정보
http://www.ksda.or.kr	한국투자금융업협회	· 공시자료 · 주식 및 채권자료
http://www.mofe.go.kr	재정경제부	· 경제정보 · 금융기관
http://www.paxnet.co.kr	팍스넷포탈	· 기업분석 · 주가 및 장세분석

연 습 문 제

1 기업경영분석의 분석주체에 따라 내부적 분석과 외부적 분석의 대상과 분석목적에 대하여 설명하시오.

2 기본적 분석의 절차에 대하여 설명하시오.

3 기업경영분석의 유용성과 한계점에 대해 간단히 설명하시오.

제 2 장

재무제표와 재무비율의 이해

1 의의

기업경영분석을 하기 위해서는 우선 **재무제표**를 이해하는 것이 필수적이다. 그 이유는 재무제표와 그로부터 도출된 수치는 기업내외의 재무정보를 전달해주는 주요 수단이기 때문이다. 재무제표정보를 사용하는 데에는 여러 방법이 있으며 사용자도 여러 유형이 있다. 따라서 재무제표정보는 여러 유형의 의사결정에서 중요한 역할을 한다. 재무제표란 일정시점에서 기업의 재무상태와 일정기간동안의 경영실적을 표시한 여러 가지 계산서류로서 여기에는 **대차대조표, 손익계산서, 이익잉여금처분계산서** 및 **현금흐름표** 등과 부속자료인 **제조원가명세서** 등이 있다. 이익잉여금처분계산서는 영업활동의 결과로 남은 이익을 회사의 주인인 주주들에게 배당금으로 지급할 것인지 아니면 재투자를 위하여 회사내부에 적립할 것인지 등의 이익처분에 관한 내용을 나타내주는 표이므로 손익계산서에 간단하게 기록할 수 있다. 그리고 제조원가명세서는 부속표이다. 따라서 여기에서는 대차대조표, 손익계산서, 그리고 현금흐름표에 대해서만 설명하기로 한다.

다음으로는 이들 재무제표를 이용하여 여러 가지 비율을 구하여 기업에 대한 정보를 얻고자 한다. 사실상 재무비율은 수없이 많다. 각 재무비율은 기업의 특정한 재무포지션(financial position)을 요약한 것이라고 할 수 있다. 재무제표를 분석하고 재무비율을 계산하는 것은 물론이고 이러한 정보를 누가, 그리고 왜 이용하는가에 대해 살펴본다.

현실적으로 재무경영자는 직접적으로 기업의 자산에 대한 시장가치정보를 얻지 못한다. 재무제표정보를 이용하여야 시장가치정보를 얻게 된다.

사업(영업)의사결정에 대한 평가기준은 그러한 의사결정이 경제적 가치를 창조하는가의 여부에 달려 있다. 그러나 많은 경우 직접적으로 이러한 결정을 하기는 쉽지 않다. 왜냐하면 사업실행여부에 대한 의사결정을 할 때 그 사업의 시장가치 효과가 얼마가 되는가를 직접적으로 알 수 없기 때문이다.

실제 기업의 재무제표 사례

현대자동차의 대차대조표
(2003. 12. 31 현재)

(단위 : 10억원)

Ⅰ. 유동자산	8.335.8	Ⅰ. 유동부채	7.409.1
(1) 당좌자산	7.016.8	1. 매입채무	3.318.7
1. 현금 및 현금등가물	1.442.5	2.단기차입금	628.7
2. 단기금융상품	3.389.6	3. 미지급금	935.0
3. 단기투자자산	212.1	4. 선수금	123.3
4. 유가증권	–	5. 예수금	247.8
5. 매출채권	1.491.3	6. 미지급비용	47.7
대손충당금	27.6	7. 유동성장기부채	733.4
6. 단기대여금	8.9	8. 유동성외화장기부채	212.4
7. 미수금	239.0	9. 선수수익	–
8. 미수수익	40.9	10. 판매보증충당금	602.2
9. 선급금	58.4	11. 기타유동부채	57.9
10. 선급비용	8.2	12. 미지급법인세	501.7
11. 보증예치금	87.1	Ⅱ. 고정부채	4.343.1
12. 선급부가세	20.3	1. 사채	1.009.9
13. 기타단기채권	45.6	사채할인발행차금	20.9
(2) 재고자산	1.319.0	2. 장기차입금	22.3
Ⅱ. 고정자산	15.914.2	3. 외화장기차입금	2.2
(1) 투자자산	6.489.9	4. 퇴직급여충당금	1.252.4
1. 장기금융상품	1.6	퇴직보험예치금	791.6
2. 장기투자증권	320.0	국민연금전환금	54.2
3. 지분법적용투자주식	5.047.8	5. 장기미지급금	129.8
4. 투자유가증권	–	현재가치할인차금	20.9
5. 장기성매출채권	20.3	6. 파생상품부채	104.5
현재가치할인차금	2.0	7. 장기성판매보증충당금	2.709.4
6. 장기미수금	18.1	부 채 총 계	11.752.2
현재가치할인차금	3.4		
7. 단체퇴직보험예치금	–		
8. 장기대여금	90.9		
현재가치할인차금	–		
9. 보증금	195.3	Ⅰ. 자본금	1.478.6
10. 장기보증예치금	43.4	1. 보통주자본금	1.147.5
11. 파생상품자산	162.7	2. 우선주자본금	331.0

12. 기타의 자산	18.6	Ⅱ. 자본잉여금	5.384.2
13. 이연법인세차	576.3	1. 주식발행초과금	3.264.4
(2) 유형자산	8.475.8	2. 재평가적립금	1.852.8
1. 토지	1.852.2	3. 기타자본잉여금	266.9
2. 건물	2.577.9	**Ⅲ. 이익잉여금**	5.170.0
3. 구축물	342	1. 이익준비금	126.8
4. 기계장치	3.934.0	2. 기타적립금	3.294.6
5. 차량운반구	69.3	3. 처분전이익잉여금(당기순이익)	1.748.5
6. 공구기구금형	2.170.9	**Ⅳ. 자본조정**	464.9
7. 집기비품	561.3	1. 자기주식	△89.7
감가상각누계액	4.003.7	2. 지분법적용투자주식평가이익	569.9
8. 건설중인자산	970.5	3. 매도가능증권평가이익	36.4
(3) 무형자산	948.4	4. 투자유가증권평가손실	−
1. 공업소유권	15.8	5. 주식매입선택권	15.4
2. 기타무형자산	14.3	6. 해외사업환산차	△3.2
3. 개발비	441.8	7. 파생상품평가손익	△63.8
4. 영업권	476.3	자 본 총 계	12.427.9
자 산 총 계	24.250.1	부채와 자본총계	24.250.1

(출처: 금융감독원)

2 재무제표의 이해: 대차대조표, 손익계산서, 현금흐름표

(1) 대차대조표

1) 대차대조표의 정의

대차대조표란 일정시점(주로 결산일로서 예를 들면 2004년 12월 31일 현재)에서의 기업의 재무상태를 나타내는 표이다. 기업은 주주가 투자한 돈(자본금 또는 자기자본)과 금융기관 등으로부터 빌린 돈(부채 또는 타인자본)을 공장과 기계설비와 같은 고정자산의 구입에 사용하거나 현금 및 예금 등 유동자산의 형태로 남겨 운전자금으로 사용한다. 따라서 자기자본과 부채를 합한 금액인 총자본과 자산총액인 총자산은 일치한다. 이 때 자기자본과 부채는 대차대조표의 오른쪽인 대변에 기록되어 자금의 조달원천을 나타내고 자산은 대차대조표의 왼쪽인 차변에 기록되어 자금의 운용상태를 나타낸다.

대차대조표의 왼쪽은 **유동성**(커다란 가치손실을 초래하지 않고 현금화되는 속도와 용이성)이 큰 순서대로 작성되며, 오른쪽은 상환기간이 짧은 순서대로 작성된다. 따라서 다음의 그림처럼 왼쪽은 유동자산과 고정자산, 그리고 오른쪽은 유동부채(단기부채), 고정부채(장기부채), 그리고 자기자본의 형태를 취한다.

2) 왼쪽(자금의 사용)의 구성요소

① 유동자산

1년 이내에 현금으로 전환되거나 판매될 것으로 예상되는 자산을 의미한다. 유동자산에는 다음의 표와 같이 현금 및 현금등가물, 단기투자자산, 매출채권(외상매출금과 받을어음), 재고자산(상품, 재공품, 원재료)이 포함된다.

- 유동자산
  - 현금 및 현금등가물
  - 단기투자자산
  - 매출채권
  - 재고자산

② 비유동자산

현금으로 전환되는 데 1년 이상 소요되는 자산을 의미한다. 고정자산은 다음의 표와 같이 크게 세 가지 형태로 구분된다.

- 비유동자산
  - 장기투자자산
  - 유형고정자산
  - 무형고정자산

장기투자자산은 이자나 배당, 또는 다른 기업을 지배하거나 통제할 목적으로 취득하는 자산을 말한다. 여기에는 장기금융상품, 장기대여금, 장기성매출채권 등이 포함된다. 유형고정자산은 영업활동에 사용할 목적으로 보유하는 토지, 건물, 구축물, 기계장치, 선박, 차량운반구 등으로 구성된다. 무형고정자산은 형태는 존재하지 않지만 미래에 경제적 효과를 가져다주는 자산으로서 영업권, 산업재산권(특허권, 상표권 등), 창업비 등으로 구성된다.

3) 오른쪽(자금의 조달)의 구성요소

① 유동부채

1년 이내에 상환해야 하는 부채로서 단기부채라고도 한다. 여기에는 매입채무(외상매입금과 지급어음), 단기차입금, 미지급금, 선수금, 미지급비용, 유동성장기부채(장기부채 중 기간이 지나 만기가 1년 이내가 된 것) 등이 포함된다.

- 유동부채
  - 매입채무
  - 단기차입금
  - 미지급금
  - 선수금
  - 미지급비용
  - 유동성장기부채

② 비유동부채

결산기말로부터 상환기간이 1년 이상이 되는 부채를 말하며 장기부채라고도 한다. 고정부채 중 결산기말 현재 상환일이 1년 이내에 도래하는 고정부채는 유동성장기부채라고 하며, 이는 유동부채로 재분류되어야 한다. 고정부채에는 회사채, 장기차입금, 장기부채성충당금(예를 들어 퇴직급여충당금 등) 등이 포함된다.

- 비유동부채
  - 회사채
  - 장기차입금
  - 장기부채성충당금

③ 자기자본

자기자본은 타인자본인 부채(유동부채와 고정부채)와 비교되는 것으로서 회사 운영을 위해 주주가 조달한 자금이다. 자기자본은 자산에서 부채를 뺀 값으로서 순자산이라고도 한다. 여기에는 자본금, 자본잉여금, 이익잉여금 등이 포함된다.

- 자기자본
  - 자본금
  - 자본잉여금
  - 이익잉여금

자본금이란 회사가 이미 발행한 주식(보통주와 우선주)의 액면총액(=발행주식수×주당 액면가액)을 말한다. 자본잉여금이란 주식의 발행, 증자, 감자 등의 자본거래에서 발생하는 잉여금을 말한다. 이익잉여금이란 기업의 영업활동에서 발생한 이익 중 배당을 제외하고 기업에 남아있는 누적된 이익을 말하며, 유보이익이라고도 한다.

4) 대차대조표 해석의 유의점

① 대차대조표는 장부상의 수치이다.

대차대조표의 자산, 부채 및 자기자본은 과거 취득시점의 장부가치이지, 현재

시장에서 평가되는 시장가치가 아니다. 대차대조표에서 장부가치와 시장가치간의 차이는 일반적으로 고정자산(예를 들면, 토지)가치와 자기자본 중 주식가치에서 가장 크게 나타난다. 그러나 재무경영자와 일반 투자자들에게 필요한 정보는 장부가치가 아니라 시장가치이다. 예를 들어, 재무경영자의 목적은 주식의 장부가치가 아니라 주식의 시장가치를 극대화하는 것이다. 과거의 가치를 기록하고 있는 대차대조표는 이러한 재무경영자나 투자자들에게 기업가치에 대한 정보를 충분하게 전하지 못한다. 따라서 대차대조표를 다시 세밀하게 분석해야 한다.

② 유동성을 측정하는 지표로서의 순운전자본

기업경영활동에서 **수익성**과 동시에 **유동성**도 매우 중요하다. 유동성을 무시하고 수익성만을 추구하게 되면 기업이 도산할 수도 있기 때문이다. 따라서 기업이 지속적으로 생존하기 위해서는 유동성도 중요시해야 한다. 이러한 유동성을 측정하는 지표가 바로 순운전자본인데, 이는 유동자산에서 유동부채를 뺀 값이다. 유동성이란 커다란 가치손실을 초래하지 않고 현금화되는 속도와 용이성을 말한다.

③ 부채 대 자기자본

기업의 자본구조에서 부채의 사용을 **재무레버리지**라고 한다. 자산 대비 부채의 비율이 높을수록 재무레버리지도가 더 크다고 할 수 있다. 부채는 지렛대처럼 이득과 손실을 확대시킨다. 따라서 재무레버리지는 주주에게 잠재적 이득을 증가시키기도 하지만 재무적 곤경이나 파산가능성도 증가시킨다.

실제 기업의 재무제표 사례

현대자동차의 손익계산서

(2003. 1. 1부터 2003. 12. 31 까지)

(단위 : 10억원)

Ⅰ. 매 출 액	24.967.2	Ⅵ. 영업외수익	919.2
(1) 국내매출	10.646.2	1. 이자수익	243.2
(2) 수출매출	14.321.0	2. 외환차익	200.4
Ⅱ. 매 출 원 가	18.248.5	3. 외화환산이익	5.5
(1) 기초재고	330.1	4. 판매보증보전금	–
(2) 당기매입액	391.9	5. 배당금수익	1.3
(3) 당기제조원가	18.633.2	6. 단기투자자산처분이익	94.4
계	19.355.4	7. 유가증권처분이익	–
(4) 타계정대체	347.6	8. 유가증권평가이익	–
(5) 관세환급금	104.1	9. 장기투자증권처분이익	0.4
(6) 기말재고액	6.55.0	10. 지분법적용투자주식처분이익	6.3

Ⅲ. 매출총이익	6.718.6	11. 지분법평가이익	11.5
Ⅳ. 판매비와관리비	4.482.9	12. 투자자산처분이익	–
1. 급여	674.9	13. 유형자산처분이익	1.7
2. 퇴직급여	81.1	14. 파생상품평가이익	55.0
3. 복리후생비	93.9	15. 수입수수료	140.2
4. 수출비	575.2	16. 의료사업수익	–
5. 해외시장개척비	257.6	17. 문화회관사업수익	–
6. 광고선전비	119.9	18. 스포츠센터사업수익	–
7. 판매수수료	284.2	19. 잡수익	158.8
8. 판매보증비	91.0	Ⅶ. 영업외비용	807.5
9. 납후보증비	–	1. 이자비용	210.8
10. 조세공과금	31.1	2. 외환차손	197.7
11. 통신비	23.8	3. 외화환산손실	37.6
12. 수도광열비	23.5	4. 기부금	17.0
13. 운반보관비	71.9	5. 매출채권처분손실	36.5
14. 임차료	20.6	6. 기타대손상각비	2.0
15. 접대비	4.4	7. 단기투자자산처분손실	0.7
16. 여비교통비	47.9	8. 유가증권평가손실	–
17. 차량비	10.1	9. 유가증권처분손실	–
18. 지급수수료	159.5	10. 재고자산평가손실	5.0
19. 사무용품비	3.2	11. 장기투자증권처분손실	–
20. 소모품비	11.4	12. 장기투자증권감액손실	11.2
21. 수선비	18.5	13. 지분법적용투자주식처분손실	0.2
22. 도서비	4.8	14. 투자유가증권감액손실	–
23. 교육훈련비	12.1	15. 투자자산처분손실	–
24. 주식보상비용	7.0	16. 유형자산처분손실	194.8
25. 연구비	298.2	17. 개발비감액손실	–
26. 송무비	1.3	18. 사채상환손실	–
27. 감가상각비	61.7	19. 파생상품평가손실	19.4
28. 판매활동촉진비	33.2	20. 의료사업비용	–
29. 대손상각비	0.4	21. 문화회관사업비용	–
30. 판매보증충당금전입액	1.420.4	22. 스포츠센터사업비용	–
31. 기타무형자산상각비	38.7	23. 판매보증충당금전입액	–
Ⅴ. 영 업 이 익	2.235.7	24. 잡손실	74.0
		Ⅷ. 경 상 이 익	2.347.3
		Ⅸ. 특 별 이 익	–
		Ⅹ. 법인세비용차감전순이익	–
		Ⅺ. 법인세비용	598.0

		XIII. 당기순이익	1.749.3
		기본주당순이익	6.3

(출처: 금융감독원)

이익잉여금 처분계산서

(2003. 1. 1부터 2003. 12. 31 까지)

(단위 : 10억원)

Ⅰ. 처분전이익잉여금	1.748.5	1.404.7
1. 전기이월이익잉여금	0.6	0.1
2. 자기주식의 이익소각	–	–
3. 지분법적용에 따른 감소	△1.5	△38.9
4. 당기순이익	1.749.3	1.443.5
Ⅱ. 이익잉여금처분액	1.747.6	1.404.0
1. 이익준비금	29.0	25.0
2. 기업합리화적립금	–	–
3. 연구 및 인력개발준비금	690.0	550.0
4. 기술개발적립금	743.0	586.0
5. 배당금	285.6	243.0
(주당 현금배당금(율) 2003년 : 보통주 1,000원(20%) 1우선주 1,050원(21%) 2우선주 1,100원(22%) 3우선주 1,050원(21%) 2002년 : 보통주 750원(15%) 1우선주 800원(16%) 2우선주 850원(17%) 3우선주 800원(16%)		
Ⅲ. 차기이월이익잉여금	0.8	0.6

(출처: 금융감독원)

(2) 손익계산서

1) 손익계산서의 정의

손익계산서는 일정기간(예를 들어 2004년 1월 1일 ~ 2004년 12월 31일)의 기업의 경영성과를 나타내는 표이다. 손익계산서는 발생주의(또는 실현주의) 원칙과 수익 – 비용의 대응원칙에 의해 작성된다. 발생주의란 실제로 현금의 유출입과 관계없이 수익이든 비용이든 그것이 발생한 상황이 끝나면 그것을 장부에 기록하는 것을 말한다. 수익 – 비용 대응원칙이란 수익에 대응하여 비용도 함께 발생한 것으로 기록하며 실제로 현금이 지급된 시점을 기준으로 하지는 않는다.

2) 손익계산서의 구성

손익계산서는 다음의 〈표 2-1〉과 같이 구성된다.

표 2-1 손익계산서의 구성

매출액 − 매출원가 − 감가상각비 = 매출총이익 − 판매 및 일반관리비 − 감가상각비 = 영업이익 + 영업외수익 − 영업외비용 = 경상이익 + 특별이익 − 특별손실 = 법인세차감전순이익(과세대상소득) − 법인세 = 당기순이익

① 매출원가

매출원가는 생산과 직접적으로 관련된 비용(생산비용; production cost)을 말하며 제조업의 제조원가에는 재료비, 노무비, 제조경비 등이 포함된다. 제조원가는 기초재고액과 당기제조원가의 합에서 기말재고액을 뺀 값이다.

② 감가상각비

기업이 기계 등 유형고장자산을 구입하면 구입비용에 대해 회계상 비용으로 처리할 수 있다. 감가상각은 자산의 사용기간 동안 그 자산의 취득가격을 배분하는 방법으로 이루어진다. 예를 들어, 기업이 기계를 1억 원에 구입하여 5년의 수명기간동안 사용한다고 하자. 정액법을 사용하면, 이 기계에 대한 연 감각상각비는 2천만원(=1억원/5년)이다. 감가상각의 대상이 되는 자산은 시간의 흐름에 따라 가치가 감소하는 건물, 기계장치, 차량운반구 등이다.

③ 판매비와 일반관리비

일정기간동안 판매활동 및 일반적인 기업의 영업활동을 지원하는 데 소요되는 비용(기간비용; period cost)을 말한다.

④ 영업이익

생산이나 판매 등 기업고유의 영업활동결과로 발생한 이익(또는 손실)을 나타내며, 이자와 세금지급전 이익(earnings before interest and taxes: EBIT)이라고도 한다.

⑤ 경상이익

영업이익에서 매년 1회 이상 정기적으로 발생하는 영업외이익(이자나 배당 등의 수입)을 더하고 영업외비용(이자나 배당 등의 지급)을 뺀 값을 나타낸다.

3) 손익계산서 해석의 유의점

① 손익계산서상의 이익과 현금흐름

손익계산서는 수익－비용 대응원칙에 의해 작성되므로 실제로 현금이 유입되거나 지급된 시점을 기준으로 하지는 않는다. 비용항목 중에서 주목해야 할 대표적인 항목이 감가상각비이다. 감가상각비는 현금흐름(또는 현금유출)에는 영향을 주지 않는 비용이기 때문이다. 그러나 재무경영자는 기업의 시장가치를 추정하고자 하므로 그에게는 현금의 실제 유출입이 더욱 중요하다. 따라서 현금흐름을 계산할 때에는 손익계산서상의 이익을 다시 조정해야 한다.

② 고정비용과 가변비용

손익계산서상의 비용은 고정비용과 가변비용을 구분하지 않는다. 그러나 재무경영자가 재무적 의사결정을 할 때에는 이러한 비용의 구분이 필요하다. 예를 들어, 영업레버리지도를 측정하기 위해서는 영업활동과 관련된 매출원가, 그리고 판매 및 일반관리비는 고정비용과 가변비용으로 구분되어야 한다. 고정비용이란 생산량의 변화에 따라 변하지 않는 비용을 말하며, 가변비용이란 생산량의 변화에 따라 변하는 비용을 말한다. 또한 재무레버리지도를 측정하는 데 사용되는 것으로서 재무활동과 관련되는 고정비용인 이자비용을 들 수 있다.

③ 감가상각비와 이자를 통한 절세효과

감가상각비는 손익계산서에서 보는 바와 같이 매출원가나 판매 및 일반관리비 항목에서 비용으로 처리되므로 감가상각비가 클수록 과세대상소득인 법인세차감전소득이 작아져서 법인세가 적어진다. 또한 이자비용도 영업외비용으로 처리되어, 과세대상이 되는 이익의 크기를 줄여주어 법인세를 적게 지불하게 된다. 이러한 것을 감가상각비와 이자의 법인세절세효과라고 한다.

실제 기업의 재무제표 사례

현대자동차의 현금흐름표

(2003. 1. 1부터 2003. 12. 31 까지)

(단위 : 10억원)

Ⅰ. 영업활동으로 인한 현금흐름	3.338.6	Ⅱ. 투자활동으로 인한 현금흐름	△2.198.8
1. 당기순이익	1.749.3	1. 투자활동으로 인한 현금유입액	872.6
2. 현금의 유출이 없는 비용 등의 가산	3.083.0	가. 유동자산의 감소	657.2
감가상각비	786.2	단기투자자산의 처분	596.8
퇴직급여	319.3	유가증권의 처분	－

대손상각비	0.4	단기대여금의 감소	60.4
주식보상비용	7.0	나. 투자자산의 감소	192.3
판매보증충당금전입액	1.420.4	장기금융상품의 감소	0.0
개발비상각	177.4	장기투자증권의 처분	36.5
기타무형자산상각비	38.7	지분법적용투자주식의 처분	14.5
사채할인발행차금상각	22.9	지분법적용투자주식의 배당금 수령	87.7
외화환산손실	37.6	투자유가증권의 처분	–
유형자산처분에 의한 기부금	0.1	장기미수금의 감소	–
매출채권처분손실	36.5	단체퇴직보험예치금의 감소	–
기타대손상각비	2.0	장기대여금의 감소	20.4
단기투자자산처분손실	0.7	보증금의 감소	32.1
유가증권처분손실	–	장기보증예치금의 감소	0.8
유가증권평가손실	–	기타자산의 감소	–
재고자산평가손실	5.0	다. 유형자산의 감소	17.0
장기투자증권처분손실	0.0	토지의 처분	1.7
장기투자증권감액손실	11.2	건물의 처분	4.4
지분법적용투자주식처분손실	0.2	구축물의 처분	0.2
투자유가증권감액손실	–	기계장치의 처분	5.0
투자자산처분손실	–	차량운반구의 처분	1.0
유형자산처분손실	194.8	공구기구금형의 처분	2.1
개발비감액손실	0.0	집기비품의 처분	0.6
파생상품평가손실	19.4	건설중인 자산의 처분	1.6
사채상환손실	–	라. 무형자산의 감소	6.0
현재가치할인차금상각	2.3	개발비의 감소	5.9
3. 현금의 유입이 없는 수익등의 차감	181.3	기타무형자산의 감소	0.0
현재가치할인차금상각	8.9	2. 투자활동으로 인한 현금유출액	3.071.4
사채할증발행차금환입	–	가. 유동자산의 증가	1.055.7
회화환산이익	2.7	단기금융상품의 증가	881.9
유가증권처분이익	–	단기투자자산의 취득	116.6
유가증권평가이익	–	유가증권의 취득	–
단기투자자산처분이익	94.4	단기대여금의 증가	57.1
장기투자증권처분이익	0.4	나. 투자자산의 증가	900.3
지분법적용투자주식처분이익	6.3	장기금융상품의 증가	1.0
지분법평가이익	11.5	장기투자증권의 취득	53.4
투자자산처분이익	–	지분법적용투자주식의 취득	775.2
유형자산처분이익	1.7	단체퇴직보험예치금의 증가	–
파생상품평가이익	55.0	투자유가증권의 취득	–
4. 영업활동으로 인한 자산 · 부채의 변동	△1.312.4	장기대여금의 증가	18.5
매출채권의 증가(감소)	△412.3	보증금의 증가	50.7

미수금의 감소(증가)	△55.3	장기보증예치금의 증가	1.4
미수수익의 감소(증가)	18.2	기타자산의 증가	–
선급금의 감소	69.4	다. 유형자산의 증가	897.6
선급비용의 감소(증가)	△1.1	집기비품의 증가	0.0
보증예치금의 감소	0.1	건설중인 자산의 증가	897.6
선급부가가치세의 증가	△20.3	라. 무형자산의 증가	217.7
기타단기채권의 증가(감소)	△19.1	개발비의 발생	217.7
재고자산의 증가(감소)	△779.0	기타무형자산의 증가	0.0
장기성매출채권의 감소(증가)	5.1	**Ⅲ. 재무활동으로 인한 현금흐름**	△974.6
파생상품자산의 감소	16.3	1. 재무활동으로 인한 현금유입액	3.933.1
이연법인세차의 증가(감소)	△211.2	가. 유동부채의 증가	3.727.3
매입채무의 증가(감소)	642.3	단기차입금의 차입	3.727.3
미지급금의 증가	113.5	나. 고정부채의 증가	199.4
선수금의 증가	44.0	사채의 발생	199.4
예수금의 증가(감소)	△99.6	장기차입금의 차입	–
미지급비용의 감소	△10.1	외화장기차입금의 차입	–
선수수익의 증가(감소)	△5.4	장기미지급금의 발생	–
판매보증충당금의 감소	△404.9	다. 자본의 증가	6.4
기타유동부채의 증가(감소)	51.8	자본의 납입	6.4
미지급법인세의 증가	41.8	자기주식의 처분	–
퇴직금지급액	△298.0	2. 재무활동으로 인한 현금 유출액	4.907.7
퇴직급여충당금의 승계	0.1	가. 유동부채의 감소	4.664.3
퇴직보험예치금의 증가	△13.1	단기차입금상환	3.575.4
국민연금전환금의 감소	15.1	유동성장기부채의 상환	1.005.2
파생상품부채의 감소	△0.9	유동성외화장기부채의 상환	83.7
해외사업환산차의 감소(증가)	0.1	나. 자본의 감소	0.3
		사채의 상환	–
		장기차입금의 상환	–
		외화장기차입금의 상환	0.3
		다. 자본의 감소	243.0
		배당금의 지급	243.0
		자기주식의 취득	–
		Ⅳ. 현금의 증가(감소) (Ⅰ+Ⅱ+Ⅲ)	165.1
		Ⅴ. 기초의 현금	1.277.3
		Ⅵ. 기말의 현금	1,442.5

(출처: 금융감독원)

(3) 현금흐름표

현금흐름표는 대차대조표에서 기업이 보유한 현금이 특정기간 동안 어떠한 요인에 의해 변화했는가를 나타내는 표이다. 고정부채나 자본금의 변동은 자금조달과 관련된 재무활동의 결과이며, 고정자산의 변동은 공장설비 등 자산의 매입·매각과 관련된 투자활동의 결과이고 매출채권이나 재고자산의 변동은 기업의 정상적인 영업활동의 결과로서 발생한다고 할 수 있다. 따라서 기업의 활동을 구분하면 크게 영업활동과 투자활동 그리고 재무활동으로 나누어 볼 수 있다. 현금흐름표에서는 현금 변동 요인을 크게 영업활동에서 발생하는 현금흐름과 투자활동에서 발생하는 현금흐름 그리고 재무활동에서 발생하는 현금흐름의 세 가지로 나누어 표시한다.

(4) 표준 대차대조표와 표준 손익계산서

앞에서 살펴본 대차대조표와 손익계산서는 실제의 절대적 수치를 나타낸다. 그러나 절대적 수치의 증감을 이용하여 분석하는 것도 중요하지만, 경우에 따라서는 상대적인 비율을 이용하여 분석할 필요가 있다. 이를 위해서는 대차대조표와 손익계산서를 표준화할 필요가 있다. **표준 대차대조표**와 **표준 손익계산서**란 모든 항목을 상대적 비율로 표시한 것을 말한다. 대차대조표의 경우 모든 항목을 자산에 대한 비율로 표시하고, 손익계산서의 경우에는 모든 항목을 매출액에 비율로 표시한다.

다음은 기업의 표준 대차대조표와 표준 손익계산서를 나타낸다.

표 2-2 표준 대차대조표

2003년도 한국 대기업의 표준대차대조표(제조업 기준)			
내역	구성비(%)	내역	구성비(%)
유동자산	35.6	유동부채	33.8
당좌자산	26.5	매입채무	9.3
현금성자산	9.3	단기차입금	6.5
매출채권	12.2	미지급금	4.2
기타당좌자산	5.0	기타유동부채	13.8
재고자산	9.1		
고정자산	64.4	고정부채	19.4
투자자산	18.0	회사채	7.3
유형자산	44.2	장기차입금	6.4
무형자산	2.2	기타고정부채	5.7
		자기자본	46.8
		자본금	11.9
		자본잉여금	24.8
		이익잉여금	14.2
		(자본조정)	−4.1
자산총계	100.0	**부채 및 자본총계**	100.0

자료: 기업경영분석(2003), 한국은행

표준 대차대조표를 이용하면 총자산이 어떠한 비중으로 유동자산과 고정자산으로 구성되어 있는지, 또는 총자본이 어떠한 비중으로 부채와 자기자본으로 구성되어 있는지를 쉽게 알 수 있다. 위의 〈표 2-2〉는 우리나라 대기업(제조업체 기준)에 대한 표준대차대조표이다. 이 표에 의하면, 유동자산과 고정자산간의 비중은 약 1 : 2정도이다. 그리고 부채와 자기자본 간의 비중은 약 50 : 50이 된다는 것을 알 수 있다.

표 2-3 표준 손익계산서

2003년도 한국 대기업의 표준손익계산서(제조업 기준)	
내역	구성비(%)
매출액	100.0
매출원가	78.9
매출총이익	21.1
판매비와 일반관리비	12.9
영업이익	8.2
영업외수익	4.1
영업외비용	6.3
경상이익	6.0
특별이익	0.6
특별손실	0.2
법인세차감전순이익	6.4
법인세	1.5
당기순이익	4.9

표준 손익계산서를 이용하면 매출액 100원에 대해 이익과 비용이 어떻게 발생하는지를 알 수 있다. 예를 들면, 매출액 100원당 영업이익과 순이익은 얼마나 발생했는가를 알 수 있다. 또한 매출액 100원당 매출원가와 영업비용(판매 및 일반관리비)이 얼마나 발생했는지를 알 수 있다. 이를 통해 경쟁회사와 비교하여 이익과 비용이 어떠한 상태에 있는가를 상대적으로 비교할 수 있게 된다. 위의 〈표 2-3〉은 우리나라 대기업(제조업체 기준)에 대한 표준손익계산서이다. 이 표에 의하면, 매출액 100원당 매출원가는 약 79원이며 판매 및 일반관리비는 약 13원이므로 영업이익은 약 8원이 라는 것을 알 수 있다. 또한, 당기순이익은 매출액 100원당 약 5원이다.

3 재무비율분석

(1) 재무비율분석의 의의

재무비율은 대차대조표와 손익계산서를 이용하여 구한다. 그런데, 이들 재무제표는 수많은 항목으로 구성되어 있어 재무비율의 수는 매우 많다. 그러므로 재무비율분석을 통해 기업에 대한 정보를 얻기 위해서는 기본적으로 다음의 관점에서 살펴보아야 할 것이다.

1) 재무비율을 구하는 목적
2) 재무비율의 계산방법과 단위
3) 재무비율의 높고 낮음의 의미
4) 재무비율의 그릇된 정보제공 가능성
5) 재무비율을 높이거나 낮추는 방법

분석의 목적에 따라 재무비율을 여러 가지로 분류할 수 있으나, 기본적인 성격에 따라 분류하면 다음의 〈표 2-4〉와 같다.

표 2-4 재무비율의 분류

단기지급능력을 나타내는 유동성비율
장기지급능력을 나타내는 부채관련비율
자산의 활용도를 나타내는 회전율
수익성을 나타내는 수익성비율
시장가치를 나타내는 주가관련 비율

실제 기업의 사례를 통해 여러 재무비율을 계산해 보기로 하자. 다음의 〈표 2-5〉와 〈표 2-6〉은 각각 현대자동차의 요약대차대조표와 요약손익계산서이다.

표 2-5 요약 대차대조표(현대자동차)

(2003년 12월 31일 현재 기준)

내역	금액(단위: 10억원)	내역	금액(단위: 10억원)
유동자산	8,335.8	유동부채	7,409.1
당좌자산	7,016.8	매입채무	3,318.7
현금성자산	1,442.5	단기차입금	628.7
매출채권	1,491.3	미지급금	935.0
기타당좌자산	4,083.0	기타유동부채	2,526.7
재고자산	1,319.0		
고정자산	15,914.3	고정부채	4,343.1
투자자산	6,490.0	회사채	1,010.0
유형자산	8,475.8	장기차입금	24.6
무형자산	948.5	기타고정부채	3,308.5
		자기자본	12,497.9
		자본금	1,478.6
		자본잉여금	5,384.3
		이익잉여금	5,170.1
		(자본조정)	464.9
자산총계	24,250.1	부채 및 자본총계	24,250.1

자료: 금융감독원

표 2-6 요약손익계산서(현대자동차)

2003년 1월 1일-2003년 12월 31일 기간 중

내역	금액(단위: 10억원)
매출액	24,967.2
매출원가*	18,248.5
매출총이익	6,718.7
판매비와 일반관리비*	4,482.9
영업이익	2,235.8
영업외수익	919.2
영업외비용(이자비용)	807.6(210.8)
경상이익	2,347.4
특별이익	0
특별손실	0
법인세차감전순이익	2,347.4
법인세	598.0
당기순이익	1,749.4
주당순이익(EPS) 발행주식수 = 약 2.75 억주	6,355원

* 매출원가와 판매 및 일반관리비 중 감가상각비는 786.2(단위: 10억원)원임.

자료: 금융감독원

(2) 여러 가지 재무비율의 분석

1) 단기지급능력을 나타내는 유동성비율

유동성비율은 대차대조표의 유동자산과 유동부채를 이용하여 구한다. 이 비율은 1년 이내에 현금화할 수 있는 유동자산으로 1년 이내에 상환해야 하는 유동부채를 어느 정도 갚을 수 있는가를 나타낸다. 따라서 이 비율은 단기지급능력을 측정하는 비율이다. 유동성비율은 **유동비율, 당좌비율, 현금비율** 등으로 구분된다.

유동성비율들의 장점은 회계상의 장부가치와 시장가치가 크게 차이가 나지 않는다는 점이다. 그리고 유동성비율이 낮다고 반드시 나쁜 것은 아니다. 예를 들어, 장기의 고정부채를 조달할 가능성이 높은 기업의 경우에는 단기적인 유동성비율이 낮아서 유동성에 문제가 발생해도 이를 장기부채로 해결할 수 있기 때문이다.

① 유동비율

유동비율은 다음과 같이 측정되며, 보통 배수로 표시된다.

유동비율 = 유동자산 / 유동부채

현대자동차의 유동비율 = 8,335.8 / 7,409.1

= 1.13 배

유동비율은 기업이 보유하고 있는 유동자산(현금, 단기투자자산, 매출채권, 재고자산 등)으로 어느 정도 단기의 유동부채(외상매입금과 지급어음을 합한 매입채무, 단기차입금 등)를 상환할 수 있는가를 나타낸다. 이 비율은 보통 1 이상이어야 한다. 만약 1 미만이라면 유동부채가 유동자산보다 더 많다는 것을 의미하며 이는 곧 기업이 지급불능상황에 처할 가능성이 있다는 것을 나타낸다.

그러나 유동비율이 높다고 반드시 좋은 것은 아니다. 왜냐하면 유동비율이 높으면 유동성은 높아지지만 수익성은 떨어지기 때문이다. 따라서 유동비율을 적절하게 유지하는 것이 필요하다. 또한, 유동비율은 산업별로 차이가 날 수 있고, 기업별로도 특성상 차이가 날 수도 있기 때문에 다른 재무비율처럼 유동비율도 시간에 따른 변동추세나 다른 기업과의 비교분석 등 상대적으로 해석해야 한다.

② 당좌비율

당좌비율은 다음과 같이 측정되며, 보통 배수로 표시된다.

당좌비율 = (유동자산 − 재고자산) / 유동부채

= 당좌자산 / 유동부채

$$현대자동차의\ 당좌비율 = (8,335.8 - 1,319.0) / 7,409.1$$
$$= 7,016.8 / 7,409.1$$
$$= 0.95\ 배$$

당좌비율은 산성시험처럼 곧바로 쉽게 유동성을 측정할 수 있다는 점에서 산성시험비율(acid test ratio)이라고도 한다. 이 비율은 유동자산 중에서 유동성이 떨어지는 재고재산을 제외한 유동자산으로 단기의 유동부채를 어느 정도 상환할 수 있는가를 나타낸다. 재고자산을 제외하는 이유는 다음과 같다. 첫째, 유동자산 중 재고자산의 유동성이 가장 낮기 때문이다. 둘째, 재고자산의 특성상 진부해지거나 훼손될 가능성이 높으므로 장부가격과 시장가격간의 차이가 크게 날 수도 있기 때문이다. 셋째, 기업이 매출을 과다하게 추정하여 과대생산하는 경우(유통업의 경우에는 과다매입하는 경우)에는 재고자산의 유동성이 크게 떨어지기 때문이다.

③ 현금비율

현금비율은 다음과 같이 측정되며 보통 배수로 표시된다.

$$현금비율 = 현금 / 유동부채$$
$$현대자동차의\ 현금비율 = 1,442.5 / 7,409.1$$
$$= 0.19\ 배$$

현금비율은 기업이 보유한 현금으로 유동부채를 어느 정도 상환할 수 있는가를 나타내는 것으로서, 기업의 단기지급능력을 가장 보수적으로 측정하는 비율이다. 현금은 대차대조표의 현금성자산에 해당한다.

2) 장기지급능력을 나타내는 부채관련비율

부채관련비율은 기업의 장기부채에 대한 지급능력을 평가하는 비율이다. 부채관련비율은 **부채비율, 이자보상비율, EBITDA 비율** 등으로 구분된다.

① 부채비율

부채비율은 보통 총자산대비 부채비율1과 자기자본대비 부채비율2의 두 가지로 각각 측정되며, 보통 %로 표시된다. 부채비율은 재무레버리지비율 또는 단순히 레버리지비율이라고도 한다. 부채비율의 장단점에 대해서는 자본구조에서 자세히 설명한다.

우선 총자산대비 부채비율1은 다음과 같이 계산된다.

$$*\ 부채비율1 = (총부채 / 총자산) \times 100$$
$$현대자동차의\ 부채비율1 = [(7,409.1 + 4,343.1) / 24,250.1] \times 100$$

$$= (11,752.2 / 24,250.1) \times 100$$
$$= 48.5\ \%$$

여기에서 총부채는 유동부채와 비유동부채(고정부채)의 합을 의미한다. 대차대조표의 항등식상 총자산은 총자본과 동일하므로 이 비율은 총부채 / 총자본으로 측정하기도 한다. 즉, 총부채와 자기자본의 합인 총자본 중 총부채가 차지하는 비율을 의미한다.

그리고 자기자본대비 부채비율2는 다음과 같이 측정된다.

$$* \text{ 부채비율2} = (\text{총부채} / \text{자기자본}) \times 100$$
$$\text{현대자동차의 부채비율2} = (11,752.2 / 12,497.9) \times 100$$
$$= 94.0\ \%$$

이 비율은 총자산(또는 총자본)대신 주주가 제공한 자기자본만을 기준으로 한 부채비율을 측정한다. 이 비율은 총자산대비 부채비율1을 이용하여 다음과 같이 계산할 수도 있다.

$$\text{부채비율1} = \text{총부채} / \text{총자산}$$
$$= \text{총부채} / (\text{총부채} + \text{자기자본})$$

오른쪽의 분모와 분자를 총부채로 나누면 다음과 같다.

$$\text{부채비율1} = 1 / [1 + (\text{자기자본} / \text{총부채})]$$

위의 식의 역수를 취하면,

$$1 / \text{부채비율1} = 1 + \text{자기자본} / \text{총부채}$$
$$\rightarrow \text{자기자본} / \text{총부채} = (1 / \text{부채비율1}) - 1$$
$$= (1 - \text{부채비율1}) / \text{부채비율1}$$

위의 식에 역수를 취하면,

$$\text{부채비율2} = \text{총부채} / \text{자기자본}$$
$$= \text{부채비율1} / (1 - \text{부채비율1}).$$

한편, 총자산이 자기자본의 몇 배인가를 나타내는 것을 자기자본승수(equity multiplier)라고 한다. 현대자동차의 자기자본승수는 1.94(=24,250.1 / 12,497.9)이다. 자기자본승수는 나중에 듀퐁기법이라고 하는 수익성의 변동원인분석에 활용된다.

② 이자보상비율(interest coverage ratio)

이자보상비율은 다음과 같이 측정되며, 보통 배수로 표시된다. 부채비율이 대차대조표의 두 항목으로 측정되는 것과 같이, 이자보상비율은 손익계산서의 두 항목으로 측정된다.

이자보상비율 = 영업이익(EBIT) / 이자
현대자동차의 이자보상비율 = 2,235.8 / 210.8
= 10.61 배

이 비율은 1년 동안 기업의 영업활동으로 벌어들인 영업이익이 부채를 제공한 채권자에게 지급해야할 이자의 몇 배가 되는가를 측정한다. 이 비율이 1보다 작으면 기업의 영업이익이 이자비용을 충당하지 못하므로 도산가능성이 커지게 된다. 따라서 채권자에게는 부채비율과 함께 이자보상비율도 매우 중요하다.

③ EBITDA비율

EBITDA는 영업이익(EBIT)에다 유형자산의 감가상각비(Depreciation: D)와 무형자산의 감가상각비(Amortization: A)를 더한 금액을 말한다. EBITDA비율은 다음과 같이 측정되며, 보통 배수로 표시된다.

EBITDA비율 = (영업이익+감가상각비) / 이자
현대자동차의 EBITDA비율 = (2,235.8+786.2) / 210.8
= 3,022.0 / 210.8
= 14.34 배

이자보상비율은 영업이익을 기준으로 하므로 실제의 현금흐름을 반영하지 못한다. 그러나 감가상각비는 실제로 기업이 지출한 현금이 아니므로 기업이 사용가능한 현금은 영업이익에 감가상각비를 더한 값이 된다. 따라서 EBITDA비율은 실제 기업의 현금흐름을 가지고 이자를 감당할 수 있는 능력을 판단할 수 있게 해주므로 이자보상비율보다 더 현실적이라고 할 수 있다.

3) 자산활용도를 나타내는 회전율

회전율은 기업이 매출을 달성하기 위해 얼마나 효율적으로 자산을 활용하는가를 측정하며, 자산활용비율 또는 활동성비율이라고도 한다. 일반적으로 회전율은 **매출채권회전율, 재고자산회전율, 매입채무회전율**, 그리고 **총자산회전율** 등으로 구분된다.

① **매출채권회전율(또는 평균회수기간)**

매출채권회전율은 다음과 같이 측정되며, 보통 배수로 표시된다.

매출채권회전율 = 매출액 / 매출채권
현대자동차의 매출채권회전율 = 24,967.2 / 1,491.3
= 16.74 배

매출채권회전율은 매출액이 매출채권의 몇 배인가를 나타내는 비율이다. 이 비율이 높다는 것은 매출액에 비해 매출채권(외상매출금과 받을어음)이 상대적으로 작다는 것을 의미한다. 일반적으로 이 비율은 높을수록 좋다고 말할 수 있다.

매출채권회전율 개념을 보다 더 쉽게 이해할 수 있도록 한 것이 바로 평균회수기간이다. 평균회수기간은 매출채권회수기간이라고도 부르고, 다음과 같이 측정되며 보통 일로 표시된다.

평균회수기간 = 365일 / 매출채권회전율
= (매출채권 / 매출액) × 365일

현대자동차의 평균회수기간 = 365일 / 16.74
= (1,491.3 / 24,967.2) × 365일
= 약 22일

평균회수기간이란 1년의 기간에 대하여 매출채권이 회수되는 기간을 말한다. 즉, 평균회수기간은 매출채권을 얼마나 빨리 회수할 수 있는가를 나타낸다. 따라서 평균회수기간은 짧을수록 더 좋다고 할 수 있다. 실제로는 기업들마다 신용(외상) 판매정책과 관련하여 자체적인 신용판매기간을 설정하고 있다. 따라서 평균회수기간이 기업이 목표로 하고 있는 신용판매기간보다 짧아야 더 좋다고 할 수 있다.

② **재고자산회전율(또는 재고기간)**

재고자산회전율은 다음과 같이 측정되며, 보통 배수로 표시된다.

재고자산회전율 = 매출원가 / 재고자산
현대자동차의 재고자산회전율 = 18,248.5 / 1,319.0
= 13.84 배

재고자산회전율은 매출원가(또는 매출액)가 재고자산의 몇 배인가를 나타내는 비율이다. 특히, 이 비율은 매출액회전율과는 달리 보통 매출원가를 기준으로 계산하는데, 그 이유는 재고자산이 보통 과거의 원가로 기록되기 때문이다. 이 비율이 높다는 것은 매출원가에 비해 재고자산이 상대적으로 작다는 것을 의미한다. 일반적으로 재고자산 그 자체는 수익성이 없으므로 이 비율이 높다는 것은 재고자산을 효율적으로 관리하고 있다는 것을 말해준다.

재고자산회전율 개념을 보다 더 쉽게 이해할 수 있도록 한 것이 바로 재고기간이다. 이 기간은 다음과 같이 측정되며 보통 일로 표시된다.

재고기간 = 365일 / 재고자산회전율
= (재고자산 / 매출원가) × 365일

현대자동차의 재고기간 = 365일 / 13.84
= (1,319.0 / 18,248.5) × 365일
= 약 26일

재고기간이란 평균적으로 재고자산이 판매되는데 소요되는 기간을 말한다. 다시 말하면 재고자산이 기업의 창고에 쌓여있는 기간을 의미하므로 재고기간은 짧을수록 더 좋다고 할 수 있다.

③ 매입채무회전율(또는 매입채무상환기간)

매입채무회전율은 다음과 같이 측정되며, 보통 배수로 표시된다.

매입채무회전율 = 매출원가 / 매입채무
현대자동차의 매입채무회전율 = 18,248.5 / 3,318.7
= 5.50 배

매입채무회전율은 매출채권회전율과 정반대되는 비율로서 매출원가(또는 매출액)가 매입채무의 몇 배인가를 나타내는 비율이다. 재고자산회전율과 마찬가지로 이 비율도 보통 매출원가를 기준으로 계산하는데, 그 이유는 매입채무가 과거의 원가로 기록되기 때문이다.

매입채무회전율 개념을 보다 더 쉽게 이해할 수 있도록 한 것이 바로 매입채무상환기간이다. 이 기간은 다음과 같이 측정되며 보통 일로 표시된다.

매입채무상환기간 = 365일 / 매입채무회전율
= (매입채무 / 매출원가) × 365일
= 365일 / 5.50
= (3,318.7 / 18,248.5) × 365일
= 약 66일

매입채무상환기간이란 기업이 평균적으로 매입채무를 갚는데 얼마의 기간이 소요되는가를 나타낸다. 매입채무(외상매입금과 지급어음)는 기업의 입장에서는 갚아야 될 것이므로 매입채무상환기간이 길다는 것(반대로 매입채무회전율이 낮다는 것)은 매입채무를 효율적으로 관리한다는 것을 말해준다.

④ 총자산회전율

총자산회전율은 다음과 같이 측정되며 보통 배수로 표시된다.

총자산회전율 = 매출액 / 총자산
현대자동차의 총자산회전율 = 24,967.2 / 24,250.1
= 1.03 배

총자산회전율은 기업이 보유하고 있는 총자산이 얼마나 효율적으로 잘 관리되고 있는가를 말해준다. 총자산이라는 것은 기업의 총투자금액이라고도 할 수 있으므로 이 비율은 기업이 자산에 투자하여 얼마나 매출을 달성할 수 있는가를 나타낸다. 따라서 이 비율이 높다는 것은 총자산을 보다 효율적으로 관리하여 매출액을 달성하고 있다는 것을 의미한다.

4) 수익성을 나타내는 수익성비율

기업의 수익성을 평가하기 위해서는 보통 매출액순이익률, **총자산순이익률**, 그리고 **자기자본순이익률**로 나누어 분석한다.

① 매출액순이익률

매출액순이익률은 다음과 같이 측정되며, 보통 %로 표시된다.

매출액순이익률 = (순이익 / 매출액) × 100
현대자동차의 매출액순이익률 = (1,749.4 / 24,967.2) × 100
= 7.0 %

매출액순이익률은 손익계산서상의 매출액 대비 순이익의 비율을 말하며 매출마진율이라고도 한다. 이 비율은 기업의 전체적인 경영활동(영업활동과 재무활동)의 성과를 나타낸다. 즉, 이 비율은 순이익에 영향을 줄 수 있는 생산비용 및 판매비용 등의 영업비용, 그리고 자금조달비용과 같은 이자비용 등에 의해 영향을 받는다. 따라서 이 비율의 높고 낮음에 대해 평가할 때에는 이러한 요인들을 종합적으로 살펴보아야 한다. 특히, 이 비율이 낮은 것이 항상 나쁜 것은 아니라는 점이다. 왜냐하면, 기업이 제품가격을 낮게 유지하여 매출을 증대시키면 매출마진율은 낮아지나 이 기업의 시장점유율(또는 회전율)은 커질 수 있기 때문이다.
〈참고〉 매출액영업이익률

② 총자산순이익률(return on assets: ROA)

총자산순이익률은 다음과 같이 측정되며, 보통 %로 표시된다.

총자산순이익률(ROA) = (순이익 / 총자산) × 100
현대자동차의 총자산순이익률 = (1,749.4 / 24,250.1) × 100
= 7.2 %

이 비율은 투자된 총자산이 얼마나 효율적으로 이용되어 순이익을 낳는가를 보여준다. 즉, 기업이 자본을 투자하여 어느 정도의 이익을 창출할 수 있는가를 나타낸다.

〈참고〉 총자산영업이익률

③ 자기자본순이익률(return on equity ; ROE)

자기자본순이익률은 다음과 같이 측정되며, 보통 %로 표시된다. 자기자본은 보통 총자산에서 부채를 뺀 순자산이므로 이 비율을 순자산비율이라고도 한다.

자기자본순이익률(ROE) = (순이익 / 자기자본) × 100
현대자동차의 자기자본순이익률 = (1,749.4 / 12,497.9) × 100
= 14.0 %

이 비율은 기업의 주인인 주주들이 투자한 자본에 대해 어느 정도의 이익이 창출되는가를 말해준다. 이 비율을 계산할 때 한 가지 유의점은 우선주가 있는 경우에는 분자의 순이익에서 우선주에 대한 배당금액을 빼고, 분모의 자기자본에서는 우선주 가치만큼 빼야 한다.

ROA와 ROE는 기업의 수익성을 나타내는 대표적인 비율들이다. 그러나 주의해야 할 것은 이 비율들이 회계상의 장부가치 비율이라는 점이다. 따라서 실제로 우리가 자본시장에서 측정하는 투자수익률과 이 비율들을 서로 비교하는 것은 적절하지 않다.

5) 시장가치를 나타내는 주가관련 비율

앞의 네 가지 비율은 모두 대차대조표와 손익계산서상의 두 항목을 이용하여 구했으므로 장부가치비율이라고 할 수 있다. 그러나 여기에서는 주가를 이용한 비율을 통하여 기업에 대한 정보를 얻고자 한다. 주가는 현재 자본시장에서 평가되므로 시장가치가 된다. 따라서 주가를 이용한 비율을 **시장가치비율**이라고 한다. 주가관련비율도 여러 가지가 있으나 여기에서는 **주가순이익비율**(PER)과 **시장가치 대 장부가치비율**(PBR)만을 설명한다.

① **주가순이익비율(PER)**

주가순이익비율(price earnings ratio : PER)은 다음과 같이 측정되며, 보통 배수로 표시된다.

PER = 주가 / 주당 순이익
현대자동차의 PER = 57,000원 / 6,355원
= 8.97 배

현대자동차의 주가는 2005년 3월 16일 종가기준이다. 이 비율을 구할 때 어느 시점의 주가를 사용하는가에 따라 값이 크게 달라지므로 이 비율의 해석에 주의를 해야 한다. 그리고 주당 순이익(earnings per share : EPS)은 순이익을 발행주식수로 나눈 값이다. 이 비율을 해석할 때에는 매우 주의해야 한다. 예를 들어, 이 비율이 높을 경우, 주가가 높기 때문일 수도 있고 또는 순이익이 낮기 때문일 수도 있다. 주가는 변동성이 크기 때문에 이 비율은 기업별, 국가별로 차이가 크다.

② **시장가치 대 장부가치 비율(MBR)**

시장가치 대 장부가치 비율(market-to-book value ratio : MBR)은 다음과 같이 측정되며, 보통 배수로 표시된다. 또한 시장가치는 주가를 나타내고 장부가치는 순자산(=총자산-총부채. 즉, 대차대조표상의 자기자본을 의미함)을 나타내므로 이 비율은 주가순자산비율(price-to-book value ratio : PBR)이라고도 한다.

MBR(또는 PBR) = 주가 / 주당 장부가치
현대자동차의 MBR(또는 PBR) = 57,000원 / 45,447원
= 1.25 배

여기에서 주당 장부가치는 대차대조표의 자기자본(또는 순자산)을 발행주식수로 나눈 값을 말하며, 다음과 같이 구한다.

현대자동차의 주당 장부가치 = 자기자본 / 발행주식수
= 124,979 억원 / 2.75 억주
= 약 45,447원

이 비율이 높다는 것은 자본시장에서 투자자들이 이 기업에 대해 좋은 평가를 하고 있다는 것을 의미한다.

(3) 듀퐁분석기법

앞에서 설명한 재무비율들은 독립되어 있는 것이 아니고 서로 연결되어 있다.

따라서 각 재무비율간의 관계를 종합적으로 살펴보는 것이 필요하다. 미국의 듀퐁(DuPont)사는 처음으로 재무비율간의 상호관계를 이용하여 기업의 경영성과를 분석하였다. 이에 따라 이러한 분석기법을 듀퐁분석기법이라고도 한다. 특히, ROE 같은 수익성의 변동원인을 분석한다고 해서 수익성 변동원인분석기법이라고도 한다.

ROE는 다음과 같이 분해할 수 있다.

ROE = 순이익 / 자기자본
= (순이익 / 매출액) × (매출액 / 총자산) × (총자산 / 자기자본)
= (순이익 / 매출액) × (매출액 / 총자산) × (자기자본승수)
= 매출마진율 × 총자산회전율 × (1 + 총부채 / 자기자본)

이것을 듀퐁항등식이라고 하며, 이 항등식을 통해 ROE는 매출마진율, 총자산회전율, 그리고 부채비율에 의해 결정된다는 것을 알 수 있다. 즉, ROE는 매출마진율에 의하여 측정된 영업활동의 효율성, 총자산회전율에 의해 측정된 총자산회전율, 그리고 부채비율(또는 재무레버리지비율)의 크기에 의해 결정된다. 따라서 ROE가 저조한 것으로 나타날 경우 듀퐁항등식을 이용한 분석을 통해 좀 더 구체적으로 어느 부분에 문제가 있는가를 파악할 수 있다.

그리고 ROA는 순이익 / 총자산이므로 ROE = ROA × (1 + 부채비율). 따라서 ROA와 ROE의 차이는 어느 정도 부채를 사용하느냐에 달려 있다. 예를 들어, 부채증가에 따른 이자비용의 증가가 순이익을 감소시키지 않을 경우에는 부채가 증가하면 ROE는 더 커지게 된다.

(4) 재무제표정보의 활용

재무비율이나 듀퐁항등식의 분석 등과 같이 재무제표를 가공하여 다시 분석하는 이유는 무엇인가? 그 이유는 재무제표로부터는 과거의 장부가치정보만을 얻을 수 있을 뿐 시장가치정보를 얻을 수 없기 때문이다.

재무제표의 분석은 여러 가지 용도로 활용될 수 있다. 우선 기업은 내부적으로 재무제표분석을 통해 성과를 평가하거나 계획을 세운다. 예를 들어, 기업의 수익성 등 경영성과를 평가할 때 재무제표분석이 활용된다. 기업이 여러 개의 부서나 자회사로 구성될 경우 이들의 영업성과를 비교하는 데에도 활용된다. 그리고 기업이 미래의 경영전략계획을 세울 때에도 활용된다.

다음으로 기업외부의 관계자들이 재무제표정보를 활용한다. 첫째, 은행 등의 채권자가 기업에 자금을 빌려줄지의 여부를 분석할 때이다. 둘째, 투자자들이 회사채나 주식에 투자하고 할 때이다. 셋째, 원재료를 공급하는 공급업자가 기업의 신용도를 분석할 때이다. 넷째, 신용평가기관이 기업의 신용도를 판정하고자 할 때이다. 마지막으로 주요 경쟁기업에 대해 평가하거나, 다른 기업을 인수하고자 할 때에도 재무제표정보가 활용된다.

(5) 재무비율분석의 판단기준

재무비율을 이용하여 기업을 분석할 때 기본적으로 부닥치는 문제는 재무비율의 좋고 나쁨을 구별하는 판단근거이다. 여기에서는 일반적으로 사용되고 있는 기업간 상호비교분석과 추세분석에 대해 간단히 설명한다.

1) 기업간 상호비교분석

기업간 상호비교분석(cross-section analysis)을 위해서는 분석대상기업과 동일한 산업에 속하고 동일시장에서 경쟁하며 자산규모와 영업활동이 유사한 기업들의 평균값을 기준으로 해야 한다. 동일한 산업을 선정할 때에는 표준산업분류번호를 이용할 수 있다. 그러나 같은 표준산업분류번호에 속한다고 해도 성격이 다른 기업이 있을 수 있으므로 동일한 산업에 속하면서 해당기업과 경쟁이 되는 기업들을 선정하여 이들 기업의 평균값을 활용할 수도 있다.

2) 추세분석

추세분석(time-trend analysis)이란 재무비율의 과거 추세를 이용하여 구한 평균값을 기준으로 특정연도 재무비율의 좋고 나쁨을 판단하는 것이다. 이는 특정연도의 재무비율을 분석하는 기업간 상호비교분석의 단점을 보완해 준다. 보통 중규모이상 대기업의 경우 과거 10년 기간을 기준으로 추세분석을 한다.

(6) 재무비율분석의 한계

재무비율분석을 통하여 기업을 분석할 때 다음과 같은 여러 가지의 문제점이 있다. 첫째, 재무비율을 이용하여 기업분석을 할 때 가장 근본적인 문제는 재무비율의 좋고 나쁨을 판단할 수 있도록 해주는 이론이나 논리적 근거가 없다는 것이다. 반면, 재무이론이나 경제이론은 가치와 위험에 대해 판단할 때 근거를 제공한다. 둘째, 여러 사업체를 함께 소유하고 있는 재벌기업(conglomerates)의 경우 이들 사업체는 서로 관계가 없다. 이 경우 비교대상이 되는 기업이나 산업을 찾을 수 없다. 셋째, 해당기업이 속한 산업내에 주요 경쟁기업들이 국제적으로 영업을 할 경우 재무비율을 이용하여 상호비교분석하는 것은 어렵다. 그 이유 중 가장 중요한 것은 국가마다 회계기준이 다르기 때문이다. 넷째, 해당기업과 동일한 영업을 하더라도 비교가 불가능할 수도 있다. 예를 들어, 독점기업이지만 정부의 규제를 받는 전기사업과 같은 공익기업과 일반기업은 서로 비교될 수 없다. 특히, 정부의 규제를 받는 경우 공공성이 강조되어 기업의 수익성을 평가하는 데에는 한계가 있다. 마지막으로 기업들마다 회계처리방법과 회계연도가 다를 경우, 그리고 특정기업의 경우 자산매각과 같은 일시적 사건이 수익성에 영향을 줄 경우 등 여러 가지 이유로 재무제표분석을 통해 기업을 분석하는 데에는 한계가 있다.

요약

1. 대차대조표는 과거 취득시점의 가치인 장부가치를 나타내므로 현재 시장에서 평가되는 시장가치와는 차이가 크게 날 수 있다. 중요한 것은 장부가치가 아니라 시장가치이다. 즉, 재무관리자의 목표는 주식의 장부가치가 아니라 주식의 시장가치를 극대화하는 것이다. 따라서 재무관리자가 대차대조표를 이용하여 재무의사결정을 할 때에는 주의 깊게 해석해야 한다.
2. 손익계산서의 순이익은 실제의 현금흐름을 나타내지 않는다. 가장 기본적인 이유는 순이익을 계산할 때 감가상각비가 실제로는 현금유출이 아님에도 불구하고 비용으로 처리되어 현금유출로 보기 때문이다. 현실적으로 가장 중요한 것은 손익계산서상의 이익이 아니라 기업의 실제 현금흐름이다. 손익계산서상의 당기순이익은 크지만 현금지급능력의 부족으로 부도가 나는 흑자부도가 빈번하다는 사실은 현금흐름분석의 중요성을 일깨워준다.
3. 현금흐름을 분석할 때 재무제표의 하나인 현금흐름표를 이용한다.
4. 표준대차대조표와 표준손익계산서를 이용하여 자산이나 매출액 대비 다른 항목의 상대적인 비중을 분석할 수 있다.
5. 재무비율분석

   분석의 목적에 따라 재무비율을 여러 가지로 분류할 수 있으나, 기본적인 성격에 따라 분류하면 다음과 같다.

   1) 단기지급능력을 나타내는 유동성비율: 유동비율, 당좌비율, 현금비율
   2) 장기지급능력을 나타내는 부채관련비율: 부채비율, 이자보상비율, EBITDA 비율
   3) 자산의 활용도를 나타내는 회전율: 매출채권회전율, 재고자산회전율, 매입채무회전율, 총자산회전율
   4) 수익성을 나타내는 수익성비율: 총자산순이익률(ROA), 자기자본순이익률(ROE)
   5) 시장가치를 나타내는 주가관련 비율: 주가순이익비율(PER), 시장가치 대 장부가치 비율(PBR)

6. 듀퐁항등식을 이용한 수익성 변동원인분석

ROE에 대한 듀퐁항등식은 다음과 같다.

ROE = 순이익 / 자기자본
= (순이익 / 매출액) × (매출액 / 총자산) × (총자산 / 자기자본)
= 매출마진율 × 총자산회전율 × (1 + 총부채 / 자기자본)

이 항등식은 재무비율간의 상호관계를 이용하여 기업의 경영성과를 분석하기 위해 미국의 듀퐁(DuPont)사에 의해 처음으로 개발되었다. 이 분석기법은 듀퐁 분석기법이라고 부르며, ROE와 같은 수익성의 변동원인을 분석한다고 해서 수익성 변동원인분석기법이라고도 한다.

7. 재무비율의 좋고 나쁨을 구별하는 판단근거로서 기업간 상호비교분석과 추세분석에 대해 살펴보아야 한다. 그리고 재무비율분석의 한계점에 대해서도 주의 깊게 살펴보아야 한다.

연 습 문 제

1 (   )란 특정 일자를 기준으로 기업의 회계적 가치를 나타내는 표이다.

2 (   )란 기업의 자본구조라고도 하며 보통 자기자본에 대한 부채의 비중을 말한다.

3 (   )란 일정 기간동안 기업의 성과를 요약한 표이다.

4 (   )이란 기업의 일상적인 영업활동에서 발생되는 현금흐름을 말한다.

5 대차대조표 항등식이란 사후적으로(ex post) (   )가 부채가치와 자기자본가치의 합과 항상 같다는 것을 말한다.

6 영업현금흐름은 손익계산서에서 (   )로 측정된다.

7 시장가치와 장부가치의 차이는?

8 (   )이란 유동자산에서 유동부채를 뺀 값을 말한다.

9 현금의 (   )이란 현금을 발생시키는 기업의 활동을 말한다.

10 현금의 (   )이란 현금이 유출되도록 하는 기업의 활동을 말한다.

11 (   )란 특정기간 동안 현금의 원천과 사용을 요약한 표를 말한다.

12 (   )이란 기업의 재무정보로부터 결정되며 비교목적을 위해 사용되는 두 항목간의 관계를 말한다.

13 (   )이란 과도한 부담없이 단기간 동안 기업의 채무를 지급할 능력을 측정하는 재무비율을 말한다.

14 (   )이란 유동자산을 유동부채로 나눈 값을 말한다.

15 (   )이란 기업의 재무레버리지를 측정하는 재무비율을 말한다.

16 (   )이란 영업이익을 이자비용으로 나눈 값을 말한다.

17 (   )이란 기업이 매출을 일으키기 위해 자산을 얼마나 효율적으로 사용하는가를 측정하는 비율을 말한다.

18 (   )이란 순이익을 자기자본으로 나누어 측정되는 재무비율을 말한다.

19 (   )이란 주당 주가를 주당 순이익으로 나누어 측정되는 재무비율을 말한다.

20 시장가치 대 장부가치 비율이란 주당 자기자본의 (   )를 주당 자기자본의 (   )로 나눈 값을 말한다.

21 듀퐁항등식에 의하면, 자기자본순이익률(ROE)은 (   ), 자산활용의 효율성, 그리고 재무레버리지로 구분될 수 있다.

22 다음은 성서기업의 대차대조표와 손익계산서를 나타낸다.

대차대조표

(2003년과 2004년 12월 31일 현재)

(단위 : 억원)

	2003년	2004년		2003년	2004년
현금	100	121	매입채무	400	350
매출채권	350	425	단기차입금	390	370
재고자산	440	410	장기차입금	500	550
순고정자산	1,556	1,704	자본금	600	580
			이익잉여금	556	810
총자산	2,446	2,660	총자본	2,446	2,660

손익계산서대차대조표

(2004년)

(단위 : 억원)

매출액	1,384
매출원가	605
감가상각비	180
영업이익	599
이자비용	80
과세대상소득	519
법인세	156
순이익	363
내부유보(이익잉여금의 증가분)	254
배당	109

(1) 2004년 중 성서기업의 유동비율은 얼마인가?

(2) 2004년 중 성서기업의 부채비율(부채 / 자기자본)은 얼마인가?

(3) 2004년 중 성서기업의 이자보상비율은 얼마인가?

(4) 2004년 중 성서기업의 평균회수기간은 얼마인가?

(5) 2004년 중 성서기업의 자기자본순이익률(ROE)은 얼마인가?

(6) 성서기업의 발행주식수가 1천만주이고 성서기업의 현재 주가가 36,300원이라면 성서기업의 주가 대 순이익 비율(PER)은 얼마인가?

제 3 장

현금흐름분석

현금흐름분석은 기업의 현금조달과 운용실적을 중심으로 기업의 내용을 파악하려는 분석이다. 대차대조표와 손익계산서 뿐만 아니라 일정 기간 기업의 현금조달과 운용실적을 나타내는 현금흐름표가 주요한 재무제표의 하나로서 작성된다. 이러한 현금흐름표를 분석함으로서 기업의 재정상태나 현금창출능력을 파악할 수 있으며, 또 채권자는 기업의 채무상환 가능성이나 도산가능성을 파악할 수 있다.

본 장에서는 우선 현금흐름표가 어떻게 작성되는지 그 원리를 설명하고, 이러한 현금흐름 실적을 바탕으로 기업의 재무상태나 채무상환 가능성을 어떻게 파악하는지 설명한다. 그리고 미래 기업활동에 소요되는 현금조달과 사용에 관한 현금계획을 수립하기 위하여 현금수요예측이 어떻게 행해지는가를 살펴본다.

1 현금흐름분석의 의의와 내용

(1) 현금흐름분석의 의의

기업활동을 현금흐름 측면에서 보면 자금조달과 투자, 혹은 영업활동을 통해 현금유입과 현금유출을 지속적으로 반복하는 과정이라고 볼 수 있다. 기업은 판매할 제품을 생산하기 위하여 시설투자나 원자재 구매, 인건비, 운전자본 등에 현금을 투입한다. 그리고 그것을 판매하여 현금을 회수하고, 또 회수된 현금을 제품생산에 투입하거나 새로운 제품생산을 위한 연구개발이나 시설확장 등에 투입한다. 또 이러한 과정에서 현금부족이 생기면 차입 등을 통해 새로운 현금을 조달한다.

다음의 〈그림 3-1〉은 기업의 현금 순환과정을 나타내고 있다. 그림에서 보듯, 현금의 순환과정은 크게 영업활동과 관련된 현금흐름, 투자활동과 관련된 현금흐름 그리고 재무활동과 관련된 현금흐름으로 나누어질 수 있다. 이 중 영업활동과 관련된 현금흐름이란 기업이 제품을 생산하고 그것을 매각하는 과정에서 현금이 유입되거나 유출되는 과정을 의미한다. 그리고 투자활동과 관련된 현금흐름은 고정자산의 매입과 매각에 따라 발생하는 현금유출입을 의미하고, 재무활동과 관련된 현금흐름은 신주발행이나 차입을 통한 자금조달이나 차입금의 상환, 배당의 지급에 따라 발생하는 현금유출입을 의미한다.

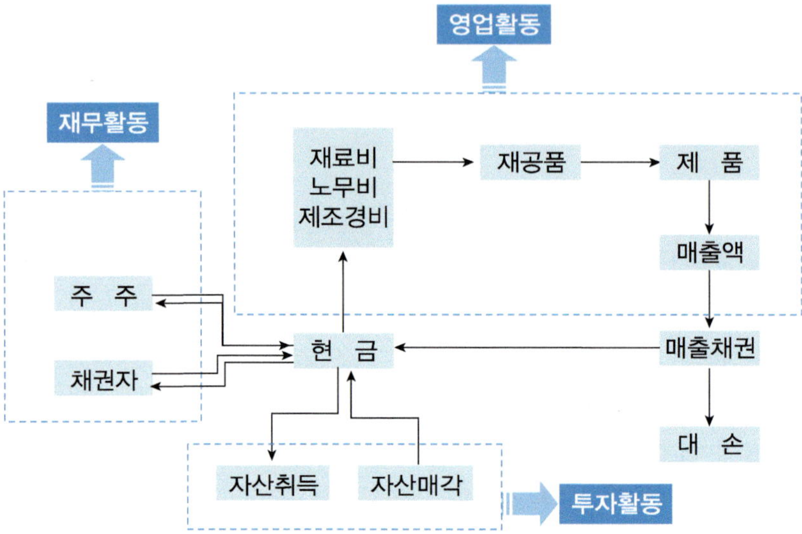

〈그림 3-1〉 기업의 현금 순환과정

기업에 있어서 이러한 현금의 흐름은 마치 인간에게 있어 혈액의 흐름과 같다고 할 수 있다. 인간에게 있어 각종의 신진대사가 혈액을 통해 이루어지는 것과 마찬가지로 기업의 각종 활동은 현금의 흐름을 통해 이루어진다. 따라서 인간이 건강을 유지하기 위해서 원활한 혈액순환이 이루어져야 하듯이 기업도 건전한 활동을 위해서는 원활한 현금의 흐름이 뒷받침되지 않으면 안된다.

현금흐름분석이란 현금의 조달과 운용에 관한 현금흐름의 내용과 변동원인, 현금창출능력에 관한 분석을 바탕으로 기업의 재무적 건전도를 평가하는 분석을 의미한다. 재무분석에 있어 비율분석이 인체의 주요 기관을 중심으로 기업의 상태를 분석하는 것이라면 현금흐름 분석은 혈액의 순환을 보고 기업의 내용을 분석하는 것과 같다고 할 수 있다.

최근 들어 현금흐름분석은 그 중요성이 더욱 크게 인식되고 있다. 그것은 현금흐름분석이 영업활동으로부터 기업이 충분한 현금을 창출할 능력을 보유하고 있으며, 또 기업의 유지·성장에 요구되는 현금이 원활하게 공급되고 있는가 하는 점 등 기업의 전반적인 재무상태를 파악하는 중요한 단서를 제공하기도 하고, 또 기업 채무자에 대한 지급능력이나 채무불이행 가능성을 판단하는 데에도 중요한 정보를 제공하기 때문이다. 현금흐름분석을 통해서 채권자는 기업이 자금을 적정하게 조달하고 있는지 여부와 현금사정 등을 파악할 수 있으며, 그에 따라 채무의 상환 가능성과 기업도산의 가능성을 평가하는 데에도 매우 유익한 정보를 얻을 수 있다.

(2) 현금과 이익의 관계

현금흐름분석에 사용되는 현금은 이익과는 다른 개념이다. 손익계산서상 당기순이익은 그 기간 중 순현금유입액과 일치하지 않는다. 따라서 손익계산서에 표시된 이익이 반드시 그 기업의 현금사정을 나타내는 것은 아니다. 그 이유는 손익계산서상 당기순이익은 회계적인 이익으로서 발생주의 원칙에 따라 계산된 것이기 때문이다. 발생주의 원칙은 당해 기간 중 현금의 유입과 유출이 없는 수익과 비용일지라도 그 기간 중 발생한 것으로 인식되면 그 기간의 수익과 비용으로 처리하는 회계처리 방식이다. 이것은 당해 기간 중 현금유입과 지출을 바탕으로 수익과 비용을 인식하는 현금주의와 차이가 있다. 가령 당기순이익을 계산할 때 외상매출금과 외상매입금은 발생주의 회계원칙에 의하면 현금수입과 지출이 수반되지 않더라도 해당 기간의 수익과 비용으로 처리된다. 따라서 당기순이익을 바탕으로 순현금유입액을 파악하려면 기간 중 현금지출이 발생하지 않은 비용은 당기순이익에 다시 가산하고, 현금수입이 발생하지 않은 수입은 당기순익에서 다시 빼주어야 한다.

그리고 또 당기순이익과 순현금수입의 차이를 발생시키는 요인으로서 비현금성비용(non-cash expenses)을 들 수 있다. 당기순이익의 계산에 반영된 감가상각비나 이연자산상각비 등은 비유동자산의 내용연수에 따라 연간 소모분만큼 비용화시킨 것이므로 당해 연도에 현금지출이 없는 비용이다. 따라서 당기순이익을 바탕으로 순현금수입을 계산하기 위해서는 이러한 비용도 다시 가산해 주어야 한다. 즉,

	당기순이익
+	현금지출이 발생하지 않은 비용
−	현금수입이 발생하지 않는 수익
+	비현금성 비용
	순현금수입

그러나 당기순이익을 이와 같이 조정한다고 해도 기업의 현금사정이 정확하게 파악되는 것은 아니다. 그것은 기업의 현금유입과 유출이 반드시 손익계산서 수익과 비용으로 인식되는 이익획득 과정에서만 나타나는 것은 아니기 때문이다. 그 밖에도 기업의 현금유입과 유출은 자산의 매입·매각과 같은 투자활동이나 주식발행, 차입 및 상환, 배당금의 지급과 같은 재무적 활동에 의해서도 발생한다. 따라서 기업의 현금사정을 파악하기 위해서는 이러한 활동에 의해 발생하는 현금흐름

을 포괄적으로 파악해야 한다.

최근 기업의 이해관계자들은 회계 장부상의 이익보다 현금흐름에 대해 더욱 관심을 가지게 되었다. 그 이유는 궁극적으로 현금이 구매·생산·판매 등 기업의 영업활동을 지속적으로 이어지도록 순환시켜 주는 원동력일 뿐만 아니라, 채권자나 주주들이 기업에 대한 투자로부터 자신의 부를 극대화하고자 하는 데 있어 이 부를 최종적으로 결제하는 수단이 바로 현금이기 때문이다.

(3) 현금과 자금의 관계

이익 이외에도 흔히 현금과 혼동하는 개념으로서 자금(funds)이라는 개념이 있다. 사실 자금은 사용 목적에 따라 그 의미를 달리하고 있다. 다음의 〈표 3-1〉은 자금의 개념을 정리한 것이다. 자금의 개념을 가장 좁게 해석하면 통상 우리가 "현금"이라고 부르는 현금 및 예금과 동일한 의미이다. 이것은 언제든지 기업의 경영활동에 직접적으로 투입할 수 있는 자금의 형태이다.

표 3-1 자금의 분류

- 자금
  - 협의
    - 현금 및 예금 : 보통 "현금"이라 함
    - 당좌 자산 : 유동자산 – 재고자산
    - 순운전자본 : 유동자산 – 유동부채
  - 광의
    - 총운전자본 : 유동자산
    - 조달자본 : 장단기 조달 자본

또 경우에 따라서 자금은 당좌자산을 의미하기도 하는데 이 때에는 유동자산에서 재고자산을 차감한 것을 말한다. 유동자산 중 재고자산을 차감 한 이유는 일반적으로 재고자산의 현금화가 가장 어려우므로 경영활동에 쉽게 투입이 될 수 없기 때문이다.

그러나 보통 자금이라고 할 때에는 순운전자본(net working capital)을 의미하는 경우가 많다. 순운전자본은 1년 안에 현금화될 수 있는 유동자산에서 1년 안에 상환해야 하는 유동부채를 뺀 금액이다. 따라서 순운전자본이란 기업이 단기채무를 갚고 자유롭게 운영자금으로 사용할 수 있는 자금을 의미한다. 그리고 넓은 의미로서 자금을 총운전자본이나 조달자본이라는 의미로 사용할 때도 있다. 총운전자본이란 유동자산 총액을 의미하며, 조달자본이란 부채나 자기자본을 통하여 조달되는 장단기 자본 총액을 의미한다.

이러한 개념 중 최근 들어서는 자금을 현금 및 예금의 의미로 사용하는 경우가 많아지고 있다. 왜냐하면 현금 및 예금이 기업의 직접적인 지불능력을 나타내 주기 때문이다.

2 현금흐름표의 의의와 작성원리

(1) 현금흐름표의 의의

현금흐름 분석을 행하기 위해서 현금흐름표를 작성할 필요가 있다. 현금흐름표는 일정한 영업기간 동안 현금유입과 현금유출을 표시함으로서 기간 중 현금의 변동사항을 나타내는 보고서이다. 여기서 현금이라 함은 기업회계상 대차대조표에 "현금과 예금"으로 계상되는 것들을 의미한다. 여기에는 통화성 현금 이외에도 타인발행 수표 등 통화대용 증권과 만기가 결산일로부터 1년 이내에 도래하는 예금을 비롯하여 3개월 이내 만기가 도래하는 유가증권과 같은 현금등가물(cash equivalents)을 포함한다. 따라서 현금흐름표의 현금은 엄밀한 의미의 통화성 현금보다는 개념이 다소 넓은 것이다. 앞으로 여기서는 이를 단순히 "현금"이라 부르기로 한다.

현금흐름표는 현재 기업회계기준상 기업이 반드시 공표해야 하는 필수적 재무제표로 되어 있다. 1994년 이전에는 순운전자본의 변동을 나타내는 재무상태변동표(statement of changes in financial position)가 작성되었다. 그러나 그 후 순운전자본으로는 기업의 재무적 탄력성이나 지급불능 가능성을 파악하는데 한계가 있다는 인식 하에 재무상태변동표 대신에 현금, 예금 또는 현금등가물 기준의 현금흐름표를 작성하도록 되었다. 재무상태변동표에서 순운전자본을 기준으로 자금의 상태를 파악하므로 기업의 심각한 자금부족 사태를 잘 포착할 수 없다. 왜냐하면 유동부채에 비해 유동자산이 많아서 순운전자본이 많다고 하더라도 유동자산이 주로 매출채권이나 재고자산 등에 묶여 있으면 기업은 심각한 자금부족에 직면할 수도 있는데 재무상태변동표에서는 이러한 점이 잘 포착되지 않기 때문이다.

현금흐름표는 당해연도의 손익계산서와 기초 및 기말대차대조표, 그리고 이익잉여금처분계산서를 바탕으로 작성된다. 우선 기말대차대조표를 기초대조표와 비교함으로서 당해기간 중 자산과 부채의 변동을 파악한다. 그리고 손익계산서의 내용을 기초로 영업활동에서 발생한 현금의 유입과 유출을 파악하고 이익잉여금계산서에서는 배당금액을 파악한다. 그리고 이러한 내용을 결합하여 기간중 기업의 현금유입이 생긴 원천이 무엇이고, 또 그것이 사용된 실적이 무엇인지를 파악한다. 현금흐름표에서는 이렇게 파악된 현금유입과 유출실적을 크게 영업활동으로 인한 현금흐름, 투자활동으로 인한 현금흐름 및 재무활동으로 인한 현금흐름으로 나누어 보고하고 있다.

이러한 현금흐름표를 작성함으로서 기업이 영업활동에서 어느 정도 현금을 창출할 능력을 가지고 있으며 정상적인 영업과 성장에 필요한 자금이 원활하게 공급되고 순환되는지를 파악할 수 있다. 그리고 기업의 경영자는 현금유입과 유출의 상황을 파악함으로서 투자결정과 자금조달 결정에 필요한 재무정보를 얻을 수 있으며, 채권자나 주주 등 기업의 외부자도 기업의 차입금에 대한 적기상환능력이나 배당능력, 자금조달능력 등을 평가할 수 있다.

(2) 현금흐름표의 작성원리

현금흐름표가 어떻게 작성되는가를 이해하기 위해서 다음 기업의 예를 들어보자. 다음 〈표 3-2〉는 어떤 가상기업에 대하여 2000년과 2001년도의 대차대조표 및 2001년도 손익계산서 및 이익잉여금계산서를 나타낸 것이다.

표 3-2 가상 기업의 대차대조표

(단위: 억원)

자산	2000년도	2001년도	부채 및 자기자본	2000년도	2001년도
유동자산	600	700	유동부채	450	430
현금	100	150	외상매입금	100	110
외상매출금	200	220	기타유동부채	350	320
재고자산	160	185	고정부채	1,000	1,200
기타유동자산	140	145	자본금	550	570
고정자산	1,400	1,500	납입자본금	400	400
			자본잉여금	50	50
			이익잉여금	100	120
자산합계	2,000	2,200	부채 및 자본총계	2,000	2,200

표 3-3 가상 기업의 손익계산서(2001년도)

(단위: 억원)

매출액	550
매출원가	-300
매출총이익	250
판매비와 일반관리비	-100
영업이익	150
영업외 수익	5
영업외 비용	-55
경상이익	100
특별손익	0
세전이익	100
법인세	40
당기순이익	60

표 3-4 가상 기업의 이익잉여금처분계산서(2001년도)

(단위: 억원)

전기말 이익잉여금	100
당기순이익	60
금기배당액	-40
당기말이월 이익잉여금	120

현금흐름표는 대차대조표에서 기간 중에 기업이 보유한 현금액이 변화한 요인을 분석한 표이다. 〈표 3-2〉의 대차대조표에서는 2000년과 2001년 사이에 현금액이 100억원에서 150억원으로 50억원 증가하였다. 그러면 기간 중 현금액이 이렇게 변한 요인이 무엇인가? 그것을 이해하기 위해서 어떤 연도이든지 대차대조표에서는 항상 자산의 총액이 부채 및 자기자본의 총액과 같아진다는 대차대조표 등식이 성립된다는 것을 인식할 필요가 있다. 따라서 이러한 등식이 성립함에 따라 어떠한 두 기간 사이의 자산총액의 변동액은 부채 및 자기자본의 변동액과 일치한다. 즉, 두 기간 사이에 자산과 부채 및 자기자본 총액의 증감을 각각 △자산총액과 △부채 및 자기자본 총액이라 하면 다음이 성립한다.

△자산총액 = △부채 및 자기자본 총액 **(식 1)**

다음 〈표 3-5〉는 위의 기업에 대해 2000년과 2001년 사이 대차대조표 항목의 증감을 나타내는 증분대차대조표이다. 표에서 보듯, 2000년도와 2001년도 사이에 자산과 부채 및 자기자본 총액은 모두 200억원이 증가하였으므로 두 금액이 일치하였다. 그런데 자산은 크게 유동자산과 비유동자산으로 구성되고, 부채 및 자기자본도 유동부채와 비유동부채 그리고 자기자본으로 구성되므로 대차대조표의 증분은 다음 관계가 성립한다.

표 3-5 가상 기업의 증분대차대조표(2000년과 2001년 기간 중)

(단위: 억원)

자산		부채 및 자기자본	
△유동자산	100	△유동부채	-20
△현금	50	△외상매입금	10
△외상매출금	20	△기타유동부채	-30
△재고자산	25	△비유동부채	200
△기타유동자산	5	△자본금	20
△비유동자산	100	△납입자본금	0
		△자본잉여금	0
		△이익잉여금	20
△자산합계	200	△부채 및 자본총계	200

△유동자산 + △비유동자산 = △유동부채 + △비유동부채 + △자기자본 (식 2)

또 유동자산을 현금, 외상매출금과 재고자산 및 기타 유동자산으로 분류하고 유동부채는 외상매입금과 기타 유동부채, 자본금을 납입자본과 자본잉여금, 이익잉여금으로 분류하고 위의 식을 각 구성항목으로 표시하면 다음 식이 성립한다.

△현금 + △외상매출금 + △재고자산 + △기타유동자산 + △비유동자산
= △외상매입금 + △기타유동부채 + △비유동부채 + △납입자본금
+ △자본잉여금 + △이익잉여금 (식 3)

그리고 다음 식은 위의 (식 3)을 △현금에 대해 정리한 것이다.

△현금 = △외상매입금 + △기타유동부채 + △비유동부채 + △납입자본금
+ △자본잉여금 + △이익잉여금 − △외상매출금 − △재고자산
− △기타유동자산 − △비유동자산 (식 4)

그러므로 위의 (식 4)를 통해서 보면 어떤 기간 중 기업이 보유하는 현금의 변동(△현금)은 (식 4)의 오른쪽 항목의 변화를 통해서 발생함을 알 수 있다. 기업이 보유하는 현금의 증가(감소)는 외상매입금과 기타 유동부채의 증가(감소)나 비유동부채의 증가(감소), 납입자본금과 자본잉여금, 이익잉여금과 같은 자본금의 증가(감소)를 통해서 발생하거나 외상매출금의 감소(증가), 재고자산 및 기타유동자산이나 비유동자산의 감소(증가)를 통해서 이루어진다.

예를 들어 〈표 3-5〉를 통해서 위의 기업에 대해 살펴보면 2000-2001년 기간 중 현금보유가 50억원 증가하였다. 이러한 현금의 증가를 요인별로 살펴보면 우선 외상매입금은 10억원이 증가하였고, 기타유동부채는 -30억원, 비유동부채는 200억원 변동하였으며 납입자본금과 자본잉여금은 0, 이익잉여금은 20억원이 증가하였다. 그리고 외상매출금과 재고자산, 기타유동자산 및 비유동자산은 각각 20억원, 25억원, 5억원 및 100억원이 변동하였다. 따라서 기간 중 이 기업에 대한 현금의 변동은 다음과 같이 설명된다.

△현금(50억원) = △외상매입금(10억원) + △기타유동부채(−30억원)
+ △비유동부채(200억원) + △납입자본금(0원)
+ △자본잉여금(0원) + △이익잉여금(20억원)
− △외상매출금(20억원) − △재고자산(25억원)
− △기타유동자산(25억원) − △비유동자산(100억원)

현금흐름표는 특정 기간 중 현금 변동이 발생한 요인을 (식 4)의 오른쪽 항목으

로 설명하는 표이다. 이러한 항목 중 비유동부채나 자본금의 변동은 자금조달과 관련된 재무활동의 결과이며, 비유동자산의 변동은 공장설비 등 자산의 매입·매각과 관련된 투자활동의 결과이고 외상매출이나 재고자산의 변동은 기업의 정상적인 영업활동의 결과로서 발생한다고 할 수 있다. 따라서 기업의 활동을 구분하면 크게 영업활동과 투자활동 그리고 재무활동으로 나누어 볼 수 있다. 현금흐름표에서는 (식 4) 오른 쪽의 현금 변동요인을 크게 영업활동에서 발생하는 현금흐름과 투자활동에서 발생하는 현금흐름 그리고 재무활동에서 발생하는 현금흐름의 세 가지로 나누어 표시한다.

(식 4)의 오른쪽의 현금변동 요인을 이러한 세 가지 활동으로 분류하기 위해서 우선 이익잉여금의 변동이 어떻게 이루지는지를 살펴보자. 앞의 〈표 3-4〉를 통해서 이익잉여금처분계산서를 살펴보면 당기순이익은 이익잉여금을 증가시키는 요인이며 배당은 이를 감소시키는 요인임을 알 수 있다. 즉, 다음이 성립한다.

$$\triangle\text{이익잉여금} = \text{당기순이익} - \text{배당금} \qquad \textbf{(식 5)}$$

따라서 이러한 관계를 (식 4)에 대입하면 다음과 같다.

$$\begin{aligned}\triangle\text{현금} = \ & \triangle\text{외상매입금} + \triangle\text{기타유동부채} + \triangle\text{비유동부채} + \triangle\text{납입자본금} \\ & + \triangle\text{자본잉여금} + \text{당기순이익} - \text{배당금} - \triangle\text{외상매출금} \\ & - \triangle\text{재고자산} - \triangle\text{기타유동자산} - \triangle\text{비유동자산} \qquad \textbf{(식 6)}\end{aligned}$$

그러면 (식 6)의 각 항목을 영업활동과 투자활동 그리고 재무활동으로 분류해보기로 하자. 그런데 위의 식에서 비유동부채나 기타유동부채의 변동은 장·단기 부채의 차입이나 상환에 따라 발생하기도 하지만 각종 현금유출이 없는 비용에 대해 충당금을 설정함으로서 발생하기도 한다. 다음의 〈표 3-6〉은 손익계산서 항목 중 현금흐름과 관련이 없는 수익과 비용의 예를 든 것이다. 가령 감가상각비는 현금유출이 발생하지 않는 비용으로서 감가상각에 대한 충당금을 설정한다면 이것은 비유동부채로 분류되어 당기의 감가상각액만큼 비유동부채를 증가시키게 된다. 이러한 비용들은 당기순이익을 기준으로 영업현금흐름을 계산하기 위해 반영되어야 할 항목이다. 앞에서 언급하였듯이 당기순이익은 발생주의에 의해 계산되므로 현금주의 회계에 의한 현금흐름과 다르다. 당기순이익을 현금흐름으로 조정하기 위해서는 현금흐름이 발생하지 않는 비용을 당기순이익에 가산해 주어야 한다.

그러므로 위의 식에서 기타유동부채와 비유동부채의 변동을 실제 부채의 차입이나 상환에 따라 발생하는 순차입[1]과 현금유출이 없는 비용에 대한 조정 항목으로 분류하기로 한다.

---

1) 기간 중 부채의 차입액이 상환액보다 크면 순차입액이 양(+)수이고 그 반대의 경우에는 순차입이 음(-)수이다.

표 3-6 현금흐름과 관련이 없는 항목

현금유입이 없는 수익	현금유출이 없는 비용
유가증권평가익	감가상각비
외화환산이익	무형고정자산상각비
대손충당금환입액	재고자산평가손실
주식배당수령액 등	유가증권평가손실
	외화환산손실

△ 기타 유동부채 ─┐ ➡ ┌ 부채의 순차입(순상환)
△ 비유동부채 ─┘   └ 현금유출이 없는 비용에 대한 조정(+)

또 위의 식에서 비유동자산이나 기타유동자산의 변동도 실제 공장설비나 유가증권 등 장·단기 자산을 취득하거나 매각함으로서 발생하기도 하지만 현금유출입이 없는 수익이나 비용이 반영되어 나타나기도 한다. 가령 손익계산서에 유가증권평가이익이 발생하였다면 이것은 대차대조표의 유가증권(단기투자자산) 항목을 증가시키므로 기타유동자산의 증가를 가져온다. 또 감가상각비를 감가상각충당금으로 처리하지 않고 당기의 비유동자산 금액에서 차감하는 방법으로 대차대조표에 반영한다면 감가상각비만큼 당기의 비유동자산 금액이 전기에 비해 감소한다. 따라서 당기순이익을 영업현금흐름으로 조정하기 위해서는 이러한 항목을 반영해 주어야 한다. 현금유입이 없는 수익은 당기순이익에서 차감하고 현금유출이 없는 비용은 당기순이익에 가산함으로서 당기순이익은 영업현금흐름으로 조정된다.

그러므로 비유동자산과 기타유동자산의 변동도 실제 자산을 취득하거나 매각함으로서 발생하는 자산의 순매입[2]과 현금유출입이 없는 수익과 비용의 조정항목으로 구분하기로 한다.

△ 기타 유동자산 ─┐ ➡ ┌ 자산의 순매입(순매각)
  ├ 현금유입이 없는 수익에 대한 조정(−)
△ 비유동자산 ─┘   └ 현금유출이 없는 비용에 대한 조정(+)

그러면 △기타유동부채와 △비유동부채, △기타유동자산과 △비유동자산에 대하여 이러한 분류기준을 적용하면 위의 (식 6)은 다음과 같이 전개된다.

△현금 = △외상매입금 + 부채의 순차입(순상환) + △납입자본금 + △자본잉여금 + 당기순이익 − 배당금 − △외상매출금 − △재고자산 − 자산의

2) 기간 중 자산의 매입액이 매각액보다 크면 순매입액이 양수(+)이고 그 반대이면 순매입액이 음(−)수이다.

순매입(순매각) + 현금유출이 없는 비용에 대한 조정 − 현금유입이 없는 수익에 대한 조정 (식 7)

그러면 (식 7)에서 당기순이익과 현금유출입이 없는 수익과 비용의 조정항목, 그리고 외상매입금이나 외상매출금, 그리고 재고자산의 변동은 영업활동으로 인한 현금흐름으로 분류되고 자산의 순매입(순매각)은 투자활동으로 인한 현금흐름으로 분류되며, 부채의 순차입(순상환)이나 납입자본금, 자본잉여금의 변동이나 배당금의 지급 등은 재무활동으로 분류된다.

다음의 〈표 3-7〉은 위의 (식)에서 현금의 변동을 가져오는 요인을 위의 분류에 따라 재정리한 것이다. 현금흐름표는 〈표 3-7〉의 항목에 대하여 특정 기간 중 발생한 항목을 정리한 표이다. 이러한 현금흐름표를 통해서 기간 중 현금의 변동이 발생한 요인을 일목요연하게 파악할 수 있다.

표 3-7 현금흐름표 항목의 구분

+ 당기순이익 + 현금유출이 없는 비용 - 현금유입이 없는 수익 + △외상매입금 - △외상매출금 - △재고자산	영업활동으로 인한 현금흐름
- 자산의 순매입	투자활동으로 인한 현금흐름
+ 부채의 순차입 + △납입자본금 + △자본잉여금 - 배당금	재무활동으로 인한 현금흐름
△현금	

(3) 현금흐름표의 작성

1) 간접법

현금흐름표는 〈표 3-7〉에서 보듯, 기간 중 현금의 증감이 발생한 요인을 영업활동과 투자활동, 재무활동으로 분류하여 정리한 표이다. 현금흐름표에서는 〈표 3-7〉의 각 항목에 대하여 현금유입액과 유출액을 파악한다. 그러나 실제 현금흐름표를 작성하는 방법은 영업현금흐름을 어떻게 계산하는가에 따라 크게 직접법과 간접법의 두 가지가 있다.

우선 간접법은 〈표 3-7〉에서와 같은 방법으로 현금흐름을 계산하는 방법이다. 위에서 예를 든 〈표 3-2〉 기업에 대하여 간접법에 따라 현금흐름표를 작성해 보기로 하자. 〈표 3-3〉의 손익계산서의 항목 중 판매비와 일반관리비에는 유형고정자산에 대한 감가상각비가 20억원이 포함되어 있으며 이것이 대차대조표에는 전기의 고정자산 금액에서 감가상각비를 상계하는 방식으로 반영되었다고 가정하자. 그리고 감가상각비 이외에 다른 현금유입과 유출을 수반하지 않는 비용과 수익은 없으며, 기간 중 비유동자산의 매각도 없는 것으로 가정한다. 그러면 간접법에 의한 현금흐름표는 다음과 같이 작성된다.

다음의 〈표 3-8〉은 앞의 〈표 3-7〉의 구분에 따라 간접법에 의해 현금흐름표를 작성한 것이다. 〈표 3-3〉에서 이 기업의 당기순이익은 60억원이다. 현금흐름표에서 영업활동으로 인한 현금흐름을 계산하기 위해서 우선 당기순이익에다 현금유출이 없는 비용을 20억원 가산하였다. 이것을 가산해 준 이유는 감가상각비 때문이다. 감가상각비는 당기순이익을 계산할 때 이것을 차감하였으나 현금유출이 없는 비용이므로 영업현금흐름을 계산하기 위해서는 이것을 다시 가산해 주어야 한다. 그리고 〈표 3-5〉의 증분대차대조표에서 보듯, 기간 중 외상매입금의 증가는 10억원이고, 외상매출금과 재고자산의 증가는 각각 20억원과 25억원이므로 이것을 반영하면 영업활동을 인한 현금흐름은 45억원이 되었다.

한편 〈표 3-5〉에서 비유동자산의 순증가액은 100억이다. 그러나 〈표 3-8〉의 현금흐름표에서는 이것이 120억원으로 계산되었다. 이것도 역시 기간 중 감가상각비를 감안한 것이다. 기업이 감가상각비에 대한 회계처리를 감가상각충당금의 설정을 통해 처리하지 않고 전기의 비유동자산에서 이것을 직접 상계하는 방식으로 처리하고 있다면 기말 고정자산의 금액은 다음과 같이 결정된다.

기말 비유동자산 = 기초 비유동자산 − 감가상각비 + 비유동자산의 순매입 **(식 8)**

따라서

비유동자산의 순매입 = 기말 비유동자산 − 기초비유동자산 + 감가상각비
= 비유동자산의 변동 + 감가상각비 **(식 9)**

위의 예에서는 기간 중 비유동자산의 변동금액은 100억원이고 감가상각비가 20억원이므로 기간 중 비유동자산의 순매입은 120억원이 된다. 따라서 기타 유동자산의 증가(5억원)를 포함하여 투자활동으로 인한 현금유출이 125억원이 되었다.

그리고 재무활동으로 인한 현금흐름은 〈표 3-5〉의 비유동부채와 기타 유동부채의 증감을 반영한다. 〈표 3-5〉에서 기간 중 비유동부채가 200억원 증가하였으므로 재무활동으로 인한 현금흐름에서 장기차입금의 증가가 200억원이 되었으며,

기타유동부채는 30억원 감소하였으므로 단기차입금의 증가가 -30억원이 되었다. 단기차입금의 증가는 원래 현금흐름을 증가(+)시키는 요인이지만 본 예에서는 기간 중 기타유동부채가 감소하였으므로 재무활동으로 인한 현금유입에서 이 금액을 빼주었다. 그리고 〈표 3-4〉의 이익잉여금처분계산서에서 금기 배당액이 40억원이다. 그러므로 이러한 계산의 결과, 기간 중 기업이 보유하는 현금은 〈표 3-5〉에서와 마찬가지로 50억원이 증가하였다.

이러한 현금흐름표를 보면 기간 중 기업의 현금이 어떻게 발생하고 사용이 되었는지를 쉽게 파악할 수 있다. 이 기업은 영업활동으로 인해 45억원의 현금을 창출하고 차입 등 재무활동을 통해 130억원의 현금을 조달하였으나 비유동자산의 매입 등 신규투자에 125억원을 투입하였으므로 결과적으로 전기에 비해 50억원의 현금을 더 보유하게 되었다.

표 3-8 간접법에 의한 현금흐름표

(단위: 억원)

항목	금액		
I. 영업활동으로 인한 현금흐름			45
1. 당기순이익(+)	60		
2. 현금의 유출이 없는 비용(+)	20		
3. 현금의 유입이 없는 수익(-)	0		
4. 영업활동으로 인한 자산·부채의 변동	(35)		
가. 외상매입금의 증가(+)		10	
나. 외상매출금의 증가(-)		(20)	
다. 재고자산의 증가(-)		(25)	
II. 투자활동으로 인한 현금흐름			(125)
1. 투자활동으로 인한 현금유입액(+)	0		
가. 장기투자자산의 감소(+)			
2. 투자활동으로 인한 현금유출액(-)	(125)		
가. 비유동자산의 증가(-)		(120)	
나. 기타유동자산의 증가(-)		(5)	
III. 재무활동으로 인한 현금흐름			130
1. 재무활동으로 인한 현금유입액(+)	170		
가. 단기차입금의 증가(+)		(30)	
나. 장기차입금의 증가(+)		200	
다. 납입자본금의 증가(+)		0	
라. 자본잉여금의 증가(+)		0	
2. 재무활동으로 인한 현금유출액(-)	(40)		
가. 배당금의 지급(-)		(40)	
IV. 현금의 변동			50
V. 기초현금			100
VI. 기말현금			150

※ 괄호안의 수치는 음(-)수를 나타냄

2) 직접법

직접법에서는 앞의 간접법과 투자활동 및 재무활동으로 인한 현금흐름을 계산하는 방법은 동일하나 영업활동으로 인한 현금흐름을 계산하는 방법이 다소 차이가 난다. 간접법에서는 영업활동으로 인한 현금흐름을 당기순이익을 기준으로 현금유출입이 없는 비용을 가감하는 방법으로 계산하지만, 직접법에서는 손익계산서 항목 중 순전히 현금유출입을 수반하는 수익과 비용만을 추출하여 영업활동으로 인한 현금흐름을 계산한다. 우선 간접법에서 영업활동으로 인한 현금흐름은 다음과 같이 계산된다.

영업활동으로 인한 현금흐름 = 당기순이익+(현금유출이 없는 비용 − 현금유입이 없는 수익)+(외상매입금의 증가 − 외상매출금의 증가 − 재고자산의 증가)

(식 10)

그런데 여기에다 당기순이익의 계산항목을 대입하면 영업활동으로 인한 현금흐름은 다음과 같다.

영업활동으로 인한 현금흐름 = (매출액 − 매출원가 − 판매 및 일반관리비+영업외수익 − 영업외비용+특별이익 − 특별손실 − 법인세)+(현금유출이 없는 비용 − 현금 유입이 없는 수익)+(외상매입금의 증가 − 외상매출금의 증가 − 재고자산의 증가) **(식 11)**

다음의 〈표 3-9〉에서 왼쪽 난은 (식 11)의 오른쪽 항목을 다시 적절히 배열하여 정리한 것이다. 그리고 이것은 표의 오른쪽 난처럼 다시 정리될 수 있다. 직접법에서는 영업활동으로 인한 현금흐름을 〈표 3-9〉의 오른쪽의 난의 항목에 따라 파악한다. 즉, 직접법에 의한 현금흐름표에서는 영업활동으로 인한 현금흐름을 매출 등 수익활동으로부터의 유입액과 매입 등 수익활동에 따른 유출액, 기타수입액 및 기타지출액 그리고 법인세 지급액으로 구분하여 표시한다. 이 때 각 항목은 표의 오른쪽 난의 내용에 따라 계산된다. 매출 등 수익활동으로부터의 유입액은 매출액에서 외상매출의 증가를 차감한 금액이며, 매입 등 수입활동에 따른 유출액은 매출원가에서 외상매입금의 증가와 재고자산의 증가를 차감한 금액이다. 그리고 기타 수입액과 기타 지출액은 판매비와 일반관리비, 영업외손익 그리고 특별손익 중에서 현금유출입이 없는 수익과 비용을 가감한 금액으로 계산한다.

표 3-9 직접법에 의한 영업현금흐름의 구성

영업현금흐름의 구성 항목	직접법에 의한 영업현금흐름의 구성 항목
+ (매출액 - 외상매출금의 증가)	= 매출 등 수익활동으로부터의 유입액(+)
- (매출원가 - 외상매입금의 증가 + 재고자산의 증가)	= 매입 등 수익활동에 따른 유출액(-)
+ (영업외수익+특별이익 - 현금유입이 없는 수익)	= 기타 수입액(+)
- (판매 및 일반관리비+영업외비용+특별손실 - 현금유출이 없는 비용)	= 기타 지급액(-)
- (법인세)	= 법인세 지급액(-)
= 영업활동으로 인한 현금흐름	= 영업활동으로 인한 현금흐름

다음 〈표 3-10〉은 위에 예를 든 기업에 대해서 직접법에 의해서 현금흐름표를 작성한 것이다. 표에서 매출 등 수익활동으로부터의 유입액은 〈표 3-3〉의 손익계산서로부터 기간 중 매출액이 550억원이고 〈표 3-5〉의 증분대차대조표로부터 외상매출의 증가가 20억원이므로 이것을 차감하여 530억원으로 계산되었다. 그리고 매입 등 수익활동에 따른 유출액은 기간 중 매출원가가 300억원이고, 외상매입의 증가가 10억원, 재고자산의 증가가 25억원이므로 이것을 가감하여 315억원이 되었다.

그리고 기타수입액은 특별이익과 현금유입이 없는 수익은 0이지만 손익계산서로부터 영업외수익이 5억원이므로 현금흐름표에 5억원으로 계산되었다. 한편 기타지급액 135억원에는 판매 및 일반관리비 100억원과 영업외비용이 55억원 이외에도 감가상각비가 반영되어 있다. 감가상각비는 현금지출이 없는 비용이므로 판매 및 일반관리비와 영업외비용을 더한 금액에서 감가상각비 20억원을 차감하면 135억원으로 계산된다. 이러한 계산의 결과, 영업활동으로 인한 현금흐름은 간접법에서와 마찬가지로 45억원이 되었다. 직접법은 간접법보다 영업활동에 의해서 발생하는 현금흐름이 매출과 매입 등의 활동을 통해 어떻게 발생하였는가를 좀 더 구체적으로 보여주고 있다.

표 3-10 직접법에 의한 현금흐름표

(단위: 억원)

항목	금액		
I. 영업활동으로 인한 현금흐름			45
1. 매출 등 수익활동으로부터의 유입액	530		
2. 매입 등 수익활동에 따른 유출액	(315)		
3. 기타 수입액	5		
4. 기타 지급액	(135)		
5. 법인세 지급액	(40)		
II. 투자활동으로 인한 현금흐름			(125)
1. 투자활동으로 인한 현금유입액(+)			
가. 투자자산의 감소(+)			
2. 투자활동으로 인한 현금유출액(-)	(125)		
가. 고정자산의 증가(-)		(120)	
나. 기타유동자산의 증가(-)		(5)	
III. 재무활동으로 인한 현금흐름			130
1. 재무활동으로 인한 현금유입액(+)	170		
가. 단기차입금의 증가(+)		(30)	
나. 장기차입금의 증가(+)		200	
다. 납입자본금의 증가(+)		0	
라. 자본잉여금의 증가(+)		0	
2. 재무활동으로 인한 현금유출액(-)	(40)		
가. 배당금의 지급(-)		(40)	
IV. 현금의 변동			50
V. 기초현금			100
VI. 기말현금			150

※ 괄호안의 수치는 음(-)수를 나타냄

(4) 순운전자산과 현금창출능력

현금흐름분석의 주된 목적은 기업의 정상적인 영업과 성장에 필요한 현금이 원활히 공급되고 순환되고 있는지를 파악하는 것뿐만 아니라 기업의 현금창출능력을 평가하는 데에도 있다. 즉, 기업이 생산, 판매 및 관리와 같은 정상적인 영업활동을 수행해 가면서 현금이 지속적으로 원활하게 창출되어 가고 있는지, 또는 외상매출의 회수지연 등으로 오히려 현금이 영업활동에 묶이고 있는지를 평가할 필요가 있다. 영업활동에서 현금창출이 원활하게 이루어지고 현금능력이 양호하면 성장을 위한 자금조달이 원활할 뿐만 아니라 채무의 상환도 원활하게 이루어지므로 채무불이행위험도 줄어들게 된다.

기업의 현금창출능력을 평가하기 위해서는 영업활동으로 인한 현금흐름이 충분한가를 평가할 필요가 있다. 이를 위해서는 자산과 부채, 또는 투자 요구액에 비해

이 금액이 충분한지 평가하거나 이 금액이 어떻게 변화해가고 있는지를 파악할 필요가 있다. 기업의 다른 조건이 일정한데도 불구하고 영업활동으로 인한 현금흐름이 심각하게 감소하고 있다면 이것은 구매, 생산, 판매로 이어지는 영업활동에서 매출채권이나 재고자산 등에 현금이 크게 묶이고 있다는 증거로 해석할 수 있다.

영업활동으로 인한 현금흐름의 동향은 현금흐름표를 통해서 정확히 파악할 수 있다. 그러나 현금흐름표의 작성이 어려운 경우라면 실무적으로는 이익을 기초로 한 대용치를 사용하기도 한다. 영업이익을 기초로 현금흐름을 파악하기 위한 지표로서 EBITDA(earnings before interest, tax, depreciation and amortization)라는 지표가 사용되기도 한다. EBITDA는 이자와 세금 및 유형자산 감가상각비와 무형자산상각비를 공제하기 이전의 이익으로서 다음과 같이 계산된다.

$$\text{EBITDA} = \text{영업이익(EBIT)} + \text{감가상각비} + \text{무형자산상각비} \quad \text{(식 12)}$$

앞에서 예를 든 기업에 대해 EBITDA를 구하면 다음과 같다.

$$\begin{aligned}\text{EBITDA} &= \text{영업이익(EBIT)} + \text{감가상각비} + \text{무형자산상각비} \\ &= 150\text{억원} + 20\text{억원} + 0 = 170\text{억원}\end{aligned}$$

여기서 감가상각비와 무형자산상각비를 더해준 이유는 이것은 현금유출이 없는 비용이므로 이것을 가산함으로서 이자나 세금지급 전 현금흐름을 파악하기 위한 것이다. 또 EBITDA에다 충당금(provision)을 더한 금액으로 현금흐름을 파악하기도 한다. 이것을 EBITDAP라 한다. 즉,

$$\text{EBITDAP} = \text{EBITDA} + \text{충당금(provision)}$$

여기서 충당금을 가산해 준 이유는 일반제조업에서 현금유출이 없는 비용으로는 감가상각비 다음으로 퇴직급여충당금이나 대손상각충당금과 같은 충당금(provision and allowance)이 상당한 비중을 차지하기 때문이다. 그러나 EBITDA나 EBITDAP 같은 지표는 모두 이자비용이나 세금과 같은 실제 현금유출항목을 반영하고 있지 않으므로 영업활동으로 인한 현금흐름과는 상당히 차이가 난다. 이러한 현금유출 항목을 반영하려면 당기순이익을 기초로 한 지표를 사용하는 것이 더 타당할 것이다. 따라서 실무적으로 영업현금흐름을 계산하기 위한 대용치로서 주로 당기순이익에 감가상각비를 더한 금액을 사용하기도 한다. 이를 영업활동으로의 자금(funds from operation: FFO)라 정의하기로 한다.

$$\text{FFO} = \text{당기순이익} + \text{감가상각비} \quad \text{(식 13)}$$

위의 기업에서 이 금액은 다음과 같다.

FFO = 당기순이익+감가상각비 = 60억원 + 20억원 = 80억원

그러나 이 금액도 실제 영업활동으로 인한 현금흐름과 차이가 난다. 그것은 당기순이익의 계산에서는 현금유출과 현금유입이 없는 비용과 수익일지라도 당기의 수익과 비용으로 반영되기 때문이다. 위의 계산에서 감가상각비 이외에 다른 현금유출입이 없는 수익과 비용은 조정되지 않았다. 이러한 수익과 비용 중 특히 주요 항목으로 매출관련 유동자산과 매입관련 유동부채를 들 수 있다. 매출관련 유동자산은 매출채권이나 재고자산, 선급비용 등과 같이 매출활동으로 인해 발생하는 유동자산을 의미한다. 그리고 매입관련 유동부채는 매입채무, 미지급비용 등 매입활동과 관련이 있는 유동부채 항목이다. 이들 금액의 차이를 순운전자산(net working asset: NWA)라 한다. 이것은 유동자산에서 유동부채를 뺀 순운전자본(net working capital: NWC)과는 구분된다. 즉,

순운전자본(NWC) = 유동자산-유동부채 (식 14)
순운전자산(NWA) = 매출관련 유동자산 − 매입관련 유동부채

위의 기업에 대해 2000년과 2001년중 순운전자산을 구하면 다음과 같다.

2000년중 순운전자산 = 매출관련 유동자산 − 매입관련 유동부채
= (외상매출액+재고자산) − (외상매입액)
= (200억원+160억원) − (100억원) = 260억원

2001년중 순운전자산 = 매출관련 유동자산 − 매입관련 유동부채
= (외상매출액+재고자산) − (외상매입액)
= (220억원+185억원) − (110억원) = 295억원

매출관련 유동자산과 매입관련 유동부채는 현금의 유출입을 수반한지 않는 수익과 비용이므로, FFO를 영업활동으로 인한 영업활동으로 인한 현금흐름으로 전환하기 위해서는 이들의 변동 금액을 조정해 줄 필요가 있다. 좀 더 구체적으로 영업활동으로 인한 현금흐름과 순운전자산은 다음과 같은 관계를 갖는다.

영업활동으로 인한 현금흐름 = FFO − 순운전자산 증감액(△NWA)
= (당기순이익+감가상각비) − (기말순운전자산-기초순운전자산) (식 15)

위의 기업에 대해서 이것을 구하면 다음과 같다.

영업활동으로 인한 현금흐름 = (당기순이익+감가상각비) − (기말순운전자산 − 기초순운전자산) = (60억원+20억원) − (295억원-260억원) = 45억원

따라서 위의 예에서 FFO에 순운전자산의 증감을 조정하여 계산한 현금흐름은 앞에서 직접법과 간접법을 통해 현금흐름표에 계산된 영업활동으로 인한 현금흐름과 45억원으로 동일하다는 것을 알 수 있다. 위의 예에서는 매출과 매입 이외에 현금 유출입을 수반하지 않는 수익과 비용이 없으므로 두 방법에 의한 영업현금흐름은 정확하게 일치하였다. 그러나 실제 이러한 수익과 비용이 존재하면 이 두 방법에 의한 영업현금흐름은 정확하게 일치하지 않는다. 그럼에도 불구하고 실무적으로는 현금흐름표를 작성하지 않고 영업활동으로 인한 현금흐름을 대략적으로 파악하기 위해서 위의 식에서와 같이 당기순이익을 기준으로 현금흐름을 파악하기도 한다.

한편 위의 (식 15)를 통해서 보면 기업의 영업활동으로 인한 현금흐름을 결정하는 요소는 당기순이익과 감가상각비 이외에도 순운전자산(NWA)의 변동이 큰 영향을 미친다는 것을 알 수 있다. 따라서 기업의 현금창출능력을 평가하기 위해서는 당기순이익 이외에도 순운전자산(NWA)의 변동을 파악할 필요가 있다. 일반적으로 기업의 지급능력을 평가하기 위해서 유동자산과 유동부채의 차이인 순운전자본(NWC)을 사용하는 경우가 많다. 그러나 순운전자본(NWC)은 기업의 지급능력이나 현금창출능력을 평가하기 위한 지표로서 적절하지 못한 경우가 많다. 가령 전기에 비해 외상매출금이나 재고자산이 급격하게 증가한 기업은 유동자산이 많아짐으로서 순운전자본이 증가한다. 이러한 기업은 오히려 자금이 외상매출과 재고자산에 더 많이 묶여 있으므로 기업의 지급능력이나 현금창출능력이 개선되었다고 볼 수 없다. 따라서 기업의 현금창출능력을 평가하기 위해서는 순운전자본(NWC)보다는 순운전자산(NWA)을 분석하는 더 중요하다고 여겨진다.

순운전자산(NWA)이 증가한다는 것은 매입관련 유동부채보다 매출관련 유동자산이 더 많아지고 있다는 의미이다. 이것은 기업의 자금이 구매, 생산, 판매의 정상적인 영업과정에서 매출채권과 재고자산 등에 지나치게 현금이 묶이고 있다는 점을 시사한다. 반면 순운전자산(NWA)이 감소하고 있다는 것은 매출관련 유동자산보다 매입관련 유동부채가 더 많아지고 있으므로 현금창출능력 면에서 개선되고 있다는 의미로 받아들여진다.

3 현금흐름 비율 분석

현금흐름표를 통하여 산출된 정보는 기업의 내용을 파악하는데 유용한 정보를 제공한다. 현금흐름표를 이용하는 방법으로서 현금흐름표 상에 나타난 전체 현금유입액과 현금유출액을 기준으로 각 현금유입과 유출항목의 구성비율을 파악하여 현금흐름의 내용을 파악하는 백분율법이 사용되기도 한다. 또한 현금흐름표의 각 종 금액을 이용하여 재무비율을 구함으로서 기업의 상태를 파악할 수 있다.

현금흐름과 관련한 재무비율은 주로 기업의 현금창출능력을 평가하거나 부채상환과 같은 장·단기 지급능력, 혹은 주가의 적정성을 파악하는데 사용된다. 현금흐름에 관한 재무비율도 다른 지표와 마찬가지로 특정 기업에 대해 이 비율의 과거의 변화 추세를 살펴봄으로서 이러한 지표가 개선 또는 악화되는지 살펴보는 추이법을 사용하거나, 산업평균 혹은 유사기업의 비율과 비교함으로서 기업의 상태를 파악하는 비교법이 사용된다. 여기서는 현금흐름과 관련된 재무비율을 현금창출능력 지표와 지급능력에 관한 지표, 그리고 주가관련 지표로 나누어 살펴본다.

(1) 현금창출능력에 관한 지표

1) 현금흐름 대 매출액 비율

기업의 현금사정이나 현금창출능력이 어떠한지를 평가하기 위해서 현금흐름 대 매출액 비율이 사용될 수 있다. 현금흐름 대 매출액 비율은 영업활동으로 인한 현금흐름을 매출액으로 나누어 계산한다. 즉,

$$\text{현금흐름 대 매출액 비율} = \frac{\text{영업활동 현금흐름}}{\text{매출액}}$$

이 비율이 높을수록 영업순환과정에서 매출액에 비하여 현금사정이 좋으며, 또 매출 한 단위당 현금창출능력도 상대적으로 높다는 것을 의미한다.

2) 현금흐름 대 총자산 비율

기업의 현금사정이나 현금창출능력을 총자산에 대비하여 평가할 수도 있다. 현금흐름 대 총자산 비율은 다음과 같이 계산된다.

$$\text{현금흐름 대 총자산 비율} = \frac{\text{영업활동 현금흐름}}{\text{총자산}}$$

이 비율이 높다는 것도 자산에 비해 현금사정이 좋으며, 또 현금창출능력이 높다는 것을 의미한다.

3) 당기순이익 대 영업활동현금흐름 비율

이 비율은 영업활동현금흐름 중 당기순이익이 차지하는 비중을 측정한 것이다. 이 비율은 다음과 같이 구해진다.

$$당기순이익\ 대\ 영업활동현금흐름\ 비율 = \frac{당기순이익}{영업활동\ 현금흐름}$$

이 비율이 높다는 것은 장부상 당기순이익은 높은데 비하여 영업활동의 현금흐름이 상대적으로 낮다는 것을 의미한다. 따라서 이익에 비해 영업활동으로 인한 현금회수가 저조한 것으로 해석할 수 있다.

4) 영업활동현금흐름 대 투자활동순현금지출 비율

이 비율은 영업활동 현금흐름으로 투자활동에 소요되는 지출을 얼마나 충당할 수 있는가를 측정한 지표로서 투자자금의 조달능력을 평가하는 지표라고 할 수 있다.

$$영업활동현금흐름\ 대\ 투자활동순현금지출\ 비율 = \frac{영업활동\ 현금흐름}{투자활동\ 순현금지출}$$

이 지표가 높을수록 투자활동에 사용되는 현금지출이 주로 영업활동 현금흐름으로 조달되었다는 의미이다.

5) 영업활동현금흐름 대 유형자산순투자지출 비율

이것은 유형자산 투자자금의 조달능력을 평가하는 지표로서 영업활동으로 인한 현금흐름이 유형자산 매입을 위한 투자지출을 얼마나 충당할 수 있는가를 측정한 지표이다.

$$영업활동현금흐름\ 대\ 유형자산순투자지출\ 비율 = \frac{영업활동\ 현금흐름}{유형자산\ 순투자지출}$$

이 비율이 높을수록 유형고정자산의 취득에 소요되는 현금이 영업활동을 통해 조달되었다는 의미이다.

(2) 지급능력에 관한 지표

1) 현금흐름 대 총부채 비율

이 비율은 전체 부채에 대해 기업이 어느 정도 상환능력을 가지고 있는지를 평가하는 지표이다. 이것은 부채총액에 대해 영업활동으로 인한 현금흐름이 어느 정도인가로 평가된다. 즉, 현금흐름 대 부채비율은 다음과 같이 계산된다.

$$현금흐름\ 대\ 총부채\ 비율 = \frac{영업활동\ 현금흐름}{총부채}$$

이 비율이 높을수록 기업이 장기적으로 갚아야할 총부채에 대하여 영업활동으로 인한 현금흐름이 많다는 의미이므로 장기적 상환능력이 높은 것으로 본다. 따라서 이 비율을 장기지급능력비율이라고도 부른다.

2) 현금흐름 대 단기차입 비율

이 비율은 단기차입금에 대해 상환능력을 평가하는 지표이다. 이 비율은 1년 이내 상환기간이 도래하는 단기차입금에 비해서 영업활동으로 인한 현금흐름이 어느 정도인가로 평가한 것이다. 즉, 이 비율을 구하는 식은 다음과 같다.

$$\text{현금흐름 대 단기차입금 비율} = \frac{\text{영업활동 현금흐름}}{\text{단기차입금}}$$

역시 이 비율이 높을수록 단기차입금에 비해 영업활동으로 인한 현금흐름이 많다는 것을 의미하므로 단기지급능력이 높은 것으로 본다. 이러한 뜻에서 이 비율을 단기지급능력비율이라고도 한다.

3) 현금보상비율(cash coverage ratio)

이 비율은 현금흐름 대 단기차입 비율과 마찬가지로 기업의 단기지급능력을 평가하는 지표로서 활용된다. 영업활동현금흐름으로 단기차입금과 이자비용 등 금융비용을 부담할 수 있는가를 측정한 지표로서 다음과 같이 계산된다.

$$\text{현금보상비율} = \frac{\text{영업활동 현금흐름} + \text{금융비용}}{\text{단기차입금} + \text{금융비용}}$$

이 비율이 높을수록 단기지급능력이 높은 것을 본다.

4) 금융비용보상비율(interest coverage ratio)

이것도 역시 기업의 단기지급능력을 평가하는 지표로서 영업활동으로 인한 현금흐름이 금융비용을 부담하는데 충분한가를 측정한 지표이다. 이 비율은 다음과 같이 계산된다.

$$\text{금융비용보상비율} = \frac{\text{영업활동 현금흐름} + \text{금융비용}}{\text{금융비용}}$$

금융비용보상비율이 높을수록 금융비용의 부담 능력이 높은 것으로 간주된다.

(3) 주가관련 비율

1) 주당현금흐름

이 지표는 주주에게 귀속되는 1주당 현금흐름이 어느 정도인지를 평가하기 위한 지표이다. 이것은 기업 전체에서 발생한 영업활동으로 인한 현금흐름에서 우선주 배당금을 제한 금액을 발행주식수로 나누어 계산한다. 즉,

$$\text{주당현금흐름} = \frac{\text{영업활동 현금흐름} - \text{우선주 배당금}}{\text{보통주 평균발행주식수}}$$

위의 예에서 영업활동으로 인한 현금흐름이 45억원 이었으므로 우선주배당금이 5억원이고 보통주 발행주식수가 100만주라면 주당 현금흐름은 다음과 같다.

$$\text{주당현금흐름} = \frac{45\text{억원} - 5\text{억원}}{100\text{만주}} = 4,000\text{원}$$

위의 식의 분자에서 우선주배당금을 제한 이유는 보통주 주주에게 귀속되는 현금흐름을 파악하기 위한 것이다. 그리고 위의 식에서 연도 중 보통주의 발행주식수가 변화가 있었다면 분모의 보통주발행 주식수는 연도의 평균을 사용해야 한다.

2) 주가 대 현금흐름 비율(PCR: price to cashflow ratio)

기업의 주가의 적정성을 평가하기 위해서 주가순이익비율(PER: price-earning ratio)이라는 지표 이외에도 주가 대 현금흐름비율이 많이 사용되고 있다. 주가순이익비율은 주가를 주당순이익(earning per share: EPS)으로 나누어 1주당 당기순이익에 비해 주가가 어느 정도 높은가를 평가한 지표인데 반해서 주가 대 현금흐름 비율은 주가를 1주당 현금흐름으로 나누어 현금흐름에 비해 주가가 어느 정도 높은가를 평가한 지표이다. 주가 대 현금흐름 지표는 다음과 같이 계산된다.

$$\text{주가 대 현금흐름 비율} = \frac{\text{평균주가}}{\text{주당현금흐름}}$$

만일 어떤 기업의 주당현금 흐름이 앞에서와 같이 4,000원이고 특정 기간 중 이 기업의 평균주가가 1만원이면 주가 대 현금흐름 비율은 다음과 같다.

$$\text{주가 대 현금흐름 비율} = \frac{10,000\text{원}}{4,000\text{원}} = 2.5$$

주가 대 현금흐름 비율이 낮다는 것은 1주를 기준으로 파악하였을 때, 기업이 창출하는 영업활동으로 인한 현금흐름에 비해 주가가 낮게 형성되어 있다는 의미

이다. 따라서 현금흐름에 비해 정상적인 수준으로 주가가 형성된다면 이러한 주식은 주가가 앞으로 더 오를 수 있다고 본다. 따라서 일반적으로 이 비율이 낮은 주식은 주가가 저평가된 주식으로 간주된다. 반면 이 비율이 높은 주식은 영업활동으로 인한 현금흐름에 비해 주가가 높게 형성되어 있으므로 일반적으로 고평가된 주식으로 간주된다.

3) 배당지급계수

이 비율은 기업의 배당지급능력을 평가한 지표이다. 이것은 영업활동으로 인한 현금흐름을 배당금으로 나누어 계산한다.

$$\text{배당지급능력계수} = \frac{\text{영업활동 현금흐름}}{\text{배당금}}$$

이 비율이 높을수록 배당금에 비해 충분한 영업현금흐름을 확보하고 있다는 의미이며 따라서 기업이 배당지급능력을 충분하다는 것을 나타낸다.

4 현금흐름표를 이용한 기업의 재무상태 파악

(1) 현금흐름과 기업의 재무상태

현금흐름표는 기업활동에 사용되는 현금의 조달과 운용에 관한 원천과 금액을 나타내고 있다. 따라서 기업의 재무상태와 부실가능성을 파악하기 위해서 현금흐름표는 매우 중요한 정보를 제공한다고 볼 수 있다.

특히 최근에 들어서는 기업의 부실 혹은 도산 가능성을 예측하기 위해서 현금흐름의 분석이 더욱 중요하게 인식되고 있다. 외국계 금융기관을 비롯하여 여러 금융기관들이 현금흐름분석 자료에 대해 상당한 관심을 가지고 있다. 현금흐름 분석자료가 기업의 부실 가능성을 예측하는데 특히 중요한 이유는 첫째, 기업의 도산은 궁극적으로 현금부족 사태를 의미하기 때문이다. 도산하는 기업은 영업활동의 부진으로 인해 궁극적으로 현금부족을 겪게되고 마지막에는 만기가 도래한 채무를 상환할 수 없는 부도사태에 직면하게 된다. 이러한 현금부족 사태를 예측하기 위해서는 기업의 현금흐름 동향을 면밀히 분석할 필요가 있다. 현재까지 많은 연구에 의하면 기업의 현금흐름에 관한 지표는 기업의 도산 가능성을 조기에 판단할 수 있는 매우 유용한 지표로 나타나고 있다.

둘째, 현금흐름표는 비교적 분식 가능성이 적은 재무제표로 인식되고 있다. 기업이 부실화되면 일반적으로 기업의 성과를 좋게 보이려는 회계분식을 자주 시도하게 된다. 그러나 현금흐름표는 기업의 실제 현금유입과 유출실적을 나타내는 재무제표로서 다른 재무제표보다 비교적 회계분식이 어려우며 그에 따라 더 신뢰할 수 있는 정보로 간주된다.

현금흐름표와 기업의 재무상태를 대략적으로 파악하면 크게 다음 〈표 3-11〉과 같은 네가지 유형으로 나누어 볼 수 있다. 첫 번째 유형은 영업활동으로 인해 순현금흐름이 충분히 창출되어 이것에서 발생한 여유현금으로 투자활동과 재무활동에 사용한 경우이다. 즉, 신규 자산의 매입이나 투자에 필요한 자금이 정상적인 영업활동을 통하여 조달되거나, 기존 채무의 상환과 같은 재무활동이 영업활동에서 조달된 현금으로 이루어진 경우이다. 현금흐름의 내용으로 보아 이러한 현금흐름이 가장 양호한 기업의 행태라 볼 수 있다. 두 번째 유형은 영업활동에서 충분한 여유현금이 발생하지는 않았으나 기업의 신규투자에 소요되는 자금을 차입이나 유상증자 등 신규자금 조달을 통해 조달한 경우이다. 이러한 경우는 현금흐름이 충분하지는 않으므로 기업의 재무상태가 좋다고는 볼 수는 없으나 현금흐름이 아주 악화된 상태에 직면한 것도 아니라고 볼 수 있다. 세 번째 유형과 네 번째 유형은 기업의 재무상태가 상당히 악화된 기업이라 할 수 있다. 세 번째 유형은 영업활동의 현금부족에 대해 재무활동을 통해 보전하고 있다. 다시 말하면 차입과 같은 자금조달을 통해 영업활동으로 인한 자금부족을 메꾸고 있다. 네 번째 유형은 주요자산의 매각과 같은 투자활동에서 현금을 조달해서 이것을 영업활동의 자금부족을 보전하는데 사용하고 있다. 따라서 세 번째와 네 번째 기업은 영업활동으로 인한 현금흐름이 매우 악화된 기업이라 할 수 있다. 경험적으로 보면 영업활동으로 인한 순현금흐름이 불량한 경우 도산에 이르는 확률이 매우 높으며, 특히 3년 이상 영업활동으로 인한 현금흐름이 부(-)의 수치를 보이고 그 규모가 총자산의 20%를 상회하는 경우는 대부분 기업이 도산에 이르게 되는 것으로 나타나고 있다.

현금흐름표에 의한 기업의 재무상태 분석은 자금의 조달처 및 조달규모와 자금의 운용처 및 운용규모를 비교 분석함으로써 기업의 재무상황을 판단하는데 주안점을 두고 있다. 본 절에서는 영업현금흐름을 기반으로 기업의 재무상태를 파악하기 위한 방법으로 소위 "KSI" 모형에 대해 간략히 소개하고자 한다. 이 모형은 현금흐름표를 이용하여 간략하면서도 공식적으로 기업의 재무상태를 일목요연하게 파악할 수 있는 유용한 방법이라 여겨진다.[3)]

3) KSI 모형에 관하여는 주로 "최신 기업신용분석"(권성일 저, 한국금융연수원)을 참조하였음. 이에 관한 좀 더 자세한 설명은 "최신 기업신용분석"(2001년 6월 개정판) pp.374-409를 참조할 것.

표 3-11 현금흐름과 기업의 재무상태

구분	유형 1	유형 2	유형 3	유형 4
영업활동으로 인한 현금흐름	+	0	−	−
투자활동으로 인한 현금흐름	−	−	0	+
재무활동으로 인한 현금흐름	−	+	+	0

(2) 기업의 현금지출 우선순위

현금흐름 분석에 의해 기업 부실화의 정도를 파악하기 위해서는 우선 기업활동에서 야기되는 현금지출이 그 발생빈도나 지급의무의 강도 면에서 모두 같은 것은 아니라는 사실을 인식할 필요가 있다. 즉, 어떤 지출의무는 정기적으로 자주 발생하는 것도 있으며, 어떤 것은 일년에 한 두번 정도 발생하는 것도 있다. 또한 지급이 정해진 날짜에 반드시 이루어져야 하는 것도 있고, 지급일을 연기할 수 있는 것, 혹은 경우에 따라 지급의무가 발생할 수도 있고 안할 수도 있는 것 등 여러 가지가 있다. 예들 들어 금융비용이나 세금, 배당금의 지급 등은 지급이 정해진 경우 반드시 이루어져야 하나 장기차입금의 조기상환이나 신규 자산의 매입은 반드시 정해진 날짜에 지출이 이루어질 필요가 없으며 여유현금이 있는 경우 이러한 곳에 지출하게 된다. 이러한 현금지출 의무 중 기업은 지급의무가 강한 것부터 지출을 수행하고 그렇지 않은 것은 나중에 지출하는 경향이 있다. 따라서 현금유입으로 어느정도 지급의무를 충족하는가 하는 점은 기업의 영업능력이나 현금지급 능력을 파악하는 중요한 단서가 될 수 있다.

다음의 〈그림 3-2〉의 아래 항목은 기업의 일반적인 현금지출 순위를 차례대로 표시한 것이다. 현금지출 항목 중 그림의 왼쪽에 있는 항목일수록 일반적으로 지급의무가 강하고 연장이 불가능한 항목이며, 오른쪽에 있는 항목일수록 지급의무가 덜 강하고 연장이 가능한 항목이다. 가령 당기에 만기가 도래하는 유동성 장기차입의 상환보다는 금융비용의 지급이 더 시급한 지급의무이다. 또한 기업의 운영을 위해서 운전자금의 증가가 요청되더라도 이러한 운전자금의 증가는 유동성장기차입금의 상환보다는 지출의무가 덜 시급하다고 볼 수 있다.

현금흐름표를 통하여 기업의 재무상태를 파악하기 위해서 1년간 영업활동에서 유입된 현금흐름이 〈그림 3-2〉에서 제시된 우선순위에 따라 지출되는 것으로 간주한다. 말하자면 분석대상 기업의 1년간 영업활동으로 인한 현금유입액의 크기를 현금지출 우선 순위에 따른 지급액과 비교하여 기업의 현금창출능력, 이자지급능력, 부채상환능력, 배당금지급능력, 투자지원능력 등을 평가한다. 〈그림 3-2〉에서 보듯, 기업이 연간 영업활동에서 조달한 현금은 우선 ① 금융비용, 세금, 배당금을 지급하고, 그 다음으로 ② 유동성 장기차입(당기에 만기가 도래하는 장기차입금)을 상환하는데 사용하는 것으로 간주한다. 그리고 여유자금이 있으면 ③ 외상매출의 증가나 외상매입의 감소 등 운전자본의 증가를 충당하고(여유자금이 없으면 금융기관으로부터 단기대출을 받음), 그 다음 여유자금으로는 ④ 단기차입을 상환하거나 이자가 높은 장기차입을 만기 전에 상환할 수도 있으며, 또는 건물구입이나 생산시설의 확장 등 자산투자를 행하기도 한다.

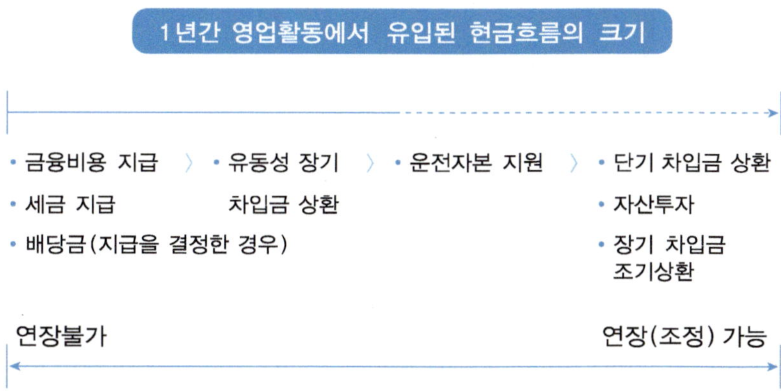

자료: "최신 기업신용분석"(2001. 6) p. 375

〈그림 3-2〉 기업의 현금지급 우선순위(현금의 유입량과 유출량의 비교분석)

(3) 부실화에 따른 현금흐름의 6단계 과정

현금흐름표를 이용하여 기업의 재무상태를 파악하기 위해서 현금지급 우선순위에 따라 다음의 〈표 3-12〉에서와 같이 현금유출을 정의하기로 한다. 표에서 보듯, 우선 현금흐름(CF)을 영업활동으로 인한 현금흐름에다 순운전자본의 변동을 차감하고 이에 순이자비용을 가산한 금액으로서 정의한다. 여기서 영업활동으로 인한 현금흐름에서 순운전자본의 변동을 차감한 이유는 분석기간 중 유동자산과 유동부채의 변동에서 발생하는 현금의 유출입을 배제하고 순수한 기업의 판매활동에서 조달된 현금흐름을 파악하기 위한 것이다.[4] 현금흐름(CF)은 이러한 현금흐름에

---

4) 권성일은 이것을 매출현금흐름으로 정의하였다. 좀 더 자세한 내용은 "최신기업신용분석"(권성일 저, 한국금융연수원, 제 1개정판) p.218-219 참조

다 순이자지급비용을 가산하였다. 따라서 여기에서 현금흐름은 이자지급전 판매활동으로 인한 현금흐름을 나타낸다고 볼 수 있다. 또 지급우선 순위에 따라 〈표 3-12〉의 5가지 주요 현금유출 항목을 파악한다. 이러한 현금흐름(CF)과 현금유출 항목의 정의를 바탕으로 현금흐름에 따른 기업의 상태를 다음과 같이 6단계로 나누어 설명할 수 있다.

표 3-12 현금흐름표상의 주요 현금유출 사항

- 현금흐름(CF) : 순이자비용* + 영업현금흐름 − 순운전자본의 증가
- 현금지급 우선순위에 따른 주요 현금유출 :

A : 순이자비용*
B : 배당금
C : 유동성 장기 차입금 상환액, C/2 : 유동성장기차입금 상환액의 1/2
D : 순운전자본의 지원(증가),
E : 자산투자, 장기차입금 조기상환 등

※ 세금 : 세후당기순이익의 개념을 사용함으로써 세금은 이미 지급한 것으로 간주함

* 순이자비용 = (이자비용 + 할인료 + 지급보증료) - (이자수익 + 배당금수익)
※ 영업현금흐름 − 순운전자본의 변동 = 매출현금흐름

1) 제 1 단계(우량기업) − 양호한 현금흐름

〈표 3-12〉의 정의에 의한 현금흐름이 CF ≥ A + B + C + D인 상태이다. 즉, 영업활동에서 유입된 현금흐름으로 금융비용과 배당, 만기가 도래한 장기차입금을 상환한 뒤, 증가하는 운전자본을 충분히 지원하고도 자산에 투자할 만큼 현금이 풍부한 상태이다. 현금흐름이 양호하고 꾸준한 매출 신장과 더불어 장기차입금의 상환으로 부채비율이 감소하고 금융비용이 줄어들며 신규차입이 없는 재무구조가 튼튼한 우량기업이 대부분 이 단계에 속한다. 또한 제품가격이 크게 상승하여 매출액이 크게 신장한 경우나, 영업이 안정적인 성숙기에 있어서 유동성장기차입이 매우 적은 기업도 이 경우에 해당한다.

2) 제 2 단계(정상기업) − 안정적인 현금흐름

CF ≥ A + B + C인 상태이다. 이 경우는 기업의 현금흐름이 정상적으로 유지되거나 호전되는 경우이다. 영업활동으로 인한 현금유입으로 금융비용과 배당금을 지급하고, 만기가 도래한 장기차입금을 상환하기에 충분한 상태이다. 그러나 이 상태에서는 현금흐름이 과거 차입금을 계획대로 상환하기에는 충분하지만, 매출의 증대에 따라 늘어나는 운전자금의 조달을 위해서는 신규차입이 필요하여 주로 단기차입에 의존해야하는 상태이다. 이 상태에서는 대체로 유동성장기차입금의 상환

이 신규단기차입보다 크므로 총차입금의 규모는 줄어드는 것이 보통이다.

3) 제 3 단계(관찰대상기업) – 현금흐름의 감소

CF≥A+B+C/2인 상태이다. 이 단계에서는 현금흐름으로 금융비용과 배당금을 지급하고 유동성장기부채의 일부만을 상환할 수 있는 단계이다. 따라서 유동성장기부채 상환액의 부족분을 금융기관의 신규차입으로 충당하게 된다. 이 상태에서 운전자본이 증가하면 단기차입금도 증가하게 되어 총차입금 규모가 증가하기 시작한다. 이 때 장기차입으로 만기가 도래한 유동성장기차입금을 상환하는 것은 큰 무리가 없지만 만약 이것을 단기차입에 의존하면 단기간내 동시에 만기가 도래하는 차입금이 증대하므로 지급능력이 위협을 받게 된다.

이 단계에서는 유동성장기차입금 상환액의 부족분과 운전자본의 지원에 필요한 자금조달을 위해 새로운 차입을 하게 되므로 총차입금이 증대하게 되고 부채비율도 증가하기 시작한다. 이 단계에서 현금흐름이 악화되는 것은 대체로 매출부진이나 수익성 악화로 인한 것이며 이에 따라 이익이 감소하는 것이 일반적이다. 따라서 이 단계에서 기업은 매출의 증대와 수익성 향상에 주력하게 되며, 대출금 상환압박을 덜기 위하여 장기차입금 확보에 주력하게 된다. 그러나 차입능력이 약한 기업은 기존의 만기가 도래한 유동성장기차입금을 상환하기 위하여 단기차입에 의존해야 하기 때문에 기업의 유동성 능력은 점차로 악화된다.

4) 제 4 단계(요주의 기업) – 현금흐름의 악화

CF≥A+B인 상태이다. 이 단계에서는 영업으로 인한 현금흐름으로 금융비용과 배당을 지급하고 극히 일부의 유동성 장기차입을 상환할 수 있다. 따라서 유동성 장기 차입의 대부분과 운전자금 증가에 소요되는 자금을 추가로 차입해야 한다. 이 단계에서 기업은 재무제표상에서 매출의 감소, 이익의 감소 혹은 손실발생, 부채비율의 악화 등과 같은 부실징후를 나타내는 것이 보통이며, 주주에게 배당을 하지 않는 경우가 많다.

이 단계에서 기업은 금융기관으로부터 장기차입 뿐만 아니라 단기차입도 점차 어려워진다. 따라서 이자율이 높은 단기금융시장에서 자금을 조달하기도 한다. 또한 금융기관으로부터 신규 장기차입이 어려워짐에 따라 경영진은 재무구조 개선을 도모하게 된다. 대주주의 여건이 허락하면 유상증자를 실시하고 그렇지 못하면 자산재평가를 실시하는 경우도 있다. 또한 정상적인 영업활동으로 재무구조를 개선할 수 없다면 자산매각, 수익성 있는 사업부문의 매각과 같은 강도 높을 구조조정을 고려하게 된다.

만일 기업의 현금흐름이 4단계에 있을 때 갑작스럽게 불경기가 도래한다거나 관련기업의 부도, 자금시장의 경색 등의 현상이 나타난다면 신규차입이 어려워져 만기가 도래하는 차입금을 상환할 능력을 상실하게 된다. 심지어 매입채무를 결제할 지급능력을 상실하게 되어 뒤에 설명된 제 5단계를 거치지 않고도 지급불능 상태에 이르게 되어 기업이 도산하는 경우가 생기게 된다. 따라서 제 3단계 혹은 제 4단계에서 소위 말하는 '흑자도산'이 발생하기도 한다.

5) 제 5 단계(경계기업) – 현금흐름의 악화심화

CF〈A+B인 상태이다. 이 단계에서는 영업활동으로 유입된 현금흐름으로 금융비용과 배당금지급의 일부만 충당할 수 있거나, 심지어 현금흐름으로 금융비용조차 제대로 지급할 수 없는 상태이다. 이 단계에 이르면 기업은 지급능력을 향상시키거나 유지하기 위하여 자금확보에 최선의 노력을 기울이게 된다. 자금확보를 위해서 사용하는 방법으로는 일반적으로 외상매입기간을 늘림으로서 운전자본을 감소시키고 여기서 조달된 자금으로 차입금 상환이나 이자지급과 같은 금융활동에 사용하기도 한다. 이 단계에서 재무제표상에는 매출액 감소, 적자 지속, 자본잠식 등의 징후가 나타난다. 기업이 이러한 상태에 이르면 정상적으로 금융기관으로부터 신규차입은 불가능하게 된다. 따라서 사채시장에서 고금리를 지불하고 융통어음으로 자금을 조달하기도 한다.

제 5단계의 상태에 이르기 직전이나 이러한 상황에 이르게 되면 기업은 구조조정을 통하여 현금을 조달하려는데 총력을 기울이게 된다. 예를 들어 수익성 있는 사업부문의 분리매각, 현금유입의 규모가 클 것으로 기대되는 우량자산의 매각, 지분매각, 마지막에는 사업의 양도와 같은 강도 높은 구조조정을 추진하게 된다.

6) 제 6 단계(도산) –지급불능

기업의 현금흐름이 제 4단계나 5단계에 이르게 되었을 때 기업이 강도 높은 구조조정을 조기에 시행하지 않거나 구조조정의 결과가 실효가 없다면 기업은 결국 지급불능의 상태에 빠지게 된다. 일반적으로 앞의 각 단계에서 기업은 2-3년 정도 머무르게 된다. 따라서 현금흐름이 악화되었을 때 구조조정의 시기를 잘 포착해야 한다.

기업의 구조조정에서 성공하여 새로이 회생하기 위해서 주주 및 경영진은 재무관리자들에 의해 제기되는 사태의 심각성을 조기에 인식해야 하고, 구체적이고 현실적인 자금조달 대안을 신속히 마련해야 한다. 또 경기회복과 같은 막연한 기업회생 가능성에 대한 집착을 버려야 하며, 매각부분에 대한 애착과 욕심을 버리고 기업을 회생시키는데 도움이 될 만한 사업부의 매각이나 우량자산의 매각, 지분매각 등을 과감히 실행하여야 한다. 구조조정이란 시기가 가장 중요하고 그 시기를 놓치면 결국 그 기업은 채권자들로부터 외면을 당하고 회생의 기회를 상실하게 된다.

기업의 부실단계	현금흐름 상태	재무제표에 나타난 현상	기업의 행동
〈제1단계〉 양호한 현금흐름 (우량기업)	현금흐름≧금융비용+배당금+유동성 장기차입금상환액+운정자본의 증가 (CF≧A+B+C+D)	• 지속적인 매출증가 • 높은 수익성 • 부채비율 하락	• 부채상환 • 연구개발에 투자
↓			
〈제2단계〉 안정적인 현금흐름 (정상기업)	현금흐름≧금융비용+배당금+유동성 장기차입금 상환액 (CF≧A+B+C)	• 안정적인 매출 • 안정적인 수익성 • 안정적인 부채비율	• 연구개발에 투자 • 금융비용 절감 노력
↓			
〈제3단계〉 현금흐름의 약화(감소) (관찰대상 기업)	현금흐름≧금융비용+배당금+유동성 장기차입금 상환액의 1/2 (CF≧A+B+C/2)	• 안정적인 매출, 혹은 매출부진 • 수익성악화 • 차입금증가 • 부채비율증가	• 매출확대 노력 • 수익성 향상 추구 • 장기차입금 확보에 주력
↓			
〈제4단계〉 현금흐름의 악화 (요주의 기업)	현금흐름≧금융비용+(배당금) (CF≧A+B)	• 매출부진 • 이익의 감소 (손실발생) • 부채비율악화	• 재무구조개선 노력(유상증자, 자산재평가 등) • 구조조정 고려 혹은 실시
↓			
〈제5단계〉 현금흐름의 악화 심화 (경계기업)	현금흐름〈 금융비용+(배당금) (CF〈 A+B)	• 매출부진 • 지속되는 적자 • 자본잠식	• 현금확보에 주력 • 사채시장 이용 • 구조조정 실시
↓			
〈제6단계〉 지급불능 (도산)			

단계	조건	결과
제3단계 현금흐름의 약화	매출증가와 수익성 향상 →	회복
제4단계 현금흐름의 악화	매출증가와 수익성 향상 → (유상증자 및 구조조정의 실시)	회복
제5단계 현금흐름의 악화 심화	유상증자 및 구조조정의 성공 →	회복

자료: "최신 기업신용분석"(2000. 10) pp. 384-385

〈그림 3-3〉 현금흐름의 악화와 부실화 과정 6단계

현금흐름의 악화 정도에 따른 기업의 부실화 과정을 요약하면 다음의 〈그림 3-3〉과 같다. 만일 현금흐름의 악화가 발생하기 시작하는 3단계에서 경기가 회복되어 매출이 늘어나고 수익성이 향상되면 그 기업의 현금흐름은 회복될 것이다. 또 4단계에 있어서도 매출증가와 수익성 향상으로 기업의 현금흐름이 회복되는 경우도 있다. 그러나 이 단계에서 대부분은 현금흐름의 회복이 부진하여 유상증자나 구조조정을 시행해야 하는 것이 일반적이다. 제 5단계에서는 사실상 상환능력과 지급능력이 상실된 상태이므로 기업의 회생을 위해서는 유상증자나 강도 높은 구조조정을 해야 성공할 수 있다.

(4) 현금흐름에 의한 기업 부실화 판정사례

다음 〈표 3-13〉은 우량기업인 포항제철과 부실기업인 N기업의 주요 재무비율과 현금흐름의 상태를 요약한 것이다. 표에서 보듯, 1996-1999년 사이 포항제철의 현금흐름의 상태를 살펴보면 현금흐름(CF)이 금융비용(A)과 배당금(B)을 지급하고 남은 현금흐름으로 만기가 도래한 유동성 부채(C)와 필요운전자본(D)을 충당하고도 여유가 있는 상태이다. 따라서 현금흐름의 상태가 매년 제 1단계인 우량기업의 상태를 유지하고 있다. 포항제철의 이러한 풍부한 현금흐름은 안정적인 매출액 성장에서 나오고 있다. 1999년에 매출액이 다소 감소한 것을 제외하고 기간 중 매년 높은 매출액 성장을 실현하였다. 따라서 풍부한 현금흐름을 연구개발과 생산시설의 증설 및 보수 유지, 효율적 운전자본 관리, 고금리의 장기차입금 조기 상환 등에 사용하므로 기업의 생산성, 수익성, 유동성 그리고 장단기 지급능력 등이 매년 향상되고 있다.

반면 1998년중 워크아웃이 시행되었던 N기업은 현금흐름의 상태가 96년에 2단계인 정상기업의 상태를 보인 것을 제외하고는 1995년과 1997년 중 4단계(요주의)에 해당하였고, 1998년에는 현금흐름이 더욱 악화되어 제 5단계인 경계기업의 상태가 되었다. N기업의 현금흐름이 악화된 이유는 1995년과 1997년 사이 매출액이 증가하는 등 정상적인 영업을 하였음에도 불구하고 부채비율이 높아 금융비용 부담이 높았으며, 1997년과 1998년 중 대폭적인 당기순손실이 발생하였고 1998년 중에는 매출액도 크게 감소하여 금융비용 조차 지급할 수 없는 상태가 되었다는 것을 알 수 있다.

표 3-13 현금흐름에 의한 기업 부실화 판정 예

1) N-알미늄

(1998년 12월 워크아웃) (단위: 십억원)

회계연도	매출액	당기순이익	총부채/매출액	부채비율	(CF)	(A)	(C)	(D)	현금흐름 상태
1995.12	116	18.4	0.9×	2.4 ×	11.7	8.1	6.5	n/a	CF〉A+B
1996.12	122	1.5	1.2×	3.4 ×	20.8	5.8	11.4	n/a	CF〉A+B+C
1997.12	141	-10.1	1.5×	5.9 ×	17.1	10.6	16.4	(0.2)	CF〉A+B
1998.12	125	-59.8	1.6×	자본잠식	5.2	23.1	14.6	2.9	CF〈A

※ CF : 순금융비용 지급전 현금흐름 A : 순금융비용
B : 배당금 지급 C : 유동성 장기부채
D : 운전자본의 (증가) / 감

2) 포항종합제철(주)

(단위: 십억원)

회계연도	매출액	당기순이익	총부채/매출액	부채비율	(CF)	(A+B)	(C)	(D)	현금흐름 상태
1996.12	8,454	620	0.92×	1.19×	2,435	307	1,287	(371)	CF〉A+B+C+D
1997.12	9,718	729	1.04×	1.41×	2,787	393	1,570	(305)	CF〉A+B+C+D
1998.12	11,138	1,123	0.86×	1.14×	2,833	384	1,427	685	CF〉A+B+C+D
1999.12	10,696	1,558	0.76×	0.90×	3,080	296	1,362	259*	CF〉A+B+C+D

※ 259 = 2,878(영업활동으로 인한 자산·부채의 변동) − 2,619(미지급금의 증가) : 1998년까지는 미지급금의 증감이 투자활동으로 분류되어 증가와 감소가 상계처리된 후 증가 혹은 감소 한쪽만이 계상되었다(예를 들어 미지급금의 증가는 투자활동으로 인한 현금유입 항목에 계상). 그러나 1999년에는 미지급금의 증가(2,619)가 미지급금의 감소(2,808)와 상계처리되지 않고, 미지급금의 증가액(2,619)은 영업활동으로 인한 자산·부채의 변동항목에 계상되었고, 미지급금의 감소(2,808)는 재무활동으로 인한 현금유출 항목에 계상되었다.

(5) 현금흐름을 통한 부실기업 예측 모형

현금흐름의 6단계 악화 과정을 이용하여 부실기업을 예측하는 모형을 "KSI 모형"이라 한다.[5] 현금흐름 분석에 의한 기업 부실화 가능성의 예측은 예측력이 상대적으로 높을 뿐만 아니라 통계적 분석 방법 등 다른 방법에 비해 이용이 간편하다는 이점이 있다. 그러나 다른 방법과 마찬가지로 이 방법도 역시 한계가 있으므로 이용상 유의할 필요가 있다. 그 한계로서 첫째, 현금흐름표는 정보제공 측면에서 볼 때 과거 정보에 불과하므로 미래를 예측하고자 하는 정보이용자의 욕구를 만족시키기 어렵다. 따라서 다른 재무분석 기법과 마찬가지로 과거자료를 통하여 도산 가능성에 대한 미래예측을 하는 만큼 예측오류의 발생가능성은 항상 상존한

5) KSI 모형을 적용하기 위한 양식은 "최신 기업신용분석"(2001. 6) p.402-404를 참조할 것.

다. 둘째, 부실기업의 경우 영업활동으로 인한 현금부족을 주로 재무활동에 의해 조달하는 것이 일반적이지만 그러한 기업이 반드시 도산하는 것은 아니다. 실제로는 자금조달 능력과 같은 재무적 융통성이 도산여부 결정에 큰 영향을 미치게 된다. 그러나 현금흐름표의 분석으로는 기업의 이러한 능력을 분석하기 어렵다. 따라서 현금흐름 분석을 통해 기업이 직면하고 있는 기본적 위험을 감지할 수는 있으나 정확한 도산여부의 판정과 도산가능 시점의 파악에는 한계가 있다. 셋째, 현금흐름분석은 현금흐름표 항목을 비율화하기가 어려워 주로 실수를 중심으로 이루어진다. 따라서 다른 재무비율과는 달리 현금흐름 지표의 추세를 파악하거나 이를 동종업종의 기업과 비교하기가 어렵다. 또한 현금흐름표는 일정기간의 현금흐름을 나타내므로 일정시점의 기업의 현금상황을 파악하는 데에는 현금흐름표가 적합하지 않다.

5 현금흐름분석에 관한 예제

예제 1 가야기업에 대한 현금흐름표가 다음과 같이 작성되었다. 다음 물음에 답하라.

현금흐름표(간접법)

(단위: 만원)

I. 영업활동으로 인한 현금흐름		6,100
1. 당기순이익	15,000	
2. 현금유출이 없는 비용		
감가상각비	5,600	
유가증권처분손실	3,000	
3. 현금유입이 없는 수익		
유형자산처분이익	(2900)	
사채상환이익	(800)	
4. 영업활동으로 인한 자산·부채의 증가		
외상매입금의 감소	(4,800)	
외상매출금의 증가	(9,500)	
재고자산의 감소	1,000	
선급비용의 증가	(1,000)	
미지급비용의 증가	500	

II. 투자활동으로 인한 현금흐름:유입(유출)		
1. 투자활동으로 인한 현금유출액		(3,500)
유가증권의 취득	(1,000)	
유형자산의 취득	(14,500)	
2. 투자활동으로 인한 현금유입액		
유가증권의 처분	10,000	
유형자산의 처분	2,000	
III. 재무활동으로 인한 현금흐름:유입(유출)		(1,000)
1. 재무활동으로 인한 현금유입액		
유상증자	10,000	
2. 재무활동으로 인한 현금유출액		
회사채의 상환	(9,500)	
현금배당금의 지급	(1,500)	
현금의 증가		1,600
기초의 현금		12,000
기말의 현금		13,600

현금흐름표(직접법)

(단위: 만원)

I. 영업활동으로 인한 현금흐름		6,100
매출 등 수익활동으로 인한 유입액	94,000	
매입 등 수익활동에 따른 유출액	(48,500)	
기타 판매 및 일반관리비 유입액	1,500	
기타 판매 및 일반관리비 유출액	(12,000)	
이자비용 유출액	(3,900)	
법인세	(25,000)	
...(이하 간접법과 동일)		

※ 괄호안의 수치는 음(-)수를 나타냄

1. 영업활동, 투자활동 그리고 재무활동에서 발생하는 이 기업의 현금흐름에 대한 특징을 설명하라.
2. 영업활동으로 인한 현금흐름으로 보아 이 기업의 지급조건은 개선되고 있는가? 또는 악화되고 있다고 보아야 하는가?
3. 기간 중 이 기업은 1억 4,500만원의 유형고정자산을 취득하였다. 이에 대한 자금조달이 주로 어떻게 이루어졌는지 설명하라.
4. 이 기업의 재무활동으로 인한 현금흐름의 특징을 설명하라. 재무활동의 현금흐

름이 건전하다고 판단되는가?

5. 당기 연도말 대차대조표와 손익계산서로부터 다음과 같은 자료가 주어져 있다. 현금흐름 대 매출액비율, 현금흐름 대 총자산 비율 등 현금창출능력에 관한 지표와 현금흐름 대 부채비율 등 지급능력에 관한 여러 가지 비율들을 구하여라. 또 주가 대 현금흐름 비율과 배당지급계수는 얼마인가?

(자료)

총자산: 8억4천만원 총부채: 4억원 단기차입금: 1억5천만원

매출액: 12억8천만원 이자비용: 3,900만원

보통주 평균발행주식수(우선주 발행은 없음): 10만주 보통주 평균주가: 5천원

6. 다음 자료를 이용하여 "KSI 모형"에 의한 기업의 상태를 파악하라.

	전기	당기
유동자산	31,000만원	32,000만원
유동부채	27,000만원	27,500만원

(단, 회사채상환 중 4,000만원은 당기에 만기가 도래한 것임)

풀이 1. 이 기업은 영업활동에서 6,100만원의 현금흐름을 창출하였으나 투자활동과 재무활동에서 현금의 순유출이 각각 3,500만원과 1,000만원 발생하였다. 따라서 영업활동에서 창출된 현금흐름을 상당 부분 투자활동에 사용하였으므로 대체로 양호한 현금흐름을 보이고 있다고 할 수 있다.

2. 이 기업은 외상매출금이 대폭 증가하고 있는 반면, 외상매입금은 감소하고 있다. 또한 기간 중 선급비용도 증가하고 있다. 따라서 전반적으로 지급조건이 악화되고 있다. 이 기업은 장부상 비교적 높은 당기순이익을 실현함으로서 영업실적은 좋은 편이나 지급조건의 악화로 현금회수가 지연되고 있다. 따라서 향후 지급조건이 더욱 악화되는 경우 현금순환에 애로가 발생할 수도 있다고 보아야 할 것이다.

3. 이 기업은 유형고정자산의 투자에 필요한 자금의 상당 부분을 유가증권의 매각을 통해 조달하였다. 기간 중 유가증권을 1억원 매각함으로써 신규 투자자금의 상당부분을 조달하였다. 재무활동을 통해서는 자금의 순유입이 없었으므로 나머지 투자자금은 영업활동에서 창출되는 현금흐름으로 조달하였다고 볼 수 있다.

4. 재무활동으로 인한 현금흐름은 기간 중 유상증자를 통해 1억원의 자금을 조달하였으나 이중 일부는 배당을 지급(1,500만원)하는데 사용하였고 나머지 대부분은 회사채를 상환하는데 사용하였다. 따라서 자기자본을 조달하여 부채를 상환하였으므로 재무구조가 건실해졌다고 볼 수 있다.

5. (현금창출능력 지표)

$$현금흐름\ 대\ 매출액\ 비율 = \frac{영업활동\ 현금흐름}{매출액} = \frac{6{,}100만원}{128{,}000만원} = 4.77\%$$

$$현금흐름\ 대\ 총자산\ 비율 = \frac{영업활동\ 현금흐름}{총자산} = \frac{6{,}100만원}{84{,}000만원} = 7.26\%$$

$$당기순이익\ 대\ 영업활동현금흐름\ 비율 = \frac{당기순이익}{영업활동\ 현금흐름} = \frac{15{,}000만원}{6{,}100만원} = 245.9\%$$

$$영업활동현금흐름\ 대\ 투자활동순현금지출\ 비율 = \frac{영업활동\ 현금흐름}{투자활동\ 순현금지출} = \frac{6{,}100만원}{15{,}500만원} = 39.35\%$$

(투자활동으로 인한 현금 유출액 = 유가증권 취득+유형자산취득
= 1,000만원 + 14,500만원 = 15,500만원)

$$영업활동현금흐름\ 대\ 유형자산순투자지출\ 비율 = \frac{영업활동\ 현금흐름}{유형자산\ 순투자지출} = \frac{6100만원}{14{,}500만원} = 42.06\%$$

(지급능력에 관한 지표)

$$현금흐름\ 대\ 총부채\ 비율 = \frac{영업활동\ 현금흐름}{총부채} = 6{,}100만원\ \frac{6{,}100만원}{40{,}000만원} = 15.25\%$$

$$현금흐름\ 대\ 단기차입금\ 비율 = \frac{영업활동\ 현금흐름}{단기차입금} = \frac{6{,}100만원}{15{,}000만원} = 40.67\%$$

$$현금보상비율 = \frac{영업활동\ 현금흐름 + 금융비용}{단기차입금 + 금융비용} = \frac{6{,}100만원 + 3{,}900만원}{15{,}000만원 + 3{,}900만원} = 52.9\%$$

$$금융비용보상비율 = \frac{영업활동\ 현금흐름 + 금융비용}{금융비용} = \frac{6{,}100만원 + 3{,}900만원}{3{,}900만원} = 256.4\%$$

(주가관련 비율)

$$주당현금흐름 = \frac{영업활동\ 현금흐름 - 우선주\ 배당금}{보통주\ 평균발행주식수} = \frac{6{,}100만원}{10만주} = 610원$$

$$주가\ 대\ 현금흐름\ 비율 = \frac{평균주가}{주당현금흐름} = \frac{5{,}000원}{610원} = 8.20$$

$$배당지급능력계수 = \frac{영업활동\ 현금흐름}{배당금} = \frac{6{,}100만원}{1{,}500만원} = 4.07$$

6. 전기말 순운전자본 = 유동자산-유동부채=31,000만원 − 27,000만원=4,000만원
당기말 순운전자본 = 유동자산-유동부채= 32,000만원-27,500만원=4,500만원
순운전자본의 변동 = 4,500만원-4,000만원 = 500만원
현금흐름(CF) = 영업활동 현금흐름 + 순이자비용 − 순운전자본의 변동
= 6,100만원 + 3,900만원 − 500만원 = 9,500만원
(이자비용지출액 3,900만원을 순이자비용으로 간주하였음)

순이자비용(A)+배당금(B)+유동성장기차입금 상환액(C)
= 3,900만원+1,500만원+4,000만원 = 9,400만원
순이자비용(A)+배당금(B)+유동성장기차입금 상환액(C)+순운전자본의 증가(D)
= 3,900만원+1,500만원+4,000만원+500만원 = 9,900만원

따라서 CF(9,500만원) 〉 A+B+C(9,400만원)이므로 정상기업의 상태라 볼 수 있음 ✻

예제 2 다음은 어느 제조업체의 현금흐름표를 토대로 최근 2년간의 현금흐름 관련 비율을 계산한 것이다. 지표를 통하여 이 기업의 재무상태가 어떻게 되어가고 있는지 설명하라.

	2008	2009
영업활동현금흐름 / 매출액	12%	8%
당기순이익 / 영업활동현금흐름	1.2%	-20%
영업활동현금흐름 / 투자활동순지출	150%	112%
영업활동현금흐름 / 유형자산순투자지출	194%	87%
영업활동현금흐름 / 총부채	16%	12%
영업활동현금흐름 / 단기차입금	42%	34%
현금보상비율	54%	42%
금융비용보상비율	227%	216%

풀이 현금흐름으로 보아 전반적으로 이 기업의 재무상태는 악화되어 가고 있는 것으로 판단된다. 영업활동현금흐름 대 매출액 비율과 영업활동현금흐름 대 투자활동순지출 비율, 그리고 영업활동현금흐름 대 유형자산순투자지출 비율 등 현금창출능력을 나타내는 지표가 모두 하락하고 있다. 또한 당기순이익 대 영업활동현금흐름 비율은 2009년도에 음(-)수가 되었는데 이것은 영업활동현금흐름과 관련한 다른 지표가 양(+)수인 것으로 보아 기간 중 당기순이익이 음(-)수이기 때문인 것으로 풀이된다. 따라서 2009년도에는 당기순손실이 발생하는 등 영업활동이 상당히 저조하였으며 그러한 결과, 영업활동으로 인한 현금창출이 상당히 저조하였다. 그러나 이와 같이 영업활동으로 인한 현금흐름이 저조한데데도 불구하고 영업활동현금흐름 대 투자지출 비율과 영업활동현금흐름 대 유형자산순투자지출 비율이 크게 낮아진 것으로 보아 유형고정자산 등에 대한 투자는 여전히 높은

수준을 유지한 것으로 판단된다. 특히 2009년에는 영업활동현금흐름 대 유형자산순투자지출이 100% 미만으로써 이것은 유형자산 투자지출이 상당부분 외부자금조달에 의해 이루어졌다는 것을 암시한다.

한편 영업활동현금흐름 대 부채 비율, 영업활동 현금흐름 대 단기차입 비율 및 현금보상비율 등 지급능력을 나타내는 지표도 모두 악화되고 있다. 금융보상비율은 200% 이상 되므로 이 기업의 이자지급 능력을 충분하다고 볼 수 있다. 그러나 영업활동 현금흐름 대 단기차입 비율이나 현금보상비율이 크게 낮아진 것은 단기채무를 비롯한 부채에 대하여 기업의 지급능력이 상당히 낮아졌다는 것을 의미한다. ✲

예제 3 다음은 어느 회사의 현금흐름표에서 주요수치를 발췌하여 그래프로 나타낸 것이다. 다음 기업의 재무상태를 설명하라.

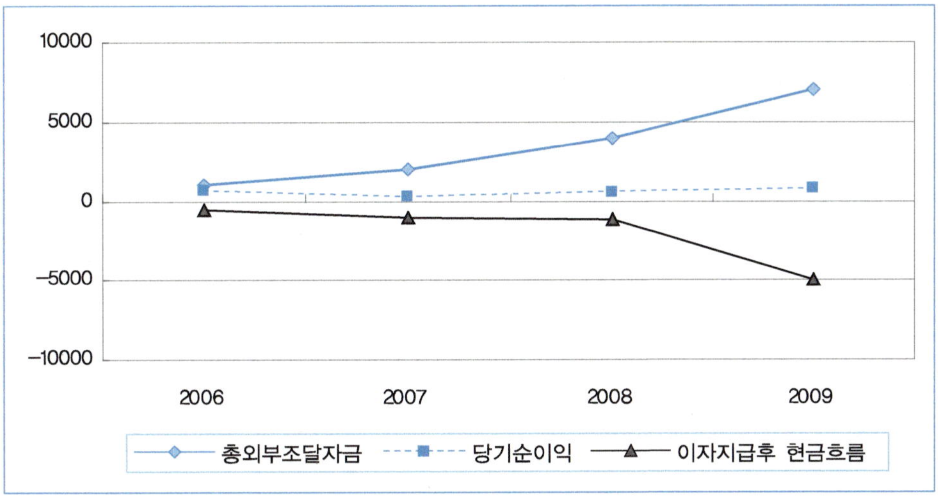

풀이 이것은 전형적인 도산가능 기업의 현금흐름 행태를 보여주고 있다. 기간 중 당기순이익은 거의 변동이 없으나 영업활동으로 인한 현금흐름은 음(−)수가 지속되고 있다. 이것은 영업이 부진할 뿐만 아니라 영업활동으로부터의 현금회수가 저조하다는 것을 의미한다. 또한 최근 연도에 들어 영업활동으로 인한 현금흐름이 급격히 악화되고 있다. 이 기업은 이러한 영업활동에서의 현금부족에 대해 재무활동을 통한 외부자금조달로서 충당하고 있다. 따라서 향후 차입금 등 외부조달자금의 상환에 대하여 자금압박을 받을 가능성이 매우 높다. ✲

연 습 문 제

1 다음 용어를 간단히 설명하시오.

① 비현금성 비용(non-cash expenses)

② 자금(funds)

③ 순운전자본(net working capital)

④ 영업활동으로 인한 현금흐름

⑤ 투자활동으로 인한 현금흐름

⑥ 재무활동으로 인한 현금흐름

⑦ 주당 현금흐름

⑧ 주가 대 현금흐름 비율

⑨ 배당지급능력 계수

⑩ 현금등가물(cash equivalents)

2 현금유입이 없는 수익항목과 현금유출이 없는 비용항목을 예시하여 설명하시오.

3 간접법에 의한 영업활동으로 인한 현금흐름을 구하는 방정식을 제시하고 설명하시오.

4 해내자 회사에 대해 다음과 같은 자료가 주어져 있다.

(단위: 만원)

당기순이익	₩13,000
감가상각비	2,600
유가증권처분손실	3,000
유형자산처분이익	2,900
회사채상환이익	800
선급비용의 감소	1,000
재고자산의 감소	2,000
미지급비용의 증가	6,300
매출채권(순)의 증가	9,500
매입채무의 감소	3,800

(단위: 만원)

유가증권의 처분	7,000
유가증권의 취득	6,000
유형자산의 취득	9,000
유상증자	5,000
회사채의 상환	4,200
현금배당금의 지급	7,000
매출수익활동으로부터의 유입액	₩ 89,000
매입활동에 대한 유출액	53,800
판매비와 관리비 유출액	22,600
이자비용 유출액	1,700

(1) 간접법과 직집법에 의해 현금흐름표를 작성하라.

(2) 이 기업에 대한 현금흐름의 특징을 설명하고 기업의 현금흐름상태가 어떠한지 평가하라.

(3) 당기 연도말 대차대조표와 손익계산서로부터 다음과 같은 자료가 주어져 있다. 현금흐름 대 매출액비율, 현금흐름 대 총자산 비율 등 현금창출능력에 관한 지표와 현금흐름 대 부채비율 등 지급능력에 관한 여러 가지 비율들을 구하여라. 또 주가 대 현금흐름 비율과 배당지급계수는 얼마인가?

(자료)

총자산: 14억원　총부채: 7억원　단기차입금: 2억6,000만원

매출액: 20억원　이자비용: 6,900만원

보통주 평균발행주식수(우선주 발행은 없음): 10만주　보통주 평균주가: 5천원

(4) 다음 자료를 이용하여 "KSI 모형"에 의한 기업의 상태를 파악하라.

	전기	당기
유동자산	52,100만원	54,000만원
유동부채	48,000만원	4,9300만원

(단, 회사채상환 전액이 당기에 만기가 도래한 것임)

5 상록수 기업의 재무제표는 다음과 같다.

대차대조표

(단위: 억원)

	2009년말	2008년말
현금 및 현금등가물	500	450
유가증권	250	150
매출채권	1,800	1,000
재고자산	1,000	1,500
토지	1,100	1,200
기계장치	2,400	2,050
감가상각누계액	(380)	(300)
건물	3000	3,000
감가상각누계액	(650)	(600)
자산계	₩ 9,020	₩ 8,450
매입채무	770	700
미지급임금	150	100
미지급세금	100	250
회사채	1,500	1,500
자본금	3,200	3,000
주식발행초과금	2,000	1,400
이익잉여금	1,300	1,500
부채와 자본계	₩ 9,020	₩ 8,450

손익계산서(2009년)

(단위: 억원)

매출		4,200
감가상각비	130	
기타영업비용	2,800	2,930
영업이익		1,270
토지처분이익		180
세전이익		1,450
법인세비용		725
당기순이익		725

2009년 중의 추가 자료는 다음과 같다.

- 배당지급액은 ₩ 1,500이다.
- 토지처분대가는 ₩ 250이다.

- 기계장치 취득원가는 ₩ 1,000이다.
- 유상증자로 불입된 금액은 ₩ 280이다.

(1) 2009년의 간접법에 의한 영업활동 현금흐름을 구하면 얼마인가?
(2) 투자활동에 의한 현금흐름을 구하라.
(3) 재무활동에 의한 현금흐름을 구하라.
(4) 2009년의 현금흐름에 대한 설명으로 틀린 것은?
① 운전자산에 대한 투자 감소로 영업활동 현금흐름이 양호하다.
② 시설투자자금은 유상증자 등의 재무활동에서 조달하고 있다.
③ 유상증자에 불구하고 재무활동에서는 현금 순유출을 기록하고 있다.
④ 불필요한 토지를 처분하고 기계장치에 투자하고 있다.
⑤ 당기순이익과 영업활동 현금흐름의 차이는 주로 감가상각비에 그 원인이 있다.

5 다음은 어느 제조업체의 현금흐름표를 토대로 최근 2년간의 현금흐름 관련 비율을 계산한 것이다. 아래 자료를 토대로 할 때 다음 설명중 맞는 것은?

	2008년	2009년
현금보상비율	60%	49%
금융비용보상비율	258%	276%
영업활동현금흐름 / 매출액	11%	9%
당기순이익 / 영업활동현금흐름	0.4%	(-)37%
영업활동현금흐름 / 유형자산순투자지출	236%	153%
영업활동현금흐름 / 투자활동순지출	151%	115%
영업활동현금흐름 / 총부채	13%	12%
영업활동현금흐름 / 차입금	22%	21%

① 영업활동에서 창출한 현금으로 차입금과 이자비용을 충분히 충당할 수 있다.
② 영업활동에서 창출한 현금으로 이자비용은 충분히 충당할 수 있다.
③ 2009년에 당기순이익을 나타냈으나 영업활동현금흐름은(-)로 나타났다.
④ 한해의 영업활동현금흐름으로 차입금 전액을 상환할 수 있다.
⑤ 매출액으로부터의 현금창출능력은 개선되고 있다.

제 4 장

재무분석의 사례: 노드스트롬과 TJX

1 재무분석의 의의

재무분석의 목적은 주어진 목적과 경영전략의 맥락에서 기업의 성과를 측정하는 것이다. 두 가지 재무분석 수단으로서 비율분석과 현금흐름분석이 있다. 비율분석은 재무제표의 여러 항목들이 서로 어떻게 연결되어 있는가를 평가하는 것이다. 현금흐름분석은 기업의 유동성을 검토하고 또한 기업이 영업활동, 투자활동 및 재무활동 등의 현금흐름을 어떻게 관리하는가를 검토하는 것이다.

기업의 현재 및 과거 성과에 대한 재무비율분석은 미래의 성과를 예측할 수 있는 토대를 제공한다. 재무예측은 기업의 가치평가, 신용위험평가, 도산예측, 증권분석, M&A 분석, 기업의 재무정책분석 등에 유용하다.

2 재무비율분석

(1) 재무비율분석의 의의

기업의 가치는 수익성과 성장성에 의해 결정된다. 다음의 그림에서와 같이 기업의 수익성과 성장성은 제품시장전략과 재무전략에 의해 영향을 받는다.

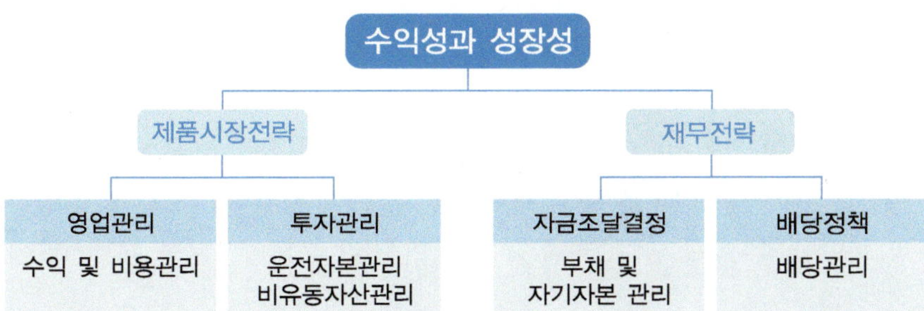

〈그림 4-1〉 기업의 수익성과 성장성 결정요인

제품시장전략은 기업의 경영전략, 영업정책, 투자의사결정을 통해 실행된다. 재무전략은 자금조달 및 배당정책을 통해 실행된다. 따라서 성장성과 수익성을 달성하기 위해 경영자가 사용할 수 있는 전략에는 1) 영업관리, 2) 투자관리, 3) 자금조달전략, 4) 배당정책이 포함된다.

비율분석의 목적은 기업의 여러 정책에 대한 효율성을 평가하는 것이다. 비율분석을 효율적으로 하기 위해서는 재무수치를 핵심적인(underlying) 영업요인과 가능한 한 최대한 연관시켜야 한다.

(2) 재무비율분석방법

1) 여러 해에 걸쳐 한 기업에 대한 비율을 비교한다(시계열 비교)

특정의 기업요인을 기준으로 여러 기간에 걸쳐 한 기업에 대한 전략의 효율성을 검토한다.

2) 한 기업과 산업내 다른 기업에 대한 비율을 비교한다(횡단면 비교)

특정의 산업요인을 기준으로 산업내 한 기업의 상대적 성과를 검토한다.

3) 절대기준비율을 기준으로 한 기업의 비율을 비교한다.

대부분 비율의 경우 절대적인 기준비율은 없다. 그러나, 한 가지 예외로서 투자수익률 측정치는 자본비용과 서로 비교될 수 있다. 예 회계상 왜곡가능성이 있는 자기자본순이익률(ROE)은 자기자본비용과 비교된다.

3 재무비율 분석사례

(1) 경영전략의 비교

미국의 유명한 소매유통회사인 노드스트롬(2000년과 2001년)과 TJX(2001년)의 상호비교를 통해 비율분석을 시도한다. 분석기간 중 노드스트롬은 구조조정과 회생전략을 실행중이었다. 따라서 이 기간동안 노드스트롬의 경영성과를 분석하게 되면 기업의 경영전략이 재무성과 관점에서 얼마나 잘 이루어지는가를 평가할 수 있다. 두 회사의 비교를 통해 서로 다른 전략이 재무비율에 어떻게 영향을 주는가를 파악할 수 있게 된다. 또한 두 기업의 전략은 투자전략과 재무전략에서도 차이가 난다.

두 기업의 경영전략 차이

1) 노드스트롬은 매점설립에 상당한 투자를 한 반면, TJX는 리스를 활용하였다.
2) 노드스트롬은 신용카드업무를 시행한 반면, TJX는 그렇지 않다.

이러한 두 기업간의 전략차이가 어떻게 비율에 영향을 주며, 어느 전략이 주주에게 더 우수한 성과를 가져다 주는지에 대해 파악이 가능하다.

참고

노드스트롬과 TJX

1. 노드스트롬

다양한 고급의류, 신발, 액세서리를 판매하는 패션전문소매기업이다. 2002년 1월 31일 현재 기업은 156개의 점포를 운영하였다. 2000년 10월 프랑스의 Faconnable을 인수한 이후 유럽에 24개와 미국에 4개의 부티크점을 운영하였다.

최근 수익성의 불안정성에 불만족한 이 기업은 가족지배에서 2000년 8월 새 경영진을 도입하였다. 경영진은 수익성 개선을 목표로 하는 기업회생전략을 다음과 같이 발표하였다: 새로운 정보시스템의 실행, 그리고 재고관리, 비용관리, 판매전략의 개선.

경영진은 브랜드에 대한 소비자의 인식변화를 극복해야 했다. 1901년 단일점포로 창립한 이 기업의 전략은 일관되게 질이 높은 제품판매를 강조하였다. 최근의 공격적인 확장정책-제품의 질을 가격에 맞추기보다는 최고급의 제품을 쌓아 놓는 불균형적인 판매전략과 더불어 매혹적이고 규모가 큰 점포를 개설함-으로 인하여 평균판매가격이 상승하고 가치상품(value proposition)이 쇠퇴하였다. 그 과정에서 브랜드는 프리미엄 가격으로 연결되어 일부의 핵심고객과 멀어졌다. 경영진과 증권애널리스트들은 모두 기업의 엘리트 이미지를 억제할 필요성을 인식하였다.

2002년경 경영진은 약속을 이행하기 시작했다. 새로운 영구재고관리시스템이 설치되어 2분기까지 완전하게 활용될 수 있었다. 또한, 판매전략의 변화를 통해 가격과 상품간의 균형을 보다 더 잘 맞추었다. 애널리스트들은 경영진의 경영성과에 관심을 가졌으나, 일련의 과거 실망감 때문에 상당한 의구심을 나타냈다. 이러한 경영성과개선을 인용하면서 많은 애널리스트들은 2002년 전반에 매입등급의견을 제시했다. 이들중에는 Prudential Financial의 Wayne Hood가 있었다. 그들은 노드스트롬이 결국에는 지속적으로 수익성을 회복하는 중이라고 믿었다. 그러나 Credit Suisse First Boston의 Michael Exstein과 Jennifer Justynski를 포함한 다른 애널리스트들은 노드스트롬의 전략에 낙관적이지 않았다. 그들이 주식등급을 기다림(hold)에서 구입(buy)으로 상향시켰을지라도 그들의 보고서에서 그들은 다음과 같이 고백하였다. "노드스트롬이 고객에게 전하려는 메시지에 우리는 약간 혼돈된다. 노드스트롬이 과연 최고급의 소매유통회사인가?"

2. TJX

이 기업은 노드스트롬과는 완전하게 다른 전략을 취했다. 이 기업은 미국과 세계 여러 나라에서 할인의류와 홈패션 소매업을 운영한다. 2002년 1월 31일 현재 이 기업은 T.J.Maxx, T.K.Maxx(유럽), Marshall's, HomeGoods, HomeSense(캐나다), A.J.Wright, Winners 등을 통해 1665개의 소매직판점(retail outlet)을 개설했다. 이 기업의 부서들은 다음과 같은 동일한 전략으로 통일되었다: 백화점과 전문점의 정규가격보다 20-60%정도 싼 가격으로 여러 가지 종류의 질좋은 브랜드 상품을 재빠르게 제공한다. 이 기업은 기회를 보면서 구매를 하고 매우 효율적인 유통망과 저비용구조로 영업을 함으로써 이러한 전략을 실행하였다.

경쟁우위에 대해 이 기업의 경영진은 다음과 같이 주장했다: "TJX에서 가장 가치가 높은 자산은 브랜드 가치이다. 우리 고객에게 이 브랜드는 가치와 동일하다. 우리 브랜드는 상당히 알려져 있어 특별광고나 판촉광고에 산업평균보다 훨씬 더 작은 비용을 지불한다. 그 대신, 광고캠페인을 통해 고객의 마음에 질좋은 상품을 가장 싸게 살 수 있는 곳으로 인식시킨다." 이 기업은 또한 지속적인 재고관리의 개선을 통해 이득을 본다. 최근에는 유통망을 개선하여 상품이 적절한 시점에 도착할 것이라는 믿음을 주면서 고객들이 구매결정을 연기할 수 있도록 했으며, 그 과정에서 거래가 더 활성화되도록 했다.

2001년 회계연도(2002년 1월 31일 종료) 기간 중 경제환경이 어려웠음에도 불구하고 경영진은 견실한 성과를 보고하였다. 그 해에 이 기업은 점포와 유통망을 확대하였고 새로운 사업도 시작했다. 야심찬 성장전략에 의한 자금조달필요성에도 불구하고 이 기업은 적극적인 자사주매입전략을 추구했다.

애널리스트들은 일반적으로 긍정적인 전망을 유지했다. 예 2002년 초 Richard Jaffe와 Corinna Freedman 등 UBS Warburg의 애널리스트들은 주식등급을 구매(BUY)에서 적극구매(Strong BUY)로 상향시켰다. 그들은 다음과 같이 논평했다: "매력적인 재고관리와 성공할 것으로 예상되는 새로운 개념의 영업방식으로 TJX는 장기적으로 성장할 것으로 믿으므로 전반적으로 긍정적인 의견을 유지함."

(2) 수익성(ROE)의 측정

한 기업의 성과를 체계적으로 측정하기 위해서는 우선 자기자본순이익률(ROE)을 측정하는 것으로 시작한다.

$$\text{ROE} = \text{순이익} / \text{자기자본}$$

ROE는 기업의 성과를 나타내는 종합적인 지표로서, 주주가 투자한 자금을 경영진이 얼마나 잘 활용하고 있는가를 보여준다. 미국의 상장 대기업의 경우 장기 평균 ROE는 11-13% 정도이다.

다음의 표는 회계적 보고이익에 기초한 두 회사의 ROE이다.

비율	노드스트롬(2001)	노드스트롬(2000)	TJX
ROE	10.1%	8.6%	41.1%

노드스트롬의 ROE는 2000년과 2001년사이 8.6%에서 10.1%로 상승하였다. 이것은 수익성 향상에 집중한 노드스트롬의 경영전략이 긍정적인 결과를 보여주기 시작한다는 것을 의미한다. 전체기업에 대한 ROE의 과거추세와 비교할 때 노드스트롬의 2000년 ROE는 평균이하라고 볼 수 있으며, 더욱이 이러한 수익률은 자기자본비용(12%-14%)에도 미치지 못한다. 2001년에는 노드스트롬의 ROE가 1.5% 포인트 상승하였다.

그러나 노드스트롬의 ROE는 TJX(41.1%)에 비하면 매우 낮은 수준이다. TJX

의 ROE는 자기자본비용은 물론 미국 기업의 전체평균 ROE에 비해 매우 높은 수준이다. 노드스트롬과 비교할 때, 이와 같은 TJX의 높은 수익성은 두 기업의 시장가치 대 장부가치의 비율(PBR)에도 반영되어 있다. ROE는 PBR의 핵심결정요인이다. 2002년 1월말 현재기준 노드스트롬의 PBR은 2.6인 반면, TJX의 PBR은 8.4이다.

참고

ROE와 자기자본비용간의 비교

장기적으로 기업의 주주가치는 ROE와 자기자본비용간의 관계에 의해 결정된다. 즉, 장기적으로 자기자본비용 이상의 ROE를 달성할 것으로 예상되는 기업들의 경우 시장가치가 장부가치를 초과하며, 그 반대의 경우도 성립한다.

이들간의 비교를 통해 기업가치를 예상함은 물론 미래 수익성의 방향을 고려할 때에도 유용하다. 상당한 진입장벽이 존재하지 않을 경우 일관되게 수익이 매우 크게 발생하면 경쟁자가 진입한다. 이러한 이유로 ROE는 경쟁요인에 의해 시간에 따라 정상수준(normal level)인 자기자본비용으로 회귀하는 경향을 보인다. 따라서 장기 완전경쟁시장에서 볼 수 있는 바와 같이 자기자본비용은 ROE의 기준값(benchmark)이라고 생각할 수 있다. ROE가 정상수준과 차이가 나는 일반적인 이유를 보면 다음과 같다: 1) 최소한 단기적으로 기업이 초과이익을 얻게 만드는 산업상황(산업구조)과 경쟁전략, 2) 회계정책상의 왜곡.

(3) ROE의 분해: 전통적인 방법

기업의 ROE는 두 가지 요인에 의해 결정된다. 첫째, 기업이 자산을 활용하여 얼마나 수익성을 잘 내고 있는가? 둘째, 주주의 투자금액(즉, 자기자본)에 비해 기업의 자산규모가 어느 정도 큰가? 이들 두 가지 요인의 영향을 이해하기 위해 ROE를 다음과 같이 분해할 수 있다.

$$\begin{aligned} \text{ROE} &= \text{ROA} \times \textbf{재무레버리지} \\ &= \textbf{순이익} / \textbf{총자산} \times \textbf{총자산} / \textbf{자기자본} \end{aligned}$$

ROA(총자산순이익률)는 1원의 투자자산에 대해 기업이 어느 정도의 이익을 발생시킬 수 있는가를 측정한다. 재무레버리지는 주주가 투자한 1원에 대해 기업이 얼마의 자산을 투입하는가를 나타낸다.

ROA는 다시 다음의 두 가지 요인으로 분해될 수 있다.

$$\text{ROA} = \text{순이익} / \text{매출액} \times \text{매출액} / \text{총자산}$$

순이익 / 매출액 비율은 순이익 마진 또는 매출수익율(ROS)이라고 부른다. 이 비율은 기업의 1원 매출에 대해 어느 정도의 이익을 유지할 수 있는가를 나타낸다.

매출액/총자산 비율은 총자산회전율이다. 이 비율은 기업이 투자한 자산 1원에 대해 어느 정도의 매출을 기업이 발생시킬 수 있는가를 나타낸다.

다음의 표는 두 기업에 대한 ROE의 세 가지 요인(순이익 마진, 총자산회전율, 재무레버리지)에 대한 실제 성과를 나타낸다.

표 4-1　ROE의 전통적인 구성요인

비율	노드스트롬(2001)	노드스트롬(2000)	TJX(2001)
순이익마진(ROS)	2.20%	1.80%	4.67%
총자산회전율	1.56	1.81	3.71
=총자산순이익률(ROA)	3.40	3.30	17.30
* 재무레버리지	2.93	2.58	2.37
=자기자본순이익율(ROE)	10.10	8.60	41.10

2001년 노드스트롬의 ROE는 순이익 마진과 재무레버리지에 의해 2000년보다 높아졌다. 실제로 2001년의 총자산회전율은 2000년에 비해 하락하였다.

TJX의 탁월한 성과(높은 ROE)는 높은 순이익 마진과 우수한 자산활용도 때문이었다. 특히, TJX의 재무레버리지 비율이 노드스트롬에 비해 낮았음에도 불구하고 노드스트롬보다 더 높은 ROE를 달성하였다. 다시 말하면, 노드스트롬의 ROA와 비교할 때 TJX의 ROA가 더 높다는 것이 의미하는 것처럼, TJX의 우수한 성과는 우수한 영업성과 때문이었다. 반면, 노드스트롬의 낮은 영업성과는 TJX에 비해 보다 더 적극적인 재무정책에 의해 보충되었다.

(4) ROE의 분해: 현대적인 방법

1) 서론

전통적인 ROE 분해방법의 단점은 다음과 같다. 첫째, ROA의 계산에서 분모에는 기업에 자본을 제공한 모든 청구권자(채권자와 주주)의 자산이 포함되나 분자에는 단지 주주에게만 귀속되는 순이익이 포함된다. 둘째, 자산에는 영업자산과 더불어 현금 및 단기투자자산과 같은 재무자산도 포함된다. 셋째, 순이익에는 영업활동에 의한 이익은 물론, 재무활동의 결과인 이자수익과 이자비용이 포함된다. 넷째, 기업의 현금 및 단기투자자산이 기업의 대차대조표상의 부채를 상환하는 데에 사용될 수 있기 때문에 그것들이 본질적으로 음(-)의 부채라는 사실을 재무레버리지 비율은 인식하지 못한다.

전통적인 ROE의 분해방법이 가지고 있는 문제점을 해결하기 위해 ROE를 보다 더 현대적인 방법으로 분해할 필요가 있다. 이를 위해 우선 용어정의를 다음과 같이 한다.

표 4-2 비율분석에 사용된 회계항목의 정의

항목	정의
세후순이자비용	(이자비용–이자수익) * (1–법인세율)
세후순영업이익(NOPAT)	순이익+세후순이자비용
영업운전자본	(유동자산–현금 및 단기투자자산)– (유동부채–단기부채 및 장기유동성부채)
순고정자산	장기고정자산–비이자부 장기부채
순부채	이자부 부채–현금 및 단기투자자산
순영업자산(또는 순자산)	영업운전자본+순고정자산
순자본	순부채+(주주의) 자기자본

참고

경제적 부가가치(EVA : Economic Value Added)

경제적 부가가치는 기업이 영업활동을 통해 창출한 순가치의 증가분으로 나타낸다. 즉 세후 순영업이익에서 투입된 자본비용(가중평균자본비용)을 차감한 이익이다. 이 자본비용에는 타인자본 조달비용뿐만 아니라 자기자본조달비용도 포함한다. 이는 다시 영업용 투자자본에다 투자자본영업이익률과 자본비용의 차이를 곱해 산출할 수 있다. 즉 투자수익률과 자본비용을 대비시킨 개념이다. 투자자본영업이익률이 자본비용을 상회하면 기업가치가 증대되며, 투자자본영업이익률이 자본비용을 하회하면 기업가치가 감소하게 된다.

EVA = 세후순영업이익 − 투자자본 × 가중평균자본비용
　　= 영업용 투자자본 × (투자자본영업이익률 − 가중평균자본비용)

이 때, 세후순영업이익은 '영업이익+기타영업 관련수익 − 기타 영업관련비용 − 실효법인세'의 식으로 구한다. 여기서 영업용 투자자본은 위의 〈표 4-2〉에서 순자산에 해당한다. 영업용 투자자본은 총자산 중 비영업자산(금융자산 · 투자자산 · 건설가계정)을 제외한 영업자산(영업유동자산 · 유무형고정자산 · 기타 영업관련자산)에서 비이자발생 부채를 차감한 것이다. 즉 '영업용 투자자본 = 영업자산 − 비이자발생 부채'다.

위에서 정의된 회계항목을 사용하여 ROE를 다음과 같이 분해할 수 있다.

ROE = **순이익 / 자기자본**
　　= NOPAT / 자기자본 − 세후순이자비용 / 자기자본
　　= NOPAT / 순자산 × 순자산 / 자기자본

　　－ 세후순이자비용 / 순부채 × 순부채 / 자기자본
＝ NOPAT / 순자산 × 〔1＋순부채 / 자기자본〕 (∵순자산 ＝ 순부채 ＋ 자기자본)
　　－ 세후순이자비용 / 순부채 × 순부채 / 자기자본
＝ NOPAT / 순자산 ＋〔NOPAT / 순자산 × 순부채 / 자기자본〕
　　－〔세후순이자비용 / 순부채 × 순부채 / 자기자본〕
＝ 영업 ROA ＋ (영업 ROA － 세후실효이자율) * 순재무레버리지
＝ **영업 ROA ＋ 스프레드 * 순재무레버리지**

영업 ROA(또는 투자자본영업이익률이라고도 함)는 영업이익을 창출하기 위해 기업이 얼마나 잘 영업자산을 활용할 수 있는가를 측정한다. 만약 기업이 모두 자기자본으로만 자금을 조달하면 ROA＝ROE. 스프레드는 부채를 활용하여 발생되는 추가적인 경제적 효과이다. 이와 같은 부채(차입)의 경제적 효과는 영업자산의 수익률(영업 ROA)이 차입비용(세후실효이자율)보다 크면 양(＋)이 된다. 이자비용을 충당하지 못할 정도로 영업자산 수익률이 낮은 기업들의 경우 차입이 증가하면 ROE가 하락한다. 이러한 두(＋ 또는 －) 효과는 부채비율(순재무레버리지)의 크기에 의해 확대된다. 따라서 스프레드에 순재무레버리지를 곱한 값은 주주에 대한 재무레버리지 이득을 측정한다.

또한 영업 ROA는 다음과 같이 분해될 수 있다.

영업 ROA ＝ NOPAT / 매출액 × 매출액 / 순자산

NOPAT 마진(NOPAT / 매출액)은 영업적 관점에서 기업매출의 수익성을 측정한다. 영업자산회전율(매출액 / 순자산)은 매출을 일으키기 위해 기업이 자산을 얼마나 잘 활용할 수 있는가를 측정한다.

다음의 〈표 4-3〉은 노드스트롬과 TJX 대한 현대적 ROE의 구성요인을 나타낸다.

표 4-3　ROE의 구성요인 표

비율	노드스트롬(2001)	노드스트롬(2000)	TJX(2001)
NOPAT마진	3.0%	2.5%	4.8%
*순영업자산회전율	2.35	2.75	7.41
＝영업 ROA(1)	7.1	7.0	35.7
스프레드	3.2	2.3	28.7
*순재무레버리지	0.95	0.69	0.19
＝재무레버리지이득(2)	3.0	1.6	5.3
ROE＝(1)＋(2)	10.1	8.6	41.1

이 표의 비율을 살펴보면 노드스트롬의 전통적인 ROA와 현대적인 영업 ROA 간에는 상당한 차이가 있다.

예 2001년의 경우 노드스트롬의 전통적인 ROA는 3.4%인 반면, 현대적인 영업ROA는 7.1%이다. 이러한 차이는 TJX의 경우 더욱 더 현저하게 나타난다. 즉, TJX의 경우 전통적인 ROA는 17.3%인 반면, 현대적인 영업 ROA는 35.7%이다. TJX는 상당한 양의 비이자부 부채와 단기재무자산을 보유하여 현대적인 영업 ROA가 전통적인 ROA보다 현저하게 더 크다. 이것은 일부 기업의 경우 이자비용, 이자소득, 재무자산 등을 고려하여 단순한 전통적인 ROA를 조정할 필요가 있다는 것을 보여준다.

현대적인 영업 ROA를 평가하는데 적절한 기준값(벤치마크)은 가중평균자본비용(WACC)이다. 장기적으로 기업자산의 가치는 이 기준값에 비해 영업 ROA가 어느 정도인가에 의해 결정된다. 특히, 진입장벽이 없을 경우 장기적으로는 영업 ROA가 WACC로 회귀하려는 경향이 있다. WACC는 자기자본비용보다는 낮기 때문에 영업 ROA는 ROE보다 더 낮은 수준으로 회귀하는 경향이 있다.

장기간에 걸친 미국 대기업들의 평균 영업 ROA는 9-11%이다. 2000년과 2001년 노드스트롬의 영업ROA는 7.1%로서 이러한 평균값보다 낮다. 반면, TJX의 영업ROA는 35.7%로서 노드스트롬에 비해 훨씬 더 높고 미국기업들의 평균과 TJX의 WACC보다도 훨씬 더 높다. 이러한 TJX의 탁월한 영업성과는 단순히 전통적인 ROA 기준을 사용할 경우에는 부각되지 않았을 것이다.

ROE의 구성요인 중 두 가지 요인-높은 NOPAT 마진과 현저하게 높은 영업자산회전율- 때문에 TJX의 수익성은 노드스트롬에 비해 매우 높다. TJX의 영업자산회전율이 높은 것은 많은 점포를 소유한 노드스트롬과는 달리 TJX는 점포를 임차(리스)하는 전략을 취했기 때문이다. 놀라운 것은 고가격전략을 취한 노드스트롬에 비해 할인소매기업(저가격전략)인 TJX의 NOPAT마진이 더 높다는 사실이다. 이와 같이 노드스트롬의 NOPAT 마진이 열등하다는 것은 그 회사가 우수한 서비스전략 비용을 회수할 만큼 상품가격을 높게 설정할 수 없었다는 것을 의미한다.

노드스트롬은 재무전략을 통해 주주가치를 창출할 수 있었다. 2000년 노드스트롬의 영업ROA와 세후이자비용간의 스프레드는 2.3%이었고, 순부채/자기자본비율은 69%이었다. 이들 두 요인은 1.6%의 ROE 순증가를 가져왔다. 따라서 2000년 노드스트롬의 영업ROA는 7%인 반면 ROE는 8.6%이었다. 2001년 노드스트롬의 스프레드는 3.2%로 상승하였으며, 순재무비율도 95%로 상승하여 재무정책의 결과 3%의 ROE 순증가를 가져왔다. 즉, 영업 ROA가 7.1%로 상승함과 동시에 ROE는 10.1%로 상승하였다.

TJX의 2001년 스프레드는 28.7%로서 매우 높았다. 그 결과 재무레버리지가 19%정도에 불과했지만 재무레버리지이득은 5.4%로서 높았다. 이러한 재무레버리지이득은 높은 영업ROA와 더불어 41.1%의 높은 ROE를 가져왔다. 사실 TJX는 재무레버리지이득 가능성을 완전하게 이용하지는 않은 것처럼 보인다. 훨씬 더 높은 수익성(ROE)을 달성하기 위해 TJX는 재무레버리지를 더 높임으로써 높은 스프레드를 적극적으로 활용할 수 있었을 것이다.

2) 영업관리평가: 순이익 마진의 분해

기업의 순이익마진(또는 ROS)은 기업의 영업활동에 의한 수익성을 나타낸다. 특히, 기업의 순이익마진을 분해하면 영업관리의 효율성을 측정할 수 있게 된다. 분석수단으로서는 모든 항목이 매출액에 대한 비율로 표시되는 **표준 손익계산서**가 이용된다.

표준 손익계산서를 통해 한 기업에 대한 시간에 따른 추세와 한 산업내 서로 다른 기업간의 추세를 비교할 수 있다. 이러한 분석을 통해 다음과 같은 유형의 질문에 답할 수 있다:

① 기업의 마진은 목표 경쟁전략과 일치하는가? **예** 일반적으로 차별화전략은 비용우위전략에 비해 보통 높은 매출총이익마진(매출총이익 / 매출액)을 초래한다.

② 기업의 마진은 변하는가? 그 이유 중 근본적인 영업상의 이유는 무엇인가? **예** 경영전략의 변화, 생산요소비용의 변화, 간접비용관리의 비효율성.

③ 기업은 간접비용을 잘 관리하고 있는가? 이러한 비용을 초래하는 영업활동은 무엇이며 꼭 필요한가?

다음의 〈표 4-4〉는 두 회사의 표준 손익계산서이다. 또한 이 표는 공통적으로 사용되는 수익성 비율을 나타낸다. 이 표를 활용하여 노드스트롬의 순이익 마진이 왜 2001년에 2.2%, 2000년에 1.8%인 반면, TJX의 순이익 마진은 2001년 4.7%인가를 검토해 보자.

표 4-4 표준 손익계산서와 수익성 비율

	노드스트롬(2001)	노드스트롬(2000)	TJX(2001)
(1) 매출액 대비 비율			
매출액	100%	100%	100%
매출원가	(66.8)	(66.0)	(75.9)
판매 및 일반관리비	(30.6)	(31.6)	(15.7)
기타소득 / 비용	2.4	2.4	0
순이자비용 / 소득	(1.3)	(1.1)	(0.24)
소득세	(1.4)	(1.2)	(3.1)
특별이득 / 손실, 세후	(0.4)		
순이익	2.2	1.8	4.7

	노드스트롬(2001)	노드스트롬(2000)	TJX(2001)
(2) 주요 수익성 비율			
매출총이익 마진	33.2%	34.0%	24.1%
EBITDA 마진	5.0	4.2	8.4
NOPAT 마진	3.0	2.5	4.8
순이익 마진	2.2	1.8	4.7

① 매출총이익 마진

매출액과 매출원가(생산원가)의 차이가 매출총이익이다. 매출총이익 마진은 매출액이 매출과 직접 관련된 비용을 어느 정도 초과하는가를 나타내며, 다음과 같이 계산된다.

매출총이익 마진 = (매출액 − 매출원가) / 매출액

매출총이익 마진은 다음의 두 요인에 의해 영향을 받는다: 첫째, 제품(또는 서비스)이 시장에서 받는 가격 프리미엄. 둘째, 생산요소조달 및 생산과정의 효율성. 전자는 경쟁정도와 제품차별성 정도에 의해 영향을 받는다. 후자의 비용은 경쟁자보다 낮은 비용으로 생산요소를 구입하거나(또는 동시에) 생산과정을 효율적으로 운영할 때 낮아진다. 그 예로서 보통 비용우위전략기업이 이에 해당한다.

위의 〈표 4-4〉에서 보는 바와 같이 노드스트롬의 2001년도 매출총이익 마진은 약간 감소하여 33.2%이다. 이것은 경쟁이 더 치열해지고 경제상태가 더 약화된 것을 반영하였다. 이것은 새로운 판매전략이 마진을 유지하는 데 실제로 효율적인가에 대한 의문을 초래한다.

노드스트롬의 가격우위전략에 따라 2000년과 2001년 모두 노드스트롬의 매출총이익 마진(2000년 34%, 2001년 33.2%)은 24.1%를 보인 2001년 TJX보다 훨씬 더 높았다.

② 판매 및 일반관리비(판관비)

기업의 판관비는 경영전략을 실행하기 위해 필요한 영업활동에 의해 영향을 받는다. 경영전략으로서 차별화전략을 추구하는 기업은 차별화를 달성하기 위한 영업활동을 해야 한다.

예 1) 질(quality)과 신제품의 신속한 도입을 통한 차별화전략기업: 비용우위전략기업에 비해 R&D 비용이 더 높다.

예 2) 브랜드 이미지 구축, 완전서비스 소매점을 통한 제품의 판매, 상당한 고객서비스의 제공과 같은 차별화전략기업: 창고형 소매점이나 직접우편을 통한 판매, 그리고 고객지원을 많이 하지 않는 기업에 비해 판관비가 더 높다.

또한 기업의 판관비는 간접적인 영업활동의 관리효율성에 의해 영향을 받는다. 간접비에 대한 통제능력은 비용우위전략기업에게 특히 중요하다. 그러나 차별화전략기업의 경우에도 차별화에 따른 비용이 가격우위(price premium)와 일치하는가를 평가하는 것이 중요하다.

위의 표에서 여러 비율을 분석해보면, 노드스트롬과 TJX가 판관비를 얼마나 효과적으로 관리하는가를 파악할 수 있다.

1) **판관비 / 매출액 비율**: 기업이 매출을 일으키기 위해 얼마의 비용을 지불하는가를 나타낸다. 노드스트롬의 비율은 TJX에 비해 훨씬 더 높다. 그 이유는 TJX가 저비용, 할인가격전략(비용우위전략)을 추구하는 반면, 노드스트롬은 높은 수준의 서비스전략(차별화전략)을 추구하기 때문이다. 수익성을 높이려는 목적에 따라 노드스트롬은 비용관리를 개선하여, 이 비율이 2000년 31.6%에서 2001년 30.6%로 감소하였다.
2) 노드스트롬과 TJX가 가격전략, 판촉 및 서비스전략 등에서 서로 완전하게 다른 경영전략을 추구하므로, 두 기업의 비용구조가 다른 것은 당연하다. TJX와 비교할 때 노드스트롬의 **매출원가 / 매출액 비율**은 더 낮고, **판관비 / 매출액 비율**은 더 높다. 그러면 이 비율들이 서로 상쇄될 때 어느 기업의 성과가 더 좋은가? 다음의 두 비율이 이에 대한 해답을 제공한다.
3) 순영업이익 마진(NOPAT 마진)비율과 EBITDA 마진 비율

NOPAT마진 비율=NOPAT / 매출액
EBITDA마진 비율=〔영업이익(EBIT)+유무형자산의 감가상각비〕/ 매출액

NOPAT마진 비율은 모든 영업정책을 반영하면서 재무정책의 효과를 제거했기 때문에 한 기업에 대한 영업성과를 종합적으로 나타낸다. **EBITDA마진 비율**은 매우 중요한 비현금(noncash) 영업비용인 유무형자산의 감가상각비를 제외하면 NOPAT 마진 비율과 유사하다. 일부 애널리스트는 현금흐름에 중점을 두기 때문에 EBITDA마진 비율을 사용하는 것을 선호한다. 그러나 이러한 접근방법은 어느 정도는 맞지만, 잠재적으로 다음의 두 가지 이유 때문에 오해를 살 수 있다: 첫째, EBITDA는 엄격히 말하면 현금흐름이 아니다. 왜냐하면 매출액, 매출원가, 판관비에는 비현금(noncash) 항목이 포함되어 있기 때문이다. 둘째, 유형자산에 대한 감가상각비는 실제의 영업비용이 되며, 그것은 재원의 사용(consumption)을 어느 정도 반영한다. 따라서 그것을 무시한다는 것은 오해를 살 수 있다.

한편, NOPAT=순이익+**세후순이자비용**. 따라서 NOPAT은 순이익에 포함된 비정기적인 또는 비영업(nonoperating) 이익(또는 비용) 항목에 의해 영향을 받는다. 이러한 항목을 제외하면 "정기적인" NOPAT마진이 계산된다. "정기적인" NOPAT

마진은 한 기업의 핵심영업활동의 마진을 반영하기 때문에 현재의 수익을 활용하여 미래수익을 추정할 때 유용한 기준값이 된다.

1) 노드스트롬 기업: "정기적인" NOPAT마진이 2000년과 2001년 각각 1.46%, 1.53%이었다. 이것은 NOPAT마진보다 훨씬 더 작으므로 NOPAT의 상당한 부분이 핵심영업 이외에서 발생한다는 것을 의미한다. 대표적으로 이 기업은 상당한 크기의 투자소득을 벌어들인다.
2) TJX 기업: "정기적인" NOPAT마진은 NOPAT마진보다 더 높은 5.2%이었다. 그 이유는 중단된 영업에 의한 1회성 손실때문이었다.

TJX의 EBITDA마진은 노드스트롬보다 더 높다. 그러나 이러한 비교는 잠재적으로 오해의 소지가 있다. 왜냐하면 TJX는 대부분의 점포를 리스로 사용하는 반면, 노드스트롬은 자신의 점포를 소유하고 있다. TJX의 리스비용은 EBITDA 계산에 포함되나, 노드스트롬의 점포에 대한 감가상각비는 제외된다.

③ 세금비용

세금은 기업의 총비용 중 중요한 항목이다. 다양한 세금절약기법을 통해 기업들은 세금비용을 줄이려고 시도한다. 기업의 세금비용을 평가할 수 있는 두 가지 측정치가 있다. 첫째, 세금비용/매출액 비율, 둘째, 세금비용/세전이익 비율(=평균세율). 기업의 평균세율은 법정 세율과는 다르다.

기업의 세금전략을 평가할 때 점검사항은 다음과 같다: 첫째, 기업의 현재 세금정책이 유지될 수 있는가? 또는 현재의 세율이 1회적인 세금공제에 얼마나 영향을 받는가? 둘째, 기업의 세금전략이 다른 영업비용을 초래하는가? 예 조세피난처에서 영업을 할 경우 이것이 순이익마진과 자산의 활용도(회전율)에 얼마나 영향을 주는가? 세금전략의 혜택(즉, 세금의 축소)이 영업비용의 증가보다 더 큰가?

노드스트롬의 세율은 2000년과 2001년 사이에 크게 변하지 않았다. 노드스트롬의 세율(매출액 기준)은 TJX보다 약간 낮았다. 그 이유는 TJX의 매출액 대비 세전이익이 더 컸기 때문이다. 두 기업의 평균세율은 거의 같았다. 노드스트롬은 39%, TJX는 38%이었다.

④ 영업관리 평가 요약

노드스트롬의 매출액 순이익율이 다소 높아진 것은 주로 판관비의 감소에 기인하였다. 다른 모든 부문에서는 노드스트롬의 성과가 변화없거나 약간 악화되었다.

반면, TJX의 매출액 순이익율은 할인가격전략에도 불구하고 판관비를 상당히 절약하여 매우 높았다.

3) 투자관리의 평가: 총자산회전율의 분해

총자산회전율은 ROE의 두 번째 요인이다. 기업은 상당한 재원을 자산에 투자하므로 자산을 효율적으로 활용하는 것은 수익성에 있어서 중요하다. 따라서 총자산회전율을 자세하게 분석하면 기업의 투자관리 효율성을 평가할 수 있다.

자산관리의 두 가지 중요한 영역은 다음과 같다: 첫째, 운전자본 관리, 둘째, 장기자산 관리. 운전자본=유동자산-유동부채. 그러나 이렇게 정의를 내리면 영업요인(매출채권, 재고자산, 매입채무 등)과 재무요인(현금, 시장성 유가증권, 단기부채 등)을 구별하지 못한다. 이러한 구별을 가능하게 하는 것이 영업운전자본이라는 요인이다.

영업운전자본 = (유동자산 − 현금 및 시장성 유가증권)
− (유동부채 − 단기부채 및 유동성 장기부채)

① 운전자본 관리

영업운전자본은 매출채권, 재고자산, 매입채무로 구성되어 있다. 기업이 정상적으로 영업을 하기 위해서는 어느 정도의 운전자본에 대한 투자가 필요하다. 그 예로서 기업의 신용정책과 유통정책은 매출채권의 적정 수준을 결정한다. 생산과정의 성격과 완충재고에 대한 필요성은 재고자산의 적정 수준을 결정한다. 매입채무는 기업의 운전자본에 대한 일상적인 자금조달원천이며, 한 산업의 지급관행은 매입채무의 적정 수준을 결정한다.

다음의 비율들은 한 기업의 운전자본관리에 대해 분석할 때 유용하다.

영업운전자본 / 매출액 비율=영업운전자본 / 매출액
영업운전자본 회전율=매출액 / 영업운전자본
매출채권 회전율=매출액 / 매출채권
재고자산 회전율=매출원가 / 재고자산
매입채무 회전율=매출원가 / 매입채무(또는 구매금액 / 매입채무)
매출채권회수기간=매출채권 / 1일 평균매출액
재고기간=재고자산 / 1일 평균 매출원가
매입채무상환기간=매입채무 / 1일 평균 매출원가(1일 평균 구매금액)

영업운전자본 회전율은 운전자본투자 1원에 대해 기업이 얼마의 매출액을 달성하는가를 나타낸다. 3개 회전율은 운전자본의 세 가지 요소가 얼마나 생산적으로 활용되는가를 나타낸다. 3개 기간은 운전자본관리의 효율성을 평가하는 또 다른 방법이다.

② **장기자산(비유동자산) 관리**

순장기자산 = 총 장기자산 − 비이자부 장기부채

장기자산은 일반적으로 부동산, 공장 및 설비자산(PP&E: Property, Plant & Equipment)과 같은 순유형자산, 영업권과 같은 무형자산, 그리고 기타자산으로 구성된다. PP&E는 기업의 대차대조표에서 가장 중요한 장기자산이다. 비이자부 장기부채에는 이연세금같은 항목이 포함된다.

순비유동자산+영업운전자본 = 순영업자산(또는 순자산) = 순부채+자기자본

장기자산 활용의 효율성은 다음의 두 가지 비율로 측정된다.

순장기자산 회전율 = 매출액 / 순장기자산

PP&E **회전율** = **매출액** / PP&E

투자관리분석을 통한 점검사항

① 기업이 재고자산을 얼마나 잘 관리하는가? 기업이 현대적인 제조기술을 사용하는가? 우수한 벤더(공급업자) 및 물류관리시스템을 가지고 있는가? 재고비율이 변할 경우 근본적인 영업상의 이유는? 새 제품이 기획되고 있는가? 수요예측과 실제 매출액간의 불일치 여부는?

② 기업이 신용정책을 얼마나 잘 관리하는가? 이러한 신용정책은 마케팅정책과 일치하는가? 기업이 유통망을 넓혀 인위적으로 매출을 증가시키는가?

③ 기업이 기업간 신용(매입채무)을 이용하는가? 기업간 신용에 너무 의존하는가? 그렇다면 묵시적 비용은 얼마인가?

④ 공장 및 설비자산에 대한 투자가 기업의 경영전략과 일치하는가? 기업이 합병 및 분할에 대한 건전한 정책을 가지고 있는가?

3) 두 기업의 총자산회전율(자산활용비율)

표 4-5 자산관리비율

비율	노드스트롬(2001)	노드스트롬(2000)	TJX(2001)
영업운전자본 / 매출액	19.3%	16.5%	3.7%
순비유동자산 / 매출액	23.3	19.9	9.8
PP&E / 매출액	28.6	25.6	8.5
영업운전자본회전율	5.2배	6.1배	26.8배
순비유동자산회전율	4.3	5.0	10.2
PP&E회전율	3.5	3.9	11.8

비율	노드스트롬(2001)	노드스트롬(2000)	TJX(2001)
매출채권 회전율	7.8	9.0	173.2
재고자산 회전율	4.0	4.6	5.6
매입채무 회전율	8.1	9.3	12.6
매출채권회수기간	46.8일	40.7일	2.1일
재고기간	91.7	79.8	65.3
매입채무상환기간	45.2	39.1	29.0

노드스트롬

영업운전자본 / 매출액 비율이 증가하고 (또는 영업운전자본 회전율이 하락하였으므로) 2000년과 2001년 사이에 운전자본관리 측면에서 악화되었다. 그 요인은 매출채권이 증가하고 재고관리가 악화되었기 때문이다. 반면, 매입채무상환기간이 증가하여 운전자본비율에 유리한 영향을 미쳤다. 또한, 비유동자산 활용도도 2001년에 개선되지 않았다. 즉, 비유동자산 회전율과 PP&E 회전율 모두 하락하였다. 연차보고서에서 보는 바와 같이, 비용을 통제하는 것이 경영목표이었기 때문에 1년 이상 운영한 점포에서의 매출이 2001년에 감소하였음을 이 기업은 인정하였다.

TJX

노드스트롬과 비교하면 2001년 자산활용비율은 급격하게 좋아졌다. 공급업자들부터 신용거래(매입채무)를 이용하고 영업비용 일부에 대한 지급을 연기함으로써 **운전자본투자**가 무시할 만큼 작았다. 또한 자체적인 신용카드사업도 하지 않아 **매출채권회수기간**이 노드스트롬의 46.8일과 비교할 때 2.1일 정도 밖에 안된다. 판매전략에 중점을 둔 결과 **재고관리**를 보다 더 효율적으로 할 수 있었다. 점포를 임차하기 위해 영업리스를 이용하므로 점포에 묶인 자본이 상당히 낮은 수준이다. 그 결과 **PP&E회전율**은 노드스트롬에 비해 3배 이상이나 된다.

그러나 두 기업의 이러한 차이를 해석할 때 주의해야 한다. 왜냐하면 TJX는 향후에 취소불가능 영업리스를 위해 상당한 자금(일종의 빚)을 부담해야 하기 때문이다. TJX의 재무제표는 이러한 취소불가능 리스를 통한 점포투자에 대해 완전하게는 인식하지 못하므로 영업자산회전율을 잠재적으로 부풀리게 된다.

4) 재무관리의 평가: 재무레버리지

기업은 재무레버리지를 활용하여 자기자본보다 더 많은 자산을 보유할 수 있다. 기업은 차입과 매입채무, 미지급부채, 이연세금 등의 기타부채를 통해 자산을 증가시킬 수 있다. 부채비용(이자율)이 투자수익률보다 작으면 재무레버리지는 기업의 ROE를 증가시킨다. 이러한 이유로 이자가 명시적으로 부과되는 단기 및 장기 부채와 같은 이자부부채 그리고 이자가 전혀 부과되지 않는 매입채무나 이연세금과 같은 비이자부부채를 서로 구별하는 것이 중요하다. 자본리스부채나 연금부채와 같이 묵시적으로 이자가 부과되는 부채는 이자부부채에 포함된다. 대차대조표의 현금이나 단기시장성유가증권(단기투자자산)은 개념적으로 부채를 상환하는데 사용될 수 있으므로 그것은 기업의 순부채를 감소시킨다.

재무레버리지는 잠재적으로 주주에게 이득을 줄 수도 있으나, 동시에 그것은 위험도 증가시킬 수 있다. 자기자본과는 달리, 부채는 사전에 확정된 지급의무(이자나 원금상환 등)를 가지고 있으므로 기업이 이러한 지급의무를 지키지 못하면 그 기업은 재무적 곤경위험에 처하게 된다. 재무레버리지 때문에 발생되는 한 기업의 위험에 대한 크기를 평가하는 비율들이 많다.

① 단기부채와 단기유동성

다음의 비율들은 단기부채(또는 유동부채)와 관련된 위험을 평가하는데 유용하다. 즉, 이 비율들은 유동부채를 상환할 수 있는 능력을 측정한다.

유동비율 = 유동자산 / 유동부채
당좌비율 = (현금+단기투자자산+매출채권) / 유동부채
현금비율 = (현금+단기투자자산) / 유동부채
영업현금흐름비율 = 영업현금흐름 / 유동부채

처음 세 가지 비율은 단기부채와 그 단기부채를 상환하는데 사용될 수 있는 단기자산을 비교한다. 네 번째 비율은 영업활동을 통해 단기부채를 상환하기 위한 자금을 창출할 수 있는 능력을 평가한다.

유동자산과 유동부채의 듀레이션은 서로 대응되므로 1) **유동비율**은 단기유동성의 핵심지표이다. 유동비율이 1이상이라는 것은 기업이 유동자산에서 실현한 현금으로 유동부채를 상환할 수 있다는 것을 의미한다. 그러나 유동자산을 현금화하는데 용이하지 않을 경우 유동비율이 1이상이더라도 그 기업은 단기유동성문제에 직면할 수 있다. 당좌비율과 현금비율을 통해 현금화하기 쉬운 자산으로 유동부채를 상환할 수 있는 능력을 파악할 수 있다. 2) **당좌비율**은 기업의 매출채권의 현금화가 쉽다는 것을 가정하고 있다. 이것은 기업고객의 신용도가 높고 매출채권의 회수가 매우 단기간에 이루어지는 산업에서는 사실이다. 이러한 조건들이 효과를 나타내지 못할 경우 현금 및 단기투자자산만을 고려하는 3) **현금비율**이 비상시에 유동부채를 상환할 수 있는 기업의 능력을 평가하는 척도가 된다. 4) **영업현금흐름비율**은 영업활동으로 얻은 현금으로 유동부채를 상환할 수 있는 기업의 능력을 평가

하는 척도이다.

다음의 표는 두 기업의 유동성비율을 나타낸다.

표 4-6 유동성비율

비율	노드스트롬(2001)	노드스트롬(2000)	TJX(2001)
유동비율	2.28	2.14	1.40
당좌비율	0.94	0.92	0.16
현금비율	0.03	0.07	0.11
영업현금흐름비율	0.58	0.29	0.75

유동비율이나 당좌비율 관점에서 2001년 노드스트롬의 유동성 상황은 충분한 편이었다. 이러한 두 가지 비율은 2001년 모두 상승했다. 이것은 노드스트롬의 단기채권자에게는 좋은 소식이다. TJX의 유동성 상황도 상당한 현금과 건전한 영업현금흐름 때문에 만족할만한 수준이었다. 그러나 TJX는 영업운전자본을 엄격하게 관리했기 때문에 이 기업의 유동비율과 당좌비율은 노드스트롬보다 훨씬 더 작았다.

② 장기부채와 장기지급능력

기업의 재무레버리지는 부채조달과 같은 재무정책에 의해서도 영향을 받는다.

부채조달에 따른 잠재적 혜택은 다음과 같다: 첫째, 차입기업은 채권자에게 미리 확정된 지급조건을 약속하기 때문에 부채는 보통 자기자본보다 더 싸다. 둘째, 부채에 대한 이자는 세금공제가 되는 반면, 주주에 대한 배당금은 그렇지 않다. 셋째, 부채는 기업의 경영진이 낭비적인 지출을 줄이도록 억제한다. 넷째, 일반적으로 기업의 경영진은 기업의 경영전략과 사업전망에 대한 독점적 정보를 일반 대중의 자본시장보다는 개별적인 대출자에게 전달하기가 더 용이하다. 그러한 의사소통을 통해 기업은 잠재적으로 자본비용을 줄일 수 있다. 이러한 여러 가지 이유로 기업들은 최소한도의 부채(차입)를 사용하는 것이 적정하다.

그러나 부채조달에 과도하게 의존할 경우 다음과 같이 잠재적으로 주주(기업)의 비용이 커진다: 첫째, 기업이 원리금을 적기에 지급하지 못하면 재무적 곤경에 처하게 된다. 둘째, 채권자는 기업에게 재무약정(covenant)을 부과하여 기업의 영업, 투자 및 재무의사결정을 제약한다.

한 기업의 **적정 자본구조**는 주로 **영업위험**(business risk)에 의해 결정된다. 경쟁이 거의 없거나 기술변화에 대한 위협이 거의 없을 경우 기업의 현금흐름 예측성은 매우 높다. 이러한 기업의 영업위험은 낮으므로 그 기업은 상당한 부채를 사용한다. 반면, 기업의 영업현금흐름 변동성이 높고 자본지출필요액도 불확실하다면, 이러한 기업은 주로 자기자본에 의존해야 한다. 한 기업의 자본구조는 위험과 재무적 탄력성에 대한 경영진의 성향에 의해서도 결정된다.

한 기업의 장기지급능력을 평가하는 비율들은 다음과 같다.

부채 / 자기자본 비율 = 부채 / 자기자본
차입금 / 자기자본 비율 = (단기차입금+장기차입금) / 자기자본
순차입금 / 자기자본 비율 = (단기차입금+장기차입금−현금 및 시장성유가증권) / 자기자본
차입금 / 총자본 비율 = (단기차입금+장기차입금) / (단기차입금+장기차입금+자기자본)
순차입금 / 순자본 비율 = (이자부 부채−현금 및 시장성유가증권) / (이자부 부채−현금 및 시장성유가증권+자기자본)

부채 / 자기자본 비율은 (ROE 구성요인의 하나인) 총자산 / 자기자본 비율에서 1을 뺀 값이다. 차입금 / 자기자본 비율은 주주가 투자한 1원에 대해 기업이 어느 정도의 차입금을 사용하는가를 나타낸다. 순차입금 / 자기자본 비율은 기업 차입금의 척도로서 순차입금을 사용한다. 위의 비율들을 계산할 때 이자부과가 명시적이든 묵시적이든 모든 이자부 부채를 포함해야 한다. 예 묵시적 이자부과 부채: 자본리스, 연금, 취소불가영업리스(잠재적 부외부채).

다음의 비율과 같이 한 기업이 이자지급을 얼마나 잘 할 수 있는가는 부채정책과 연관된 위험의 크기를 나타낸다.

이자보상비율(수익 기준) = (순이익+이자비용+지급세금=영업이익) / 이자비용
이자보상비율(현금흐름 기준) = (영업활동현금흐름+이자비용+지급세금) / 이자비용

수익기준 이자보상비율은 1원의 이자지급을 위해 사용가능한 이익을 나타낸다. 현금흐름기준 이자보상비율은 1원의 이자지급을 위해 사용가능한 영업현금흐름을 나타낸다. 이들 두 비율의 분자에서 세금을 다시 더하는 이유는 이자비용을 공제하고 나서 세금이 계산되기 때문이다. 이자보상비율이 1이라는 것은 기업이 영업활동을 통해 겨우 이자를 지급할 수 있다는 것을 의미한다. 이것은 매우 위험한 상황이다. 이자보상비율이 클수록 기업이 이자지급의무를 충족시킬 수 있는 여지가 커진다.

또한, 위의 분모와 분자를 다시 조정하여 모든 고정지급의무(이자지급, 리스지급, 부채원금상환 등)를 충족시킬 수 있는 기업의 능력을 측정하는 보상비율을 사용할 수도 있다. 이 경우 이자와 리스지급과 같은 고정지급액은 세전이익에서 지

급되는 반면, 부채원금상환은 세후이익에서 지급된다는 점을 주의해야 한다.

기업의 재무정책분석을 통한 점검사항

① 기업은 충분한 부채를 사용하는가? 기업은 부채의 잠재적 혜택-이자세액공제, 경영진 억제력, 보다 더 용이한 의사소통-을 이용하는가?

② 영업위험이 주어졌을 경우 기업의 부채는 너무 과도한가? 기업은 어느 유형의 재무약정제약을 받고 있는가? 과도한 부채사용에 따른 비용 때문에 잠재적으로 재무적 곤경에 처하고 영업탄력성은 축소되는가?

③ 기업은 차입자금으로 무엇을 하는가? 운전자본에 투자? 고정자산에 투자? 이러한 투자의 수익성은?

④ 기업은 배당지급을 위해 자금을 차입하는가? 그렇다면 그 정당성은 있는가?

다음은 두 기업의 부채비율 및 보상비율을 나타낸다.

표 4-7 부채비율 및 보상비율

비율	노드스트롬(2001)	노드스트롬(2000)	TJX(2001)
부채/자기자본 비율	1.94	1.58	1.37
차입금/자기자본 비율	0.97	0.74	0.29
순차입금/자기자본 비율	0.95	0.69	0.19
차입금/총자본 비율	0.49	0.43	0.23
순차입금/순자본 비율	0.49	0.41	0.16
순차입금/자기자본 비율			
(영업리스지급의무 포함)	–	–	2.23
이자보상비율(수익 기준)	3.35	3.33	21.54
이자보상비율(현금흐름 기준)	7.02	5.26	31.04
고정지급보상비율(수익 기준)			
(리스지급 포함)	2.44	2.40	2.71
고정지급보상비율(현금흐름 기준)			
(리스지급 포함)	4.69	3.57	3.50

노드스트롬

이 기업의 부채/자기자본 비율과 차입금/자기자본 비율은 증가하였다. 또한 2001년 상당한 현금의 증가를 감안했어도 이 기업의 순재무레버리지는 증가했다. 이자보상비율은 충분한 수준이었다. 이것은 이 기업이 상당히 보수적인 재무정책을 취해왔다는 것을 의미한다.

부채비율을 보면, 이 기업은 영업자금조달을 위해 주로 매입채무와 미지급경비와 같은 비이자부 부채에 의존한다는 것을 알 수 있다. 이 기업의 이자보상비율은 월등하게 높다. 그러나 이것은 이 기업이 점포확보를 위해 영업리스에 상당히 의존했기 때문이다. 최소 리스지급액의 현재가치를 순차입금에 포함시키면, 순차입금 / 자기자본 비율은 급격하게 증가한다. 마찬가지로 이자보상비율에 있어서 이자와 최소리스지급액을 포함하면 이자만 포함되었을 때에 비해 이자보상비율이 급격하게 감소한다. 이것은 기업의 재무제표를 분석할 때 부외지급액을 고려해야 하는 중요성을 의미한다.

5) 추가 자료를 사용한 비율분석

재무자료와 실물자료를 분해하여 비율을 분석해야 할 때도 있다. 특히 이러한 접근방법은 인터넷 기업과 같은 청년기업(성장기업)과 청년산업(성장산업)을 분석할 때 유용하다. 이러한 기업의 회계자료를 분석해도 보수적 회계규칙 때문에 기업의 실체를 완전하게 포착하지 못할 수 있기 때문이다.

① 복수업종기업 분석

개별기업부문별로 정보를 분석한다. 이를 통해 개별사업단위별 성과의 잠재적인 차이를 파악할 수 있기 때문에 기업의 경영전략이 작동하거나 그렇지 못하는 분야를 정확하게 파악할 수 있다.

② 기업의 영업활동과 관련된 실물자료를 사용한 비율분석

분석해야 할 실물자료는 다음과 같이 산업별로 매우 다르다: 1) 소매업의 생산성을 측정할 때: 점포당 매출액, 단위면적당 매출액, 점포당 고객거래금액, 고객거래당 매출크기. 2) 호텔산업의 생산성을 측정할 때: 객실점유율. 3) 핸드폰산업의 생산성을 측정할 때: 새 가입자당 모집비용, 가입자유지율.

6) 비율분석의 종합: 지속가능성장률의 평가

$$\text{지속가능성장률} = \text{ROE} \times (1 - \text{배당지급비율})$$

$$\text{배당지급비율(배당성향)} = \text{현금배당지급액} / \text{순이익}$$

기업의 배당지급비율(배당성향)은 배당정책의 척도이다. 기업이 배당을 지급하는 이유는 다음과 같다: 첫째, 기업이 영업 및 투자에 필요한 금액을 초과한 현금을 주주에게 환원해주는 방법이다. 둘째, 경영자와 주주간의 정보비대칭이 존재할 경우 배당지급은 기업의 미래전망에 대한 경영자의 예상을 주주에게 보내는 신호

역할을 한다. 셋째, 특정 유형의 주주를 유인하기 위해 배당을 지급한다.

지속가능성장률은 수익성(영업정책)과 재무정책을 변화시키지 않은 상태에서 한 기업이 성장할 수 있는 성장률이다. 기업의 ROE와 배당정책은 성장에 필요한 가용자금을 결정한다. 수익성, 배당정책, 재무레버리지가 변할 경우 기업의 성장률은 지속가능성장율과 차이가 날 수 있다. 따라서 지속가능성장률은 기업의 성장계획을 평가할 수 있는 기준값(벤치마크)이 된다.

다음의 그림은 지속가능성장률이 어떻게 지금까지 논의된 비율들과 연결되어 있는가를 나타낸다. 이러한 연결관계를 통해 지속가능성장률의 결정요인들에 대해 분석할 수 있다.

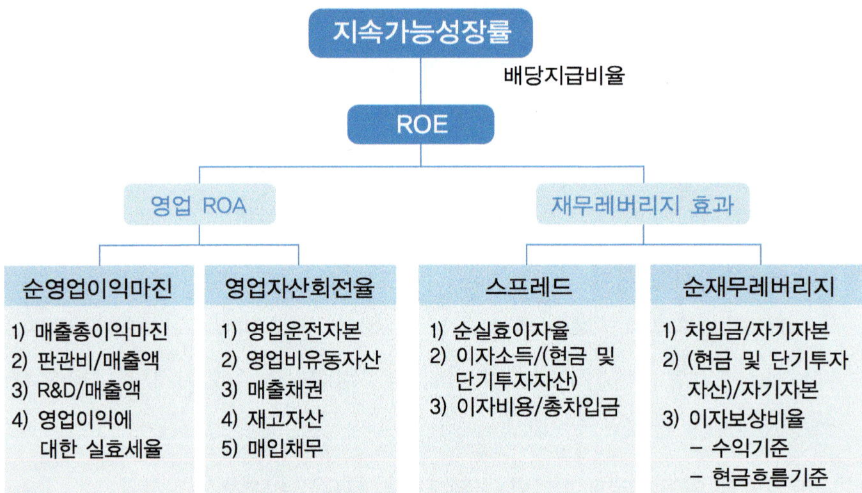

〈그림 4-2〉 재무비율분석을 위한 지속가능성장률 체계

만약 기업이 지속가능성장률 이상으로 성장하려면 어느 비율이 변할 것인가를 평가할 수 있다. **점검사항** 그 변화는 어디에서 발생할 것인가? 경영자는 수익성이 증가할 것이라고 예상하는가? 아니면 자산의 생산성이 증가할 것으로 예상하는가? 이러한 예상들은 실현가능한가? 기업은 이러한 변화에 대해 계획을 하고 있는가? 수익성이 증가할 가능성이 없으면, 기업은 재무레버리지를 증가시킬 것인가 아니면 배당을 축소할 것인가? 이러한 재무정책변화의 영향은?

다음은 두 기업의 지속가능성장률과 그 구성요인을 나타낸다.

표 4-8 지속가능성장률

비율	노드스트롬(2001)	노드스트롬(2000)	TJX
ROE	10.1%	8.6%	41.1%
배당지급비율	39%	45%	9.7%
지속가능성장률	6.2%	4.7%	37.1%

노드스트롬은 TJX에 비해 ROE는 더 낮은 반면 배당지급비율은 더 높아 노드스트롬의 지속가능성장률은 2001년과 2000년에 훨씬 더 낮다. 그러나 2001년에는 ROE가 개선되고 배당지급비율이 약간 하락하여 2000년에 비해 노드스트롬의 지속가능성장률은 높아졌다.

매출액, 자산, 부채 측면에서 2001년 노드스트롬의 실제성장률은 지속가능성장률과 차이가 났다. 2001년 노드스트롬의 매출액은 7% 감소, 순영업자산은 18.7% 증가, 순차입금은 42% 증가하였다. 이와 같은 지속가능성장률과 실제성장률간의 차이는 노드스트롬이 상당한 자사주매입을 통해 자기자본을 축소했다는 사실과 일치한다. 노드스트롬은 영업정책 및 재무정책을 변경하지 않은 상태에서 향후에도 약 6%로 성장할 여지가 있다.

반면, TJX의 지속가능성장률은 37.1%로서 매우 높다. 이것은 TJX가 영업정책 및 재무정책을 변경하지 않은 상태에서 노드스트롬보다 훨씬 더 빠르게 성장할 여지가 있다는 것을 의미한다.

7) 재무비율의 과거 추이: 미국 상장기업의 경우

다음의 표는 비율분석을 위한 기준값(벤치마크)을 구하기 위해 1984년부터 2002년까지 핵심재무비율의 과거 추이를 나타낸다.

표 4-9 핵심재무비율의 과거 추이

연도	ROE	NOPAT 마진	영업자산 회전율	영업 ROA	스프레드	순재무 레버리지	지속가능 성장률
1984	12.2%	6.1%	1.71	9.4%	3.8%	0.52	6.3%
1985	10.6	5.7	1.66	8.7	1.9	0.63	4.3
1986	10.2	5.9	1.54	7.9	1.6	0.74	3.7
1987	11.2	6.9	1.55	9.5	2.7	0.81	4.6
1988	13.7	7.0	1.61	11.0	6.9	0.84	6.8
1989	12.1	6.9	1.54	9.8	4.6	1.07	5.5
1990	10.6	6.7	1.53	9.2	2.4	1.17	4.0
1991	7.5	6.4	1.45	6.6	-0.8	1.19	1.1

연도	ROE	NOPAT 마진	영업자산 회전율	영업 ROA	스프레드	순재무 레버리지	지속가능 성장률
1992	5.1	4.6	1.47	5.4	-1.7	1.13	-1.5
1993	9.6	5.1	1.48	5.7	-0.2	1.16	2.8
1994	14.4	7.0	1.50	9.1	2.7	1.18	8.1
1995	14.3	5.8	1.54	6.8	6.3	1.13	7.8
1996	15.1	6.5	1.53	7.6	6.3	1.17	8.8
1997	14.3	7.1	1.54	8.5	3.7	1.14	8.6
1998	13.6	7.5	1.49	8.3	3.1	1.26	7.8
1999	14.0	7.5	1.42	8.3	4.0	1.28	8.7
2000	10.7	6.5	1.45	6.4	2.4	1.34	5.9
2001	1.6	3.7	1.24	2.3	-3.2	1.29	-3.0
2002	2.1	3.4	1.13	-1.0	-5.7	1.34	-2.4
평균	11.2	6.3	1.51	7.8	2.6	1.06	5.0

이 기간 중 평균 ROE는 11.2%, 평균 영업ROA는 7.8%, 영업ROA와 세후순차입이자율간의 평균스프레드는 2.6%이었다. 그리고 평균 지속가능성장률은 5.0%이었다. 물론, 개별기업들의 재무비율은 산업구조, 기업의 경영전략 및 경영효율성 등 여러 가지 이유로 전체기업의 평균과 차이가 난다. 그럼에도 불구하고 이 표의 평균값은 재무분석에서 유용한 기준값(벤치마크)으로 사용될 수 있다.

4 현금흐름분석 사례

재무비율분석을 통해 한 기업의 손익계산서(순이익마진 분석) 또는 대차대조표(총자산회전율과 재무레버리지)를 분석한다. 그리고 현금흐름분석을 통해서는 기업의 영업정책, 투자정책, 그리고 재무정책을 파악할 수 있다. 즉, 현금흐름분석을 통해 손익계산서와 대차대조표에 대한 질적인 정보를 파악할 수 있다.

(1) 현금흐름의 의의

모든 기업들은 기업회계기준하에서 재무제표에 현금흐름표를 포함해야 한다. 현금흐름표에서 기업들은 현금흐름을 다음의 세 가지 유형으로 구분한다: 영업활동현금흐름, 투자활동과 관련된 현금흐름, 그리고 재무활동과 관련된 현금흐름.

1) 영업활동현금흐름은 재화와 서비스를 판매한 금액(매출액)에서 생산요소비용

및 영업비용을 지불하고 난 후의 현금을 나타낸다. 2) **투자활동현금흐름**은 자본투자, 기업간 투자 및 인수합병(M&A)을 위해 지불된 현금과 비유동자산의 매각으로 받은 현금을 나타낸다. 3) **재무활동현금흐름**은 기업의 주주와 채권자에게 지급하거나 받은 현금을 나타낸다.

기업들은 두 가지 형태의 현금흐름표를 사용한다: 1) 직접법, 2) 간접법. 두 방식의 핵심적인 차이는 기업들이 영업활동현금흐름을 보고하는 방식에 있다. 실제로 소수기업이 사용하는 **직접법**에서는 영업활동현금의 수취와 지급이 직접적으로 보고된다. 반면, **간접법**에서는 순이익을 조정하여 영업활동현금흐름을 도출한다. 간접법에 의한 현금흐름은 현금흐름표와 순이익을 서로 연결해주기 때문에 많은 분석가와 경영자들이 간접법을 선호한다.

앞에서 본 바와 같이, 수입과 비용이 발생주의 기준으로 측정되므로 순이익과 영업활동현금흐름은 서로 다르다. 손익계산서의 순이익에는 두 가지 유형의 비현금(noncash) 발생액이 포함되어 있다. 첫째, 신용매출과 미지급비용과 같은 유동발생액(current or short-term accruals)이다. 유동발생액은 (매출채권, 재고자산, 선급비용과 같은) 유동자산과 (매입채무, 미지급부채와 같은) 유동부채의 변화를 초래한다. 둘째, 감가상각비, 이연세금, 통합되지 않은 자회사로부터의 지분소득과 같은 비유동발생액(non-current or long-term accruals)이다. 순이익으로부터 영업활동현금흐름을 도출하기 위해서는 이러한 두 가지 유형의 비현금 발생액을 감안하여 조정되어야 한다. 또한, 자산매각에 의한 현금처럼 순이익에 포함된 비영업(nonoperating) 이득에 대해서도 조정되어야 한다.

참고

영업활동운전자본 = **비유동발생액**과 비유동자산매각에 의한 이득을 감안하여 조정된 순이익. 반면, 영업활동현금흐름은 영업활동운전자본에서 영업활동과 관련된 **유동발생액**을 감안하여 조정된 현금흐름이다.

유동발생액에 대한 정보는 유동자산과 유동부채의 변화를 분석하여 얻을 수 있다. 보통 영업유동발생액은 현금 및 단기투자자산(현금성자산)을 제외한 모든 유동자산의 변화와 단기부채 및 유동성장기부채를 제외한 모든 유동부채의 변화를 나타낸다.

영업활동운전자본
-매출채권의 증가(또는 감소)
-재고자산의 증가(또는 감소)
-현금 및 현금성자산을 제외한 기타유동자산의 증가(또는 감소)
+매입채무의 증가(또는 감소)
+차입금을 제외한 기타 단기부채의 증가(또는 감소)
=영업활동현금흐름

(2) 현금흐름정보의 분석

현금흐름분석을 통해 다음의 사항들을 점검해야 한다.

1) 기업의 내부현금흐름이 얼마나 충분한가? 영업활동현금흐름이 양(+)인가 음(-)인가? 음이라면 그 이유는 기업이 성장하기 때문인가? 영업상에서 이익이 나지 않기 때문인가? 아니면 운전자본의 관리가 어렵기 때문인가?
2) 기업은 영업활동현금흐름으로 이자지급과 같은 단기지급의무를 다할 수 있는 능력이 있는가? 기업은 영업상의 유연성을 축소하지 않고 이러한 지급의무를 계속 다할 수 있는가?
3) 기업은 성장을 위해 자금을 얼마나 투자했는가? 이러한 투자는 경영전략과 일치하는가? 성장을 위한 자금조달 시 기업은 내부자금을 사용했는가 아니면 외부자금조달에 의존했는가?
4) 기업은 내부잉여현금흐름으로 배당을 지급했는가, 아니면 외부자금조달에 의존했는가? 기업이 배당지급액을 외부자금조달에 의존했다면 배당정책은 지속가능한가?
5) 기업은 어떠한 유형의 외부자금조달에 의존하는가? 자기자본, 단기부채, 장기부채 중 어느 자금조달에 주로 의존하는가? 그러한 자금조달방법이 기업의 전반적인 영업위험과 일치하는가?
6) 기업은 자본투자이후에도 잉여현금흐름을 갖는가? 그것은 장기추세인가? 잉여현금흐름을 배분하기 위해 경영진은 어느 계획을 갖고 있는가?

그러나 다음과 같은 이유로 현금흐름표의 정보를 이용해도 위의 사항을 완전하게 파악하기가 어렵다. 첫째, 현금흐름자료가 공시되는 방식에 있어서 기업마다 상당한 차이가 있다. 따라서 체계적인 분석과 기업간 상호비교를 위해서는 현금흐름표상의 정보를 자체적으로 재가공해야 한다. 둘째, 기업들은 영업활동현금흐름을 계산할 때 이자비용과 이자소득을 포함시킨다. 그러나 엄격하게 말하면 이들 두 항목은 기업의 영업활동과 관련이 없다. 이자비용은 재무레버리지의 함수이고, 이자소득은 영업자산보다는 재무자산으로부터 나온다. 그러므로 이러한 것을 고려하여 현금흐름표를 재가공하는 것이 필요하다.

다음의 표는 새로 가공된 두 기업의 현금흐름표를 나타낸다.

표 4-10 현금흐름표 (단위: 백만달러)

항목	노드스트롬(2001)	노드스트롬(2000)	TJX(2001)
순이익	124.7	101.9	500.4
세후순이자비용(소득)	45.8	38.3	15.9
비영업손실(이득)	0	32.9	70.6
장기(비유동)영업발생액	228.3	194.7	239.3
운전자본투자전 영업활동현금흐름	398.7	367.7	826.2
순업운전자본투자 또는 매각	60.8	(153.6)	95.3
비유동자산투자전 영업활동현금흐름	459.5	214.2	921.5
순영업비유동자산투자 또는 매각	(267.1)	(314.7)	(442.6)
채권자 및 주주에의 잉여현금흐름	192.4	(100.5)	478.9
세후순이자(비용) 또는 소득	(45.8)	(38.3)	(15.9)
순부채(지급) 또는 발행	198.5	262.2	302.1
주주에의 잉여현금흐름	345.1	123.4	765.1
배당(지급)	(48.3)	(45.9)	(48.3)
순주식(재매입) 또는 발행	9.2	(79.3)	(359.0)
현금잔고의 순증가(감소)	306.1	(1.8)	357.9

우선 영업운전자본투자 전 영업현금흐름을 다음과 같이 계산한다:

> 순이익 + 1) 세후순이자비용(후에 다시 고려될 재무항목이므로) + 2) 보통 자산처분이나 자산상각으로부터 발생되는 비영업 이득이나 손실(이들 항목은 투자와 관계된 것으로서 후에 고려되므로) + 3) 감가상각비와 이연세금과 같은 장기(비유동) 영업발생액(이들은 비현금 영업비용이므로).

운전자본투자 및 이자지급전 영업현금흐름을 통해서 기업이 영업활동으로부터 잉여현금을 얼마나 창출할 수 있는가를 파악할 수 있다.

영업활동현금흐름

양(+)의 영업활동현금흐름을 창출할 수 있는 기업의 능력에 영향을 주는 요인들은 여러 가지가 있다. **요인 1)** 안정된 상태의 건전기업들은 영업비용보다 더 많은 현금을 창출한다. 반대로, 성장기업들, 특히 R&D, 광고 및 마케팅 또는 미래에도 성장을 지속시키기 위한 조직의 구축 등에 자금을 투자하는 기업들은 음(-)의 현금흐름을 경험할 수도 있다. **요인 2)** 기업의 운전자본관리도 중요한 요인이다. 성장단계의 기업들은 보통 매출채권, 재고자산, 매입채무와 같은 영업운전자본에 자금을 투입한다. 운전자본에의 순투자는 신용정책(매출채권), 지급정책(매입채무,

미지급비용, 미지급부채), 예상 매출증가율(재고자산)의 함수이다. 운전자본투자 후 영업활동현금흐름을 통해서 기업의 운전자본이 어떻게 관리되며 미래의 성장을 위해 비유동자산에 투자할 수 있는 여력이 있는가를 평가할 수 있다. 따라서 운전자본투자 후 영업현금흐름을 해석할 때에는 기업의 **성장전략, 산업의 특성, 신용정책**을 고려해야 한다.

투자활동현금흐름

투자활동현금흐름의 형태는 자본지출, 기업간투자, M&A등이다. 영업운전자본투자 후 양(+)의 현금흐름이 발생하면 기업은 장기의 성장기회를 추구하게 된다.

영업운전자본투자 후 현금흐름이 성장을 위한 장기투자에 필요한 자금조달액보다 작으면 기업은 외부자금조달에 의존해야 한다. 이와 같이 외부자금조달에 주로 의존하는 기업들의 경우 내부자금으로 성장투자자금을 활용할 수 있는 기업들에 비해 장기투자전략의 탄력성이 낮아지게 된다.

내부자금으로 성장투자자금을 조달할 수 있는 능력을 갖춘 기업들의 경우에는 단점(비용)과 장점(이득)이 함께 존재한다. 비용측면으로서 경영자들은 내부의 잉여현금흐름을 사용하여 수익성이 없는 사업에 투자할 수 있다는 점이다. 반면, 이득측면으로서 경영자들이 외부자금에 의존할 수밖에 없을 경우에는 그와 같이 수익성이 없는 낭비성의 자본지출이 발생할 가능성이 낮다는 것이다. 외부자본시장에 의존할 경우 장기투자이득을 자본시장에 알리기가 쉽지 않다면, 자본비용이 크게 되므로 경영자들은 위험한 장기사업에 투자하기가 어렵다는 것이다.

재무활동현금흐름

재무활동현금흐름은 채권자와 주주에게 돌아갈 수 있는 잉여현금흐름이다. 이러한 분석을 통해 기업이 이자지급과 원금상환을 할 수 있는 능력을 평가할 수 있다.

1) 채권자에의 현금흐름

채권자에게는 이자와 원금이 지급된다. 음(-)의 잉여현금흐름을 가진 기업들은 추가적으로 차입하여 원리금 지급의무를 충족시켜야 하거나 또는 운전자본투자나 장기투자의 일부를 삭감해야 한다. 이러한 상황은 기업에게 재무적으로 위험하다.

2) 주주에의 현금흐름

채권자에게 지급하고 난 후의 현금흐름이 주주에의 잉여현금흐름이 된다. 이의 분석을 통해 배당정책을 유지할 수 있는 능력을 평가하고, 잉여현금흐름으로 인해 발생될 수 있는 잠재적 대리인문제를 확인할 수 있다. 여기에는 배당지급과 자사주매입이 포함된다. 주주에의 잉여현금흐름이 음(-)일 경우 기업이 배당을 지급하면 그 기업은 차입을 하고 있는 것이다. 이러한 상황은 단기적으로 가능하지만 지속성 기준으로 보면 신중하지 못한 행동이다. 반면, 부채의 원리금 지급 후 상당한 잉여현금흐름을 가지고 있는 기업은 성장을 추구하기 위해 그 자금을 비생산적인 사업투자에 낭비할 위험을 갖게 된다. 따라서 애널리스트는 그러한 기업의 투자계획을 세심하게 분석해야 한다.

위와 같은 현금흐름의 측정치는 기업의 **영업전략, 성장전략, 그리고 재무정책**의 관점에서 평가되어야 한다. 이러한 현금흐름 측정치의 연도별 변화를 분석하면 기업의 현금흐름 안정성을 파악할 수 있다. 또한, 채권자 및 주주에의 현금흐름을 통해 현금흐름에 기초한 기업가치와 자기자본가치(주가)를 평가할 수 있다.

현금흐름분석을 통한 점검사항

현금흐름분석은 한 기업의 **이익에 대한 질**(quality)을 평가하는데 사용된다. 순이익과 현금흐름을 함께 분석해보면 이것을 쉽게 평가할 수 있다.

1) 순이익과 영업현금흐름간에 상당한 차이가 있는가? 이러한 차이의 원천을 확실하게 확인할 수 있는가? 어떠한 회계정책이 이러한 차이를 초래하는가? 이러한 차이를 초래하는 일회성 사건이 있는가?
2) 순이익과 현금흐름간의 관계가 시간에 따라 변하는가? 그 이유는 영업상황의 변화 때문인가, 아니면 기업의 회계정책과 회계추정값의 변화 때문인가?
3) 수입 및 비용의 인식 그리고 현금흐름의 수입 및 지출간의 시차가 얼마인가? 그 중간에 어느 유형의 불확실성이 해결되어야 하는가?
4) 매출채권, 재고자산, 매입채무의 변화는 정상적인가? 그렇지 않다면 그 변화에 대한 적합한 근거는?

(3) 두 기업의 현금흐름분석

1) 노드스트롬

운전자본투자 전 영업현금흐름은 2001년 398.7백만달러로서 2000년 367.7백만달러에 비해 증가하였다. **순이익과 현금흐름간의 차이는 주로 유, 무형자산에 대한 감가상각비 때문이었다.**

2001년 이 기업은 주로 매출채권과 재고자산 투자를 줄여 영업운전자본에서 간신히 60.8백만달러를 창출해냈다. 이것은 2000년 153.6백만달러의 순운전자본투자와 대비된다. 이처럼 **운전자본관리**가 개선되면서 이 기업은 2000년 214.2백만달러보다 훨씬 더 많은 459.5백만달러의 장기투자 전 영업현금흐름을 갖게 되었다. 그 결과 2000년과는 달리 이 기업은 장기비유동자산투자를 충족시키기에 적당한 영업현금흐름보다 더 많은 현금흐름을 창출시켰다. 따라서 채권자와 주주에의 현금흐름이 2000년에는 (-)100.5백만달러이었지만 2001년에는 192.4백만달러가 되었다.

2000년과 2001년 모두 이 기업은 순차입자였다. 그 결과 두 해에 주주에의 잉여현금흐름은 상당히 컸다. 기업은 이를 이용하여 정기배당을 지급하고 자사주를 매입하였다. 그러나 두 연도간의 차이는 컸다. 2001년에는 주주에게 지급할 수 있는 충분한 내부현금흐름을 가지고 있었지만, 2000년에는 차입이나 또는 장기비유동자산투자의 축소없이는 주주에게 지급할 여력이 없었다. 즉, 이 기업의 현금흐름은 2000년에 비해 2001년에는 개선된 것이 분명하다.

TJX

2001년 현금흐름이 상당히 양호하였다. 운전자본투자 전 영업현금흐름이 826.2백만달러이었다. 또한 영업운전자본투자를 축소할 수 있었다. 그러나 운전자본투자를 관리하는 방식에 있어서 두 기업간에 상당한 차이가 있었다. 노드스트롬은 매출채권과 재고자산 투자를 축소한 반면, TJX는 매입채무 및 미지급비용을 연장하였다. 노드스트롬과 마찬가지로 이 기업은 내부 영업현금흐름으로 장기영업자산에의 투자자금을 조달할 수 있었다. 그 결과, 채권자 및 주주에의 잉여현금흐름은 478.9백만달러이었다. 이 중에서 기업은 15.9백만달러의 이자(세후 순이자)를 지급하였다. 기업은 302.1백만달러를 순차입하여 주주에의 현금흐름은 765.1백만달러나 되었다. 기업은 이중의 약 반(배당으로 48.3백만달러, 자사주매입으로 359백만달러)을 주주에게 지급하고 현금증가는 약 357.9백만달러가 되었다.

제 5 장

손익분기점 분석

일반적으로 기업의 이익은 매출 수준과 가장 관련이 있다고 할 수 있다. 호황시 매출이 늘어나면 이익이 확대되지만 매출이 일정 수준 이하로 떨어지면 손실이 야기된다. 따라서 경영자는 어떤 매출 수준에서 기업이 지출한 비용을 모두 회수하고 이익을 낼 수 있는가에 대해 관심을 가지게 된다. 손익분기점(break-even-pont: BEP)이라 함은 기업의 모든 비용이 회수가 되고 이익을 내기 시작하는 매출 수준을 의미한다.

이러한 손익분기점을 분석하기 위해서 손익분기점분석이라는 기법이 사용된다. 손익분기점분석은 이익이 나기 시작하는 매출 수준을 파악하는 데에도 유용하지만 매출의 변동에 따라 기업의 손익이 어떻게 변하고 기업의 고정비와 변동비, 판매상품의 구성, 판매력 등의 변화가 기업 이익에 어떠한 영향을 주는지 분석할 수 있게 해준다. 따라서 손익분기점분석은 기업이 목표이익을 수립하고 이것을 관리하는 이익계획(profit planning)이나 재무계획 및 통제(financial planing and control)를 행하는데 매우 유용한 도구이다. 여기서는 이러한 손익분기점의 분석방법과 내용에 관해 살펴보기로 한다.

1 손익분기점 분석의 의의

(1) 손익분기점의 개념

손익분기점 혹은 BEP(break-even-point)는 기업에서 발생하는 비용이 모두 회수되지만 이익은 0이 되는 매출 수준을 의미한다. 그러나 기업의 이익은 매출총이익, 영업이익, 경상이익 및 당기순이익 등 여러 가지 개념의 이익이 있다. 이 중 BEP는 영업이익을 0으로 하는 매출 수준을 의미한다.

일반적으로 기업의 매출이 증가하면 영업이익이 확대된다. 그러나 어떤 일정 수준 이하의 매출에서는 영업손실이 발생하고 이러한 영업손실은 매출액이 감소될수록 더욱 확대된다. BEP라 함은 매출 수준의 변화에 따라 영업이익이 변동할 때 매출액과 영업비용이 일치함으로서 영업이익이나 손실이 발생하지 않는 매출 수준이 얼마인가를 파악한 것이다.

(2) 손익분기점분석의 기본적인 사례

손익분기점분석은 영업이익을 0으로 하는 매출수준을 찾는 방법을 의미한다. 따라서 손익분기점분석을 위해서는 매출의 변동에 따라 영업비가 어떻게 변하고, 또 그에 따라 영업이익이 어떻게 변하는가를 분석하여야 한다. 손익분기점분석은 기업의 매출액과 영업비용 및 이익의 상호관계를 분석하는 것이므로 이를 흔히 비용-매출액-이익분석(cost-volume-profit analysis), 혹은 CVP분석이라고도 한다.

다음의 〈표 5-1〉와 〈표 5-2〉는 두 기업에 대한 매출액, 영업비용 및 영업이익의 관계를 보여주고 있다.

표 5-1 가상적 기업(일신기업)에 대한 손익분기점 매출액

	손익분기점	2000년		2001년 (기준연도)		2002년
매출액(S)	50억원	90억원 (-10억원)	10%감소	100억원	10%증가	110억원 (+10억원)
-영업비용	50억원	74억원		80억원		86억원
영업고정비(FC)	20억원	20억원		20억원		20억원
영업변동비(VC)	30억원	54억원		60억원		66억원
영업이익(EBIT)	0	16억원 (-4억원)	20%감소	20억원	20%증가	24억원 (+4억원)

표 5-2 가상적 기업(이신기업)에 대한 손익분기점 매출액

	손익분기점	2000년		2001년 (기준연도)		2002년
매출액(S)	66.7억원	90억원 (-10억원)	10%감소	100억원	10%증가	110억원 (+10억원)
-영업비용	66.7억원	76억원		80억원		84억원
영업고정비(FC)	40억원	40억원		40억원		40억원
영업변동비(VC)	26.7억원	36억원		40억원		44억원
영업이익(EBIT)	0	14억원 (-6억원)	30%감소	20억원	30%증가	26억원 (+6억원)

〈표 5-1〉의 기업의 변동비율은 60%이다. 그러면 이 기업은 어떤 매출액 수준에서 영업이익이 0이 되는가? 그것은 매출액 50억원 수준에서 영업이익이 0이 된다는 것을 알 수 있다. 즉, 이 기업은 변동비율이 60%이므로 매출액 50억원에서 영업변동비는 30억원(=50억원 × 0.6)이고 고정비가 20억원이므로 총영업비용이 50억원이 된다. 따라서 이 수준의 매출액에서 매출액과 영업비용이 일치하므로 영업이익이 0이 됨을 알 수 있다.

반면 〈표 5-2〉의 기업은 변동비율이 40%이다. 이 기업의 손익분기점은 표의 계산에서 보듯 66.7억원이다. 66.7억원의 매출액 수준에서 영업고정비는 40억원이고 영업변동비는 26.7억원(=66.7억원 × 0.4)이므로 영업이익이 0이 된다.

그러면 이와 같이 이 두 기업의 손익분기점이 다른 이유는 무엇인가? 그것은 이 두 기업의 영업고정비와 영업변동비가 다르기 때문이다. 말하자면 두 번째 기업은 첫 번째 기업에 비해 영업고정비가 더 높은 반면, 영업변동비의 비중은 낮다. 두 기업을 통해서 보면 일반적으로 영업고정비의 비중이 상대적으로 높고 영업변동비가 낮은 기업일수록 손익분기점이 높다고 볼 수 있다.

2 손익분기점 분석 도표

손익분기점분석을 위해서 손익분기점분석 도표를 그려보는 것이 유용하다. 손익분기점분석을 위해서는 다음과 같은 가정이 필요하다.

첫째, 기업의 시설은 고정되어 있으므로 기업이 생산할 수 있는 최대 생산량은 변하지 않는다.
둘째, 모든 영업비용을 고정비와 변동비로 분류할 수 있다.
셋째, 매출량이나 조업도에 관계없이 제품 단위당 판매가격과 영업변동비의 단위당 변동비율은 일정하다.

(1) 매출액을 축으로 사용하였을 때의 도표

이러한 가정하에서 매출액의 변화에 따른 영업고정비와 영업변동비의 변화를 그림으로 표시하면 다음의 〈그림 5-1〉의 (a)와 (b)의 그림과 같다. 영업고정비는 매출액이 변하여도 일정하므로 (a)에서와 같이 일정하게 나타나고, 영업변동비는 매출액 증가와 더불어 동일한 비율로 증가하므로 (b)에서와 같이 증가한다. 그림에서 (c)는 영업고정비와 영업변동비를 합한 총영업비용이 변화하는 모습을 보여주고 있다. (c)에서 직선의 기울기는 매출액 증가에 따른 영업변동비의 증가 비율

(즉, 변동비율)을 나타낸다.

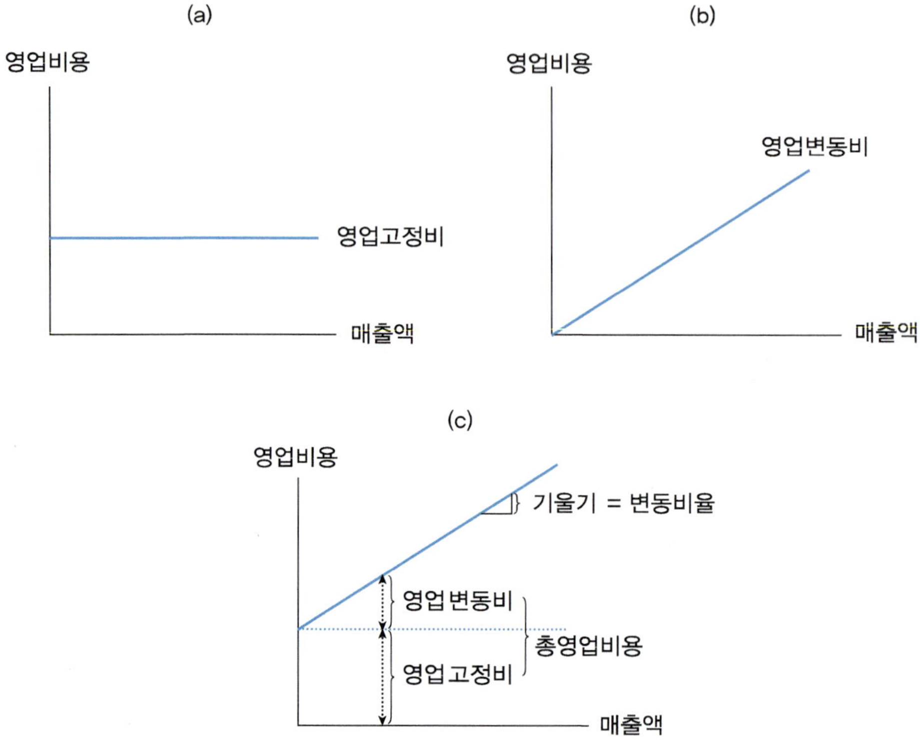

〈그림 5-1〉 영업고정비와 영업변동비

그러면 이러한 도표에서 손익분기점은 어디에 나타나는가? 그것은 다음의 〈그림 5-2〉의 (a)에서와 같이 총영업비용의 직선과 도표의 45°직선(점선으로 표시)이 만나는 점에서 결정된다. 손익분기점이 왜 그 점에서 결정되는가를 이해하기 위해서 우선 45% 직선의 의미를 살펴보자. 그림에서 45°직선은 그 직선의 어떤 점에서도 매출액과 영업비용이 일치한다. 말하자면 45°직선은 어떤 점에서도 매출액과 영업비용이 일치하므로 영업이익이 0이 되는 점이다. 그러면 총영업비용 직선 중 어떠한 점이 영업이익이 0이 되는 점인가? 그것은 물론 45°직선과 총영업비용 직선이 일치되는 점이 될 것이다. 따라서 이 점의 매출액이 손익분기점이 된다.

또한 그림에서 보듯 손익분기점보다 높은 매출 수준에서는 45°직선과 총영업이익 직선의 차이가 영업이익을 나타낸다. 왜냐하면 주어진 매출 수준에서 45°직선까지의 금액은 매출액과 동일하고 총영업이익 직선까지의 금액은 그 매출 수준에서 발생하는 영업비용을 나타내므로 그 차이가 영업이익에 해당한다. 반면 손익분기점보다 낮은 매출 수준에서는 총영업비용 직선과 45°직선의 차이가 영업손실이 된다. 왜냐하면 이러한 매출 수준에서는 45°직선으로 나타내지는 매출액이 그 매출액 수준에서 발생하는 영업비용에 미치지 못하기 때문이다. 〈그림 5-2〉의 (a)에서는 앞의 〈표 5-1〉의 일신기업에 대하여 영업고정비와 영업변동비의 변화, 그리고 손익분기점을 표시하였다.

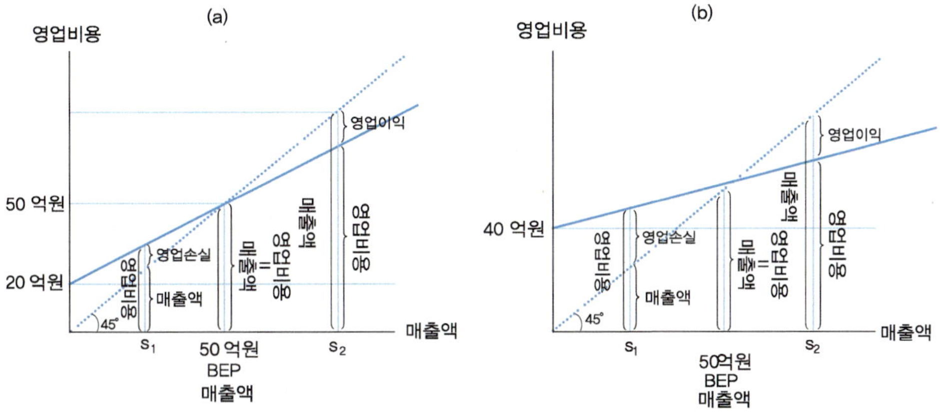

〈그림 5-2〉 손익분기점분석 도표(매출액을 축으로 사용하였을 때)

한편 그림 (b)는 앞의 〈표 5-2〉의 이신기업의 영업비용의 변화와 손익분기점을 보여주고 있다. 그림 (b)에서는 그림 (a)와 비교하여 영업고정비가 높은 반면 영업변동비의 변동비율(영업비용 직선의 기울기)은 더욱 낮다. 이러한 경우 매출액이 손익분기점보다 높으면 영업이익이 더욱 크다. 가령 BEP보다 높은 S_2의 동일한 매출에서 두 번째(이신기업)의 영업이익이 첫 번째(일신기업)보다 더욱 큰 것을 확인할 수 있다. 반면, 매출액이 손익분기점보다 낮은 경우에는 오히려 (b)의 영업손실이 더욱 크다. 그림을 통하여 볼 때 BEP보다 낮은 매출액 S_1원 수준에서 두 번째 기업(이신기업)의 영업손실은 첫 번째 기업(일신기업)보다 더욱 크다.

그러므로 그림을 통하여 볼 때 손익분기점 이상의 매출이 실현되면 매출이 증가할수록 영업이익이 더욱 확대되고 손익분기점 이하의 매출에서는 매출감소와 더불어 영업손실이 더욱 확대되며, 이러한 영업손익의 확대 효과는 영업고정비용과 영업변동비의 상대적인 구성에 따라 달라진다는 것을 알 수 있다.

(2) 매출량을 축으로 사용하였을 때의 도표

앞에서는 손익분기점분석의 도표를 매출액이 변화함에 따라 영업비용이 변화하는 관계를 가지고 분석하였다. 그러나 매출액의 변화보다는 매출량의 변화 관계로 파악하여 분석하는 경우도 있다. 다음 〈그림 5-3〉은 매출량을 축으로 손익분기점 분석 도표를 그린 것이다. 매출량을 사용하였을 때의 그림도 매출액을 사용하였을 때와 마찬가지로 매출량 변화에 따라 총영업비용이 직선적으로 증가한다. 그러나 이 때 총영업비용 직선의 기울기는 매출액을 기준으로 하였을 때와는 다르다. 매출량을 축으로 하였을 때 영업비용 직선의 기울기는 매출량 한 단위 증가에 따른 영업변동비의 증가를 나타낸다. 이것을 단위당 변동비라 부르며 영업변동비(VC)를 매출량(Q)로 나누어 산출한다.

또한 매출량을 사용하였을 때 손익분기점은 총영업비용 직선과 45°직선이 만나는 점이 아니라 제품가격(P)을 기울기로 하는 직선과 만나는 점에서 결정된다. 그림에서 기울기가 P인 직선은 매출량의 증가에 따른 매출수입의 변화를 나타낸다. 즉, 제품가격이 P이고 매출량이 Q라면 기업의 총매출수입, TR은 P × Q가 된다. 이 때 손익분기점은 총매출수입, TR과 총영업비용이 일치하는 점에서 결정된다.

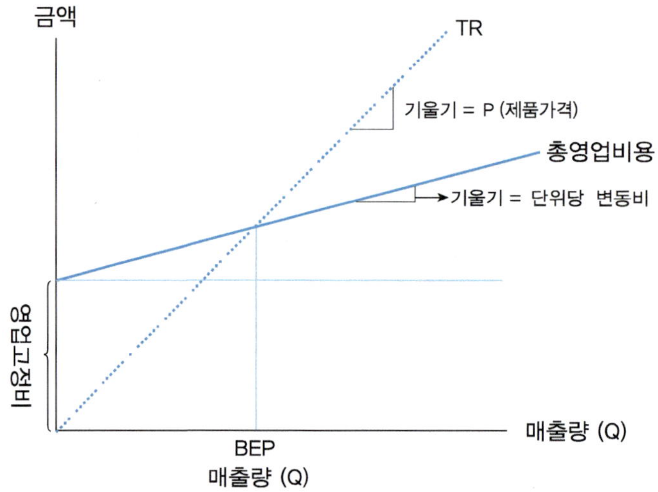

〈그림 5-3〉 손익분기점분석 도표(매출량을 축으로 사용하였을 때)

3 손익분기점의 측정

(1) 매출량으로 측정할 때

그러면 손익분기점을 어떻게 측정하는가? 이것은 다음의 관계에서 유도된다. 즉, 손익분기점은 정의상 영업이익이 0이 되는 점이므로 이 점에서는 매출액과 영업비용이 같아져야 한다. 다시 말해서 매출액을 TR, 영업비용을 TC라 하면 손익분기점에서는 다음 관계가 성립한다.

$$\text{TR(매출액)} = \text{TC(영업비용)} \qquad \text{(식 1)}$$

또 여기서 제품의 판매단가를 P, 판매수량을 Q라 하고 영업고정비를 FC, 영업변동비를 VC라 하면 매출액은 판매단가와 판매수량을 곱한 것이고, 총영업비용은 영업고정비와 영업변동비를 합한 것이므로 다음 관계가 성립한다.

$$TR = P \times Q \qquad \text{(식 2)}$$
$$TC = FC + VC$$

그런데 위의 식에서 VC도 매출량의 변화에 따라 변화한다. 이 때 V를 매출량 한 단위 증가할 때 추가되는 영업변동비의 증가금액이라 하자. 이것을 단위당 변동비라 한다. 단위당 변동비가 고정되어 있다면 매출량이 Q일 때 발생하는 영업변동비는 V × Q가 될 것이다. 경제학적 용어로는 단위당 변동비를 한계비용(marginal cost: MC), 판매단가(제품가격)를 한계수익(marginal revenue: MR)이라고도 한다. 그러면 TC는 다음과 같이 표현된다.

$$TC = FC + V \times Q \qquad \text{(식 3)}$$

따라서 손익분기점에서는 다음의 관계가 성립한다.

$$\underset{(TR)}{\underline{P \times Q}} = \underset{(TC)}{\underline{FC + V \times Q}} \qquad \text{(식 4)}$$

손익분기점 매출량은 위의 식을 성립시킬 때의 Q이다. 따라서 위의 식을 Q에 관해서 정리하면 다음과 같다.

$$P \times Q - V \times Q = (P-V) \times Q = FC \qquad \text{(식 5)}$$

그리고

$$Q^* = \frac{FC}{P-V} \qquad \text{(식 6)}$$

여기서 Q*가 손익분기점 매출량이다. 가령 어떤 기업의 영업고정비가 200만원이고 단위당 제품 가격이 1만원, 단위당 변동비가 8,000원이면 손익분기점 매출량은 다음과 같이 계산된다.

$$Q^* = \frac{FC}{P-V} = \frac{200\text{만원}}{10{,}000\text{원} - 8{,}000\text{원}} = 1{,}000\text{개}$$

즉, 1,000개의 매출량에서 이 기업은 영업이익이 0이 된다. 왜냐하면 1,000개의 매출량에서 이 기업의 매출액은 1천만원(=1만×1,000개)이다. 그리고 단위당 변동비가 8,000원이므로 1,000개를 매출하였을 때 영업변동비는 800백만원이고 영업고정비가 200백만원이므로 총영업비용은 1천만원이다 .따라서 이 때 매출액과 영업비용이 같아진다. 물론 이 기업이 1,000개 이상을 매출하면 이 기업에는 영업이익이 발생하고 이보다 매출량이 적으면 영업손실이 발생한다.

위의 식에서 P-V를 단위당 공헌이익(contribution margin)이라 한다. 이것은 고정비를 감안하지 않았을 때 제품 판매를 한 단위 증가시킴으로써 기업이 얻을 수 있은 이득의 증가를 의미한다. 손익분기점 매출량은 이러한 공헌이익으로서 고정비를 회수할 수 있는 매출수량을 의미한다.

가령 위의 예에서 단위당 공헌이익은 2,000원(=1만원-8,000원)이다. 따라서 제품을 오직 한 단위 판매한다면 고정비 중 2,000원만 회수되는 셈이다. 그러면 고정비 200만원을 회수하기 위해서 제품을 몇 단위 판매해야 하는가? 그것은 고정비 200만원을 단위당 공헌이익 2,000원으로 나눈 1,000개임을 알 수 있다.

(2) 매출액으로 측정할 때

손익분기점 매출량이 구해지면 이를 이용해서 손익분기점 매출액은 쉽게 구해진다. 손익분기점 매출액은 손익분기점 매출량에 판매단가를 곱함으로써 얻어진다. 즉, 손익분기점 매출액, TR^*는 손익분기점 매출량 Q^*에 P를 곱한 것이므로 다음과 같다.

$$TR^* = P \times Q^* = P \times \frac{FC}{P-V} = \frac{FC}{1-\frac{V}{P}}$$

그러므로 앞의 예에 대해서 손익분기점 매출액을 구하면 다음과 같다.

$$TR^* = \frac{FC}{1-\frac{V}{P}} = \frac{200\text{만원}}{1-\frac{8{,}000\text{원}}{10{,}000\text{원}}} = 1{,}000\text{만원}$$

위의 식에서 V/P를 변동비율이라 하고, 1-V/P를 공헌이익률이라 한다. 이 예에서 변동비율은 0.8(80%)이고 공헌이익률은 0.2(20%)이다. 또 손익분기점 매출액은 매출액에 대비한 영업변동비의 비율$\left(\frac{VC}{TR}\right)$로도 나타낼 수가 있다. 즉, 위의 식을 이용하면 다음의 관계가 성립한다.

$$TR^* = \frac{FC}{1-\frac{V}{P}} = \frac{FC}{1-\frac{V \times Q}{P \times Q}} = \frac{FC}{1-\frac{VC}{TR}}$$

그러면 앞의 식을 이용하여 〈표 5-1〉의 일신기업과 〈표 5-2〉의 이신기업에 대해 손익분기점 매출액을 구해보자. 우선 〈표 5-1〉의 기업에 대해서는 영업고정비

(FC)가 20억원이고 매출액(TR) 100억원에 대한 영업변동비(VC)가 60억원이므로 손익분기점 매출액은 다음에서와 같이 50억원이다.

$$TR^{*} = \frac{FC}{1-\frac{VC}{TR}} = \frac{20억원}{1-\frac{60억원}{100억원}} = 50억원$$

그리고 〈표 5-2〉의 기업에 대해서는 영업고정비(FC)가 40억원이고 매출액(TR) 100억원에 대한 영업변동비(VC)가 40억원이므로 손익분기점 매출액은 66.7억원이다.

$$TR^{*} = \frac{FC}{1-\frac{VC}{TR}} = \frac{40억원}{1-\frac{40억원}{100억원}} = 66.7억원$$

(3) 목표이익을 감안할 때

손익분기점분석을 통해서 영업이익이 0이 되는 점을 파악할 수 있을 뿐만 아니라 일정한 영업이익의 목표를 설정하였을 때 그 영업이익을 달성하기 위하여 요구되는 매출량이나 매출액 수준을 파악할 수 있게 해준다. 다음의 〈그림 5-4〉는 기업이 목표 이익을 TP만큼 설정하였을 때 요구되는 목표 매출액이 어떻게 결정되는가를 보여주고 있다.

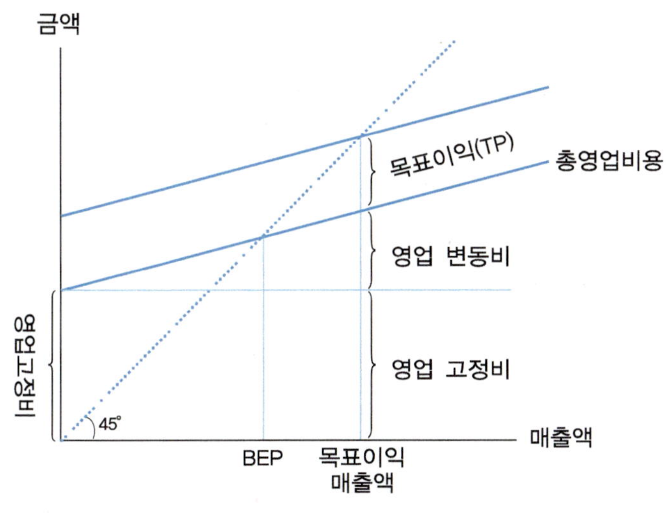

〈그림 5-4〉 손익분기점분석 도표(목표이익을 감알할 때)

이것을 식으로 표시하면 다음과 같다. 즉, 기업이 영업이익을 TP만큼 달성하도록 목표를 세웠다면 이러한 목표를 달성하기 위하여 요구되는 매출량 Q°은 다음과 같다.

$$Q^{\circ} = \frac{FC + TP}{P - V}$$

영업이익의 목표액, TP를 달성하기 위한 손익분기점 매출량은 분자에 영업고정비(FC) 뿐만 아니라 TP를 가산하여 단위당 공헌이익으로 나눈 값이다. 가령 기업의 영업고정비가 200만원이고 단위당 제품 가격이 1만원, 단위당 변동비가 8,000원일 때 목표이익 20만원을 달성하기 위해서 요구되는 매출액을 구하면 다음과 같다.

$$Q^{\circ} = \frac{FC + TP}{P - V} = \frac{200만원 + 20만원}{10{,}000원 - 8{,}000원} = 1{,}100개$$

앞에서 구한 바와 같이 동일한 기업에 대한 손익분기점 매출량은 1,000개이다. 1,000개의 매출량은 단위당 공헌이익으로서 고정비를 완전히 회수할 수 있게 하는 매출량이다. 그러면 추가적으로 20만원의 영업이익을 얻기 위해서는 얼마의 추가적 매출이 필요할까? 이 기업은 한 단위 생산을 추가함에 따라 공헌이익이 2,000원씩 추가되므로 20만원의 영업이익을 달성하기 위해서 100개(=20만원/2,000원)의 매출이 필요하다. 따라서 영업고정비를 회수하고 20만원의 추가적 영업이익을 얻으려면 이들의 합계인 1,100개의 매출이 필요함을 알 수 있다.

목표 이익을 달성하기 위한 매출량을 구하는 식이 위와 같이 변형되므로 이를 달성하기 위한 매출액, TR°을 구하는 식도 다음과 같이 주어진다.

$$TR^{\circ} = \frac{FC + TP}{1 - \dfrac{V}{P}} = \frac{FC + TP}{1 - \dfrac{VC}{TR}}$$

가령 〈표 5-1〉 일신기업에 대해서 목표 영업이익을 24억원으로 설정하였다면 이 때 요구되는 매출액은 얼마인가? 그것은 다음과 같이 계산된다.

$$TR^{\circ} = \frac{FC + TP}{1 - \dfrac{VC}{TR}} = \frac{20억원 + 24억원}{1 - \dfrac{60억원}{100억원}} = 110억원$$

그리고 〈표 5-2〉의 이신기업에 대해서 목표이익을 26억원으로 설정하였다면 이를 실현하기 위한 매출액은 다음 계산에서와 같이 110억원이 된다.

$$\text{TR}^{\circ} = \frac{FC + TP}{1 - \dfrac{VC}{TR}} = \frac{40\text{억원} + 26\text{억원}}{1 - \dfrac{40\text{억원}}{100\text{억원}}} = 110\text{억원}$$

(4) 손익분기점률과 MS비율

손익분기점률은 손익분기점 매출액(BEP 매출액)이 현재 기업이 실현하고 있는 매출액에 비해 어느 정도인가를 측정한 것이다. 즉, 손익분기점률은 다음과 같이 측정된다.

$$\text{순익분기점률} = \frac{BEP\text{매출액}}{\text{실현한 매출액}} \times 100$$

따라서 손익분기점률이 높을수록 BEP 매출액에 비해 실현한 매출액이 크지 않다는 의미이다. 기업이 안정적으로 운영되려면 손익분기점보다 높은 매출을 실현하여야 한다. 따라서 기업의 안정성을 측정하기 위해서 MS(margin of safety) 비율이 사용되고 있다. MS비율은 현재 기업이 실현하고 있는 매출 수준이 손익분기점 매출액에 비해서 얼마나 더 높은가를 측정한 것이다. 즉, MS비율은 다음과 같이 측정된다.

$$\begin{aligned} MS\text{비율} &= \frac{\text{실현한매출액} - BEP\text{매출액}}{\text{실현한매출액}} \times 100 \\ &= 1 - \frac{BEP\text{매출액}}{\text{실현한매출액}} \times 100 = 1 - \text{손익분기점률} \end{aligned}$$

가령 〈표 5-1〉의 일신기업과 〈표 5-2〉의 이신기업에 대해서 매출액이 110억원일 때 MS비율을 구하면 다음과 같다.

$$\begin{aligned} \text{일신기업:}\ MS\text{비율} &= \left(1 - \frac{BEP\text{매출액}}{\text{실현한매출액}}\right) \times 100 = \left(1 - \frac{50\text{억원}}{110\text{억원}}\right) \times 100 \\ &= 54.5\% \end{aligned}$$

$$\begin{aligned} \text{이신기업:}\ MS\text{비율} &= \left(1 - \frac{BEP\text{매출액}}{\text{실현한매출액}}\right) \times 100 = \left(1 - \frac{66.7\text{억원}}{110\text{억원}}\right) \times 100 \\ &= 39.4\% \end{aligned}$$

따라서 일신기업이 이신기업보다 MS비율이 높다. MS비율이 높다는 것은 실현한 매출액이 손익분기점 매출액보다 높다는 의미이므로 그만큼 기업이 안정적이라는 것을 의미한다.

4 손익분기점 분석의 특수 문제

(1) 다품종제품 생산 기업의 손익분기점분석

앞에서는 기업이 오직 하나의 제품만을 생산할 때 손익분기점분석을 행하는 방법을 설명하였다. 그러나 대부분의 기업에서는 한 종류의 제품만을 생산하는 것이 아니라 여러 가지 제품을 동시에 생산하고 있다. 따라서 그러한 경우에는 단일 품목을 생산할 때의 손익분기점분석을 그대로 이용하기 어렵다.

기업이 여러 가지 제품을 생산할 때 손익분기점분석은 제품별로 공헌이익률을 산출 한 후, 이것을 가중평균한 가중평균변동비율을 산출하여 손익분기점을 구한다. 즉, 다품종 제품 생산 기업의 손익분기점은 다음과 같이 구해진다.

첫째, 각 제품별로 공헌이익률을 계산한다. 제품별 단위당 가격이 P이고 제품별 단위당 변동비를 V라 하면 제품별 공헌이익률은 다음과 같이 구해진다.

$$\text{제품별 공헌이익률} = 1 - \text{제품별 변동비율} = 1 - \frac{V}{P}$$

둘째, 제품별 공헌이익률을 제품별 매출구성비로 가중평균하여 가중평균공헌이익률을 구한다.

$$\begin{aligned}\text{가중평균공헌이익률} = &\ \text{제품 1의 공헌이익률} \times \text{제품 1의 매출구성비} + \\ &\ \text{제품 2의 공헌이익률} \times \text{제품 2의 매출구성비} + \cdots + \\ &\ \text{제품 N의 공헌이익률} \times \text{제품 N의 매출구성비}\end{aligned}$$

셋째, 기업 전체의 영업고정비를 가중평균공헌이익률로 나누면 기업전체의 손익분기점 매출액, TR^*이 계산된다. 즉,

$$TR^* = \frac{\text{고정비}(FC)}{\text{가중평균 공헌이익률}}$$

또 가중평균공헌이익률은 1-가중평균변동비율이므로 손익분기점 매출액을 다음과 같이 구할 수도 있다.

$$\mathrm{TR}^{*} = \frac{\text{고정비}(FC)}{1-\text{가중평균변동비율}}$$

넷째, 기업전체의 손익분기점 매출액에 각 제품별 매출구성비를 곱하여 제품별 손익분기점을 계산한다.

$$\text{제품별 손익분기점 매출액} = \mathrm{TR}^{*} \times \text{제품별 매출 구성비}$$

그러면 다음 자료를 이용하여 다품종 생산기업의 손익분기점을 구해 보자. 이 기업의 전체 영업고정비(FC)는 40억원이라 하자.

표 5-3 다품종 생산 기업의 예

제품	판매단가(P)	단위당 변동비(V)	매출 구성비율
제품 1	10,000원	8,000원	30%
제품 2	15,000원	9,000원	20%
제품 3	20,000원	14,000원	50%

그러면 각 제품에 대한 제품별 변동비율과 공헌이익률 그리고 가중평균공헌이익률을 구하면 다음의 〈표 5-4〉와 같다.

〈표 5-4〉의 계산에서 보듯, 이 기업의 가중평균공헌이익률은 29%이다. 따라서 이 기업 전체의 손익분기점 매출액은 다음과 같다.

$$\mathrm{TR}^{*} = \frac{\text{고정비}(FC)}{\text{가중평균 공헌이익률}} = \frac{40\text{억원}}{0.29} = 137.9\text{억원}$$

표 5-4 다품종 생산 기업의 가중평균 공헌이익률의 산출

제품	제품별 변동비율(V/P)	제품별공헌이익률(a) (1−V/P)	매출구성비(b)	(a)×(b)
제품 1	8,000 / 10,000=80%	20%	30%	6%
제품 2	9,000 / 15,000=60%	40%	20%	8%
제품 3	14,000 / 20,000=70%	30%	50%	15%
가중평균공헌이익률				29%

그리고 각 제품의 손익분기점 매출액은 다음과 같다.

제품 1의 손익분기점 매출액 = 137.9억원 × 30% = 41.37억원

제품 2의 손익분기점 매출액 = 137.9억원 × 20% = 27.58억원

제품 3의 손익분기점 매출액 = 137.9억원 × 50% = 68.95억원

(2) 매출액과 영업비용의 비선형성

앞의 손익분기점분석에서는 매출액이 판매량에 따라 직선적으로 증가한다고 가정하였다. 이것은 제품 단위당 판매단가가 판매량에 관계없이 일정하다고 가정하였기 때문이다. 즉, 제품의 판매단가가 고정되어 있으면 판매량이 증가함에 따라 매출액이 비례적으로 증가한다. 그러나 현실적으로는 기업의 판매량이 늘어날수록 단위당 판매단가가 하락하는 경우가 많다. 왜냐하면 기업이 판매량을 늘릴수록 고객에게 할인 등의 혜택을 준다면 매출수량이 많아질수록 단위당 평균가격이 하락할 것이기 때문이다. 이러한 경우에는 매출량의 증가에 따라 매출액이 직선적으로 증가하지 않고 높은 매출수준에서 다소 매출액의 증가가 둔화될 것이다. 다음 〈그림 5-5〉에서 (a)의 TR 곡선은 이러한 상황에서 매출량의 변화에 따른 매출액의 변화 행태를 표시한 것이다.

또한 기존의 손익분기점분석에서는 매출액 뿐만 아니라 판매량의 변화에 따라 영업비용도 직선적으로 증가하는 것으로 가정하였다. 이 때 영업비용이 직선적으로 증가하는 것은 단위당 변동비가 일정하기 때문이다. 그러나 실제 기업에서 영업비용의 증가는 직선적으로 증가하지 않는 경우가 많다. 대부분의 경우 영업비용의 증가는 제품생산 초기에는 급격히 증가하나 제품생산이 증가할수록 비용절감효과가 생겨서 영업비용의 증가가 둔화되는 것이 일반적이다. 그러나 이러한 영업비용의 증가는 기업이 일정한 조업도를 넘어서 생산을 증가시키려 할 때에는 무리한 생산으로 영업비용이 다시 급격하게 증가는 경향을 보이는 경우가 많다. 〈그림 5-5〉 (a)의 TC는 이와 같은 전형적인 영업비용의 증가 행태를 반영하고 있다.

TR과 TC 곡선이 이와 같이 변할 때 기업의 영업이익과 손실은 〈그림 5-4〉의 (a)에서와 같이 이 두 곡선의 차이가 된다. 그림에서 보듯, 이 때 영업이익과 영업손실은 앞의 분석에서처럼 직선적인 매출액과 영업비용을 가정하였을 때와 차이가 난다. 〈그림 5-5〉의 아래 (b)의 그림은 이러한 상황에서 판매량의 변화에 따른 영업이익의 변동을 보여주고 있다. 이러한 분석을 통하여 기업의 영업이익을 극대화하는 판매량의 수준을 결정할 수 있다.

사실 손익분기점분석을 정확하게 행하려면 이러한 매출액과 영업비용의 비직선적인 행태를 감안하여야 한다. 그러나 실무적으로 이러한 수익과 비용의 행태를 정확하게 측정하기는 대단히 어렵다. 따라서 실제 손익분기점분석에서는 다소 현실과는 거리가 있더라도 매출단가와 단위당 변동비가 고정되어 있는 것으로 간주하여 앞에서와 같이 직선적 행태에 의한 손익분기점분석을 행한다.

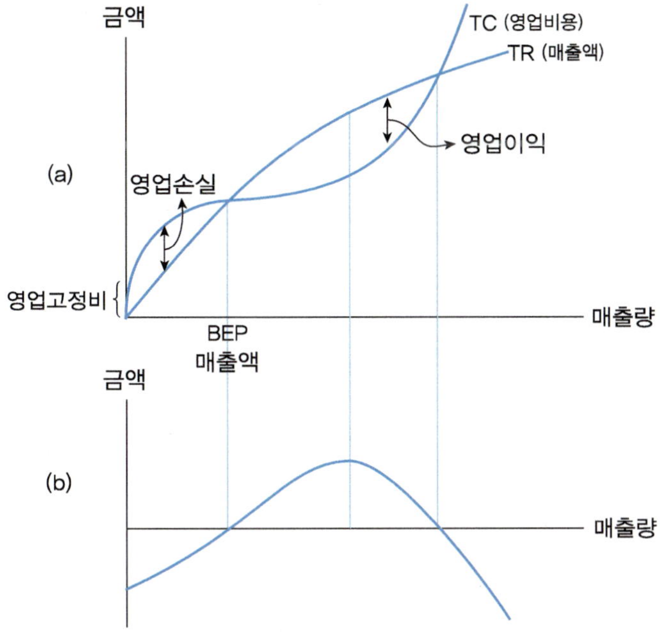

〈그림 5-5〉 매출액과 영업비용이 비직선적으로 증가할 때 영업이익의 변동

5 현금분기점과 자본조달분기점

(1) 현금분기점 분석

기업의 영업비용 중에는 현금으로 지출된 비용도 있지만 그렇지 않은 비용도 있다. 대표적으로 감가상각비는 현금의 지출이 요구되지 않는 비용이다. 현금분기점(cash break-even point: CBEP)은 영업비용 중에서 현금으로 지출된 비용만을 회수하는데 소요되는 매출 수준이 얼마인가를 파악한 것이다. 감가상각비를 현금지출이 요구되지 않는 대표적 비용으로 간주하면 현금분기점은 다음과 같이 계산된다. 현금분기점 매출량이 아래와 같이 결정되는 것은 영업고정비(FC)에서 감가상각비(D)를 빼고 남은 현금지출 비용을 회수하기 위하여 제품 한 단위 판매시 공헌이익이 P-V일 때 몇 개의 매출이 필요한가를 계산한 것이다.

$$Q^* = \frac{FC - D}{P - V}$$

$$TR^* = \frac{FC - D}{1 - \frac{V}{P}} = \frac{FC - D}{1 - \frac{VC}{TR}}$$

가령 앞의 〈표 5-1〉의 기업에서 감가상각비가 5억원이라면 현금분기점은 다음과 같이 계산된다.

$$TR^{*} = \frac{FC-D}{1-\frac{VC}{TR}} = \frac{20\text{억원}-5\text{억원}}{1-\frac{60\text{억원}}{100\text{억원}}} = 37.5\text{억원}$$

위의 예에서 보듯 현금분기점은 손익분기점보다 항상 낮다. 그 이유는 손익분기점은 기업의 모든 영업비용을 회수하기 위하여 소요되는 매출액인데 비하여, 현금분기점은 영업비용 중 현금이 지출된 비용만을 회수하기 위한 매출액 수준을 의미하기 때문이다.

(2) 자본조달분기점 분석

손익분기점분석은 기업의 영업레버리지 효과를 분석하는 것이다. 즉, 손익분기점분석에서는 매출액 변화에 따른 영업비용의 변화를 분석함으로서 각 매출액 수준에서 발생하는 영업이익을 파악할 수 있다.

그러나 기업의 레버리지 효과는 영업레버리지 효과 이외에도 재무레버리지 효과가 존재한다. 자본조달분기점 분석은 기업의 재무레버리지 효과와 관련된 내용을 분석하는 것이다. 다시 말하면 부채와 자기자본 사용에 관한 자본조달 방안이 주당순이익에 미치는 영향을 평가한다.

가령 총자본금 100억원이 필요한 어떤 기업이 자금조달 방안으로서 전액 자기자본으로 자본을 조달하는 방안과 50%를 부채를 통하여 자금조달 하는 두 가지 방안을 고려하고 있다고 가정하자. 전액 자기자본으로 자금을 조달할 때(제 1안)에는 주당 1만원의 주식을 100만주 발행하여 자본을 조달하고 50%를 부채를 통하여 자본조달할 때(제 2안)에는 주당 1만원의 주식을 50만주 발행하여 자본을 조달한다고 가정하자. 부채를 통하여 자본을 조달할 때 이 기업은 10%의 금리를 부담한다고 가정하자. 다음의 〈표 5-5〉는 이 두 안에 대하여 자본조달 방법을 비교한 것이다.

표 5-5 자본조달의 가상 예

구분	제 1안	제 2안
총자본	100억원	100억원
부채	0	50억원
자기자본	100억원	50억원
주식발행가격	1만원	1만원
발행주식수	100만주	50만주

그러면 제 1안과 2안으로 자본을 조달하였을 때 영업이익의 변화에 따라 주당순이익은 어떻게 변하는가? 이 때 주당순이익의 변화를 살펴보기 위하여 이 기업의 영업이익이 10억원과 15억원 그리고 20억원으로 변동할 경우를 살펴보자. 다음의 〈표 5-6〉은 이 기업에 대한 영업이익의 변화에 따른 당기순이익과 주당순이익의 변화를 나타내고 있다. 이 기업의 법인세율은 40%로 가정하였다.

우선 제 1안에서는 이자비용이 지급되지 않으므로 영업이익과 납세전이익이 동일하다. 따라서 법인세율 40%를 공제하면 영업이익이 5억원, 10억원, 15억에서 당기순이익은 각각 3억원, 6억원 및 9억원으로 변동한다. 그리고 제 1안의 경우 발행주식수가 100만주이므로 당기순이익을 발행주식수로 나누면 주당순이익은 각각 300원과 600원 그리고 900원이 된다.

그리고 제 2안에서는 부채의 사용으로 인해 영업이익에 관계없이 5억원의 이자비용을 부담한다. 따라서 동일한 영업이익의 변동이 있었을 때 이자비용을 차감한 납세전순이익은 각각 0원, 5억원 및 10억원이 되고, 법인세를 공제한 당기순이익은 0원과 3억원 그리고 6억원이 된다. 그리고 이 때 발행주식수는 50만주이므로 당기순이익을 발행주식수로 나누면 이 때 주당순익은 각각 0원과 600원 그리고 1200원으로 변동한다.

표 5-6 자본조달에 따른 주당순익의 변동

구분	제 1안			제 2안		
영업이익	5억원	10억원	15억원	5억원	10억원	15억원
-이자비용	0	0	0	5억원	5억원	5억원
납세전순이익	5억원	10억원	15억원	0	5억원	10억원
-법인세(40%)	2억원	4억원	6억원	0	2억원	4억원
당기순이익	3억원	6억원	9억원	0	3억원	6억원
발행주식수	100만주	100만주	100만주	50만주	50만주	50만주
주당순이익	300원	600원	900원	0원	600원	1200원

다음 〈그림 5-6〉은 이상의 기업에 대해 제 1안과 2안에서 영업이익의 변동에 따른 주당순이익의 변화를 표시한 것이다. 그림에서 보듯이 영업이익이 10억원에서는 주당순이익이 600원으로 동일하다. 그러나 영업이익이 5억원에서는 제 1안의 주당순이익이 높은 반면, 영업이익 15억원에서는 제 2안의 주당순이익이 더 높다. 따라서 동일한 영업이익의 변동이 있다고 하더라도 제 2안의 주당순이익의 변동이 더 크다.

이와 같이 동일한 영업이익의 변동이 있다고 하더라도 제 2안에서 주당순이익의 변동이 더 커지는 것은 제무레버리지 효과 때문이다. 제 2안에서는 자본의 일부를 부채를 통하여 조달하고 그에 따라 이자비용을 부담하므로 주당순이익의 변동이 커지게 된다. 만일 자본조달시 제 2안에서보다 더 많은 부채를 사용한다면(가령 70%를 부채사용 등) 주당순이익의 변동은 더욱 커지게 된다.

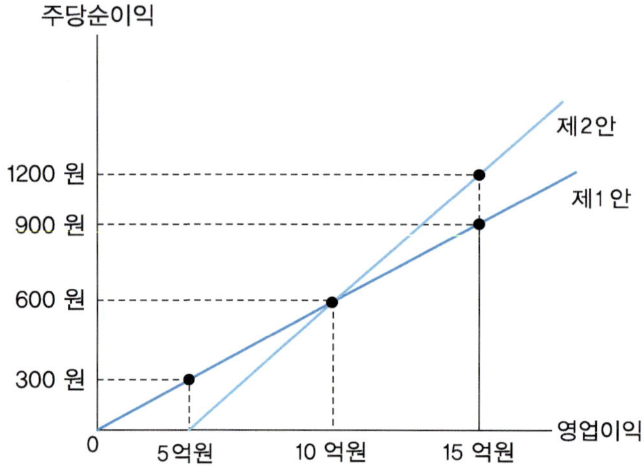

〈그림 5-6〉 영업이익과 주당순이익의 변동

그러면 위의 분석에서 1안과 2안 중 어떠한 자본조달 방법이 더 나은 방법인가? 그것은 사업을 시작할 때 기대되는 영업이익이 어느 정도인가에 달려 있다. 그림에서 보듯 영업이익이 10억원 수준에서는 제 1안과 2안의 주당순이익이 동일하다. 그러나 영업이익이 이보다 적을 때(가령 5억원)에는 제 2안보다는 1안의 주당순이익이 높다. 따라서 이 때에는 제 1안에 의해 전액 자기자본으로 자본을 조달하는 것이 유리하다. 그러나 향후 기대되는 영업이익이 10억원 이상(가령 15억원) 수준이라면 제 2안의 주당순이익이 더 높으므로 부채에 의해 자본을 조달하는 것이 더 유리하다는 것을 알 수 있다.

여기서 제 1안과 2안의 주당순이익을 동일하게 하는 영업이익(10억원)을 자본조달분기점(financial break-even point: FBEP)라 한다. 말하자면 자본조달분기점은 기업이 자기자본과 부채를 어떻게 사용하든지 주당순이익을 동일하게 하는 영업이익의 수준을 의미한다. 자본조달시 영업이익이 자본조달분기점보다 높을 것으로 기대되면 자본조달에서 부채의 구성이 높을수록 유리하고 그렇지 않을 경우에는 자기자본의 구성이 높을수록 유리하다.

그러면 자본조달분기점은 어떻게 구하는지 살펴보자. 자본조달분기점에 해당하는 영업이익을 FBEP라 하고 제 1안과 2안의 이자비용을 각각 I_1과 I_2라 하자. 그리고 법인세율이 t이고 각 자금조달안에 대해 발행되는 주식수를 각각 N_1과 N_2라 하자. 그러면 1안에서의 주당순이익(EPS_1)은 영업이익에서 이자비용을 차감한 후, 법인세 공제후 이익을 구하여 이것을 발행주식수로 나눈 것이다. 즉, EPS_1은 다음과 같이 계산된다.

$$EPS_1 = \frac{(FBEP - I_1) \times (1 - t)}{N_1}$$

또 제 2안의 주당순이익, EPS_2도 같은 방법으로 다음과 같이 구해진다.

$$EPS_2 = \frac{(FBEP - I_2) \times (1 - t)}{N_2}$$

그런데 자본조달분기점은 자본조달 방법에 관계없이 주당순이익을 동일하게 하는 점이므로 자본조달분기점에서는 다음의 관계가 성립한다.

$$EPS_1 = \frac{(FBEP - I_1) \times (1 - t)}{N_1} = \frac{(FBEP - I_2) \times (1 - t)}{N_2} = EPS_2$$

이것을 FBEP에 관해서 정리하면 다음과 같다.

$$FBEP = \frac{N_1 \times I_2 - N_2 \times I_1}{N_1 - N_2}$$

이를 이용해서 위의 〈표 5-6〉의 기업에 대하여 자본조달분기점을 구해보자. 여기서 제 1안의 이자비용, I_1은 0원이고 제 2안의 이자비용, I_2는 5억원이다. 그리고 제 1안의 발행주식수, N_1은 100만주이고 제 2안의 발행주식수, N_2는 50만주이다. 따라서 자본조달분기점은 다음과 같다.

$$FBEP = \frac{N_1 \times I_2 - N_2 \times I_1}{N_1 - N_2} = \frac{100\text{만주} \times 5\text{억원} - 50\text{만주} \times 0\text{원}}{100\text{만주} - 50\text{만주}} = 10\text{억원}$$

이러한 자본조달분기점은 자본조달 구성에 대해 판단하는 기준점이 된다.

6 손익분기점 분석의 한계

손익분기점분석은 개념이 명료하고 간편하여 기업의 매출액과 비용, 그리고 이익의 관계를 분석하는데 매우 유용하게 사용되고 있다. 손익분기점분석을 통하여 손익분기점 매출액과 목표이익을 달성하기 위한 매출 수준을 파악할 수 있을 뿐만 아니라, 기업이 판매하는 제품의 판매단가나 단위당 변동비가 달라졌을 때 기업의 손익이 어떻게 변동하는가를 분석하는 데에도 매우 유용하게 사용된다. 그러나 손익분기점분석은 다음과 같은 한계를 가지고 있으므로 사용에 유의하여야 한다.

첫째, 손익분기점분석에서는 매출량 수준에 관계없이 단위당 가격이나 단위당 변동비가 일정하다고 가정하고 있다. 그러나 이러한 가정이 무리한 가정일 수도 있다. 앞에서 언급하였듯이 매출량이 변화함에 따라 실제 기업의 매출액이나 영업비용은 비선형적으로 변하는 경우가 많다. 따라서 실제 매출액이나 비용의 증가가 선형적 관계에서 크게 벗어나는 경우에는 직선적 매출액이나 비용의 증가 행태를 가정하는 손익분기점분석을 그대로 이용하기 어렵다. 또한 일반적으로 제품의 판매단가나 생산원가 등은 시간이 경과함에 따라 달라지게 마련이다. 따라서 제품의 판매단가나 단위당 변동비가 일정하다고 가정한 손익분기점분석을 장기적인 경영계획 수립에 그대로 적용하는 것은 적합하지 않다. 또 미래에 판매단가나 단위당 변동비가 변동하는 경우에는 과거의 자료를 그대로 이용하기 어렵다.

둘째, 손익분기점분석에서는 모든 비용을 고정비와 변동비로 나눌 수 있다고 가정하고 있다. 그러나 상당수의 비용은 고정비와 변동비의 성격을 모두 가지고 있으므로 실제 비용을 이와 같은 기준에 의해 엄격히 구분한다는 것이 어려운 경우가 많다. 또 고정비와 변동비의 구분은 분석기간에 따라 달라지기도 한다. 가령 공장설비에 대해 발생하는 비용은 그 시설을 이용하는 기간 중에는 고정비에 속하지만 공장을 새로 지을 수 있는 정도의 장기적인 관점에서는 변동비에 해당하게 될 것이다. 따라서 손익분기점분석은 공장설비가 고정되어 있는 단기적인 관점에서만 유효하다.

셋째, 기업이 한 제품만 아니라 여러 제품을 생산하는 경우에는 손익분기점분석을 행하기 어렵다. 왜냐하면 여러 가지 제품을 생산하는 경우, 각 제품의 생산과 판매에 소요되는 제품별 비용자료를 정확히 산출하기 어렵고, 또 모든 제품에 공동으로 발생하는 비용을 각 제품별로 배분하기도 어렵다. 가령 여러 제품을 생산하는 기업에서 경리부 직원의 급료를 제품별로 어떻게 분배하는가에 따라 각 제품의 손익분기점은 달라질 것이다.

넷째, 손익분기점분석은 영업이익에 대한 분석이다. 그러나 실제 기업의 경영자는 영업이익보다는 영업외손익을 가감한 경상이익에 더 관심을 가지는 경우가 많다. 특히 금융비의 부담이 많아서 영업외비용 항목이 큰 우리나라 기업에서는 영업이익보다는 경상이익에 대한 분석이 더 중요하게 여겨지기도 한다. 따라서 이러한 경우에는 손익분기점분석시 수익과 비용항목으로서 영업외손익을 포함하여 경상이익에 대한 손익분기점분석을 행하는 경우도 있다.

그러나 이와 같은 한계점에도 불구하고 손익분기점분석은 기업의 수익, 비용 그리고 이익의 관계를 분석하는데 매우 유익한 방법이다. 이상의 한계점을 잘 인식하여 분석결과를 잘 해석하고 또한 현실을 반영하도록 가정을 잘 설정한다면 손익분기점분석은 기업의 재무상태에 관해 매우 유익한 정보를 제공해 줄 수 있다.

7 손익분기점 분석에 관한 예제

예제 1 2009년도 삼삼기업의 손익계산서가 다음과 같다.

매출액(TR)	10억원 (매출량: 10만개)
비용(C)	
영업고정비(FC)	3억원
영업변동비(VC)	4억원
영업이익(EBIT)	3억원
이자비용(I)	1억원
세전이익(EBT)	2억원
법인세(T)	0.8억원 (법인세율: 40%)
당기순이익(EAT)	1.2억원

1. 이 기업의 손익분기점 매출량과 매출액을 구하여라.
2. 2009년도 이 기업의 손익분기점률과 MS비율을 구하여라.
3. 이 기업은 내년도 목표이익 4억원을 달성하려 한다. 이를 달성하기 위한 매출량과 매출액을 구하여라.
4. 이 기업의 2009년도 감가상각비는 1억원이다. 이 기업의 현금분기점 매출량과 매출액을 구하여라.
5. 이 기업이 비유동자산투자를 통하여 공장자동화를 시행하였다면 2009년도의 영업고정비는 5억원으로 증가하고 그 대신 영업변동비는 2억원으로 감소하였을 것으로 예상된다. 공장자동화시 손익분기점 매출량과 매출액을 구하여라.
6. 판매단가는 변동이 없고 매출량이 12만개로 증가할 때 현재의 생산방식과 공장자동화시 이 기업의 영업이익이 어떻게 되는지 비교하라.
7. 또한 매출량이 4만개일 때 현재의 생산방식과 공장자동화시 영업이익은 어떻게 차이가 나는지 비교하라.
8. 매출액을 기준으로 하였을 때의 손익분기점분석 도표를 현재의 생산방식과 공장자동화시 도표를 그려 비교하라. 또 매출량을 기준으로 하였을 때의 도표를 비교하라.

풀이 1. 판매단가(P) $= \frac{\text{매출액}}{\text{매출량}} = \frac{\text{10억원}}{\text{10만개}} = \text{1만원}$

단위당 변동비(V) $= \frac{\text{영업변동비}}{\text{매출량}} = \frac{\text{4억원}}{\text{10만개}} = \text{4,000원}$

$$Q^* = \frac{FC}{P-V} = \frac{\text{3억원}}{\text{10,000원} - \text{4,000원}} = \text{5만개}$$

$$TR^* = \frac{FC}{1-\frac{V}{P}} = \frac{\text{3억원}}{1-\frac{\text{4,000원}}{\text{10,000원}}} = \text{5억원}$$

2. 손익분기점률 $= \frac{BEP\text{매출액}}{\text{실현한 매출액}} \times 100 = \frac{\text{5억원}}{\text{10억원}} \times 100 = 50\%$

$$MS\text{비율} = \frac{\text{실현한 매출액} - BEP\text{매출액}}{\text{실현한 매출액}} \times 100 = \frac{\text{10억원} - \text{5억원}}{\text{10억원}} \times 100$$

$= 50\%$

또는 MS비율 $= 1 -$ 손익분기점률 $= 1 - 0.5 = 50\%$

3. 목표이익(TP) = 4억원

목표 매출량 $Q^\circ = \frac{FC+TP}{P-V} = \frac{\text{3억원} + \text{4억원}}{\text{10,000원} - \text{4,000원}} = \text{116,667개}$

목표 매출액 $TR^\circ = \frac{FC+TP}{1-\frac{V}{P}} = \frac{\text{3억원} + \text{4억원}}{1-\frac{\text{4,000원}}{\text{10,000원}}} = \text{11.67억원}$

4. 감가상각비(D) = 1억원

현금분기점 매출량 $Q^* = \frac{FC-D}{P-V} = \frac{\text{3억원} - \text{1억원}}{\text{10,000원} - \text{4,000원}} = \text{33,333개}$

현금분기점 매출액 $TR^\circ = \frac{FC-D}{1-\frac{V}{P}} = \frac{\text{3억원} - \text{1억원}}{1-\frac{\text{4,000원}}{\text{10,000원}}} = \text{3.33억원}$

5. 공장자동화시 고정비(FC) = 5억원

공장자동화시 단위당 변동비(V) $= \frac{\text{영업변동비}}{\text{매출량}} = \frac{\text{2억원}}{\text{10만개}} = \text{2,000원}$

$$Q^* = \frac{FC}{P-V} = \frac{\text{5억원}}{\text{10,000원} - \text{2,000원}} = \text{6.25만개}$$

$$TR^* = \frac{FC}{1-\frac{V}{P}} = \frac{\text{5억원}}{1-\frac{\text{2,000원}}{\text{10,000원}}} = \text{6.25억원}$$

6. 현재의 생산방식

매출액 = 매출량 × 판매단가 = 12만개 × 1만원 = 12억원
영업고정비 3억원
영업변동비=단위당 변동비×매출량=4,000원×12만개= 4.8억원
4.2억원

공장자동화시

매출액 = 매출량 × 판매단가 = 12만개 × 1만원 = 12억원
영업고정비 5억원
영업변동비=단위당 변동비×매출량=2,000원×12만개= 2.4억원
4.6억원

공장자동화시의 영업이익이 더 크다.

7. 현재의 생산방식

매출액 = 매출량 × 판매단가 = 4만개 × 1만원 = 4억원
영업고정비 3억원
영업변동비 = 단위당 변동비 × 매출량 = 4,000원 × 4만개 = 1.6억원
−0.6억원

공장자동화시

매출액 = 매출량 × 판매단가 = 4만개 × 1만원 = 4억원
영업고정비 5억원
영업변동비 = 단위당 변동비 × 매출량 = 2,000원 × 4만개= 0.8억원
−1.8억원

공장자동화시의 영업손실이 더 크다.

8. 매출액을 기준으로 하였을 때

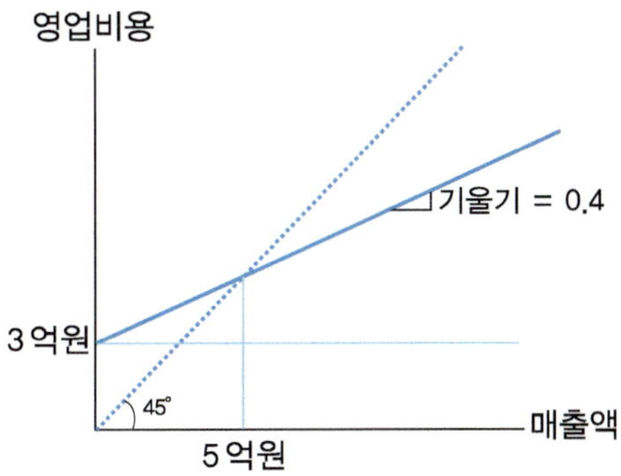

(공장자동화 이전)

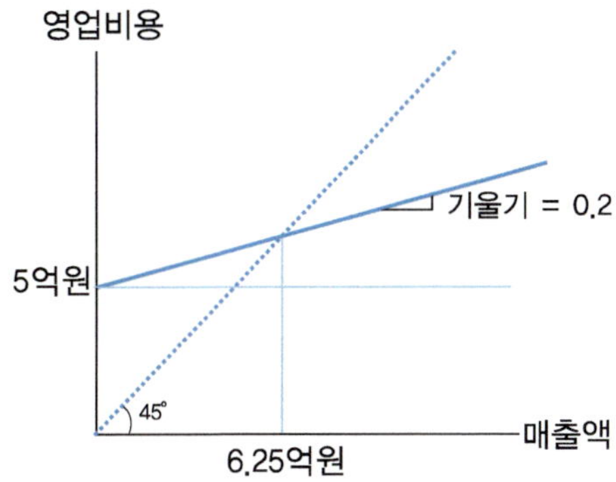

(공장자동화 이후)

매출량을 기준으로 하였을 때

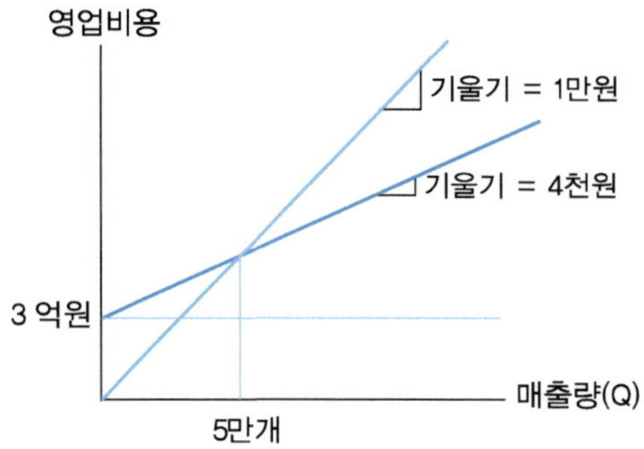

(공장자동화 이전)

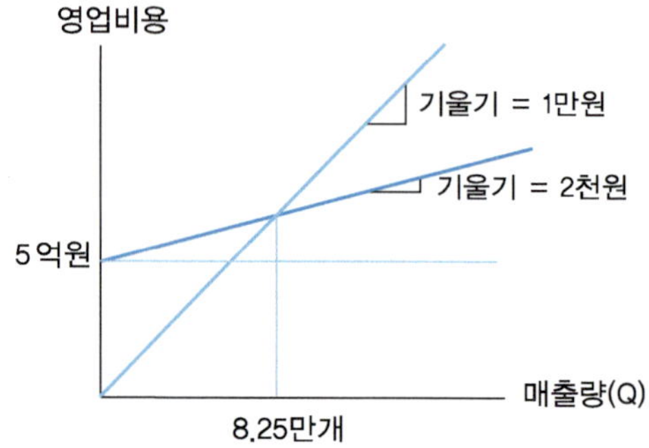

(공장자동화 이후)

예제 2 해동기업은 A, B, C 세가지 제품을 생산하고 있다. 각 제품의 판매단가와 단위당 변동비 및 매출에서 차지하는 구성비는 다음과 같고 영업고정비는 15억원이다.

제품	판매단가(P)	단위당 변동비(V)	매출 구성비율
제품 A	5,000원	4,000원	20%
제품 B	6,000원	5,100원	50%
제품 C	8,000원	6,000원	30%

1. 이 기업의 손익분기점 매출액을 구하여라.
2. 5억원의 영업이익을 얻기 위해서 이 기업은 제품별로 얼마의 매출을 달성하여야 하는가?
3. 현재 이 기업의 매출액은 100억원이다. 제품의 구성비율을 A, B, C 제품에 각각 30%, 30%, 40%로 바꿀 것을 고려하고 있다. 제품 구성비를 이렇게 바꾸는 것이 유리한가? 제품 구성비를 바꾸는 경우 매출액과 영업고정비 및 단위당 변동비는 그대로 유지된다.
4. 현재 100억원의 매출에서 제품 A를 새로운 제품 D로 대체하면 매출액이 10% 정도 증가할 것으로 예상된다. 제품 A를 제품 D로 대체하려면 고정비가 지금보다 2억원이 증가하며, D의 판매단가는 4,500원이고 단위당 변동비는 3,375원이다. 제품 A를 제품 D로 대체는 것이 유리한가? 이 때 매출의 구성비는 그대로 유지된다.

풀이 1. 각 제품에 대한 제품별 변동비율과 공헌이익률을 구하면 다음과 같다.

제품	제품별 변동비율(V/P)	제품별공헌이익률(a) (1−V/P)	매출구성비(b)	(a)×(b)
제품 A	4,000 / 5,000=80%	20%	20%	4%
제품 B	5,100 / 6,000=85%	15%	50%	7.5%
제품 C	6,000 / 8,000=75%	25%	30%	7.5%
가중평균공헌이익률				19%

따라서 이 기업 전체의 손익분기점 매출액은 다음과 같다.

$$\mathrm{TR}^{*} = \frac{\text{고정비}(FC)}{\text{가중평균공헌이익률}} = \frac{15\text{억원}}{0.19} = 78.95\text{억원}$$

제품 별 손익분기점 매출액은 다음과 같다.

제품 A의 손익분기점 매출액 = 78.95억원×20% = 15.79억원
제품 B의 손익분기점 매출액 = 78.95억원×50% = 39.48억원
제품 C의 손익분기점 매출액 = 78.95억원×30% = 23.68억원

2. 목표이익(TP)이 5억원일 때,

$$\mathrm{TR}^{\circ} = \frac{FC+TP}{\text{가중평균공헌이익률}} = \frac{15\text{억원}+5\text{억원}}{0.19} = 105.26\text{억원}$$

제품 별 손익분기점 매출액

제품 A의 손익분기점 매출액 = 105.26억원×20% = 21.05억원
제품 B의 손익분기점 매출액 = 105.26억원×50% = 52.63억원
제품 C의 손익분기점 매출액 = 105.26억원×30% = 31.58억원

3. 100억원 매출에서의 공헌이익(= TR−VC) = 100억원 × 19% = 19억원

영업이익 = 매출액 − 영업변동비 − 영업고정비
= 공헌이익 − 영업고정비 = 19억원 − 15억원 = 4억원

구성비를 바꾸는 경우 가중평균공헌이익률

제품	제품별 변동비율(V/P)	제품별공헌이익률(a) (1−V/P)	매출구성비(b)	(a)×(b)
제품 D	3,800 / 4,500=80%	20%	30%	6%
제품 B	5,100 / 6,000=85%	15%	30%	4.5%
제품 C	6,000 / 8,000=75%	25%	40%	10%
가중평균공헌이익률				20.5%

100억원 매출에서의 공헌이익(TR-VC) = 100억원×20.5% = 20.5억원

영업이익 = 매출액 − 영업변동비 − 영업고정비
= 공헌이익 − 영업고정비 = 20.5억원 − 15억원 =5.5억원

제품 구성비를 바꾸는 경우 영업이익이 많아지므로 유리하다.

4. 문제 3으로부터 현재 상태에서의 영업이익 = 4억원
A 제품을 D 제품으로 대체하는 경우 가중평균공헌이익률

제품	제품별 변동비율(V/P)	제품별공헌이익률(a) (1−V/P)	매출구성비(b)	(a)×(b)
제품 D	3,375 / 4,500=75%	25%	20%	5%
제품 B	5,100 / 6,000=85%	15%	50%	7.5%
제품 C	6,000 / 8,000=75%	25%	30%	7.5%
가중평균공헌이익률				20%

제품 대체시 매출액 = 100억원×(1 + 0.1) = 110억원
제품 대체시 영업고정비 = 15억원 + 2억원 = 17억원
제품 대체시 공헌이익(TR−VC) = 110억원×20% = 22억원
영업이익 = 매출액 − 영업변동비 − 영업고정비
= 공헌이익 − 영업고정비 = 22억원 − 17억원 = 5억원

제품을 대체할 때 영업이익이 증가하므로 제품을 대체하는 것이 유리하다. ✲

예제 3 삼화기업에 대하여 다음과 같은 자료가 주어져 있다.

> 총자산 100억원
> 자기자본 40억원(주식의 발행가격: 주당 5,000원)
> 부채 60억원(이자율 8%)

삼화기업은 20억원의 자금이 소요되는 신규사업을 계획하고 있다. 이 자금을 투입하여 신규사업을 한다면 영업이익이 현재 15억원에서 18억원으로 증가할 것으로 예상된다. 신규 사업에 투입되는 자금을 조달하는 방법으로 주당 5,000원에 보통주식을 발행하거나 연 8% 금리로 차입할 수 있다. 단, 법인세율은 40%이다.

1. 신규사업을 위해 전액 주식발행을 통하여 자금을 조달하였을 경우와 차입을 통하여 조달하였을 경우 주당순이익(EPS)를 비교하라.

2. 삼화기업에 대한 자본조달분기점을 구하라. 또한 주식발행을 통하여 자금을 조달하였을 경우와 차입을 통하여 조달하였을 경우 주당순이익(EPS)를 비교하라.
3. 자본조달분기점의 의미를 설명하라. 삼화기업은 신규사업을 위하여 주식 발행 혹은 차입 중 어떠한 방법으로 자금을 조달하는 것이 유리한가?

풀이 1. **(보통주 발행을 통하여 자금을 조달 할 때)**

$$\text{현재 발행주식수} = \frac{\text{자기자본}}{\text{주당발행가액}} = \frac{40\text{억원}}{5{,}000\text{원}} = 80\text{만주}$$

$$\text{신규사업을 위한 발행주식수} = \frac{\text{자금소요액}}{\text{주당발행액}} = \frac{20\text{억원}}{5{,}000\text{원}} = 40\text{만주}$$

보통주 발행시 총발행주식수(N) = 80만주 + 40만주 = 120만주

신규사업 추진시 영업이익(EBIT) = 18억원

이자비용(I) = 60억원 × 0.08 = 4.8억원

법인세율(t) = 0.4

$$\text{따라서 주당순이익(EPS)} = \frac{(EBIT-I)(1-t)}{N} = \frac{(18\text{억원}-4.8\text{억원})(1-0.4)}{120\text{만주}}$$

$$= 660\text{원}$$

(차입을 통하여 자금을 조달 할 때)

$$\text{발행주식수} = \frac{\text{자기자본}}{\text{주당발행가액}} = \frac{40\text{억원}}{5{,}000\text{원}} = 80\text{만주}$$

신규사업 추진시 영업이익(EBIT) = 18억원

차입시 이자비용(I) = (60억원+20억원)×0.08 = 6.4억원

법인세율(t) = 0.4

$$\text{따라서 주당순이익(EPS)} = \frac{(EBIT-I)(1-t)}{N} = \frac{(18\text{억원}-6.4\text{억원})(1-0.4)}{80\text{만주}}$$

$$= 870\text{원}$$

그러므로 차입을 통하여 자금조달을 할 때 EPS가 더 높다.

2. 자본조달분기점을 구하기 위하여 보통주 발행시 발행주식수를 N_1, 차입시 발행주식수를 N_2라하고, 보통주 발행시와 차입시 이자비용을 각각 I_1, I_2라 하면 N_1=120만주 N_2= 80만주, I_1=4.8억원, I_2=6.4억원이므로

$$FBEP = \frac{N_1 \times I_2 - N_2 \times I_1}{N_1 - N_2} = \frac{120\text{만주} \times 6.4\text{억원} - 80\text{만주} \times 4.8\text{억원}}{120\text{만주} - 80\text{만주}} = 9.6\text{억원}$$

(보통주 발행을 통하여 자금을 조달 할 때)

$$\text{따라서 주당순이익(EPS)} = \frac{(EBIT-I)(1-t)}{N} = \frac{(9.6\text{억원}-4.8\text{억원})(1-0.4)}{120\text{만주}}$$

$$= 240\text{원}$$

(차입을 통하여 자금을 조달 할 때)

따라서 주당순이익(EPS) $= \dfrac{(EBIT-I)(1-t)}{N} = \dfrac{(9.6\text{억원}-6.4\text{억원})(1-0.4)}{80\text{만주}}$

$= 240\text{원}$

자본조달분기점에서는 보통주을 발행하여 자금을 조달하는 경우와 차입을 통하여 자금을 조달하는 경우의 EPS가 동일하다.

3. 자본조달분기점은 자기자본과 부채의 구성비에 관계없이 EPS가 동일한 영업이익 수준을 나타낸다. 영업이익이 자본조달분기점 이하이면 주식을 통해 자금을 조달하는 것이 유리하고, 영업이익이 이보다 높으면 차입을 통해 자금조달하는 것이 유리하다. 삼화기업은 신규사업 추진시 영업이익이 18억원으로 자본조달분기점보다 높으므로 신규사업을 위해 가급적 부채를 많이 사용하면 EPS를 더욱 높일 수 있다. ✲

연습문제

1 다음 용어를 간략히 설명하시오.

① 손익분기점(BEP)
② 비용·매출액·이익분석(CVP)
③ 한계비용(MC)
④ 공헌이익
⑤ 손익분기점률
⑥ MS비율
⑦ 제품별 공헌이익률
⑧ 기중평균 공헌이익률
⑨ 현금분기점(CBEP)
⑩ 자본조달분기점(FBEP)

2 손익분기점(BEP)이 기업마다 차이가 나는 이유에 대하여 설명하시오.

3 목표이익(TP)을 설정하였을 때, 손익분기점(BEP) 매출량(Q°)과 손익분기점(BEP) 매출액(TR°)을 구하는 공식을 유도하시오.

4 다품종제품 생산 기업의 BEP산정방법에 대해 설명하시오.

5 자본조달분기점(financial break-even point : FBEP)의 산정방법에 대해 설명하시오.

6 손익분기점분석(BEP)의 유용성과 한계점을 논하시오.

7 2009년도 은성기업의 회계자료는 아래와 같다.

매출액(TR)	250억원(매출량: 25만개)
영업고정비(FC)	70억원
영업변동비(VC)	130억원
영업이익(EBIT)	60억원
이자비용(I)	10억원
세전이익(EBT)	50억원
법인세(T)	20억원(법인세율:40%)
당기순이익(EAT)	30억원

1) 은성기업의 손익분기점 매출량과 매출액을 구하시오.
2) 2009년도 은성기업의 손익분기점률와 MS비율을 구하시오.
3) 은성기업은 2010년도에 목표영업이익을 80억원을 목표로 하고 있다. 목표를 달성하기 위한 매출량과 매출액을 구하시오.
4) 은성기업의 2009년도 감가상각비는 10억원이다. 이 기업의 현금분기점 매출량과 매출액을 구하시오.
5) 은성기업은 설비투자를 통하여 공장자동화를 시행했다면 2009년도의 영업고정비는 100억원으로 증가하고 영업변동비는 100억원으로 감소하였을 것으로 예상된다. 공장자동화시 손익분기점 매출량과 매출액을 구하시오.
6) 매출단가는 변동이 없고 매출량이 30만개로 증가하였을 때 현재의 생산방식과 공장자동화시 이 기업의 영업이익이 어떻게 되는지 비교하라.

8 동명기업은 A, B, C 세가지 제품을 생산하고 있다. 각 제품의 판매단가(P)와 단위당 변동비(V) 및 각 제품의 매출액이 총매출액에서 차지하는 매출구성비는 다음과 같다. 이 기업의 영업고정비는 25억원이다.

제 품	P	V	매출구성비율
제품 A	10,000원	8,000원	30%
제품 B	15,000원	10,000원	40%
제품 C	18,000원	12,000원	30%

1) 동명기업의 손익분기점 매출액을 구하시오.
2) 이 기업의 현금분기점 매출량을 구하시오.
3) 5억원의 영업이익을 얻기 위해서 동명기업이 각 제품별로 달성해야할 매출액을 구하시오.

4) 현재 동명기업은 매출액이 50억원이다. 제품의 구성비율 A, B, C제품에 각각 20%, 30%, 50%로 바꿀 것을 고려하고 있다. 제품의 구성비율을 바꾸었을 때 동명기업은 유리한가?

9 경성기업의 대하여 다음과 같은 자료가 주어져 있다.

총자본금 120억원
자기자본 70억원(주식의 발행가격: 주당 5,000원)
부채 50억원(연 이자율 7%)
경성기업은 50억원의 자금이 소요될 것으로 생각되는 신규사업을 계획하고 있다. 신규사업을 한다면 영업이익이 현재 20억원에서 30억원으로 증가할 것으로 예상된다. 신규사업에 투입되는 자금을 조달하는 방법으로 주당 5,000원에 보통주식을 발행하거나 연 7%금리로 차입할 수 있다. (법인세율 : 40%)

1) 경성기업이 신규사업에 필요한 자본을 전액 주식발행을 통하여 조달하였을 경우와 전액 차입을 통하여 조달하였을 경우 주당순이익(EPS)을 비교하시오.
2) 경성기업에 대한 자본조달분기점을 구하시오. 또, 신규사업 자금을 주식발행을 통하여 전액 조달하였을 경우와 차입을 통하여 조달하였을 경우 주당순이익(EPS)를 비교하시오.
3) 경성기업이 신규사업을 위하여 주식발행과 차입 중 어떠한 방법으로 자금을 조달하는 것이 유리한가를 논하시오.

제 6 장

레버리지 효과의 분석

본 장에서는 레버리지(leverage) 효과에 대해서 살펴본다. 레버리지 효과란 매출의 변동에 따라 손익의 변동이 달라지는 효과를 의미한다. 최근 기업경영에 있어서는 가급적 높은 이익을 얻는 것도 중요하지만 이익의 안전성을 달성하는 것도 중요한 과제로 인식되고 있다. 기업이 현재 아무리 높은 이익을 얻고 있더라도 이익의 변동이 심하면 잠재적으로 그 기업은 미래 이익이 크게 감소할 가능성이 있다. 경영환경이 급변함에 따라 과거보다 이익의 변동성이 더 심해지고 있다. 기업의 이익이 변동하는 정도를 위험이라 하는데 이익의 변동성이 증대함에 따라 현대 기업은 과거보다 더 큰 기업위험에 직면하고 있다. 따라서 기업은 이익의 수준을 높이는 데에만 주력할 것이 아니라 이익의 안정성, 말하자면 위험을 줄이는 데에도 상당한 노력을 기울이지 않으면 안되게 되었다. 또한 기업의 재무상태를 파악하는 데에 있어서도 현재의 이익뿐 만 아니라 미래에도 그러한 이익이 유지될 수 있는지에 대해서도 상당한 관심을 기울일 필요가 있다. 레버리지 효과는 이익의 변동성을 결정하는 중요한 요인이다. 본장에서는 이러한 레버리지 효과의 결정요인과 그 분석 방법을 살펴보기로 한다.

1 레버리지 효과의 개념과 종류

(1) 레버리지 효과의 개념

기업의 이익은 경영환경의 변화에 따라 변동하기 마련이다. 호황시 기업의 매출이 호조를 보이면 당기순이익이 증가하나 불황이 되어 영업이 부진하면 손실을 입기도 한다. 그러나 동일한 사업을 하는 기업이라 하더라도 매출 수준의 변동에 따라 손익의 변동이 동일하게 변화하는 것은 아니다. 어떤 기업은 매출이 증가할 때 당기순이익이 큰 폭으로 증가하는 반면, 매출이 동일한 수준으로 증가하더라도 당기순이익의 증가가 그리 크지 않은 기업도 있다. 또한 불황시 매출이 부진하더라도 당기순손실이 그리 크지 않는 기업이 있는가 하면, 매출이 부진할 때 큰 손실을 감수해야 하는 기업도 있다. 이와 같이 매출 수준의 변동에 따라 당기순손익의 변동이 달라지는 것을 소위 "레버리지 효과"(leverage effect)라 한다.

레버리지 효과란 "지렛대 작용"을 의미한다. 다음 〈그림 6-1〉은 지렛대 작용을 보여주고 있다. 만일 어떤 평면에 그림에서와 같이 지렛대 축이 놓여져 있다면 지렛대 왼쪽이 움직임에 따라 지렛대 오른쪽은 더 큰 움직임을 나타낼 것이다. 레버리지 효과란 매출 수준의 변동을 지렛대 왼쪽의 움직임으로 간주하였을 때 지렛대의 오른쪽에 있는 손익의 변동이 매출의 변동보다 더욱 확대되는 현상을 의미한다.

〈그림 6-1〉에서 보듯 레버리지 효과의 크기는 기업에 따라 다르다. 즉, 그림에서 점선으로 표시된 경우와 같이 지렛대의 받침대가 종전보다 왼쪽으로 이동한다면 지렛대 왼쪽이 종전과 동일하게 움직이더라도 지렛대 오른쪽의 움직임은 그 진폭이 더 커질 것이다. 이와 마찬가지로 기업의 매출 수준이 동일하게 변동하더라도 지렛대 작용이 크냐 또는 작으냐에 따라 기업의 손익이 변동하는 폭은 기업마다 다르게 나타난다. 이것이 바로 레버리지 효과이다.

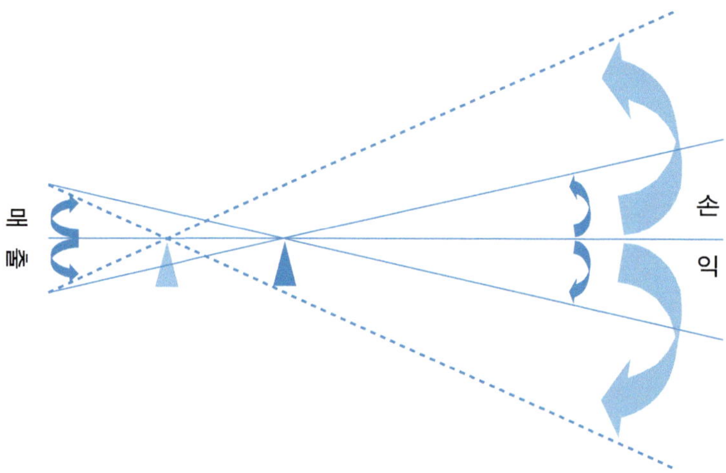

〈그림 6-1〉 지렛대 효과의 작용

그러면 이와 같은 레버리지 효과를 야기시키는 요인은 무엇인가? 그것은 기업의 고정비 부담에 따라 결정된다. 기업의 비용을 크게 분류하면 고정비(fixed cost)와 변동비(variable cost)로 구분할 수 있다. 고정비란 기업의 매출액 또는 조업도 수준과 관계없이 항상 일정하게 발생하는 비용이다. 가령 기업이 유형고정자산을 보유하면 기업의 생산이나 매출의 변화와 관계없이 고정자산의 내용연수 내에 일정액의 감가상각비를 상각하게 되므로 감가상각비는 고정비라 할 수 있다. 그리고 이자비용도 기업이 부채를 차입하면 그 기업의 생산이나 매출의 변화와 관계없이 차입기간 중 일정한 이자를 부담하게 된다. 따라서 이자비용도 일종의 고정비라 할 수 있다.

반면, 기업이 부담하는 비용 중에는 기업의 매출액이나 조업도 수준이 증가함에 따라 같이 증가하는 비용이 있는데 이를 변동비라 한다. 가령 재료원가나 노무원가 등은 매출이나 생산이 늘수록 재료나 노동의 투입이 많아지기 때문에 이들 비용은 증가하게 된다. 따라서 재료원가나 노무원가는 비용의 성격상 변동비에 해당한다고 볼 수 있다.

기업의 비용을 고정비와 변동비로 구분하는 것은 기업의 비용구조를 이해하는데 매우 유용하다. 특히 기업의 고정비 부담은 레버리지 효과를 결정한다. 결론적으로 말하면 기업의 고정비 부담이 높을수록 레버리지 효과가 더 커지게 된다. 즉, 기업의 전체 비용 중 고정비가 차지하는 비중이 높을수록 매출의 변동에 따른 손익의 변동은 더 커진다고 할 수 있다. 다시 말하면 레버리지 효과란 기업의 고정비 부담이 높을수록 일정한 매출 혹은 생산의 변동에 대해 손익의 변동성이 더 확대되는 효과라 할 수 있다.

(2) 레버리지 효과의 종류

레버리지 효과는 기업이 부담하는 고정비 수준에 달려 있다. 그러나 기업이 부담하는 고정비의 내용이 무엇인가에 따라 크게 두가지의 레버리지 효과가 존재한다. 다음 〈그림 6-2〉는 두 가지의 레버리지 효과가 기업에서 어떻게 작용하는가를 보여주고 있다. 그림에서 보듯, 기업의 레버리지 효과는 크게 영업레버리지(operating leverage)와 재무레버리지(financial leverage)의 2단계 효과를 통해 나타난다.

우선 1 단계로 영업레버리지 효과란 기업의 매출액이나 생산액의 변화가 있었을 때 영업이익의 변동이 어느 정도인가를 결정하는 요소이다. 말하자면 동일한 매출액의 변동이 있을 때 어떤 기업은 영업이익의 변동이 크지만, 다른 어떤 기업은 영업이익의 변동이 그리 크지 않을 수가 있다. 이것을 결정하는 효과를 영업레버리지라 부른다. 그러나 기업의 마지막 경영성과는 영업이익이 아니라 여기에다 이자비용 등 영업외비용을 차감한 당기순이익이다. 기업의 마지막 경영성과인 당기순이익의 변동성에 영향을 미치는 요소는 영업레버리지 뿐만 아니라 재무레버리지가 반영된다. 그림에서 보듯 당기순이익의 변동성은 우선 1차적으로 영업레버리지에 의해 영업이익의 변동성이 결정된 후, 여기에다 2차적으로 재무레버리지 효과가 발생하여 당기순이익의 변동성이 결정된다. 재무레버리지 효과란 영업이익의 변동이 동일할 때 당기순이익의 변동성이 달라지는 효과를 의미한다. 즉, 어떤 두 기업의 영업이익이 동일한 폭으로 변한다 할지라도 어떤 기업은 당기순이익이 크게 변하지만 또 다른 기업은 당기순이익의 변화가 그리 크지 않을 수 있다. 이러한 효과를 재무레버리지 효과라 부른다.

다른 조건이 같다면 당기순이익의 변동은 영업레버리지 또는 재무레버리지 중 하나만 높더라도 변동이 커진다. 그러나 이것이 모두 높으면 당기순이익의 변동성은 더욱 커지게 된다. 여기서 영업레버리지와 재무레버리지를 결합한 효과를 결합레버리지(combined leverage)라 부른다. 따라서 기업의 매출 변동에 따른 당기순이익의 변동성은 영업레버리지와 재무레버리지가 결합된 결합레버리지의 정도에 따라 결정된다고 할 수 있다.

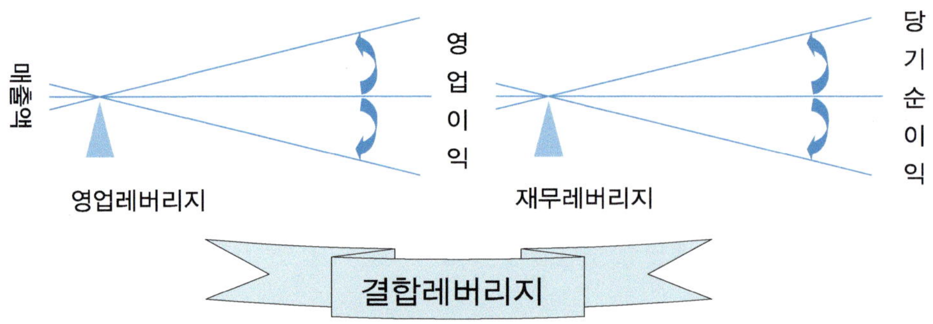

〈그림 6-2〉 영업레버리지와 재무레버리지의 작용

2 레버리지 효과의 결정 요인

(1) 영업레버리지의 결정요인

영업레버리지는 어떤 요인에 의해 결정되는가? 동일한 매출의 변동이 있을 때 기업마다 영업이익의 변동이 달라지는 것은 무슨 이유인가? 그것은 영업비용 중 영업고정비가 차지하는 비중에 따라 결정된다. 다음의 〈표 6-1〉는 손익계산서에서 영업이익이 산출되는 과정을 보여주고 있다. 손익계산서상 영업이익은 매출액에서 매출원가를 빼서 매출총이익을 산출한 후, 여기에서 판매비와 관리비를 빼서 얻는다. 매출원가와 판매 및 일반관리비는 기업의 정상적인 영업활동에 소요되는 영업비용이라 할 수 있다.

이러한 영업비용을 고정비와 변동비로 분류하면 영업고정비와 영업변동비를 얻는다. 영업고정비는 영업비용 중 기업의 매출이나 생산의 변화에도 불구하고 고정적으로 발생하는 영업비용이다. 반면, 영업변동비는 영업비용 중 매출이나 생산의 변화에 비례하여 변하는 비용을 의미한다. 영업비용을 이와 같이 두 가지로 분류하였을 때 영업레버리지는 전체 영업비용 중에서 영업고정비가 차지하는 비중이 높을수록 더욱 커진다. 말하자면 영업고정비의 비중이 높을수록 영업이익의 변동성은 더욱 커지게 된다.

표 6-1 손익계산서와 영업레버리지 효과

매출액
− 매출원가
매출총이익
− 판매비 및 일반관리비
영업이익
± 영업외 손익
세전이익
− 법인세
당기순이익
÷ 발행주식수
주당 순이익

영업비용 (매출원가, 판매비 및 일반관리비 → 영업변동비, 영업고정비)

매출액
− 영업변동비
− 영업고정비
영업이익
± 영업외 손익
세전이익
− 법인세
당기순이익
÷ 발행주식수
주당순이익

영업레버리지 (매출액 ~ 영업이익)

그러면 이러한 효과가 왜 생기는가를 살펴보기로 하자. 이를 위해서 업종과 규모 등 모든 면에서 동일한 A, B 두 제조기업이 있다고 가정해 보자. 그런데 두 기업 중 A기업은 생산라인을 주로 노동력에 의존하는 전통적인 생산방식을 채택하고 있으나 B기업은 대규모 설비투자에 의해 원가절감이 이루어지도록 생산라인을 대폭 자동화하였다고 가정해 보자. 이러한 경우 호황기와 불황기에 두 기업의 영업이익을 비교해 보자.

매출이 높은 호황기에는 매출이 많아질수록 A기업보다 B기업의 영업이익이 더 커지게 된다. 왜냐하면 높은 매출을 달성하기 위해서 많은 생산을 하려면 A기업은 많은 노동력을 투입해야하므로 생산이 증가할수록 제조비용이 크게 높아진다. 반면, B기업은 생산이 증가하더라도 자동화 시설에 의해 노동력의 투입이 그리 크게 증가하지 않으므로 제조비용이 상대적으로 적게 증가한다. 더욱이 원가절감 시설에 의해 B기업은 매출증가 시 A기업보다 다른 영업비용도 더욱 절감할 수 있다. 따라서 호황시 매출이 계속 증가된다면 A기업보다는 B기업의 영업이익이 더욱 크게 늘어날 것이다.

그러나 두 기업에 손실이 발생하는 불황기에는 어떠한가? 이 때에는 A기업보다는 B기업이 더욱 불리해진다. 왜냐하면 A기업은 설비투자가 적으므로 고정비 부담이 적은 반면, B기업은 이미 보유하고 있는 설비투자에 대해 감가상각비를 고정비로 부담해야 하므로 더욱 큰 영업손실을 입게되기 때문이다. 이러한 불황이 계속되어 매출이 계속 축소된다면 영업손실은 A기업보다는 B기업의 경우에 더욱 커지게 된다.

다음의 〈표 6-2〉는 위와 같은 상황에서 A, B 두 기업의 호황과 불황시의 영업손익을 비교한 것이다. 표에서 보듯, 영업고정비 부담이 적은 A기업은 호황시 영업이익이 적은 반면 불황시 영업손실도 적다. 한편 생산라인의 자동화로 감가상각에 의한 고정비 부담이 많은 B기업은 호황시 영업이익이 큰 반면 불황시에 영업손실도 크다.

이상의 예를 통하여 보듯 기업의 영업손익의 변동성은 영업고정비의 부담이 어느 정도인가에 따라 달라진다. 다른 조건이 같다면 영업비용 중에서 감가상각비와 같은 영업고정비의 부담이 크다면 동일한 매출수준의 변동에 대해 영업고정비 부담이 적은 기업에 비해 영업손익의 변동은 더욱 크게 나타난다. 이를 대차대조표를 사용하여 정적(靜的)인 측면에서 파악하면 전체 자산중 유형고정자산이 많을수록 감가상각에 의한 고정비 부담이 높을 것이므로 유형고정자산의 비중이 높은 기업일수록 영업레버리지가 높다고 볼 수 있다.

표 6-2 고정비 부담에 따른 영업손익의 변동효과

	A 기업	B 기업
생산라인	전통적 라인	원가절감 자동화 라인
영업고정비 부담	적다	크다
매출증가시 영업비용의 증가	크다	적다
호황시 영업이익의 증가	적다	크다
불황시 영업손실의 증가	적다	크다

(2) 재무레버리지의 결정 요인

앞서 살펴보았듯이 영업레버리지란 영업고정비의 부담이 어느정도인가에 따라 결정된다. 그러면 영업레버리지 이외에 당기순이익의 변동성을 결정하는 또 하나의 요소인 재무레버리지는 어떠한 요인에 의해 결정되는가? 재무레버리지란 동일한 영업손익의 변동에 대해 당기순이익의 변동성이 달라지는 효과를 의미한다. 이것은 이자비용의 부담이 어느 정도인가에 따라 결정된다. 또한 대차대조표 측면에서 보면 전체 자금조달 중 부채가 차지하는 비중이 어느 정도인가에 따라 결정된다. 즉, 다른 조건이 같다면 이자부담이 높을수록 또는 부채사용이 많을수록 동일한 영업이익의 변동에 대해 당기순이익의 변동성은 높아진다.

다음의 〈표 6-3〉은 재무레버리지 효과가 발생하는 내용을 보여주고 있다. 매출 및 판매와 같은 영업활동에서 창출된 영업이익에서 영업외손익을 가감하여 납세전

순이익을 얻은 후(특별손익은 없다고 가정함), 여기에서 법인세를 차감하여 당기순이익을 얻는다. 이러한 당기순이익을 발행주식수로 나눈 것을 주당순이익(earning per share: EPS)이라 한다. 〈표 6-3〉에서는 영업외손익 중 다른 항목은 상대적으로 적으므로 이자비용만을 유일한 영업외비용으로 간주하고 손익계산서를 작성한 것이다. 재무레버리지는 재무고정비(financial fixed cost)라 할 수 있는 이자비용의 부담에 따라 주당순이익의 변동이 어느 정도인가를 평가한 것이다. 발행주식수가 다른 경우 재무레버리지를 평가할 때에는 당기순이익의 변동성을 상호 비교하기 위해서 보통 당기순이익을 발행주식수로 나누어 한 주당 이익을 구한 주당순이익의 변동성으로 비교한다.

표 6-3 손익계산서와 재무레버리지 효과

매출액
− 매출원가

매출총이익
− 판매비 및 일반관리비

영업이익
± 영업외 손익

세전이익
− 법인세

당기순이익
÷ 발행주식수

주당 순이익

(영업이익 → 주당 순이익: **재무레버리지 효과**)

이자부담이 많을수록 주당순이익의 변동성이 높아진다는 사실은 다음 예를 통하여 쉽게 이해할 수 있다. 가령 어떤 기업을 운영하는데 1,000만원의 투자자금이 소요된다고 가정하자. 우선 이 자금을 모두 자기자본으로 조달한다고 가정하자. 자기자본은 주당 1천원짜리 주식으로 10,000주를 발행하여 조달한다고 가정하자. 그리고 1년 후 사업을 종료하는데 회수금액은 호황인 경우 1,100만원, 불황인 경우 900만원이 회수된다고 가정하자. 그러면 호황과 불황시 투자금액을 제외한 순이익과 순손실은 각각 100만원과 −100만원이고 이것을 발행주식수 10,000주로 나누면 호황과 불황시 주당순이익은 다음 〈표 6-4〉에서 보듯 각각 100원과 −100원이 된다.

그런데 이번에는 동일한 기업을 운영하는데 500만원을 차입에 의존하였다고 가정해 보자. 이 때 차입이자율은 6%이고 나머지 자금은 1천원짜리 주식 5,000주를 발행하여 조달한다고 가정하자. 그러면 이러한 경우 동일한 기업을 운영하는데서 발생하는 주당순이익은 얼마인가? 그것은 다음 〈표 6-4〉의 계산에서와 같다. 우선 호황시 1,100만원 회수자금 중 500만원 차입에 대한 원리금 530만원(500만원 ×(1+0.06))을 제하면 570만원이 회수된다. 이 중 자기자본 투자금액이 500만원이므로 이것을 감안하면 호황시 순이익은 70만원이다. 따라서 70만원의 순이익을 발행주식수 5,000주로 나누면 호황시 주당순이익은 140원이다. 그리고 불황시에는 900만원 회수금액 중 500만원 차입에 대한 원리금 530만원 제하면 370만원이 회수되고, 이 때 자기자본 투자금액 500만원을 감안하면 불황시 순손실은 −130만원이다. 따라서 이것을 발행주식수 5,000주로 나누면 불황시 주당순손실은 −260원이다.

이 두가지 경우를 비교해 보면 기업이 전액자기자본으로 자금을 조달한 경우 호황과 불황시 주당순이익은 100원과 −100원에서 변동하는 반면, 투자자금 중 50%를 부채로서 조달하여 금리를 부담하면 동일한 상황에서 호황과 불황시 주당순이익이 140원과 −260원으로 그 변동이 더욱 커짐을 알 수 있다.

표 6-4 재무레버리지의 예

〈전액 자기자본으로 조달한 경우〉

		주당순손익	비고
투자금액	1,000만원		
자기자본	1,000만원		1,000원×10,000주
호황시 순이익	100만원	100원	100만원/10,000주
불황시 순이익	-100만원	-100원	-100만원/10,000주

〈50%를 차입한 경우〉

		주당순손익	비고
투자금액	1,000만원		
자기자본	500만원		1,000원×5,000주
부채	500만원		이자율 6%
호황시 순이익	70만원	140원	70만원/5,000주
불황시 순이익	-80만원	-160원	-80만원/5,000주

이와 같이 부채사용이 많아져 이자부담이 큰 경우 당기순이익의 변동성이 확대되는 것은 일정한 이자율에 의한 이자비용을 고정비로 부담하기 때문이다. 위의 예에서 투자자본이익률은 호황시 10%인 반면 이자율은 6%에 불과하다. 따라서 부채사용에 대해 투자금액 당 4%의 이득이 창출되어 주주에게 추가적으로 귀속된다고 볼 수 있다. 말하자면 위의 예에서 주주가 투자한 500만원의 자기자본(투자

자본이익률 10%)에 대해서는 50만원의 이익이 창출되는 이외에도, 부채도 500만원을 사용하고 있으므로 이자비용을 뺀 추가적 이득이 20만원(500만원 × 4%)이 부가되어 주주에 귀속되는 호황시 순이익은 70만원이 되었다. 따라서 부채 사용이 많아져 이자부담이 높을수록 호황시 주당순이익은 더욱 확대되는 경향이 있다.

그러나 이자비용과 같은 고정비 부담은 불황시 기업의 손실을 더욱 확대시킨다. 위의 예에서 불황시 투자자본이익률이 -10%이므로 500만원의 자기자본 투자에 대해서 50만원의 손실이 발생한다. 이외에도 주주는 추가적인 금리부담을 안고 있다. 즉 부채사용 500만원에 대해서 주주는 6%의 이자부담(금액으로는 6% * 500만원 = 30만원)을 추가적으로 안게 되므로 총손실금액은 80만원(500만원 × 16%)에 이른다. 그러므로 부채사용으로 인한 이자부담이 높을수록 불황시 주당순손실도 더욱 더 확대된다.

다음의 〈표 6-5〉는 위의 예에 대해서 700만원을 차입한 경우(70%를 차입한 경우) 호황과 불황시의 주당순손익을 계산한 것이다. 호황시 회수금액 1,100만원에 대해 원리금(742만원 = 700만 × 1.06)과 자기자본 투자원금(300만원)을 뺀 후 순이익은 58만원이고 불황시 회수금액 900만원에 대해서는 순손실이 -142만원(=900만원 − 742만원 − 300만원)이 발생한다. 따라서 호황과 불황시 주당순손익은 각각 193.3원과 -473.3원으로 계산된다. 이 경우 주당순손익은 50%(500만원)를 차입한 경우보다 더욱 변동이 확대되었다. 70%를 차입하였을 때 호황시 주당순이익은 50%를 차입하였을 때보다 더욱 높지만 불황시 주당순손실도 70%를 차입하였을 때 더욱 확대된다는 것을 알 수 있다. 말하자면 자금조달에 있어서 차입의 비중이 높을수록 주당순손익의 변동성이 더욱 커지게 된다.

표 6-5 재무레버리지의 예

70%를 차입한 경우

		주당순손익	비고
투자금액	1,000만원		
자기자본	300만원		1,000원×3,000주
부채	700만원		이자율 6%
호황시 순이익	58만원	193.3원	58만원 / 3,000주
불황시 순이익	-142만원	-473.3원	-142만원 / 3,000주

(3) 결합레버리지

결합레버리지(combined leverage)는 영업레버리지와 재무레버리지를 결합한 효과를 의미한다. 영업레버리지는 매출액 혹은 조업도 수준의 변화에 따라 영업손익의 변동성이 확대되는 효과를 의미한다. 재무레버리지는 영업손익의 변화에 따라 당기순이익(또는 주당순이익)의 변동성이 확대되는 효과를 의미한다. 결합레버리지는 이들 두 효과를 결합한 효과로서 기업의 매출 또는 조업도 수준의 변화에 따라 당기순이익(주당순이익)의 변동성이 확대되는 효과를 의미한다.

결합레버리지는 영업레버리지와 재무레버리지의 곱으로서 계산된다. 만일 매출액 수준의 변동에 따라 영업손익이 3배만큼 등락하고 한다고 가정하자. 이것은 매출액이 1% 변화할 때 영업손익은 매출액 변화의 세 배, 즉 3%가 변한다는 뜻이다. 또한 재무레버리지를 측정하니 영업손익의 변화에 대하여 주당순이익이 2배만큼 등락한다고 가정하자. 말하자면 영업손익 1% 변화시 주당순이익은 2%가 변화한다. 그러면 매출의 변동에 따라 주당순이익이 몇 배만큼 변동하는가? 이것은 영업레버리지와 재무레버리지를 곱한 6배로 계산된다. 즉, 매출액 1% 변화시 주당순이익은 6%가 변하므로 결합레버리지가 6이다.

다음의 〈표 6-6〉은 손익계산서와 결합레버리지의 관계를 보여주고 있다. 〈표 6-6〉의 손익계산서는 〈표 6-1〉의 영업레버리지 효과와 〈표 6-3〉의 재무레버리지 효과를 결합한 것이다. 〈표 6-6〉에서 보듯 결합레버리지는 궁극적으로 매출액 변화에 따른 주당순이익의 변동성을 측정한다.

결합레버리지는 기업의 총비용중에서 총고정비가 차지하는 정도에 따라서 결정된다. 기업이 부담하는 전체 비용중에서 영업고정비와 재무고정비를 합한 총고정비의 비중이 높을수록 기업은 매출액 변화에 따라 주당순이익의 변동성이 커진다. 왜냐하면 호황시 기업의 매출이 호조를 보일 때에는 상대적으로 고정비 부담이 많으나 변동비 부담이 적은 기업일수록 비용이 완만하게 증가하기 때문이다. 이러한 기업에서는 매출증가에 따라 비용이 증가하나 변동비가 상대적으로 적으므로 총비용이 적게 증가한다. 따라서 이러한 기업일수록 호황시 매출증가에 따라 당기순이익이 더욱 급격히 증가한다. 그러나 불황시 매출이 감소하는 경우, 이 기업에서는 당기순손실도 급격히 커지게 된다. 왜냐하면 이 기업은 매출감소에 따라 변동비가 감소하지만 그 감소 폭은 상대적으로 적다. 그 대신 고정비 부담이 많으므로 불황시 매출이 감소하더라도 상대적으로 높은 총비용을 부담하게 된다. 다음의 〈표 6-7〉은 기업의 매출 변동시 총고정비 부담에 따라 주당순손익의 변화가 어떻게 나타나는가를 보여주고 있다.

표 6-6 손익계산서와 결합레버리지

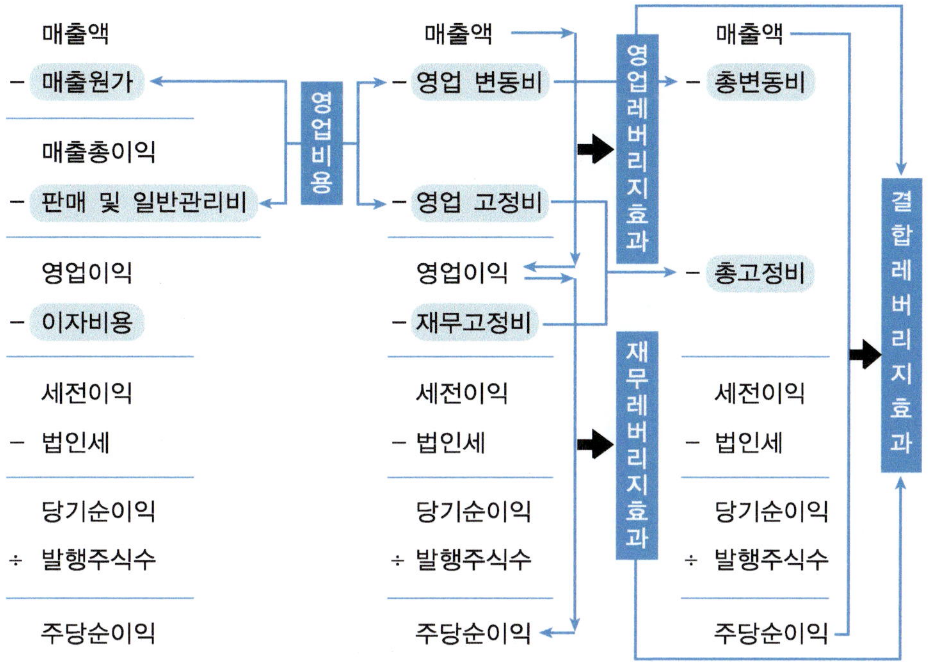

표 6-7 고정비와 변동비의 상대적 부담에 따른 손익의 확대 효과

상대적 비용부담		총고정비가 높고 총변동비가 낮은 기업	총고정비가 낮고 총변동비가 높은 기업
매출이 증가할 때	비용	완만하게 증가	급격하게 증가
	당기순이익	급격하게 증가	완만하게 증가
매출이 감소할 때	비용	완만하게 감소	급격하게 감소
	당기순손실	급격하게 증가	완만하게 증가

3 비용의 분해

레버리지분석을 위해서는 우선 기업에서 발생하는 비용을 고정비(fixed cost)와 변동비(variable cost)로 구분하여야 한다. 그러나 사실 손익계산서상의 모든 비용항목을 고정비와 변동비로 명백히 구분한다는 것은 어렵다. 왜냐하면 많은 비용항목에는 고정비와 변동비 성격의 비용이 함께 포함되어 있기 때문이다. 가령 판매수수료나 종업원 인건비에는 일부 고정비적인 요소와 변동비적 요소가 함께 포함되어 있다. 그리고 비용은 장기적으로 보면 모든 비용이 변동비라 할 수 있다. 건물,

기계장치와 같은 고정자산이라 하더라도 장기적으로는 기업이 매출이나 조업수준의 변화를 위하여 이러한 생산요소의 투입량을 조절할 수 있다. 따라서 변동비와 고정비의 구분은 일정한 기간내의 단기적인 관점을 전제로 한 것이다. 다시 말하면 고정비란 단기적으로 기업의 최대 생산능력이 주어져 있을 때 계획기간 중 조업도 수준이나 매출의 변동에 관계없이 일정하게 발생하는 비용을 의미하며, 변동비는 이러한 계획기간 내에 매출 혹은 조업도 수준의 변동에 따라 변화하는 비용을 의미한다.

기업의 비용을 고정비와 변동비로 구분하기 위해서 일반적으로 개별비용법과 비례율법, 회귀분석법 및 공학적 방법 등이 사용된다. 이 방법들은 모두 나름대로 특징을 가지고 있으므로 두 가지 방법 이상을 병행하여 사용하는 것이 효과적이다. 비용분류 방법을 간단하게 살펴보면 다음과 같다.

(1) 개별비용법(계정과목조사법)

이 방법은 비용항목의 성격을 분석하여 고정비와 변동비로 구분하는 방법이다. 고정비와 변동비적 요소가 함께 포함된 항목인 경우에는 고정적 요소가 많은 것은 고정비로, 변동적 요소가 많은 것은 변동비로 분류하는 방법이 사용되기도 하며, 또한 항목별로 고정비와 변동비의 비율을 정하여 분류하는 방법도 사용된다. 다음의 〈표 6-8〉은 일반적인 고정비와 변동비 항목을 보여주고 있다.

표 6-8　고정비와 변동비 항목의 분류

고정비	변동비
공장과 기계설비에 대한 감가상각비	직접 노무비
경영자 및 연구원의 보수	직접 재료비
일반 사무비용	판매수수료
임차료	

(2) 비례율법

비례율법은 연속된 2개 년도의 비용을 비교하여 고정비와 변동비를 분해하는 것이다. 비례율법을 적용하기 위해서는 비교대상이 되는 2개 년도에 생산시설의 큰 변화가 없어야 한다. 생산시설의 대폭적인 증가나 축소가 있는 경우에는 비례율법을 적용할 수 없다.

어떤 기업의 2008년과 2009년 중 매출액과 영업비용이 다음과 같이 변했다고 가정하자. 그러면 영업고정비와 영업변동비가 다음과 같이 분해된다.

	2008년	2009년
매출액	100억원	140억원
영업비용	60억원	80억원

이 기업은 기간중 매출액이 40억원 증가한 반면 영업비용은 20억원 증가하였다. 그러므로 매출액 한 단위 증가에 따른 영업비용의 증가는 50%(=20억원/40억원)이다. 이러한 비율을 변동비율이라 하는데 다음과 같이 구해진다.

$$변동비율 = \frac{영업비용의\ 증가분}{매출액의\ 증가분} = \frac{20억원}{40억원} \times 100 = 50\%$$

그러면 2008년과 2009년의 영업변동비는 얼마인가? 2008년도의 매출액은 100억원이고 이 중 50%가 영업변동비이므로 이 해의 영업변동비는 50억원(=100억원×0.5)이다. 그리고 2009년도의 매출액은 140억원이고 이 중 영업변동비가 50%를 차지하므로 2009년도의 영업변동비는 70억원(=140억원×0.5)이다. 따라서 2008년도의 영업고정비는 총영업비용 60억원 중 영업변동비 50억원을 뺀 나머지 10억원이고, 2009년에도 총영업비용 80억원 중 영업변동비가 70억원을 차지하므로 2009년도의 영업고정비도 10억원으로 전년도와 동일함을 알 수 있다. 그러므로 이 기업의 영업비용을 분해하면 다음과 같다.

	2008년	2009년
영업비용	60억원	80억원
고정비	10억원	10억원
변동비	50억원	70억원

비례율법에 의한 비용분해 방법의 또 하나의 예를 들어보자. 2007년도와 2008년도 사이 어떤 기업의 매출액과 영업비용이 다음과 같이 변했다고 가정하자.

	2007년	2008년
매출액	80억원	100억원
영업비용	70억원	78억원

이 기업의 변동비율은 다음과 같다.

$$변동비율 = \frac{영업비용의\ 증가분}{매출액의\ 증가분} = \frac{8억원}{20억원} \times 100 = 40\%$$

따라서

2008년도 영업변동비 = 총영업비용 × 변동비율 = 80억원 × 0.4 = 32억원
2008년도 영업고정비 = 총영업비용 − 영업변동비 = 70억원 − 32억원 = 48억원
2009년도 영업변동비 = 총영업비용 × 변동비율 = 100억원 × 0.4 = 40억원
2009년도 영업고정비 = 총영업비용 − 영업변동비 = 78억원 − 40억원 = 48억원

비례율법은 비용을 분해하기 위해서 사용되는 가장 간편한 방법이다. 영업비용을 분해하기 위해서는 위의 예에서와 같이 총영업비용에 대해서 비례율법을 적용하기도 하지만 손익계산서의 항목 중 고정비와 변동비가 함께 포함된 세부항목을 분해하기 위해서도 비례율법을 적용할 수 있다. 가령 종업원 인건비중 고정비와 변동비가 차지하는 비용을 분해하기 위해서 매출액 변화에 따른 인건비의 추이를 2개년도에 걸쳐 비교하고 위와 동일한 방법을 적용하여 고정적 인건비와 변동적 인건비를 구분할 수 있다.

(3) 회귀분석법

회귀분석(regression analysis)이란 어떤 기업에 대해서 수년간의 매출액 변화에 따른 영업비용의 변화 추이를 통계적 방법을 통하여 고정비와 변동비를 구분하는 방법이다. 예를 들어 어떤 기업의 10년간 매출액과 영업비용의 변화 추이를 조사하니 다음과 같았다고 가정하자.

표 6-9 매출액 변화에 따른 영업비용의 변동 예

(단위: 억원)

연도	매출액	영업비용	연도	매출액	영업비용
1997	85	59	2003	81	55
1998	78	57	2004	88	58
1999	81	47	2005	73	50
2000	82	63	2006	94	65
2001	78	47	2007	91	68
2002	87	66	2008	84	51
			2009	95	70

〈그림 6-3〉에서는 종축(X축)을 매출액, 횡축(Y축)을 영업비용으로 놓고 매출액 변화에 따른 영업비용의 변화 추세를 표시하였다. 그림의 점들은 각 연도의 매출액과 영업비용을 나타낸다. 회귀분석이라함은 이러한 점들을 가장 잘 대표하는 직

선식을 찾는 통계적 기법을 의미한다. 회귀분석이라는 통계적 기법을 사용하면 〈그림 6-3〉의 점들의 추세를 가장 잘 설명하는 직선식이 찾아진다. 이 직선식의 특징은 두 가지 수치로 표현된다.

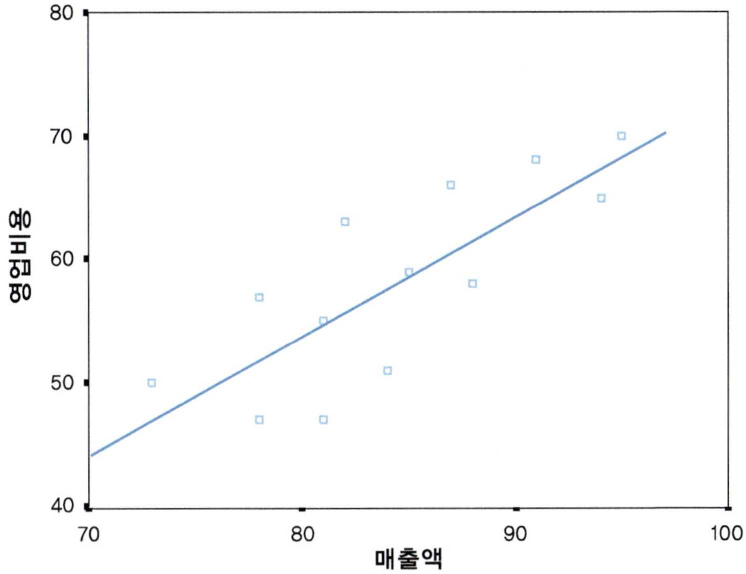

〈그림 6-3〉 영업비용에 대한 매출액의 회귀분석

첫째, 이 직선과 횡축(Y축)이 만나는 점의 수치이다. 이것을 절편이라 부르는데 〈그림 6-3〉의 예에서 회귀식의 절편은 46.4억원이다. 둘째, 이 직선의 기울기이다. 〈그림 6-3〉의 예에서는 기울기가 0.653으로 나타났다. 그러면 이 직선의 식은 다음과 같이 표시된다.

Y = 절편 + 기울기 × X = 46.4억원 + 0.653X
(영업비용) = 절편 + 기울기 × (매출액)

여기서 절편은 영업고정비에 해당한다. 왜냐하면 절편의 크기는 매출액이 0 또는 그 이상으로 변화하더라도 항상 일정하게 발생하는 비용의 크기를 나타내 주기 때문이다. 반면 기울기는 이 기업의 변동비율을 나타낸다. 왜냐하면 기울기는 매출액 1원 증가에 따른 영업비용의 증가 정도를 나타내기 때문이다. 그러므로 이 기업의 영업고정비는 46.4억원이고 변동비율은 0.653이다.

만일 2010년도 이 기업의 매출액이 200억원으로 추정된다면 이 때 영업변동비는 130.6억원(=200억원×0.653)이다. 이 때 총영업비용은 다음 식에서와 같이 177억원으로 추정된다.

$$총영업비용 = 영업고정비 + 변동비율 \times 매출액$$
$$= 46.4억원 + 0.653 \times 200억원 = 177억원$$

회귀분석에 의한 비용분해의 또 하나의 예를 들어보자. 과거 30년 동안 어떤 기업의 매출액 변화에 따른 영업비용의 추세를 분석해 보니 다음과 같은 회귀식이 추정되었다고 하자.

$$Y = 50억원 + 0.7X$$

그러면 매출액이 300억원일 때 이 기업의 영업고정비와 영업변동비는 얼마인가? 영업고정비는 회귀식의 절편값이므로 영업고정비는 50억원이다. 그리고 변동비율은 0.7이므로 영업변동비는 다음과 같이 계산된다.

$$영업변동비 = 변동비율 \times 매출액 = 0.7 \times 300억원 = 210억원$$

그리고 매출액 300억원 수준에서 이 기업에 발생하는 총영업비용은 다음과 같다.

$$총영업비용 = 고정비 + 변동비율 \times 매출액 = 50억원 + 0.7 \times 300억원 = 260억원$$

회귀분석에 의한 비용분해 방법은 매출액과 영업비용에 관한 자료가 많을수록 더욱 안정적인 결과를 얻는다. 그러나 회귀분석의 기간 수를 늘릴수록 공장설비의 규모 등 기업환경이 변화하므로 동일한 조건에서 영업비용의 변화 추이를 파악하기 어렵다. 따라서 현실적으로는 영업비용을 분해하기 위해서 한 기업에 대해서 과거 수년간의 자료(시계열 자료)를 사용하기보다는 같은 연도에 동일한 업종에 속한 여러 기업의 매출액과 영업비용의 자료(횡단면 자료)를 이용하여 분석하는 것이 더 일반적이다.

그리고 영업비용을 분해하기 위해서 위의 예에서와 같이 총영업비용에 대해서 회귀분석을 적용하기도 하지만 비례율법에서와 마찬가지로 손익계산서상 세부항목을 분해하기 위해서도 이 방법을 적용할 수 있다. 가령 종업원 인건비중 고정비와 변동비를 분해하기 위해서 매출액 변화에 따른 인건비의 추이를 위와 동일한 방법에 의해 분석함으로서 인건비를 고정적 인건비와 변동적 인건비로 구분할 수 있다.

(4) 공학적 방법

공학적 방법은 기업의 생산능력에 관한 기술적 지식에 기초하여 생산에 필요한 인력소요량이나 능률요인, 과거의 비용 등을 참고하여 비용의 변화를 체계적으로 추계하는 방법이다. 공학적 방법은 실무담당자들이 제공한 생산요소의 투입관계를 기초로 분석한다. 이를 위해서 각 실무담당자들로부터 조업도와 원재료, 노동력 등 생산요소의 투입물량 사이의 관계를 파악하고 이러한 투입물량에다 생산요소의 단위당 가격을 곱하여 비용을 추정한다. 일반적으로 이 방법은 경험이나 자료가 부족하여 회계적 방법이나 통계적 방법을 적용하기 어려운 경우에 사용하거나, 다른 방법에 대한 보완적 방법으로 사용한다.

4 레버리지 효과의 측정

앞에서는 레버리지 효과의 의미와 그것을 결정하는 요인에 대해서 살펴보았다. 레버리지효과란 고정비가 지렛대 역할을 하여 당기순손익의 변동성이 확대되는 효과를 의미한다. 다음은 레버리지 효과를 측정하는 방법에 대해서 설명한다.

(1) 영업레버리지 효과의 측정

다음의 〈표 6-10〉는 일신기업이라는 어떤 가상적인 기업에 대하여 매출액 변동에 따른 영업이익의 변동을 나타낸 것이다. 이 기업의 2008년도 매출액이 100억원이다. 이 기업의 2007년도와 2009년도의 매출액은 2008년을 기준으로 하였을 때 이보다 10% 적거나 많은 90억원과 110억원이었다. 한편 이 기업의 영업고정비는 매년 20억원으로 고정되어 있고 영업변동비는 매출액이 증가 또는 감소함에 따라 동일한 방향으로 변동하고 있다.

매출액 변화에 따른 영업변동비의 변화 정도는 변동비율로 계산된다. 변동비율은 매출액이 한 단위 변화하였을 때 영업비용이 어느 정도 변하는가를 측정한다. 일신기업에서는 2007년도와 2008년도 사이 매출액이 90억원에서 100억원으로 10억원 증가함에 따라 영업비용이 74억원에서 80억원으로 6억원 증가하였다. 따라서 이 기업의 변동비율은 다음과 같다.

$$\text{변동비율} = \frac{\text{영업비용의 증가분}}{\text{매출액의 증가분}} = \frac{6\text{억원}}{10\text{억원}} \times 100 = 60\%$$

영업비용 중 영업고정비는 고정되어 있고 매출액 증가에 따라서 영업변동비만 유일하게 변화하므로 변동비율은 매출변화에 따른 영업변동비의 변화 정도를 측정한 수치라 할 수 있다. 본 예에서 2008년도와 2009년도 사이의 실적을 기준으로 변동비율를 구하여도 기간 중 매출액이 (100억원에서 110억원으로) 10억원 증가함에 따라 영업비용이 (80억원에서 86억원으로) 6억원 증가하므로 이 기간 중 변동비율도 전 기간과 동일하게 60%로 계산된다.

표 6-10　가상적 기업(일신기업) 의 영업이익의 변동추이

	2007년		2008년 (기준연도)		2009년
매출액(S)	90억원 (-10억원)	(-)10%	100억원	(+)10%	110억원 (+10억원)
- 영업비용	74억원		80억원		86억원
영업고정비(FC)	20억원		20억원		20억원
영업변동비(VC)	54억원		60억원		66억원
영업이익(EBIT)	16억원 (-4억원)	(-)20%	20억원	(+)20%	24억원 (+4억원)

그러면 이 기업의 영업레버리지 정도는 얼마인가? 〈표 6-10〉에서 보듯, 이 기업은 2008년을 기준으로 2007년과 2009년의 매출액이 10% 증감함에 따라 영업이익(EBIT: earning before interest and tax)이 20% 증감하고 있다. 즉, 2008년도에 비해 2007년도의 매출액은 10%가 적었으나 2007년도 영업이익은 2008년도에 비해 20%가 적다. 또 2009년도 매출액은 2008년도 매출액에 비해 10% 높으나 영업이익은 2008년도에 비해 20%가 많아지고 있다. 따라서 이 기업은 매출액 변동에 비해 영업이익의 변화가 2배라는 것을 알 수 있다.

이와 같이 매출액 변동에 따라 영업이익이 변화하는 정도를 측정한 수치를 영업레버리지도라 한다. 보통 영업레버리지도는 DOL(degree of operating leverage)로 표시한다. DOL은 매출 수준의 변화에 따라 영업이익이 몇 배만큼 변하는가를 측정한 척도로서, 다음과 같이 매출액 변화율에 대한 영업이익의 변화율의 정도로서 측정한다.

$$DOL = \frac{\text{영업이익의 변화율}}{\text{매출액의 변화율}}$$

위의 예에서는 매출액이 10% 변화할 때 영업이익은 20%가 변하였으므로 DOL은 다음과 같이 2이다. 말하자면 이 기업의 경우 매출액이 1% 증가 혹은 감소하였을 때 영업이익은 그것의 2배, 즉 2% 정도 증가 혹은 감소한다.

$$DOL = \frac{\text{영업이익의 변화율}}{\text{매출액의 변화율}} = \frac{20\%}{10\%} = 2$$

이것을 식으로 표시하면 다음과 같다. 현재의 매출액을 S라하고 기간 중 매출의 변동금액을 △S라 하면 매출액의 퍼센테지(%) 변화율은 (△S/S)×100이다. 그리고 현재의 영업이익을 EBIT, 매출변동에 따른 영업이익의 변화액을 △EBIT라 하면 영업이익의 퍼센테지(%) 변화율은 (△EBIT/EBIT)×100이다. 따라서 이들 두 비율을 이용하여 DOL을 구하면 다음과 같다.

$$DOL = \frac{\text{영업이익의 변화율}}{\text{매출액의 변화율}} = \frac{\frac{\triangle EBIT}{EBIT} \times 100}{\frac{\triangle S}{S} \times 100} = \frac{\frac{\triangle EBIT}{EBIT}}{\frac{\triangle S}{S}} \qquad \text{(식 1)}$$

위의 예에서 2008년을 기준으로 매출액과 영업이익의 자료를 이용하여 DOL을 구하면 2008년의 매출액, S는 100억원이고 2007년에는 이보다 매출액이 10억원 적었으므로 △S는 -10억원이다. 그리고 2008년의 영업이익, EBIT는 20억원이고 2007년에는 영업이익이 이보다 4억원 적으므로 △EBIT는 -4억원이다. 따라서 이 기업의 DOL은 다음과 같이 2가 된다.

$$DOL = \frac{\frac{\triangle EBIT}{EBIT}}{\frac{\triangle S}{S}} = \frac{\frac{-4\text{억원}}{20\text{억원}}}{\frac{-10\text{억원}}{100\text{억원}}} = 2$$

그리고 2009년도의 자료를 이용하여 DOL을 산출하여도 S와 △S는 각각 100억원과 10억원, EBIT와 △EBIT는 각각 20억원과 4억원이므로 위의 계에서와 마찬가지로 DOL은 2가 된다는 것을 알 수 있다.

물론 이와 같이 매출액 변화에 따라 영업이익의 변화가 확대되는 영업레버리지 효과가 나타나는 것은 영업고정비가 존재하기 때문이다. 앞서 설명한 바와 같이 영업비용 중 영업고정비가 차지하는 비중이 높고 영업변동비의 비중이 상대적으로 적을수록 영업레버리지 효과는 더욱 확대된다. 만일 이신기업이라는 또 다른 기업이 있다하자. 이 기업의 매출액 변화에 따른 영업이익의 변화는 다음의 〈표 6-11〉과 같다고 하자. 이 기업은 앞의 일신기업보다 영업고정비가 40억원으로 더욱 높고 영업변동비는 상대적으로 적다. 우선 2008년도를 기준으로 이 기업의 변동비율을 구하면 다음과 같이 40%이다.

$$\text{변동비율} = \frac{\text{영업비용의 증가분}}{\text{매출액의 증가분}} = \frac{80\text{억원} - 76\text{억원}}{100\text{억원} - 90\text{억원}} \times 100$$

$$= \frac{84\text{억원} - 80\text{억원}}{110\text{억원} - 100\text{억원}} \times 100 = 40\%$$

표 6-11 가상적 기업(이신기업)의 영업이익의 변동추이

	2007년		2008년 (기준연도)		2009년
매출액(S)	90억원 (-10억원)	(-)10%	100억원	(+)10%	110억원 (+10억원)
- 영업비용	76억원		80억원		84억원
영업고정비(FC)	40억원		40억원		40억원
영업변동비(VC)	36억원		40억원		44억원
영업이익(EBIT)	14억원 (-6억원)	(-)30%	20억원	(+)30%	26억원 (+6억원)

또한 2008년도를 기준으로 2007년도의 자료를 사용하여 DOL을 구하면 다음과 같다. 그리고 2008년도를 기준으로 2009년도의 자료를 사용하여도 DOL은 동일하게 3이 된다는 것을 알 수 있다.

$$DOL = \frac{\frac{\triangle EBIT}{EBIT}}{\frac{\triangle S}{S}} = \frac{\frac{-6억원}{20억원}}{\frac{-10억원}{100억원}} = 3$$

그러므로 이 기업은 앞의 기업보다도 영업레버리지가 더욱 확대되었다. 이 기업은 매출액 1% 변화시(증가 혹은 감소시) 영업이익이 3배만큼, 즉 3% 정도가 변동한다(증가 혹은 감소한다). 이와 같이 동일한 매출의 변동에 대해 나중에 예를 든 이신기업이 앞의 일신기업보다 영업이익의 변동성이 더욱 확대되는 것은, 이신기업이 일신기업보다 상대적으로 영업변동비의 변동비율은 낮지만 더 높은 영업고정비를 부담하고 있기 때문이다.

기업의 제품가격이 고정되어 있는 경우 영업레버리지를 측정하는데 다음과 같은 식을 유도하면 더 편리하다. 우선 제품의 판매량을 Q라하고 제품가격을 P, 제품 판매량의 증가를 △Q라 하면 S=P×Q이고 △S=P×△Q이다. 그러므로 DOL은 다음과 같이 표시된다.

$$DOL = \frac{\frac{\triangle EBIT}{EBIT}}{\frac{\triangle S}{S}} = \frac{\frac{\triangle EBIT}{EBIT}}{\frac{P \times \triangle Q}{P \times Q}} = \frac{\frac{\triangle EBIT}{EBIT}}{\frac{\triangle Q}{Q}} \qquad (식\ 2)$$

그리고 TR을 기업의 매출액, FC를 영업고정비, VC를 영업변동비라 하자. 그러면 영업이익, EBIT는 매출액에서 영업변동비와 영업고정비를 뺀 것이므로

EBIT는 다음과 같이 계산된다.

$$EBIT = TR - VC - FC \quad (식\ 3)$$

여기서 매출액은 가격과 판매량의 곱으로 표시되므로 TR=P×Q이고 판매량 1개의 증가에 따른 영업변동비의 증가를 V라 하면 영업변동비 VC는 V×Q가 된다. 이 때 V를 단위당 변동비라 부르며 이것은 영업변동비(VC)를 판매량(Q)으로 나눈 값이다. 그러므로 위의 식을 판매량으로 표시하면 다음과 같다.

$$EBIT = TR - VC - FC = P\times Q - V\times Q - FC = (P-V)\times Q - FC \quad (식\ 4)$$

TR: 매출액 VC: 영업변동비 FC: 영업고정비

P: 판매단가 Q: 판매량 V: 단위당 변동비(VC / Q)

그리고 영업이익의 변동, △EBIT는 판매량의 변화(△Q)에 따라 매출액이 P×△Q만큼 변화하고 영업변동비가 V×△Q만큼 변화함으로서 발생하므로 이것은 다음과 같이 계산된다.

$$\triangle EBIT = P\times\triangle Q - V\times\triangle Q = (P-V)\times\triangle Q \quad (식\ 5)$$

그러므로 (식 4)와 (식 5)를 (식 2)에 대입하면 다음의 식이 성립한다.

$$DOL = \frac{\frac{(P-V)\times\triangle Q}{(P-V)\times Q-FC}}{\frac{\triangle Q}{Q}} = \frac{(P-V)\times\triangle Q\times Q}{[(P-V)\times Q-FC]\times\triangle Q}$$

$$= \frac{(P-V)\times Q}{(P-V)\times Q-FC} = \frac{P\times Q-V\times Q}{P\times Q-V\times Q-FC} \quad (식\ 6)$$

$$= \frac{TR-VC}{TR-VC-FC}$$

따라서 (식 6)에 의하면 DOL은 기업의 총매출액(TR)과 영업고정비(FC) 및 영업변동비(VC)를 이용하여 구할 수 있다. 위의 (식 6)에 의하여 앞의 기업에 대한 DOL을 구해보자. 우선 첫 번째 예로 든 일신기업에 대해서 2008년도 자료를 이용하여 DOL을 구하면, 2008년도 총매출액(TR)이 100억원이고 영업고정비(FC)가 20억원 영업변동비(VC)가 60억원이므로 DOL은 다음과 같다.

$$DOL = \frac{TR-VC}{TR-VC-FC} = \frac{100억원 - 60억원}{100억원 - 60억원 - 20억원} = 2$$

그리고 두 번째 예로 든 이신기업에 대해서 동일한 방법으로 DOL을 구하면,

2008년도 총매출액(TR)이 100억원이고 영업고정비(FC)가 40억원 영업변동비(VC)가 40억원이므로 DOL은 다음과 같다.

$$DOL = \frac{TR - VC}{TR - VC - FC} = \frac{100억원 - 40억원}{100억원 - 40억원 - 40억원} = 3$$

또한 위의 (식 6)에서 매출액에서 영업비용을 차감한 것(TR-VC)을 공헌이익(contribution margin)이라 한다. 그리고 P-V를 단위당 공헌이익이라 하는데 공헌이익은 단위당 공헌이익에 판매수량을 곱함으로서 얻어진다. 즉, 단위당 공헌이익을 M이라 하면 TR-VC=M×Q이고 TR-VC-FC는 영업이익(EBIT)이므로 위의 (식)은 다음과 같이 구해질 수도 있다.

$$DOL = \frac{TR - VC}{TR - VC - FC} = \frac{(P - V) \times Q}{TR - VC - FC} = \frac{M \times Q}{EBIT} \qquad (식\ 7)$$

일반적으로 감가상각비는 영업고정비를 구성하는 가장 주요한 부분의 하나이다. 따라서 기업이 운영하고 있는 사업의 성격에 따라 영업레버리지도는 달라진다. 가령 중화학공업이나 장치산업에 속하는 기업은 고정자산의 보유가 많으므로 감가상각비의 비중이 높아서 대체로 DOL이 큰 경향이 있다. 이에 비해 금융업이나 유통업과 같이 유형고정자산의 보유가 적은 사업은 영업레버리지도가 적다. 그러나 영업레버리도는 반드시 사업의 성격에 따라서만 결정되는 것은 아니며 동일한 업종에 속하는 기업이라 할지라도 고정자산의 투자에 관한 기업의 의사결정에 따라 영업레버리지도는 달라질 수 있다.

(2) 재무레버리지도의 측정

재무레버리지 효과는 영업이익의 변화에 따른 당기순이익(또는 주당순이익)의 변동성을 의미한다. 이것은 대차대조표 측면에서는 기업의 부채사용 정도에 따라, 그리고 손익계산서 측면에서는 이자비용의 부담 수준에 따라 달라진다. 재무레버리지의 정도를 측정하는 지표를 재무레버리지도라 하고 보통 이것은 DFL(degree of financial leverage)로 표시된다.

다음 〈표 6-12〉는 앞에서 예를 든 일신기업에 대해서 2007년과 2009년 사이의 당기순이익의 변화를 표시한 것이다. 이 기업은 기간 중 5억원의 이자비용을 고정비로 부담하고 있다. 따라서 법인세율이 40%이고 발행주식수가 10만주라면 2008년도 이 기업의 주당순이익은 7,200원이다. 그리고 마찬가지로 2007년도와 2009년도의 주당순이익을 구하면 표에서 보듯 각각 4,800원과 9,600원으로 계산된다. 따라서 2007년도의 영업이익은 2008년도보다 20% 적었으나 이 해의 주당순이익은 2008년도보다 33.3%가 적다. 그리고 2009년도에는 전년도보다 영업이익이 20%가 많았으나 주당순이익은 전년도보다 33.3%가 증가하였다. 따라서 이 예를 통하여 보듯 기업이 이자비용을 고정적으로 지급하는 경우, 영업이익의 변동보다는 주당순이익의 변동이 더 커짐을 알 수 있다.

표 6-12 가상적 기업(일신기업)의 주당순이익의 변동추이

(이자비용이 8억원일 때)

	2007년		2008년 (기준연도)		2009년
영업이익(EBIT)	16억원 (-4억원)	(-)20%	20억원	(+)20%	24억원 (+4억원)
− 이자비용(I)	8억원		8억원		8억원
납세전 순이익(EBT)	8억원		12억원		16억원
− 법인세(T):40%	3.2억원		4.8억원		6.4억원
당기순이익(EAT)	4.8억원		7.2억원		9.6억원
÷ 발행주식수(N)	10만주		10만주		10만주
주당순이익(EPS)	4,800원	(-)33.3%	7,200원	(+)33.3%	9,600원

이 때 영업이익 1% 변동에 따라 주당순이익은 몇 배만큼 변하는가? 이 경우에는 영업이익 20% 변화함에 따라 주당순이익이 33.3% 변하였으므로 주당순이익은 1.67배만큼 변한다고 할 수 있다. 이러한 수치를 재무레버리지도라 한다. 즉, 이 기업의 DFL은 다음과 같이 계산된다.

$$DFL = \frac{\text{주당순익의 변화율}}{\text{영업이익의 변화율}} = \frac{33.3\%}{20\%} = 1.67$$

이것을 식으로 나타내보기로 하자. 현재의 영업이익을 EBIT라하고 영업이익의 변동금액을 △EBIT라 하면 영업이익의 퍼센테지(%) 변화율은 (△EBIT / EBIT) × 100이다. 현재 주당순이익을 EPS, 영업이익 변동에 따른 주당순이익의 변화액을 △EPS라 하면 주당순이익의 퍼센테지(%) 변화율은 (△EPS / EPS)×100이다. 이들 두 비율을 이용하여 DFL을 구하면 다음과 같다.

$$DFL = \frac{\text{주당순이익의 변화율}}{\text{영업이익의 변화율}} = \frac{\frac{\triangle EPS}{EPS} \times 100}{\frac{\triangle EBIT}{EBIT} \times 100} = \frac{\frac{\triangle EPS}{EPS}}{\frac{\triangle EBIT}{EBIT}} \qquad \text{(식 8)}$$

(식 8)을 이용하여 위의 기업에 대해 DFL을 구하면 2008년의 EBIT는 20억원

이고 2007년의 EBIT(16억원)는 이보다 4억원 적었으므로 △EBIT는 -4억원이며, 2008년의 EPS는 7,200원인데 비하여 2007년의 EPS(4,800원)는 이보다 2,400원이 적으므로 △EBIT가 2,400원이다. 따라서 이 기업의 DFL은 다음과 같다.

$$DFL = \frac{\frac{\triangle EPS}{EPS}}{\frac{\triangle EBIT}{EBIT}} = \frac{\frac{-2,400\text{원}}{7,200\text{원}}}{\frac{-4\text{억원}}{20\text{억원}}} = 1.67$$

그리고 2008년도를 기준으로 하였을 때 2009년도 자료를 이용하여 DFL을 산출하여도 위의 계산에서와 마찬가지로 DFL이 1.67이 된다는 것을 알 수 있다.

한편 동일한 기업이라 할지라도 이자비용이 많아지면 DFL은 증가한다. 만일 위의 기업에서 이자비용이 10억원으로 증가한다면 이 때 DFL은 얼마인가? 다음의 〈표 6-13〉는 위와 동일한 기업에 대하여 이자비용이 10억원일 때 주당순이익의 변화를 계산한 것이다.

표 6-13 가상적 기업(일신기업)의 주당순이익의 변동추이

(이자비용이 10억원일 때)

	2007년		2008년 (기준연도)		2009년
영업이익(EBIT)	16억원 (-4억원)	(-)20%	20억원	(+)20%	24억원 (+4억원)
- 이자비용(I)	10억원		10억원		10억원
납세전 순이익(EBT)	6억원		10억원		14억원
- 법인세(T):40%	3.6억원		6억원		8.4억원
당기순이익(EAT)	42.4억원		4억원		5.6억원
÷ 발행주식수(N)	10만주		10만주		10만주
주당순이익(EPS)	2,400원	(-)40%	4,000원	(+)40%	5,600원

이 기업에 대하여 2008년도를 기준으로 DFL을 구하면 다음과 같다. 따라서 이자비용 5억원을 부담할 때보다 DFL이 더 높다.

$$DFL = \frac{\frac{\triangle EPS}{EPS}}{\frac{\triangle EBIT}{EBIT}} = \frac{\frac{-1,600\text{원}}{4,000\text{원}}}{\frac{-4\text{억원}}{20\text{억원}}} = \frac{\frac{1,600\text{원}}{4,000\text{원}}}{\frac{4\text{억원}}{20\text{억원}}} = 2$$

(2000년도) (2002년도)

한편 DFL의 식은 다음과 같이 변형될 수 있다. EPS는 영업이익에서 이자비용을 뺀 다음 법인세를 공제하고 그것을 발행주식수로 나눈 값이므로 이자비용을 I, 법인세율을 t, 발행주식수를 N이라 하면 다음과 같이 표시된다.

$$EPS = \frac{(EBIT - I)(1-t)}{N} \qquad \text{(식 9)}$$

그리고 영업이익이 △EBIT만큼 변화할 때 주당순이익의 변동, △EPS는 위의 (식 9)에서 I와 t, 그리고 N이 일정하므로 다음과 같이 계산된다.

$$\triangle EPS = \frac{\triangle EBIT(1-t)}{N} \qquad \text{(식 10)}$$

따라서 위의 두 식을 (식 8)에 대입하면 다음과 같은 결과를 얻는다.

$$DFL = \frac{\frac{\triangle EPS}{EPS}}{\frac{\triangle EBIT}{EBIT}} = \frac{\frac{\triangle EBIT(1-t)/N}{(EBIT-I)(1-t)/N}}{\frac{\triangle EBIT}{EBIT}} \qquad \text{(식 11)}$$

$$= \frac{\frac{\triangle EBIT}{EBIT-I}}{\frac{\triangle EBIT}{EBIT}} = \frac{EBIT}{EBIT-I}$$

그러면 (식 11)에 대입하여 위의 기업에 대한 DFL을 구해보자. 위의 기업에서 2008년도를 기준으로 하였을 때 EBIT는 20억원이므로 이자비용이 8억원일 때와 10억원일 때 DFL은 각각 다음과 같이 구해진다.

$$\text{이자비용이 8억원일 때: } DFL = \frac{EBIT}{EBIT-I} = \frac{20\text{억원}}{(20\text{억원} - 8\text{억원})} = 1.67$$

$$\text{이자비용이 10억원일 때: } DFL = \frac{EBIT}{EBIT-I} = \frac{20\text{억원}}{(20\text{억원} - 10\text{억원})} = 2$$

이것을 영업고정비와 영업변동비에 관해 표시하면 EBIT=TR-VC-FC이고 TR=P×Q, VC=V×Q이므로 DFL은 다음과 같이 계산할 수도 있다.

$$DFL = \frac{EBIT}{EBIT-I} = \frac{TR-VC-FC}{TR-VC-FC-I}$$

또는

$$= \frac{(P-V)\times Q - FC}{(P-V)\times Q - FC - I} \qquad \text{(식 12)}$$

(3) 결합레버리지 효과의 측정

결합레버리지 효과란 궁극적으로 매출의 변동에 따라 당기순이익(주당순이익)의 변동성이 확대되는 효과를 의미한다. 이것은 결합레버리지도로서 측정된다. 보통 결합레버리지도는 DCL(degree of combined leverage)로서 표시된다.

다음의 〈표 6-13〉은 앞에서 예를 든 일신기업에 대하여 매출액 변화에 따른 주당순이익의 변화를 계산한 것이다. 이 기업의 이자비용은 8억원, 법인세율은 40%, 발행주식수는 10만주로 가정하였다.

표 6-14 가상적 기업(일신기업)의 매출액 변화와 주당순이익의 변동추이

	2007년		2008년 (기준연도)		2009년
매출액(S)	90억원 (-10억원)	(-)10%	100억원	(+)10%	110억원 (+10억원)
- 영업비용	74억원		80억원		86억원
영업고정비(FC)	20억원		20억원		20억원
영업변동비(VC)	54억원		60억원		66억원
영업이익(EBIT)	16억원 (-4억원)	(-)20%	20억원	(+)20%	24억원 (+4억원)
-이자비용(I)	8억원		8억원		8억원
납세전 순이익(EBT)	8억원		12억원		16억원
-법인세(T):40%	3.2억원		4.8억원		6.4억원
당기순이익(EAT)	4.8억원		7.2억원		9.6억원
÷발행주식수(N)	10만주		10만주		10만주
주당순이익(EPS)	4,800원	(-)33.3%	7,200원	(+)33.3%	9,600원

이 기업은 2007년도와 2009년도의 매출액이 2008년도보다 10%씩 적거나 많다. 그런데 기간중 매출액 변화에 따라 주당순이익은 33.3% 변동하였다. 따라서 매출액 변화에 따라 주당순이익이 3.3배만큼 변하였다. 이러한 수치를 DCL이라 한다. DCL의 정의는 다음과 같으며 일신기업의 DCL을 구하면 다음과 같다.

$$DCL = \frac{\text{주당순이익의 변화율}}{\text{매출액의 변화율}} = \frac{33.3\%}{10\%} = 3.3$$

DCL은 기업의 매출액이 1% 변화할 때 주당순이익이 몇 배만큼 등락하는가를 측정한 수치이다. 따라서 DCL은 매출액(S)의 변화율에 대비한 EPS의 변화율의 비율로서 구해진다. 즉,

$$DCL = \frac{\frac{\triangle EPS}{EPS}}{\frac{\triangle S}{S}} \qquad \text{(식 13)}$$

혹은 $DCL = \frac{\frac{\triangle EPS}{EPS}}{\frac{\triangle Q}{Q}}$ (매출단가가 고정되어 있는 경우)

그런데 위의 (식 13)은 다음과 같이 분해됨을 알 수 있다.

$$DCL = \frac{\frac{\triangle EPS}{EPS}}{\frac{\triangle S}{S}} = \frac{\frac{\triangle EBIT}{EBIT}}{\frac{\triangle S}{S}} \times \frac{\frac{\triangle EPS}{EPS}}{\frac{\triangle EBIT}{EBIT}} \qquad \text{(식 14)}$$

즉, (식 13)에서 세 번째 항의 첫째와 둘째 식의 (△EBIT / EBIT)는 서로 상쇄되므로 위의 식이 성립됨을 알 수 있다. 그런데 (식 13)에서 셋째 항의 첫째식은 영업레버리지도(DOL)이며 둘째식은 재무레버리지도(DFL)이다. 따라서 DCL은 다음에서와 같이 DOL과 DFL의 곱으로 표시됨을 알 수 있다.

$$DCL = \frac{\frac{\triangle EBIT}{EBIT}}{\frac{\triangle S}{S}} \times \frac{\frac{\triangle EPS}{EPS}}{\frac{\triangle EBIT}{EBIT}} = DOL \times DFL \qquad \text{(식 15)}$$

가령 위의 기업에서 DOL은 2이었고 DFL은 1.67이었다. 따라서 DFL은 다음과 같이 3.3이 된다. 말하자면 매출액 1% 변화시 주당순이익은 그것의 3.3배, 즉 3.3% 정도가 변화한다.

$$DCL = DOL \times DFL = 2 \times 1.67 = 3.3$$

또한 동일한 기업이 이자비용으로 10억원을 부담한다면 DFL은 앞의 계산에서와 같이 2이므로 DCL은 다음과 같이 4가 된다. 따라서 매출액 1% 변화시 주당순이익은 4%가 변화한다.

$$DCL = DOL \times DFL = 2 \times 2 = 4$$

기업의 결합레버리지는 영업레버리지나 재무레버리지가 높을수록 높아진다. 동일한 수준의 이자비용을 부담하고 있는 기업일지라도 영업고정비가 높을수록 결합레버리지가 높고, 또한 동일한 영업고정비를 부담하는 기업일지라도 이자비용의 부담이 높을수록 결합레버리지가 높다. 더욱이 영업고정비의 부담도 높아 영업레버리지가 높고 이자비용의 부담이 많아서 재무레버리지가 높은 기업이라면 결합레버리지는 기하급수적으로 더욱 급속하게 높아진다.

한편 앞의 식을 이용하여 DCL을 매출액과 영업고정비 및 영업변동비로 표시할 수 있다. 앞의 (식 6)과 (식 12)에서 DOL과 DFL은 다음과 같다.

$$DOL = \frac{TR - VC}{TR - VC - FC} \qquad \text{(식 16)}$$

$$DFL = \frac{TR - VC - FC}{TR - VC - FC - I}$$

따라서 DCL은 다음과 같이 표시된다.

$$DCL = DOL \times DFL = \frac{TR - VC}{TR - VC - FC} \times \frac{TR - VC - FC}{TR - VC - FC - I} \qquad \text{(식 17)}$$

$$= \frac{TR - VC}{TR - VC - FC - I}$$

또는 TR = P × Q와 VC = V × Q의 관계를 이용하면 위의 식을 다음과 같이 정리할 수도 있다.

$$DCL = \frac{TR - VC}{TR - VC - FC - I} = \frac{(P - V) \times Q}{(P - V) \times Q - FC - I} \qquad \text{(식 18)}$$

가령 위의 기업에서 이자비용(I)이 8억원이라면 2008년 중 매출액(TR)은 100억원, 영업고정비(FC)는 20억원, 영업변동비(VC)는 60억원이므로 위의 (식 18)을 이용하여 결합레버리지는 다음과 같이 구해진다.

$$DCL = \frac{TR - VC}{TR - VC - FC - I} = \frac{100\text{억원} - 60\text{억원}}{100\text{억원} - 60\text{억원} - 20\text{억원} - 8\text{억원}} = 3.3$$

5 레버리지 효과와 기업위험

흔히 기업위험이라고 하는 것은 이익의 변동성을 의미한다. 어떤 기업은 이익의 변동이 아주 커서 경우에 따라 높은 이익이 나기도 하지만 상황이 나쁜 경우에는 큰 손실을 보게 된다. 반면 이익이 안정적일 경우 기업환경이 변하더라도 크게 손익이 변동하지 않는 기업이 있다.

우리는 기업을 평가할 때 주로 이익의 수준에만 관심을 가지는 경우가 많다. 현재 이익이 높은 기업은 좋은 기업이라 생각하고 이익이 적은 기업은 나쁜 기업이라고 판단하는 경향이 있다. 그러나 기업의 내용을 평가할 때에는 이익의 수준 뿐만 아니라 반드시 이익의 변동성에도 관심을 가질 필요가 있다. 현재 이익이 높더라도 이익의 변동성이 높은 기업은 기업환경이 악화되었을 때 급격한 이익의 감소를 겪게된다. 심지어 기업의 경영환경이 아주 악화된다면 이러한 기업은 큰 손실을 입고 파산할 수도 있다. 반면 이익의 변동성이 적은 기업은 기업환경이 좋을 때 큰 이익을 실현할 수는 없지만 기업환경이 아주 악화되더라도 큰 손실을 겪지 않고 기업을 안정적으로 유지할 수 있다. 그러므로 기업의 건전성을 평가하기 위해서는 반드시 이익의 변동성, 즉 기업위험을 평가해 보아야 한다.

그러면 기업위험을 야기시키는 요인은 무엇인가? 기본적으로 기업위험은 사업의 특성에 따라 결정된다고 볼 수 있다. 기업환경의 호조와 악화에 따라 매출의 변동이 급격한 사업이 있는가 하면 그렇지 않은 사업이 있다. 가령 식품업은 비교적 매출의 변동이 적은 사업인 반면, 사치품을 판매하는 사업은 대개 매출이 경기변동에 민감한 사업이다. 또한 매출의 변동은 사업의 특성 뿐만 아니라 경기변동과 같이 기업이 자체적으로 통제하기 어려운 요소에 의해 영향을 받는다. 예를 들어 호황과 불황의 경기변동에 따라 기업의 매출은 변동하지만 개별 기업은 경기변동을 조절할 능력이 없다. 그러나 앞서 살펴본 바와 같이 기업이익의 변동성은 매출수준 뿐만 아니라 기업의 레버리지 효과에 의해서도 영향을 받는다.

우선 영업레버리지를 통하여 매출의 변동시 영업이익의 변동성이 더욱 확대되는 효과가 나타난다. 이러한 효과는 대차대조표상 유형고정자산의 보유가 많거나 영업고정비용의 부담이 클수록 더욱 커지게 된다. 영업레버리지 효과도 일차적으로는 사업의 특성과 관련이 있다. 예를 들어 유통업과 장치산업의 영업레버리지를 비교하면 유통업보다는 장치산업의 경우 유형고정자산의 보유와 감가상각비의 부담이 많으므로 영업레버리지가 훨씬 높을 것이라 예상할 수 있다. 이 외에도 영업레버리지는 각 기업의 유형고정자산 보유에 대한 의사결정에 의해서도 좌우된다. 같은 사업을 하더라도 기업에 따라서는 유형고정자산에 대한 투자를 보수적으로 행하는 기업이 있는 반면 그렇지 않은 기업이 있다. 따라서 기업이 운영하는 사업의 성격과 유형고정자산 보유에 관한 의사결정에 따라 영업이익의 변동성은 달라진다. 이와 같이 사업의 특성과 유형고정자산의 보유에 따라 달라지는 영업이익의 변동성을 영업위험(operating risk)이라 한다.

그러나 앞서 살펴본 바와 같이 이익의 변동성은 영업레버리지 효과 이외에도 재무레버리지에 의해 영향을 받는다. 부채가 많고 이자비용의 부담이 높을수록 재무레버리지 효과가 크다. 매출액 변화에 따른 영업이익의 변동성은 재무레버리지에 의해 더욱 확대되어 당기순이익의 변동성으로 나타난다. 이와 같이 부채사용이나 이자비용의 부담에 따라 당기순이익의 변동성이 달라지는 것을 재무위험(financial risk)이라 부른다.

그러므로 기업의 당기순이익의 변동성에 영향을 미치는 요소는 크게 영업위험과 재무위험으로 나눌 수 있다. 기업위험(firm risk)이란 영업활동에서 발생하는 영업위험과 재무활동에서 발생하는 재무위험을 합한 것을 의미한다. 다음의 〈표 6-15〉는 기업의 레버리지 효과와 위험의 관계를 나타내고 있다.

기업의 상태를 평가하기 위해서는 현재 이익이 많고 적으냐의 이익수준 뿐만 아니라 그러한 이익이 미래에 어느 정도 안정적으로 유지될 것이냐에 관심을 가져야 한다. 이를 위해서는 기업위험을 평가할 필요가 있다. 영업레버리지와 재무레버리지는 기업위험을 결정하는 중요한 요소이다. 따라서 기업의 내용을 파악하기 위해서 레버리지 효과에 대한 분석은 필수적이라 할 수 있다.

표 6-15 레버리지 효과와 위험의 관계

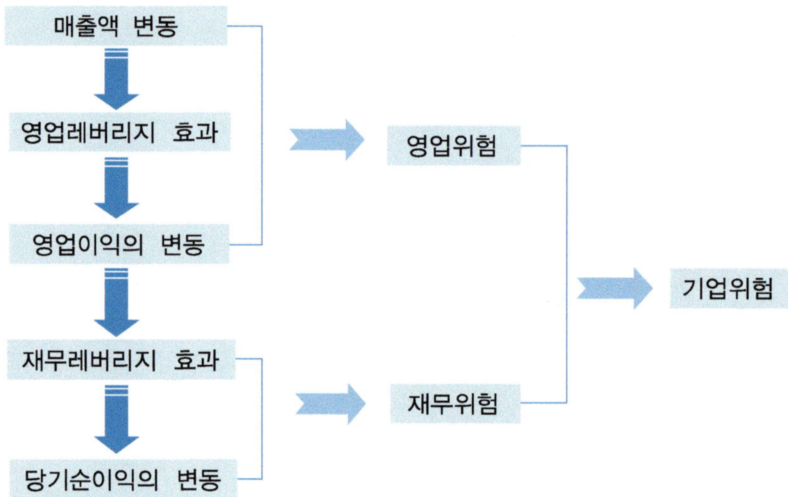

6 레버리지 효과에 관한 예제

예제 1 갑돌기업에 대해 다음과 같은 자료를 가지고 있다. 다음에 관해 답하라.

	2007년	2008년
매출액	150억원	200억원
영업비용	120억원	150억원

1. 이 기업의 변동비율은 얼마인가?
2. 이 기업의 영업고정비는 얼마인가? 또 2007년과 2008년의 영업변동비는 얼마인가?
3. 2009년 중 이 기업의 매출액은 250억원이 될 것으로 전망된다. 이 때 영업이익은 어느 정도가 될 것으로 전망되는가?

풀이 1. 2008년과 2007년 사이 매출액의 증가분 = 200억원 − 150억원 = 50억원
2008년과 2007년 사이 영업비용의 증가분 = 150억원 − 120억원 = 30억원

$$\text{변동비율} = \frac{\text{영업비용의 증가분}}{\text{매출액의 증가분}} = \frac{30\text{억원}}{50\text{억원}} \times 100 = 60\%$$

2. 2007년도 영업변동비 = 매출액 × 50% = 150억원 × 60% = 90억원
2007년도 영업고정비 = 영업비용 − 영업변동비 = 120억원 − 90억원
= 30억원
2008년도 영업변동비 = 매출액 × 50% = 200억원 × 60% = 120억원
2008년도 영업고정비 = 영업비용 − 영업변동비 = 150억원 − 120억원
= 30억원

3. 2009년도 영업변동비 = 매출액 × 60% = 250억원 × 60% = 150억원
영업비용 = 영업고정비 + 영업변동비 = 30억원 + 150억원 = 180억원
영업이익 = 매출액 − 영업비용 = 250억원 − 180억원 = 70억원 ✲

예제 2 2009년도 늘봄기업은 단위당 가격(P) 1만원의 제품을 10만개(Q)를 판매하여 10억원의 매출실적을 올렸다. 그리고 이 때 영업비용은 영업고정비(FC) 5억원을 포함하여 8억원을 지출하였으며 이자비용(I)은 1억원을 지출하였다.

1. 이 기업의 DOL, DFL, DCL을 평가하라.
2. DOL, DFL, DCL의 의미를 해석하라.
3. 만일 이 기업이 부채를 모두 상환한다면 이 때 DOL과 DFL, DCL은 어떠한가?

풀이 1. 제품 단위당 변동비(V) $= \dfrac{\text{영업변동비}}{\text{매출수량}} = \dfrac{8\text{억원} - 5\text{억원}}{10\text{만개}} = 3{,}000\text{원}$

$$DOL = \frac{(P-V)\times Q}{(P-V)\times Q - FC} = \frac{(10{,}000\text{원} - 3{,}000\text{원})\times 10\text{만개}}{(10{,}000\text{원} - 3{,}000\text{만원})\times 10\text{만개} - 5\text{억원}} = 3.5$$

$$DFL = \frac{(P-V)\times Q - FC}{(P-V)\times Q - FC - I} = \frac{(10{,}000\text{원} - 3{,}000\text{원})\times 10\text{만개} - 5\text{억원}}{(10{,}000\text{원} - 3{,}000\text{만원})\times 10\text{만개} - 5\text{억원} - 1\text{억원}} = 2$$

$$DCL = DOL \times DFL = 3.5 \times 2 = 7$$

또는

$$DCL = \frac{(P-V)\times Q}{(P-V)\times Q - FC - I} = \frac{(10{,}000\text{원} - 3{,}000\text{원})\times 10\text{만개}}{(10{,}000\text{원} - 3{,}000\text{만원})\times 10\text{만개} - 5\text{억원} - 1\text{억원}} = 7$$

2. DOL이 3.5이므로 이 기업은 매출액이 1% 변화할 때 영업이익이 3.5% 변동한다. 그리고 DFL이 2이므로 영업이익이 1% 변하면 주당순이익은 2% 변동한다. 따라서 이 기업은 매출액이 1% 변할 때 주당순이익은 7% 변하며 이것은 DCL의 수치로 나타나고 있다.
3. 이 기업이 부채를 모두 상환한다면 이자비용(I)는 0이다. 따라서 부채를 모둥 상환할 때 DOL은 위의 계산에서와 마찬가지로 3.5이지만 DFL은 다음과 같이 1이 된다.

$$DFL = \frac{(P-V)\times Q - FC}{(P-V)\times Q - FC - I} = \frac{(10{,}000\text{원} - 3{,}000\text{원})\times 10\text{만개} - 5\text{억원}}{(10{,}000\text{원} - 3{,}000\text{만원})\times 10\text{만개} - 5\text{억원} - 0} = 1$$

따라서 $DCL = DOL \times DFL = 3.5 \times 1 = 3.5$

즉, 부채를 모두 상환하면 DOL과 DCL이 같아지므로 매출액 변동시 영업이익의 변동과 주당순이익의 변동성이 같아진다. ✲

예제 3 새봄기업의 2008년도 손익계산서는 다음과 같다. 다음에 관하여 답하시오.

새봄기업

매출액(TR)	200억원 (매출량: 10만개)
영업비용(C)	
영업고정비(FC)	60억원
영업변동비(VC)	80억원
영업이익(EBIT)	60억원
이자비용(I)	30억원
세전이익(EBT)	30억원
법인세(T)	12억원 (법인세율: 40%)
당기순이익(EAT)	18억원
주당이익(EPS)	900원 (발행주식수: 200만주)

1. 이 기업 제품의 단위당 단가와 단위당 변동비를 구하시오.
2. 새봄기업의 매출량이 12만개로 증가한다면 그때 영업이익은 얼마인가? 이 때 매출량 1% 변화에 대하여 영업이익은 몇 배만큼 변화하였는가?
3. 제품 10만개를 판매할 때 이 기업의 DOL을 구하시오.
4. 매출량이 12만개로 증가한다면 이 때 주당이익(EPS)는 얼마인가? 또 이 때 영업이익의 1% 변화에 대해 주당순이익은 몇 배만큼 변화하였는가?
5. 제품 10만개를 판매할 때 이 기업의 DFL은 얼마인가?
6. 매출량이 10만개에서 12만개로 증가하였을 때 매출량 1% 변화에 따라 주당이익은 몇 배만큼 변화했는가? 이 기업의 DCL을 구하시오.
7. 이 기업은 공장 자동화를 통하여 변동비를 축소하려하고 있다. 공장 자동화를 실현하면 고정비는 년간 96억원으로 증가하는 대신 제품 단위당 변동비는 6만원으로 감소한다. 공장 자동화시 제품 10만개를 판매할 때 이 기업의 DOL을 구하라. 공장자동화 이전과 비교하여 DOL은 어떻게 달라지는가? 또 그렇게 변하는 이유는 무엇인가? 이 때 DCL은 얼마인가?
8. 이 기업은 현재 10% 금리로 300억원의 부채를 사용하고 있다. 공장자동화를 하지 않는 대신 여유자금으로 부채를 상환한다면 200억원을 상환할 수 있다. 여유자금으로 부채를 상환한 후, 부채를 100억원만 사용한다면 DFL과 DCL은 얼마인가? 부채를 상환하였을 때는 공장을 자동화하였을 때와 비교하여 어떠한 이점이 있는가?

풀이 1. 판매 단가(P) $= \dfrac{\text{매출액}}{\text{매출량}} = \dfrac{200\text{억원}}{10\text{만개}} = 20\text{만원}$

단위당 변동비(V) $= \dfrac{\text{영업변동비}}{\text{매출량}} = \dfrac{80\text{억원}}{10\text{만개}} = 8\text{만원}$

2. 12만개 매출시 매출액 = 판매 단가(P) × 매출량(Q) = 20만원×12만개 = 240억원
영업변동비 = 단위당 변동비(V) × 매출량(Q) = 8만원×12만개 = 96억원
영업비용 = 영업고정비 + 영업변동비 = 60억원 + 96억원 = 156억원
영업이익 = 240억원 − 156억원 = 84억원

매출량이 10만개에서 12만개로 20% 증가하였을 때 영업이익은 60억원에서 84억원으로 40% 증가하였다. 따라서

매출량 1% 변화에 대한 영업이익 변동폭 $= \dfrac{\text{영업이익변화율}}{\text{매출액변화율}} = \dfrac{40\%}{20\%} = 2$

3. $DOL = \dfrac{(P-V)\times Q}{(P-V)\times Q - FC} = \dfrac{(20\text{만원} - 8\text{만원})\times 10\text{만개}}{(20\text{만원} - 8\text{만원})\times 10\text{만개} - 60\text{억원}} = 2$

$$\text{또는} = \frac{TR-VC}{TR-VC-FC} = \frac{200\text{억원}-80\text{억원}}{200\text{억원}-80\text{억원}-60\text{억원}} = 2$$

4. 12만개 매출시 당기순이익 = 영업이익-이자비용-법인세(40%)
= 84억원-30억원-21.6억원=32.4억원

$$\text{주당순이익(EPS)} = \frac{\text{당기순이익}}{\text{발행주식수}} = \frac{32.4\text{억원}}{200\text{만주}} = 1{,}620\text{원}$$

영업이익이 60억원에서 84억원으로 40% 증가할 때 주당순이익은 900원에서 1,620원으로 80% 증가하였다. 따라서

$$\text{영업이익 1\% 변화에 대한 주당순이익의 변동폭} = \frac{\text{주당순이익변화율}}{\text{영업이익변화율}} = \frac{80\%}{40\%} = 2$$

5. $DFL = \frac{EBIT}{EBIT-I} = \frac{60\text{억원}}{60\text{억원}-30\text{억원}}$

$$\text{또는} = \frac{TR-VC-FC}{TR-VC-FC-I} = \frac{200\text{억원}-80\text{억원}-60\text{억원}}{200\text{억원}-80\text{억원}-60\text{억원}-30\text{억원}} = 2$$

6. 매출량이 10만개에서 12만개로 20% 변화할 때 주당순이익은 900원에서 1,620원으로 80% 변화하였다. 따라서

$$\text{매출액 1\% 변화에 대한 주당순이익의 변동폭} = \frac{\text{매출액변화율}}{\text{영업이익변화율}} = \frac{80\%}{20\%} = 4$$

$$DCL = \frac{TR-VC}{TR-VC-FC-I} = \frac{200\text{억원}-80\text{억원}}{200\text{억원}-80\text{억원}-60\text{억원}-30\text{억원}} = 4$$

또는 DCL = DOL × DFL = 2 × 2 = 4

7. 고정비(FC)가 96억원, 단위당 변동비(V)가 4만원으로 변화하므로

$$DOL = \frac{(P-V)\times Q}{(P-V)\times Q-FC} = \frac{(20\text{만원}-6\text{만원})\times 10\text{만개}}{(20\text{만원}-6\text{만원})\times 10\text{만개}-96\text{억원}} = 3.18$$

공자 자동화 이전과 비교하여 DOL이 상승한다. 그것은 공장 자동화 시설투자로 기업의 고정비 부담이 커진 반면, 변동비 부담은 적어졌기 때문이다. 또 공장자동화로 제품 10만개 판매시 영업변동비(VC)는 60억원(=6만원×10만개)이 되므로

$$DCL = \frac{TR-VC}{TR-VC-FC-I} = \frac{200\text{억원}-60\text{억원}}{200\text{억원}-60\text{억원}-96\text{억원}-30\text{억원}} = 10$$

8. 고장자동화를 하지 않는다면 영업변동비와 영업고정비가 각각 80억원과 60억원이다. 그리고 부채 상환시 이자부담액은 10억원(=100억원×10%)이므로 DFL과 DCL은 다음과 같다.

$$DFL = \frac{EBIT}{EBIT - I} = \frac{60억원}{60억원 - 10억원}$$

$$또는 = \frac{TR - VC - FC}{TR - VC - FC - I} = \frac{200억원 - 80억원 - 60억원}{200억원 - 80억원 - 60억원 - 10억원} = 1.2$$

$$DCL = \frac{TR - VC}{TR - VC - FC - I} = \frac{200억원 - 80억원}{200억원 - 80억원 - 60억원 - 10억원} = 2.4$$

또는 DCL = DOL × DFL = 2 × 1.2 = 2.4

공장자동화를 하지 않는 대신 부채를 상환한다면 당기순이익(또는 주당순이익)의 변동성이 훨씬 줄어들므로 안정적이 된다. ✲

연 습 문 제

1 다음 용어를 간단히 설명하시오.

① 레버리지 효과(leverage effect)

② 영업레버리지(operating leverage)

③ 재무레버리지(financial leverage)

④ 결합레버리지(combined leverage)

⑤ EBIT

⑥ DFL(degree of financial leverage)

2 영업레버리지도와 재무레버리지도가 결합레버리지도에 미치는 영향에 관해서 서술하시오.

3 기업위험과 관련하여 레버리지 분석의 의의를 설명하시오.

4 레버리지 분석의 한계점에 관해 논하시오.

5 성공기업에 대해 다음과 같은 자료를 가지고 있다. 다음에 관해 답하시오.

	2009년	2010년
매출액	240억원	350억원
영업비용	170억원	200억원

(1) 이 기업의 변동비율은 얼마인가?

(2) 이 기업의 영업고정비는 얼마인가? 또 2009년과 2010년의 영업변동비는 얼마인가?

(3) 2011년 중 이 기업의 매출액은 480억원이 될 것으로 전망된다. 이 때 영업이익은 어느 정도가 될 것으로 전망되는가?

6 2009년도 안정기업은 단위당 가격(P) 2만원의 제품을 40만개(Q)를 판매하여 80억원의 매출실적을 올렸다. 그리고 영업비용은 영업고정비(FC) 8억원을 포함하여 20억원을 지출하였으며 이자비용(I)은 3억원을 지출하였다.

(1) 이 기업의 DOL, DFL, DCL을 평가하시오.

(2) DOL, DFL, DCL의 의미를 해석하시오.

(3) 만일 이 기업이 부채를 모두 상환한다면 DOL과 DFL, DCL은 어떠한가?

7 부실기업의 2009년도 손익계산서는 다음과 같다. 다음에 관하여 답하시오.

부실기업

매출액(TR)	100억원 (매출량: 10만개)
비용(C)	
영업고정비(FC)	10억원
영업변동비(VC)	50억원
영업이익(EBIT)	40억원
이자비용(I)	10억원
세전이익(EBT)	30억원
법인세(T)	12억원 (법인세율: 40%)
당기순이익(EAT)	18억원
주당이익(EPS)	1,800원 (발행주식수: 100만주)

(1) 이 기업의 판매 단가와 단위당 변동비를 구하시오.

(2) 부실기업의 매출량이 12만개로 증가할 때 영업이익을 계산하시오. 이 때 매출량 1% 변화에 대하여 영업이익은 몇 배만큼 변화하였는가?

(3) 제품 10만개를 판매할 때 DOL을 구하시오.

(4) 매출량이 12만개로 증가한다면 주당이익(EPS)은 얼마인가? 또한 영업이익의 1% 변화에 대해 주당순이익은 몇 배만큼 변화하였는가?

(5) 제품 10만개를 판매할 때 DFL은 얼마인가?

(6) 매출량이 10만개에서 12만개로 증가하였을 때 매출량 1% 변화에 따라 주당이익은 몇 배만큼 변화했는가? 이 기업의 DCL을 구하시오.

(7) 이 기업은 공장 자동화를 통하여 변동비를 축소하려하고 있다. 공장 자동화를 실현하면 고정비는 년간 16억원으로 증가하는 대신 단위당 변동비는 6만원으로 감소한다. 공장 자동화시 제품 10만개를 판매할 때 이 기업의 DOL을 구하시오. 공장자동화 이전과 비교하여 DOL은 어떻게 달라지는가? 또한 그렇게 변하는 이유는 무엇인가? 기업의 DCL은 얼마인가?

(8) 이 기업은 현재 10% 금리로 300억원의 부채를 사용하고 있다. 공장자동화를 하지 않는 대신 여유자금으로 부채를 상환한다면 200억원을 상환할 수 있다. 여유자금으로 부채를 상환한 후, 부채를 100억원만 사용한다면 DFL과 DCL은 얼마인가? 부채를 상환하였을 때는 공장을 자동화하였을 때와 비교하여 어떠한 이점이 있는가?

제 7 장

손익분기점과 영업레버리지 분석의 활용사례

허츠는 현금흐름에 영향을 주는 요인으로 다음의 9 가지를 들고 있다.[6] 1) 시장규모, 2) 판매단가, 3) 산업성장률, 4) 시장점유율, 5) 설비(고정자산)투자금액, 6) 설비의 잔존가치, 7) 운영비용, 8) 고정비용, 9) 설비의 내용연수. 따라서 실제로 현금흐름을 추정하려면 이들 변수를 정확하게 추정해야 한다.

본 장에서는 이들 요인들이 변할 때 현금흐름이 어떻게 되는가에 대해 검토한다. 즉, 손익분기점분석과 영업레버리지분석 등을 활용하여 프로젝트의 위험도가 얼마나 크며 그 대응방법은 무엇인가에 대해 살펴본다.

1 자본예산결정방법

용산기업은 2009년 12월 새로운 부지에 반도체공장을 건설하기 위해 1조원을 투자한다고 발표하였다. 그 공장의 건설은 차세대 반도체를 생산하기 위해 계획되었다. 그러나 2010년 5월 용산기업은 갑자기 공장건설계획을 연기한다고 발표하였다. 그 이유는 용산기업이 해외시장에서 손실을 보았고 세계적으로 반도체의 수요도 감소하였기 때문이다.

용산기업의 반도체공장건설 프로젝트의 예에서와 같이 자본예산결정은 항상 계획대로 진행되는 것은 아니다. 본 장에서는 이러한 일이 어떻게 발생하며 또한 용산기업과 같은 기업들이 그러한 결과를 회피하는 방법에 대해 설명한다. 마지막으로 그러한 상황이 발생할 때 기업들이 어떻게 상황에 대처할 수 있는가에 대해 살펴본다.

---

6) David B. Hertz, "Risk Analysis in Capital Investments", Harvard Business Review, Jan.-Feb. 1964, pp. 95-106

(1) 시나리오분석

시나리오분석이란 어느 프로젝트의 현금흐름에 미치는 여러 가지 요인들이 가장 일반적인 상황에서의 예상치(기대치)로부터 벗어날 때 순현재가치가 얼마나 변하는가를 검토하는 분석이다. 즉, 시나리오분석이란 예상되는 시나리오(상황)가 변할 때 순현재가치의 변화정도를 분석하는 것이다. 이러한 시나리오분석은 다음과 같이 2단계를 거쳐 실행된다. 첫째, 현금흐름에 영향을 미치는 주요 요인들에 대해 가장 일반적인 상황에서의 예상치, 낙관적인 상황에서의 예상치, 그리고 비관적인 상황에서의 예상치 등을 추정한다. 둘째, 첫째의 주요 요인들의 변동이 순현재가치에 얼마나 영향을 주는가를 검토하는 것이다.

다음의 예를 들어 설명해 보기로 하자.

예 회사 갑은 신형 CD를 생산하기 위한 프로젝트의 타당성을 검토하고자 한다. 이 프로젝트를 위한 설비자산 투자비용(고정자산 투자비용 또는 자본지출)은 2억원이고 이 고정자산의 수명은 5년이며 5년 후 잔존가치는 0으로 가정한다. 이 고정자산에 대한 감가상각은 정액법으로 하며 이 프로젝트의 할인율(자본비용 또는 최저의 요구수익률)은 12%, 세율은 34%로 한다. 이 프로젝트의 순운전자본 변동은 없으며, 이 프로젝트에 대한 기초 자료가 다음의 〈표 7-1〉과 같이 주어져 있다고 가정한다.

표 7-1 신형 CD생산 프로젝트의 기초자료

	일반적인 예상치	비관적인 예상치	낙관적인 예상치
매출수량(개)	6,000	5,500	6,500
개당 판매가격	80,000원	75,000원	85,000원
개당 변동비용	60,000원	62,000원	58,000원
연 고정비용	0.5억원	0.55억원	0.45억원

즉, 일반적인 예상치를 기준으로 볼 때, 비관적인 상황에서는 매출수량이 감소하고 판매가격은 하락하는 반면, 개당 변동비용과 고정비용은 증가한다. 그러나 낙관적인 상황에서는 그 반대가 된다. 이러한 자료를 토대로 가장 일반적인 상황에서의 예상치에 대하여 향후 5년간 매년의 추정손익계산서를 구하면 다음의 〈표 7-2〉와 같다.

표 7-2 향후 5년간 추정손익계산서

(단위: 억원)

매출액	4.8(=6,000개*80,000원)
변동비용	3.6(=6,000개*60,000원)
고정비용	0.5
감가상각비	0.4(=2억원/5)
영업이익(EBIT)	0.3
법인세(34%)	0.102
순이익	0.198

영업현금흐름 = 영업이익+감가상각비-법인세
= 0.3억원+0.4억원-0.102억원
= 0.598억원

*변동비용 및 고정비용은 매출원가, 판매 및 일반관리비를 말함.

위의 영업현금흐름은 5년간 매년 말에 발생하므로 향후 5년간 0.598억원을 받는 연금의 현재가치와 같다. 그리고 고정자산 투자비용(자본지출)은 현재 2억원이고 순운전자본의 변동은 없다. 따라서 가장 일반적인 상황에서의 이 프로젝트의 **순현재가치**는 다음과 같다. (단, 할인율은 12%로 가정)

순현재가치 = 영업현금흐름-고정자산 투자비용-순운전자본의 증가
= 0.598억원*PVIFA(i=12%, n=5) − 2억원 − 0원
= 0.598억원*3.6048-2억원
= 0.15567억원

마찬가지로 **내부수익률**을 구하면 15.1%로 나온다.

이 프로젝트의 순현재가치는 0보다 크므로 채택되어야 한다. 그러나 순현재가치가 이렇게 나온 배경은 가장 일반적인 상황으로서 다음의 〈표 7-3〉과 같이 가정하였기 때문이다.

표 7-3 가장 일반적인 상황

매출수량(개)	6,000
개당 판매가격	80,000원
개당 변동비용	60,000원
연 고정비용	0.5억원

그러나 경기호황으로 인한 소비증가로 CD판매개수가 증가한다든지 아니면 그 반대로 경기침체로 인한 소비감소로 CD판매개수가 감소할 수도 있다. 마찬가지로 여러 상황이 변함에 따라 개당 CD판매가격, 개당 변동비용 및 고정비용 등도 변할 수 있다. 여기에서는 간단하게 상황을 가장 일반적인 상황, 비관적인 상황, 낙관적인 상황 등 세 가지로만 설정하였으므로 이들 상황에 대해서만 검토해 보기로 한다. 이미 가장 일반적인 상황에서의 순현재가치를 구했으므로 〈표 7-4〉와 같이 나머지 두 상황에 대해서만 살펴본다.

표 7-4 신형 CD생산 프로젝트의 기초자료

	비관적인 예상치	낙관적인 예상치
매출수량(개)	5,500	6,500
개당 판매가격	75,000원	85,000원
개당 변동비용	62,000원	58,000원
연 고정비용	0.55억원	0.45억원

이와 같은 상황변화에 따른 추정손익계산서와 영업현금흐름을 구하면 다음의 〈표 7-5〉와 같다.

표 7-5 향후 5년간 추정손익계산서

(단위: 억원)

	비관적인 상황	낙관적인 상황
매출액	4.125(=5,500개*75,000원)	5.525(=6,500개*85,000원)
변동비용	3.410(=5,500개*62,000원)	3.770(=6,500개*58,000원)
고정비용	0.55	0.45
감가상각비	0.4(=2억원/5)	0.4(=2억원/5)
영업이익(EBIT)	-0.235	0.905
법인세(34%)	-0.0799	0.3077
순이익	-0.1551	0.5973
영업현금흐름	= 영업이익+감가상각비-법인세 = -0.235억원+0.4억원+0.0799억원 = 0.2449억원	= 영업이익+감가상각비-법인세 = 0.905억원+0.4억원-0.3077억원 = 0.9973억원

*변동비용 및 고정비용은 매출원가, 판매 및 일반관리비를 말함.
*비관적인 상황에서는 법인세를 환급받는 것으로 가정.

그리고 초기 고정자산 투자비용은 2억원이고 순운전자본의 변동은 0이므로 각 상황에서의 순현재가치를 구하면 다음과 같다.

(비관적인 상황)

순현재가치 = 영업현금흐름 - 고정자산 투자비용 - 순운전자본의 증가

= 0.2449억원*PVIFA(i=12%, n=5) − 2억원 − 0원

= 0.2449억원*3.6048 − 2억원

= −1.11719억원

내부수익률 = −14.4%

(낙관적인 상황)

순현재가치 = 영업현금흐름-고정자산 투자비용-순운전자본의 증가

= 0.9973억원*PVIFA(i=12%, n=5) − 2억원 − 0원

= 0.9973억원*3.6048 − 2억원

= 1.59504억원

내부수익률 = 40.9%

이러한 결과를 요약하면 다음의 〈표 7-6〉과 같다.

표 7-6 시나리오별 순이익, 영업현금흐름, 순현재가치, 내부수익률

(단위: 억원, %)

시나리오	순이익	영업현금흐름	순현재가치	내부수익률
일반적인 상황	0.198	0.5980	0.15567	15.1
비관적인 상황	-0.1551	0.2449	-1.11719	-14.4
낙관적인 상황	0.5973	0.9973	1.59504	40.9

따라서 영업현금흐름에 의해서만 판단하면 비관적인 상황에서도 영업현금흐름이 0보다 크므로 어떠한 상황이 발생하여도 이 프로젝트는 양호하다고 할 수 있다. 그러나 비관적인 상황에서 순현재가치가 초기 고정자산 투자비용인 2억원의 반 이상을 손해보고 내부수익률 기준으로도 -14%를 넘어 이 프로젝트는 위험할 수도 있다는 것을 의미한다. 물론 낙관적인 상황에서는 내부수익률이 40%를 초과하여 매우 우수한 프로젝트가 될 가능성도 있다는 것을 의미한다.

시나리오 분석의 장점으로는 발생가능한 어떠한 상황도 고려할 수 있다는 점이다. 즉, 여러 가지 상황을 고려하여 프로젝트의 실행에 따른 손실가능성을 파악하는데 시나리오분석은 도움을 준다. 그러나 시나리오분석의 한계점으로는 시나리오분석이 어느 프로젝트의 채택 여부에 대한 정보는 전혀 제공하지 못한다는 점이다.

(2) 민감도분석

민감도분석이란 어느 프로젝트의 현금흐름에 미치는 여러 가지 요인들 중 어느 특정의 요인이 가장 일반적인 상황에서의 예상치(기대치)로부터 벗어날 때 순현재가치가 얼마나 변하는가를 검토하는 분석이다. 즉, 민감도분석이란 순현재가치가 어느 요인에 가장 민감하게 반응하는가를 분석하는 것이다. 다시 말하면 순현재가치를 추정할 때 예측위험이 어느 요인에 의해 가장 크게 발생하는가를 분석하는 것이다. 시나리오분석에서는 여러 요인들이 동시에 변한다고 가정하지만 민감도분석에서는 어느 특정의 한가지 요인만 변하고 나머지는 일정하다고 가정한다.

이러한 민감도분석은 다음과 같이 3단계를 거쳐 실행된다. 첫째, 현금흐름에 영향을 미치는 주요 요인들에 대해 가장 일반적인 상황에서의 예상치, 낙관적인 상황에서의 예상치, 그리고 비관적인 상황에서의 예상치 등을 추정한다. 둘째, 첫째의 주요 요인들의 변동이 순현재가치에 얼마나 영향을 주는가를 검토한다. 셋째, 주요 요인들중 어느 요인의 변화가 순현재가치에 가장 크게 영향을 주는가를 평가한다.

이러한 민감도분석에 대한 사례설명을 위해 시나리오분석에서의 예를 이용한다. 이 프로젝트의 현금흐름과 순현재가치에 영향을 주는 요인들은 매출수량(개), 개당 판매가격, 개당변동비용, 그리고 연 고정비용 등 네 가지이다. 그리고 세 가지의 시나리오(상황)중에서 가장 일반적인 상황을 가정한다. 따라서 민감도분석을 위해서는 이 프로젝트의 현금흐름에 영향을 미치는 네 가지 요인들 중 어느 한 가지 요인이 변할 때 가장 일반적인 상황에서의 현금흐름과 순현재가치가 어떻게 달라지는가를 분석해야 한다.

첫째, CD 매출수량(개)만 상황에 따라 변하고 나머지 세 요인들은 일반적인 상황에서의 예측치와 동일하다고 가정한다. 즉, 가장 일반적인 상황을 기본으로 하고 비관적인 상황과 낙관적인 상황에서의 CD 매출수량만의 변화만을 고려하여 현금흐름과 순현재가치를 구하면 다음의 〈표 7-7〉과 같다.

표 7-7 가장 일반적인 상황에서 CD 매출수량만 변화할 경우

시나리오	매출수량(개)	영업현금흐름(억원)	순현재가치(억원)	내부수익률(%)
일반적인 상황	6,000	0.598	0.15567	15.1
비관적인 상황	5,500	0.532	− 0.08226	10.3
낙관적인 상황	6,500	0.664	0.39357	19.7

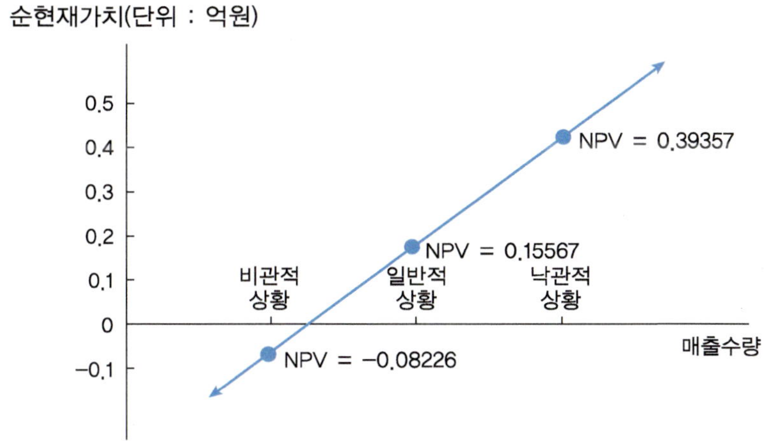

〈그림 7-1〉 CD 매출수량과 순현재가치간의 관계

매출수량에 대한 민감도분석을 살펴보기 위해, CD 매출수량을 X축, 순현재가치를 Y축으로 하여 CD 매출수량과 순현재가치간의 관계를 그림으로 보면 〈그림 6-1〉과 같다.

〈그림 6-1〉에서 직선의 기울기는 매출수량의 변화에 대한 순현재가치의 변화정도(민감도)를 나타낸다. 기울기가 클수록 매출수량이 변할 때 순현재가치가 크게 변한다는 것을 의미한다. 따라서 기울기가 클 경우 매출수량의 변화에 순현재가치가 민감하게 반응하므로 매출수량을 보다 더 정확하게 예측하는 데에 중점을 두어야 할 것이다.

둘째, 상황에 따라 고정비용만이 변할 경우 순현재가치가 어떻게 변하는가를 살펴보자. 즉, 고정비용의 변화에 따른 순현재가치의 민감도를 분석하기 위해 가장 일반적인 상황을 전제로 고정비용만이 다음의 〈표 7-8〉과 같이 변할 때 현금흐름 및 순현재가치가 어떻게 변하는가를 본다.

표 7-8 가장 일반적인 상황에서 고정비용만 변화할 경우

시나리오	고정비용(억원)	영업현금흐름(억원)	순현재가치(억원)	내부수익률(%)
일반적인 상황	0.50	0.598	0.15567	15.1
비관적인 상황	0.55	0.565	0.03670	12.7
낙관적인 상황	0.45	0.631	0.27461	17.4

〈표 7-7〉과 〈표 7-8〉을 서로 비교하면 매출수량과 고정비용 중 어느 요인이 더 이 프로젝트의 순현재가치에 더 큰 영향을 주는가를 알 수 있다. 결론적으로 고정비용의 변화보다는 매출수량의 변화에 순현재가치가 더 민감하게 반응한다. 마찬가지로 다른 두 가지 요인에 대해서도 조사를 해보면 현금흐름과 순현재가치에 영

향을 주는 네 가지 요인 중에서 어느 요인이 가장 큰 영향을 주는가를 알 수 있다. 만약 네 가지 요인 중 매출수량이 이 프로젝트의 순현재가치에 가장 큰 영향을 미친다면 매출수량을 정확하게 예측하는 데에 중점을 두어야 할 것이다.

민감도분석의 장점은 어느 요인이 프로젝트의 현금흐름과 순현재가치에 가장 큰 영향을 주는가를 찾아내어 그 요인을 집중적으로 분석함으로써 보다 정확한 순현재가치를 구하는데 도움이 된다. 민감도분석의 단점으로는 시나리오분석의 경우와 마찬가지로 순현재가치에 가장 큰 영향을 미치는 요인을 어떻게 처리할 것인가에 대한 해법을 제시하지 못한다는 점이다. 민감도분석의 또 다른 단점으로는 다른 요인들은 일정한 반면, 단지 한 가지 요인만 변한다고 가정한다는 점이다. 그러나 실제로는 여러 요인들이 동시에 변하는 것이 일반적이다. 예를 들어, 경기가 비관적이면 위의 예제에서 CD 매출수량만 감소할 뿐만 아니라 CD의 개당 판매가격도 동시에 하락할 것이다.

(3) 시뮬레이션(모의실험) 분석

시뮬레이션분석(simulation analysis)은 시나리오분석과 민감도분석을 확장한 기법이다. 시뮬레이션분석이란 어느 프로젝트의 현금흐름과 순현재가치에 영향을 주는 여러 요인들의 확률분포가 그 프로젝트의 현금흐름과 **순현재가치**에 어느 정도 영향을 미치는가를 분석하는 것이다.

위에서 예로 든 CD 생산 프로젝트에서 매출수량, 판매단가, 가변비용, 그리고 고정비용 등 네 가지 요인에 대해 확률분포를 가정한다. 예를 들어, 매출수량은 평균값이 6,000개이고 표준편차는 500개인 정규분포를 따른다고 가정한다. 다른 세 가지 요인도 평균값과 표준편차가 주어진 정규분포를 따른다고 가정한다. 기타 초기 고정자산투자비용, 고정자산의 수명, 자본비용, 그리고 법인세율 등도 평균값과 표준편차가 주어진 정규분포를 따른다고 가정할 수 있다. 다음으로 난수표를 이용하여 각 요인에 대해 우선 임의의 한 개 값을 결정한다. 이 값들을 이용하여 순현재가치를 계산하는 과정을 수 만회 반복하면 순현재가치에 대해서도 평균값과 표준편차가 주어진 확률분포를 구할 수 있게 된다.

이러한 시뮬레이션분석은 다음과 같이 여러 단계를 거쳐야 한다. 첫째, 프로젝트의 현금흐름과 순현재가치에 영향을 주는 요인들을 찾아내는 것이다. 둘째, 난수표(random number table)를 이용하여 각 요인에 대해 하나의 값을 결정한다. 이들 각 요인의 값을 이용하여 현금흐름과 순현재가치를 계산한다. 시뮬레이션분석은 이러한 과정을 수 만회 반복하여 프로젝트의 순현재가치를 계산하기 때문에 컴퓨터를 사용해야만 한다. 이러한 시뮬레이션 절차를 그림으로 정리하면 다음의 〈그림 7-2〉와 같다.

주요 요인의 선정

매출수량, 판매단가, 가변비용, 고정비용

난수표를 이용하여 요인별로 하나의 값을 생성

위의 네 요인의 값을 이용, 현금흐름 계산

순현재가치 계산

난수표를 이용하여 이 과정을 반복

순현재가치의 확률분포를 구함

〈그림 7-2〉 시뮬레이션의 절차

이러한 시뮬레이션분석은 여러 요인들을 동시에 고려한다는 점에서 시나리오분석과 동일하다. 또한 특정의 요인에 대한 순현재가치의 민감도를 분석할 수 있다는 점에서 민감도분석과 동일하다. 따라서 시뮬레이션 분석은 시나리오분석과 민감도분석을 통합한 분석기법이라고 할 수 있다. 그러나 시나리오분석이나 민감도분석의 경우와 마찬가지로, 시뮬레이션분석도 프로젝트의 예측오차를 처리하는 방법과 프로젝트의 채택여부에 대한 정보는 제시하지 못하는 단점이 있다. 또한 시뮬레이션분석에서 가정하는 각 요인의 확률분포를 어떻게 설정할 것인가에 대해서도 이론적인 근거가 없다는 점이 단점이다.

(4) 손익분기점과 영업레버리지 분석

프로젝트에 대한 변수 중 가장 중요한 변수는 보통 매출수량이다. 예를 들어, 신제품을 생산하거나 새로운 시장에 진입하고자 할 때 정확하게 예측하기가 가장 어려운 문제는 얼마나 팔 수 있는가이다. 이 때문에 매출수량은 보통 다른 변수들보다 더 자세하게 분석된다.

손익분기점분석(break-even analysis)은 매출수량과 수익성간의 관계를 분석할 때 가장 많이 사용되는 도구이다. 따라서 여기에서는 손익분기점에 대해 분석해보기로 한다.

1) 고정비용과 변동비용

손익분기점을 분석하고자 할 때 고정비용과 변동비용의 차이는 매우 중요하다. 따라서 우선 이들 비용에 대해 살펴본다.

① 고정비용

고정비용(FC)이란 단기적으로 일정기간동안 변하지 않는 비용을 말한다. 예를 들어, 고정비용에는 생산설비시설에 대한 리스료와 사장의 월급 등이 속한다. 물론 장기적으로는 고정비용이란 존재하지 않는다. 즉, 장기적으로는 모든 비용은 가변비용이다.

② 변동비용

변동비용이란 생산량이 변함에 따라 변하는 비용을 말한다. 예를 들어, 직접노무비와 재료비 등이 가변비용에 속한다. 여기에서는 매 생산단위당 변동비용은 일정하다고 가정한다. 따라서 변동비용은 한계비용(marginal cost)과 같다. 총가변비용은 다음과 같이 나타낼 수 있다.

$$총변동비용(VC) = 단위당\ 변동비용(V) \times 생산량(Q)$$

예를 들어, 단위당 변동비용이 3,000원이라고 하자. 생산량이 2,000개라면 변동비용은 다음과 같이 600만원이 된다.

$$\begin{aligned} 총변동비용 &= 3{,}000원 \times 2{,}000개 \\ &= 600만원 \end{aligned}$$

③ 총비용

총비용(TC)은 다음과 같이 고정비용과 변동비용의 합이 된다.

$$\begin{aligned} 총비용(TC) &= FC + VC \\ &= FC + V^{*}Q \end{aligned}$$

예를 들어, 변동비용이 단위당 3,000원이고 고정비용이 800만원이라면 총비용은 다음과 같이 계산된다.

$$TC = 3{,}000원 \times Q + 800만원$$

만약 생산량이 2,000단위라면 총비용(TC)은 다음과 같다.

$$\begin{aligned} 총비용(TC) &= 3{,}000원 \times 2{,}000개 + 800만원 \\ &= 1{,}400만원 \end{aligned}$$

2 회계적 손익분기점

(1) 회계적 손익분기점의 정의와 사례

회계적 손익분기점(accounting break-even)이란 프로젝트의 손이익이 0이 되게 하는 매출수량수준을 말하며, 가장 널리 사용되는 손익분기점이다.

예 갑돌이는 CD를 판매하는 소매상이라고 하자. 갑돌이가 판매하는 CD의 장당 판매가격(P)은 10만원이다. 갑돌이는 도매상으로부터 장당 7만원(장당 변동비용, V)에 그 CD를 구입한다. 갑돌이가 소매가게를 설치하는 데 소요된 고정비용은 1,200만원이며 감가상각비는 600만원이다. 갑돌이의 회계적 손익분기점 매출수준은?

직관적인 해법) 우선 갑돌이는 CD 한 장을 팔면 3만원[=장당 가격 P(10만원)- 장당 변동비용 V(7만원)]을 벌게 된다. 이를 단위당 공헌이익(contribution margin per unit)이라고 한다. 따라서 회계적 비용인 1,800만원(=고정비용 1,200만원+감가상각비 600만원)을 회수하려면 600장(=1,800만원/3만원)의 CD를 팔아야 한다. 즉, 손익분기점 CD 매출수량은 600장이 된다.

정식의 해법) 손익분기점 매출수준이란 손익계산서의 영업이익이 0이 되게 하는 매출수량을 의미한다. 따라서 손익분기점 CD 매출수량 600장에 대한 손익계산서를 작성하면 다음의 〈표 7-9〉와 같다.

표 7-9 갑돌이의 손익계산서

매출액	6,000만원(=10만원 × 600장)
변동비용	4,200만원(=7만원 × 600장)
고정비용	1,200만원
감가상각비	600만원
영업이익	0원
법인세(40%)	0원
순이익	0원

이를 해석할 때 다음과 같은 점에 주목해야 한다. 첫째, 새로 제안된 프로젝트에 대한 것이므로 그 프로젝트의 현금흐름을 계산할 때 이자비용은 고려하지 않아도 된다. 둘째, 감가상각비는 실제의 현금유출이 아님에도 불구하고 비용을 계산할 때 감가상각비가 포함되었다. 따라서 이러한 손익분기점을 회계적 손익분기점이라고 부른다. 셋째, 영업이익이 0이면 과세대상소득도 0이 되므로 법인세도 0이 된

다. 회계상의 용어로 표현하면 수입과 비용이 같으므로 과세대상소득도 없다는 것이다.

위에서 이미 본 바와 같이 손익분기점 매출수준은 다음과 같다.

$$\text{손익분기점 매출수량} = \frac{\text{고정비용} + \text{감가상각비}}{\text{판매가격} - \text{단위당 변동비용}}$$

이것을 일반화하여 어느 프로젝트의 손익분기점 매출수량을 식으로 표현하면 다음과 같다.

$$Q^{7)} = (FC + D) / (P - V)$$

(2) 회계적 손익분기점의 효용성

손익분기점이 얼마나 효용성이 있는가에 대해 알아보기 위해 다음의 예를 들어보자.

상황 여러분이 특정 지역에서 일정한 판매망을 가지고 있는 CD 제조업자라고 하자. 여러분은 새로운 시장확대를 도모하고 있다. 시장확대 프로젝트에 대한 현금흐름의 추정에 의하면 그 프로젝트의 순현재가치는 0보다 크다.

해 예측오차를 고려하면 이러한 시장확대의 성공여부는 매출액에 달려 있다. 그 이유는 여러분이 이미 CD의 판매가격, 생산비, 그리고 물류비용에 대해서는 잘 알고 있고 모르는 것은 단지 CD판매량이 되기 때문이다. 그러나 CD 판매가격과 비용을 알고 있으므로 손익분기점 판매량을 쉽게 알 수 있다. 만약 손익분기점에 해당되는 판매수준을 달성하기 위해서 여러분이 40%의 시장점유율을 필요로 한다고 하자. 그런데 여러분의 실제 시장점유율이 20% 밖에 안된다면 여러분의 현금흐름

---

7) 도출과정은 다음과 같다.
P = 판매가격, V = 단위당 변동비용, Q = 매출수량, S = 매출액(= P*Q), VC = 총변동비용(= V*Q), FC = 고정비용, D = 감가상각비, T = 법인세율
손익분기점에서 순이익은 0이 되므로 다음과 같이 된다.
순이익 = (매출액 − 변동비용 − 고정비용 − 감가상각비) × (1 − T)
= (S − VC − FC − D) × (1 − T)
= 0
즉, (S − VC − FC − D) × (1 − T) = 0.
양변에 (1 − T)로 나누면 다음의 식이 된다.

$$(S - VC - FC - D) = 0 \rightarrow S - VC = FC - D.$$

또한 S = P*Q, VC = V*Q. 따라서 다음과 같이 된다.

$$S - VC = FC + D \rightarrow P^*Q - V^*Q = FC + D$$
$$\rightarrow (P - V)^*Q = FC + D$$
$$\rightarrow Q = (FC + D)/(P - V)$$

에 대한 예측오차는 커지게 되고 그에 따라 실제의 순현재가치도 0보다 작을 가능성이 커진다. 반면, CD 판매업자들로부터 확고한 구매약속을 받았다면 현금흐름에 대한 예측오차는 훨씬 더 작아지고 순현재가치도 0보다 클 것이다.

이 외에도 회계적 손익분기점의 효용성은 다음과 같은 것들이 있다. 첫째, 회계적 손익분기점은 계산하기 쉽고 이해하기 쉽다. 둘째, 경영자들은 프로젝트를 평가할 때 그 프로젝트가 기업의 회계적 총수익에 얼마나 기여하는가에 주로 관심이 있다. 실제로 손익분기점 수준이하로 판매를 하면 회계적 총수익은 감소한다. 셋째, 회계상으로 손익분기점이 되는 프로젝트의 경우, 재무상 또는 기회비용 개념으로는 적자가 발생한다는 사실이다.

3 매출수량과 손익분기점, 그리고 매출수량과 영업현금흐름

회계적 손익분기점은 프로젝트의 분석에서 매우 중요한 도구이다. 그러나 회계적 손익분기점의 이익보다는 현금흐름이 더 중요하다. 따라서 매출수준이 매우 중요한 변수라면 매출수준과 현금흐름간의 관계에 대해 더 잘 이해할 필요가 있다. 여기에서는 우선 회계적 손익분기점과 현금흐름간의 관계에 대해 살펴보고, 다음으로 매출수준과 현금흐름간의 관계에 대해 분석한다.

(1) 회계적 손익분기점과 영업현금흐름

회계적 손익분기점 매출수준을 이미 알고 있다고 가정할 때, 영업현금흐름은 어떻게 되는가에 대해 예를 들어 살펴보자.

상황 성주기업은 신형오토바이를 생산할 것인가에 대한 타당성을 검토하고 있다. 그 오토바이의 판매가격은 개당 4천만원이다. 오토바이의 생산단가(변동비용)는 개당 2천만원이며 고정비용은 연 5억원이다.

이 프로젝트에 소요되는 총설비투자비용(고정자산 투자비용)은 35억원이다. 이 고정자산의 수명은 5년이며 5년후 잔존가치는 0이다. 이 설비자산에 대한 감가상각방법은 정액법이다. 추가적으로 필요한 운전자본은 없으며 이 프로젝트에 대한 할인율(자본비용)은 20%이다.

시장조사와 과거의 경험에 의하면 성주기업은 5년간 매년 85대의 오토바이를 팔 수 있을 것으로 예측한다. 세금이 없다고 가정할 경우 이 프로젝트에 대한 타당성을 분석하시오.

1) 현금흐름과 순현재가치

우선 첫 해에 판매할 수 있는 85대를 기준으로 이 프로젝트에 대한 첫 해의 영업현금흐름을 구해보자. 감가상각비는 정액법에 의해 연 7억원(35억원/5년)이 된다.

영업현금흐름 = 영업이익 + 감가상각비 − 법인세
= (매출액 − 변동비용 − 고정비용 − 감가상각비) + 감가상각비 -0
= 매출액 − 변동비용 − 고정비용
= 85*4천만원 − 85*2천만원 − 5억원
= 12억원

따라서 이 프로젝트에 대한 현금흐름을 정리하면 다음의 〈표 7-10〉과 같다.

표 7-10 성주기업 프로젝트의 현금흐름 (단위: 억원)

연도	0(현재)	1년말	2년말	3년말	4년말	5년말
현금흐름	-35	12	12	12	12	12

할인율이 20%일 때 이러한 현금흐름에 대한 순현재가치를 구하면 다음과 같다.

순현재가치 = 12억원*PVIFA(i=20%, n=5) − 35억원
= 12억원 × 2.9906 − 35억원
= 약 8천 9백만원

이 프로젝트의 순현재가치가 0보다 크므로 이 프로젝트는 타당성이 있어 실행되어야 한다.

2) 손익분기점의 계산

이 프로젝트의 회계적 손익분기점이 되는 매출수준은 얼마인가? 또한 손익분기점 매출수준에서 그 프로젝트의 현금흐름은 얼마가 되는가? 마지막으로 투자수익률은 얼마가 되는가?

* 손익분기점 매출수량 = (고정비용+감가상각비) / (개당 공헌이익)
= (5억원+7억원) / (4천만원-2천만원)
= 60대

회계상 손익분기점 매출수량은 연 60대이다. 이것은 성주기업이 예상하고 있는 매출수준 85대보다 작다. 만약 성주기업의 매출예측치가 20%의 오차(17대=85대

*0.2)를 가지고 있다면 확신한다면 손익분기점 매출수준의 달성은 거의 확실하다는 것을 알 수 있다.

* 손익분기점 매출수량 60대가 팔린다면 영업이익은 0이 된다. 따라서 손익분기점 상에서의 이 프로젝트의 매년 영업현금흐름은 바로 감가상각비인 매년 7억원이 된다. 즉, 매년 영업현금흐름의 합(35억원)은 초기의 고정자산 투자비용(35억원)과 같다.
* 영업현금흐름이 단지 초기의 고정자산 투자비용을 회수하게 되므로 손익분기점 상에서 이 프로젝트의 내부수익률(IRR)은 0이 된다.

3) 회수기간과 손익분기점

어느 프로젝트가 회계상 손익분기점이 되면 그 프로젝트 기간동안의 현금흐름은 바로 감가상각비가 된다. 따라서 현금흐름의 합은 그 프로젝트의 초기 투자비용과 같다. 이것은 어느 프로젝트의 회수기간이 그 프로젝트의 수명과 같다는 것을 의미한다. 마찬가지로 손익분기점 이상의 매출수준에서는 프로젝트의 회수기간이 그 프로젝트의 수명보다 짧다.

그러나 어느 프로젝트가 단지 회계상 손익분기점상의 매출수준을 유지하면 그 프로젝트의 순현재가치는 0보다 작고 수익률은 0이 된다. 예를 들어, 성주기업의 경우 최소한 손익분기점 매출수준을 유지할 수 있어 잠재적 손실(하향위험)이 제한되어 있다는 점에서는 바람직하다. 그러나 순현재가치를 기준으로 성주기업의 프로젝트가 수익성을 실현할 수 있는가에 대해서는 더 자세한 분석이 요구된다.

(2) 매출수량과 영업현금흐름

위에서 설명한 영업현금흐름을 일반적으로 표현하면 다음과 같다. 단, 세금은 없다고 가정한다.

$$\begin{aligned}\text{영업현금흐름} &= \text{매출액} - \text{변동비용} - \text{고정비용} \\ &= P \times Q - V \times Q - FC \\ &= (P\text{-}V) \times Q - FC\end{aligned}$$

P는 판매단가, Q는 매출수량, V는 단위당 변동비용, FC는 고정비용을 의미한다.

예를 들어, 성주기업의 영업현금흐름을 수식으로 표현하면 다음과 같다.

$$\begin{aligned}\text{영업현금흐름} &= (P\text{-}V) \times Q - FC \\ &= (\text{4천만원-2천만원}) \times Q - \text{5억원}\end{aligned}$$

$$= 2천만원 \times Q - 5억원$$

이것을 그림으로 나타내면 다음의 〈그림 7-3〉과 같다.

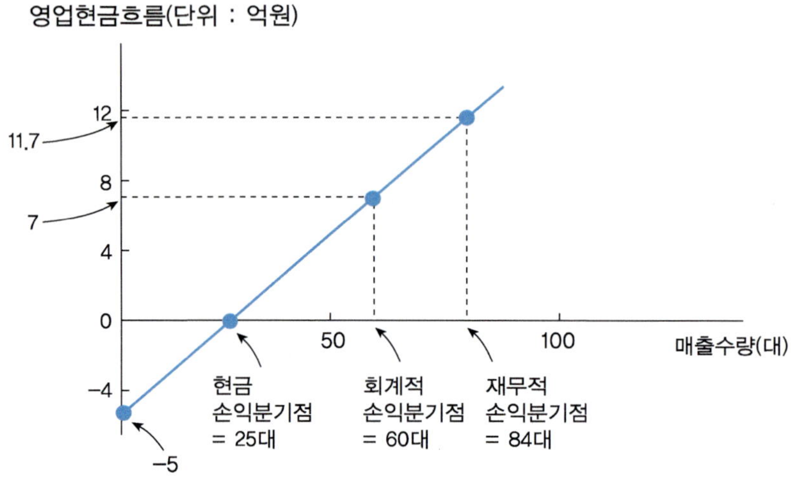

〈그림 7-3〉 영업현금흐름과 매출수량

(3) 여러 가지의 손익분기점 측정치

위에서 이미 본 바와 같이 세금이 없다고 가정할 경우 영업현금흐름과 매출수량 간의 관계는 다음과 같다.

$$영업현금흐름(OCF) = (P-V) \times Q - FC$$

이 식을 매출수량(Q)에 대해 다시 정리하면 다음의 식이 성립한다.

$$Q = (FC + OCF) / (P-V)$$

이것은 어느 일정한 영업현금흐름(OCF)을 달성하기 위해 필요한 매출수준을 의미한다. 따라서 이 매출수량은 손익분기점 매출수량보다 크다.

1) 회계적(accounting) 손익분기점 매출수량

회계적 손익분기점에서는 영업현금흐름(OCF)이 바로 감가상각비(D)와 같다는 점에 주목하면 된다.

따라서 성주기업의 손익분기점 매출수량을 계산하면 다음과 같다.

$$\begin{aligned} Q &= (FC + OCF) / (P-V) \\ &= (FC + D) / (P-V) \end{aligned}$$

$$= (5억원 + 7억원) / (4천만원-2천만원)$$
$$= 60 \text{ 대}$$

2) 현금(cash) 손익분기점 매출수량

현금 손익분기점이란 영업현금흐름이 0이 되는 매출수준을 말한다. 반면에 회계적 손익분기점은 영업이익이 0이 되는 매출수준을 말하며, 이러한 매출수준에서는 영업현금흐름이 0보다 크다.

예를 들어, 성주기업의 경우 현금 손익분기점 매출수준을 다음과 같이 계산한다.

$$
\begin{aligned}
Q &= (FC + OCF) / (P\text{-}V) \\
&= (FC + 0) / (P\text{-}V) \\
&= 5억원 / (4천만원\text{-}2천만원) \\
&= 25 \text{ 대}
\end{aligned}
$$

즉, 성주기업은 5억원의 고정비용을 회수하기 위해서는 25대의 오토바이를 팔아야 한다. 어느 프로젝트가 현금 손익분기점의 매출만을 달성한다는 것은 그 프로젝트가 단지 고정비용만을 회수한다는 것을 의미한다. 따라서 초기의 고정자산 투자비용은 완전하게 손실로 되고 따라서 내부수익률도 -100%가 된다.

3) 재무적(financial) 손익분기점

재무적 손익분기점이란 순현재가치가 0이 되는 매출수준을 말한다. 따라서 이 손익분기점은 재무경영자가 가장 관심을 갖는 손익분기점이다.

재무적 손익분기점을 구하기 위해 우선 순현재가치가 0이 되는 영업현금흐름을 구하고, 다음으로 이를 이용하여 매출수량을 구하면 된다. 위에서 예로 든 성주기업에 대한 재무적 손익분기점을 구해보자.

해) 성주기업의 신형오토바이 개발프로젝트에 소요된 초기 고정자산설비 투자비용이 35억원이고 프로젝트의 수명은 5년이다. 따라서 이 프로젝트의 순현재가치가 0이 되게 하려면 5년간의 영업현금흐름의 현재가치가 35억원이면 된다. 할인율이 20%이고 매년 영업현금흐름은 동일하므로 5년간의 연금의 현재가치이자요소는 부록표에서 찾아보면 2.9906이 된다. 이를 이용하여 영업현금흐름(OCF)을 구하면 다음과 같다.

$$
\begin{aligned}
35억원 &= OCF \times 2.9906 \\
\rightarrow OCF &= 35억원 / 2.9906 \\
&= 약\ 11.7억원
\end{aligned}
$$

따라서 성주기업이 재무적 손익분기점을 달성하려면 영업현금흐름이 매년 약 11.7억원이 되어야 한다. 이를 이용하여 재무적 손익분기점을 가져오는 매출수준을 구하면 다음과 같다.

$$
\begin{aligned}
Q &= (FC + OCF) / (P - V) \\
&= (5\text{억원} + 11.7\text{억원}) / (4\text{천만원} - 2\text{천만원}) \\
&= \text{약 } 84\text{대}
\end{aligned}
$$

따라서 순현재가치가 0이 되게 하는 재무적 손익분기점을 달성하려면 성주기업은 84대의 오토바이를 팔아야 한다. 이것은 이 프로젝트가 상당한 크기의 예측오차를 가지고 있다는 것을 의미한다. 왜냐하면 이 프로젝트에서 예상되는 매출수준은 매년 85대 정도에 불과한데, 이 프로젝트로부터 목표 기대수익률(또는 자본비용)을 달성하려면 매년 84대를 팔아야 하기 때문이다.

그리고 재무적 손익분기점 매출수준(약 84대)은 회계적 손익분기점 매출수준(60대)보다 훨씬 더 높다.

결론적으로 성주기업은 회계적 손익분기점 매출수준을 달성할 가능성이 매우 높다. 그럼에도 불구하고 오토바이 개발프로젝트의 순현재가치는 0보다 작을 가능성이 높다. 이것이 바로 회계적 손익분기점의 위험성을 나타낸다.

그렇다면 성주기업은 이 프로젝트를 어떻게 할 것인가? 이에 대한 결정은 성주기업의 경영자가 결정해야 할 문제이다. 중요한 판단기준으로서 다음과 같은 문제들을 예로 들 수 있다. 첫째, 매출수량 등 예측치에 대해 어느 정도의 확신을 갖고 있는가? 둘째, 그 프로젝트는 회사의 미래에 얼마나 중요한가? 셋째, 매출수준이 낮을 경우 회사는 얼마나 타격을 입게 되나? 또한 이 경우 기업이 취할 수 있는 옵션은 무엇이 있는가?

요약: 여러 가지의 손익분기점 측정치

1. 세금을 무시할 경우 영업현금흐름(OCF)과 매출수량(Q)간의 관계는 다음과 같다.

$$Q = (FC + OCF) / (P-V)$$

단, FC는 고정비용, P는 판매단가, 그리고 V는 단위당 변동비용(생산단가)을 의미한다. 이러한 관계는 다음과 같이 회계적, 현금, 그리고 재무적 손익분기점 매출수준을 결정하는 데에 사용될 수 있다.

2. 회계적 손익분기점

회계적 손익분기점에서는 영업이익이 0이 된다. 영업이익이 0이 되면 영업현금흐름(OCF)은 감가상각비(D)와 같다. 따라서 회계적 손익분기점 매출수량은 다음과 같다.

$$Q = (FC + D) / (P-V)$$

어느 프로젝트가 회계적 손익분기점 상태에 있으면 그 프로젝트의 회수기간은 바로 그 프로젝트의 수명과 같으며, 순현재가치(NPV)는 음수가 되고 내부수익률(IRR)은 0이 된다.

3. 현금 손익분기점

현금 손익분기점이란 영업현금흐름이 0이 되는 매출수준을 말한다.

$$Q = (FC + 0) / (P-V)$$

어느 프로젝트가 현금 손익분기점의 매출만을 달성한다는 것은 그 프로젝트가 단지 고정비용만을 회수한다는 것을 의미한다. 따라서 초기의 고정자산 투자비용은 완전하게 손실로 되고(즉, 순현재가치가 초기의 고정자산 투자비용만큼의 음수가 된다) 따라서 내부수익률도 -100%가 된다.

4. 재무적 손익분기점

재무적 손익분기점이란 순현재가치가 0이 되는 매출수준을 말한다. 따라서 재무적 손익분기점은 다음과 같다.

$$Q = (FC + OCF^{*}) / (P-V)$$

단, OCF^{*}는 순현재가치가 0이 되게 하는 OCF이다.

재무적 손익분기점이 되는 프로젝트는 순현재가치가 0이 되며, 그 프로젝트의 내부수익률은 바로 그 프로젝트의 요구수익률(자본비용)과 같다.

4 영업레버리지와 손익분기점

앞에서 여러 가지의 손익분기점에 대해 살펴보았다. 여기에서는 이러한 손익분기점의 결정요인이 무엇이며 그것들이 어떻게 변하는 가에 대해 분석한다.

(1) 영업레버리지(operating leverage)의 기본개념

영업레버리지란 어느 프로젝트(또는 기업)가 고정비용에 얼마나 의존하는가를 나타낸다. 영업레버리지도가 낮은 기업의 경우 영업레버리지도가 높은 기업에 비해 고정비용이 낮다. 상대적으로 중장비에 대한 투자가 많은(따라서 자본집중적인) 프로젝트의 경우 영업레버리지도가 높다. 위에서 예로 든 성주기업은 오토바이를 자체생산하고 있는데, 성주기업은 오토바이의 일부 핵심부품에 대해서 외주(outsourcing)를 줄 수도 있다. 전자의 경우 후자의 경우에 비해서 성주기업은 상대적으로 고정자산에 대한 투자비중이 높으므로 고정비용과 감가상각비가 높다. 따라서 성주기업의 영업레버리지도는 높게 된다.

(2) 영업레버리지의 의미

어느 프로젝트의 타당성을 평가할 때 영업레버리지는 중요한 의미를 지니고 있다. 고정비용은 지렛대와 같은 역할을 하므로 영업이익의 작은 변화가 영업현금흐름과 순현재가치의 변화를 확대시킨다. 이것을 바로 영업레버리지라고 한다.

영업레버리지도가 높을수록 잠재적으로 예측위험이 커질 가능성이 높아진다. 그 이유는 매출예측치가 조금만 틀려도 현금흐름과 순현재가치의 예측치에 대한 오차는 크게 확대될 수 있기 때문이다.

경영자의 측면에서 볼 때, 매우 불확실한 프로젝트를 실행하려면 영업레버리지도를 가능한 한 낮게 유지하는 것이 필요하다. 이것은 결국 손익분기점을 최소한도의 수준으로 유지시키는 효과를 낳게 된다.

(3) 영업레버리지의 측정

영업레버리지도(degree of operating leverage: DOL)는 판매량(Q)의 백분율(%) 변화에 대한 영업현금흐름(OCF)의 백분율 변화를 나타내는 것으로서 다음과 같다.

$$DOL = 영업현금흐름의\ 백분율\ 변화 / 판매량의\ 백분율\ 변화$$

DOL은 OCF와 Q간의 관계[즉, OCF+FC=(P − V)*Q]를 토대로 다음과 같이 다시 표현된다.

$$DOL^{8)} = 1 + FC / OCF$$

8) 이 식은 다음과 같이 도출된다. Q가 한 단위 증가하면 OCF는 (P-V)만큼 증가한다. 따라서 Q의 백분비 변화는 1 / Q, OCF의 백분비 변화는 (P − V) / OCF이다.
즉, DOL은 다음과 같다. $DOL = [(P - V) / OCF] / (1 / Q)$
$= (P - V)*Q / OCF$
OCF의 정의식 [즉, OCF + FC = (P − V)*Q]에서 [(P − V)*Q] = [OCF + FC] 이므로

위의 식에서 오른쪽에 있는 FC / OCF의 비율은 영업현금흐름에 대한 고정비용(FC)의 비중을 의미한다. 따라서 고정비용이 0이면 DOL은 1이 되며, 이것은 판매량의 백분율 변화가 그대로 영업현금흐름의 백분율 변화가 된다는 것을 의미한다. 다시 말하면 레버리지효과(또는 확대효과)가 없다는 것을 말한다.

위에서 예로 든 성주기업의 오토바이 개발프로젝트에 대한 영업레버리지도를 구해보자. 성주기업의 고정비용(FC)은 5억원이었으며 단위당 공헌이익(P-V)은 2천만원이었다. 따라서 영업현금흐름은 다음과 같이 표현된다.

$$OCF = -5억원 + 2천만원*Q$$

현재 성주기업의 오토바이 판매량이 50대라고 가정하면 성주기업의 영업현금흐름은 5억원(= -5억원+2천만원*50대)이 된다. 그리고 오토바이 판매량이 75대라면 성주기업의 영업현금흐름은 10억원(= -5억원 + 2천만원*75)이 된다.

만약 판매량(Q)이 현재의 50대에서 25대 증가하여 75대가 되면 판매량의 백분율 변화는 50%〔=(75 − 50) / 50*100〕가 된다. 그리고 판매량이 25대 증가하면 영업현금흐름(OCF)은 5억원〔=10억원 − 5억원〕이 증가한다. 따라서 영업현금흐름의 백분율 변화는 100%〔=(10억원 − 5억원원) / 5억원*100〕가 된다. 다시 말하면 50%의 판매량 변화는 100%의 영업현금흐름의 변화를 초래한다. 따라서 영업레버리지도는 2가 된다. 이것은 현재의 영업현금흐름 5억원을 기준으로 할 때 다음의 식에 의해서도 구해진다.

$$\begin{aligned} DOL &= 1 + FC / OCF \\ &= 1 + 5억원 / 5억원 \\ &= 2.0 \end{aligned}$$

주목할 것은 현재의 영업현금흐름이 증가하면 영업레버리지도는 감소한다는 사실이다. 예를 들어, 판매량 75대를 기준으로 하면 현재의 영업현금흐름은 10억원이 된다. 따라서 영업레버리지도는 다음과 같이 감소한다.

$$\begin{aligned} DOL &= 1 + FC / OCF \\ &= 1 + 5억원 / 10억원 \\ &= 1.5 \end{aligned}$$

이와 같이 영업레버리지도가 감소하는 이유는 영업현금흐름에 비해서 고정비용이

DOL은 다음과 같이 된다.

$$\begin{aligned} DOL &= (OCF+FC) / OCF \\ &= 1 + FC / OCF \end{aligned}$$

상대적으로 작아져서 레버리지 효과가 감소하기 때문이다.

(4) 영업레버리지와 손익분기점

여기에서는 성주기업의 예를 이용하여 영업레버리지가 왜 중요한가에 대해 살펴본다. 우선 성주기업이 예상하고 있는 85대의 판매수량을 기준으로 영업레버리지도(DOL)를 구하면 다음과 같다.

오토바이 판매량(Q)이 85대일 경우 영업현금흐름은 12억원(=-5억원+2천만원 *85대)이 된다. 따라서

$$\begin{aligned} DOL &= 1 + FC / OCF \\ &= 1 + 5\text{억원} / 12\text{억원} \\ &= 1.42 \end{aligned}$$

또한 예상판매대수가 85대일 때 순현재가치는 약 8천 9백만원이었고 회계적 손익분기점 판매대수는 60대이었다.

만약 성주기업이 오토바이를 자체적으로 생산하지 않고 오토바이의 핵심부품인 엔진을 외주를 주어 생산한다고 하자. 따라서 성주기업의 초기 고정자산 설비투자비용은 32억원으로 감소하고 고정비용도 1억 8천만원으로 감소한다. 그러나 변동비용은 2천 5백만원으로 증가한다. 세금이 없다고 가정할 경우 이 프로젝트에 대한 순현재가치, 회계적 손익분기점, 그리고 영업레버리지도를 계산하면 다음과 같다.

1) 현금흐름과 순현재가치

우선 첫 해에 판매할 수 있는 85대를 기준으로 이 프로젝트에 대한 첫 해의 영업현금흐름을 구해보자. 감가상각비는 정액법에 의해 연 6억 4천만원(32억원 / 5년)이 된다.

$$\begin{aligned} \text{영업현금흐름} &= \text{영업이익} + \text{감가상각비} - \text{법인세} \\ &= (\text{매출액} - \text{변동비용} - \text{고정비용} - \text{감가상각비}) + \text{감가상각비} - 0 \\ &= \text{매출액} - \text{변동비용} - \text{고정비용} \\ &= 85 * 4\text{천만원} - 85 * 2\text{천 } 5\text{백만원} - 1\text{억 } 8\text{천만원} \\ &= 10\text{억 } 9\text{천 } 5\text{백만원} \end{aligned}$$

따라서 이 프로젝트에 대한 현금흐름을 정리하면 다음의 〈표 7-11〉과 같다.

표 7-11 성주기업 프로젝트의 현금흐름

(단위: 억원)

연도	0(현재)	1년말	2년말	3년말	4년말	5년말
현금흐름	−32	10.95	10.95	10.95	10.95	10.95

할인율이 20%일 때 이러한 현금흐름에 대한 순현재가치를 구하면 다음과 같다.

순현재가치 = 10.95억원*PVIFA(i=20%, n=5) − 32억원
= 10.95억원 × 2.9906 − 32억원
= 약 7천 5백만원

2) 손익분기점의 계산

* 손익분기점 매출수량 = (고정비용+감가상각비) / (개당 공헌이익)
= (1억 8천만원+6억 4천만원) / (4천만원 − 2천 5백만원)
= 약 55대

3) 영업레버리지도(DOL)의 계산

우선 영업현금흐름을 구하는 식은 다음과 같이 변경된다.

OCF = -1억 8천만원 + 1천 5백만원*Q

따라서 85대의 판매량을 기준으로 영업현금흐름을 구하면 다음과 같다.

OCF = -1억 8천만원 + 1천 5백만원*85
= 10.95억원

DOL = 1 + FC / OCF
= 1 + 1억 8천만원 / 10.95억원
= 약 1.16

따라서 오토바이를 자체적으로 생산하는 경우에 비해서 오토바이의 엔진부품에 대해 외주를 줄 경우 순현재가치는 약간 낮아졌으며, 손익분기점 판매량도 60대에서 55대로 낮아졌다. 또한 영업레버리지도도 1.42에서 1.16으로 크게 낮아졌다. 따라서 성주기업이 판매량 등 미래의 예측치에 대해 비관적인 전망을 한다면 성주기업은 오토바이를 자체생산하기보다는 일부 핵심부품을 외주로 생산하는 것을 더 선호하게 된다.

성주기업이 오토바이를 자체생산하지 않고 일부 핵심부품에 대해 외주에 의해 생산하는 방식을 선택하는 두 번째 이유는 다음과 같다. (장비를 팔아서) 영업레

버리지를 낮추기보다는 (장비를 구입하여) 영업레버리지를 높이는 것이 훨씬 더 쉽다. 따라서 판매량이 예상보다 크게 증가할 것으로 판단되면 성주기업은 외주보다는 자체생산으로 쉽게 전환할 수 있기 때문이다.

요약

본 장에서는 프로젝트의 미래 현금흐름이 불확실할 경우 어떠한 요인들이 프로젝트의 순현재가치에 어느 정도 영향을 미치는가에 대해 분석하였다. 이를 위해 다음의 분석기법이 요구된다.

1. 시나리오분석

시나리오분석이란 어느 프로젝트의 현금흐름에 미치는 여러 가지 요인들이 가장 일반적인 상황에서의 예상치로부터 벗어날 때 순현재가치가 얼마나 변하는가를 검토하는 분석이다. 즉, 시나리오분석이란 예상되는 시나리오가 변할 때 순현재가치의 변화정도를 분석하는 것이다.

2. 민감도분석

민감도분석이란 어느 프로젝트의 현금흐름에 미치는 여러 가지 요인들 중 어느 특정의 요인이 가장 일반적인 상황에서의 예상치로부터 벗어날 때 순현재가치가 얼마나 변하는가를 검토하는 분석이다. 즉, 프로젝트의 순현재가치를 추정할 때 예측위험이 어느 요인에 의해 가장 크게 발생하는가를 분석하는 것이다.

3. 시뮬레이션분석

시뮬레이션분석은 시나리오분석과 민감도분석을 확장한 기법이다. 시뮬레이션분석이란 어느 프로젝트의 현금흐름과 순현재가치에 영향을 주는 여러 요인들의 확률분포가 그 프로젝트의 현금흐름과 순현재가치에 어느 정도 영향을 미치는가를 분석하는 것이다.

4. 손익분기점분석과 영업레버리지

프로젝트에 대한 변수 중 가장 중요한 변수는 보통 매출수량이다. 따라서 매출수량은 보통 다른 변수들보다 더 자세하게 분석된다. 손익분기점분석은 매출수량과 수익성간의 관계를 분석할 때 가장 많이 사용되는 도구이다.

영업레버리지란 어느 프로젝트(또는 기업)가 고정비용에 얼마나 의존하는가를 나타낸다. 영업레버리지도가 낮은 기업의 경우 영업레버리지도가 높은 기업에 비해 고정비용이 낮다. 일반적으로 상대적으로 중장비에 대한 투자가 많은(따라서 자본집중적인) 기업의 경우 영업레버리지도가 높다.

연 습 문 제

1 (　　　　　　)은 만약의 경우를 가정하여 프로젝트의 순현재가치가 어떻게 달라지는가를 분석하는 것이다.

2 (　　　　　　)은 프로젝트에 영향을 미치는 변수 중 단지 하나의 변수가 변할 때 그 프로젝트의 순현재가치가 얼마나 달라지는가를 분석하는 것이다.

3 (　　　　　　)은 프로젝트와 관련된 여러 변수들이 동시에 여러 값을 취할 때 그 프로젝트의 순현재가치가 얼마나 달라지는가를 분석하는 것이다.

4 (　　　　　　)은 매출수량과 이익(이익은 여러 가지로 측정됨)간의 관계를 분석하는 것이다.

5 (　　　　　　)은 프로젝트의 영업이익이 정확하게 0이 되게 하는 매출수량을 나타낸다.

6 (　　　　　　)은 프로젝트의 영업현금흐름이 정확하게 0이 되게 하는 매출수량을 나타낸다.

7 (　　　　　　)은 프로젝트의 순현재가치가 정확하게 0이 되게 하는 매출수량을 나타낸다.

8 (　　　　　　)는 기업이나 프로젝트가 고정생산비(영업고정비)에 의존하는 정도를 말한다.

9 시뮬레이션분석에 대한 다음의 설명 중 맞는 것은?

1) 이 방법은 기본적으로 시나리오분석기법과 민감도분석기법의 특성을 혼합한 것이다.
2) 이 방법의 장점으로서 분석결과가 완전한 이상 프로젝트의 채택여부에 대한 분명한 의사결정기준을 제시한다.

3) 이 방법의 비용은 비싸므로 프로젝트 타당성 분석기법의 최후 수단으로만 활용된다.
4) 컴퓨터기술의 발달로 인해 이 방법은 훨씬 더 비실용적이다.

10 다음 중 영업레버리지에 대한 설명 중 맞는 것은?
1) 다른 조건이 일정할 경우, 고정비용이 높은 기업일수록 영업레버리지도가 높다.
2) 보통 영업레버리지를 축소시키는 것보다는 증가시키는 것이 더 쉽다.
3) 다른 조건이 일정할 경우, 생산량이 증가함에 따라 영업레버리지도가 상승한다.
4) 다른 조건이 일정할 경우, 단위당 가격이 상승함에 따라 영업레버리지도가 상승한다.

11 다음 중 매출수량의 타당성을 예측하기 위하 최선의 방법은?
1) 민감도 및 회수기간 분석
2) 회수기간 및 손익분기점 분석
3) 손익분기점 및 민감도 분석
4) 영업레버리지분석

12 제품가격의 변화가 어느 프로젝트의 순현재가치와 내부수익률에 얼마나 영향을 미치는가를 조사할 때 가장 타당한 분석기법은?

13 회계적 손익분기점에서는?
1) 순현재가치가 양(+)이다.
2) 순이익이 양(+)이다.
3) 어느 프로젝트의 영업현금흐름이 감가상각비와 같다.
4) 어느 프로젝트의 현금흐름이 0이다.

14 대명기업은 새로운 프로젝트를 고려하고 있다. 그 프로젝트를 수행하는데 소요되는 고정자산투자비용은 6억원, 기간은 4년, 그리고 그 고정자산의 잔존가치는 없다. 그 고정자산에 대한 감가상각은 일정하게 4년간 이루어진다. 매출수량은 매년 200단위로 추정된다. 매출단가는 2천만원, 단위당 가변비용은 1천 5백만원, 그리고 고정비용은 매년 1억 2천만원으로 예상된다. 이 프로젝트의 요구수익률은 15%, 그리고 법인세율은 40%이다. 과거의 경험에 의하면 매출수량, 가변비용 및 고정비용의 예측치는 +/-10% 이내로 정확하다.

1) 각 시나리오(기본, 최악, 최상의 경우)별로 NPV를 계산하시오.

2) 기본적인 시나리오하에서 고정비용만이 변할 경우 고정비용의 변화에 대한 NPV 민감도를 평가하시오.
(**힌트**: 고정비용이외의 다른 변수는 기본적인 경우로 가정함).

3) 이 프로젝트의 현금(cash) 손익분기점 수량은 얼마인가?
(단, 세금을 무시함).

4) 이 프로젝트의 회계상(accounting) 손익분기점 수량은 얼마인가?

5) 위의 문제 4)에서 구한 손익분기점 생산량수준에서 영업레버리지도는 얼마이며, 이 레버리지도를 어떻게 해석하는가?

제 8 장

경영전략 분석

1 경영전략 분석의 의의

우선적으로 경영전략 분석을 해야 재무제표를 보다 정확하게 분석하는 것이 가능하다. (1) 경영전략분석을 통해 정성적인 수준에서 기업의 실체(economics of a firm)를 파악해야 회계정책을 정확하게 분석할 수 있으며 재무분석의 토대를 마련할 수 있다. (2) 경영전략분석을 통해 기업의 핵심 이윤창출요인(driver)과 위험요인을 확인할 수 있다. (3) 경영전략분석을 통해 기업의 현재 성과의 지속가능성을 평가하고 미래성과를 현실적으로 예측할 수 있다.

기업의 가치는 자본비용이상의 수익(잠재적 이윤)을 얻을 수 있는 능력에 의해 결정된다. 기업의 자본비용은 자본시장에서 결정된다. 그리고 기업의 잠재적 수익성은 다음의 두 가지 선택에 의해 결정된다: (1) 경영전략의 선택, 그리고 (2) 산업의 선택.

2 경영전략분석의 필요성

경영전략분석을 통해 기업과 산업의 실체, 그리고 핵심적인 성공요인과 위험요인을 이해한다. 이렇게 되면 재무제표분석을 보다 더 효율적으로 할 수 있다.

(1) 경영전략을 이해하면 기업이 선택한 회계정책과 재무제표에 반영된 정보를 평가하기 위한 배경을 알게 된다. 예 회계정책(매출의 인식과 비용의 자본화 등)은 영업실체의 차이와 재무보고상 경영자의 인센티브 차이 때문에 기업마다 차이가 난다. 기업들의 경영전략에 대한 차이를 이해해야만 기업의 재무정보에 어느 정도 의존해야하는가를 평가할 수 있다.

(2) 기업의 수익(이윤)창출요인과 핵심 위험요인을 파악할 수 있다. 이러한 정보

를 바탕으로 현재의 경영성과(수익성 등)를 평가하고 경영전략에 기초하여 이러한 경영성과에 대한 유지가능성 또는 변화가능성을 측정할 수 있다.

(3) 기업의 재무정책과 그의 타당성을 이해할 수 있다. 기업의 영업실체는 자본구조와 배당정책의 핵심요인이 된다.

비용우위전략	차별화전략
동일한 제품이나 서비스를 상대적으로 저렴한 비용으로 공급	고객이 지불하고자 하는 가격이하의 비용으로 유일한 제품이나 서비스를 공급
1) 규모 및 범위의 경제	1) 우수한 제품의 질
2) 효율적인 생산	2) 우수한 제품의 다양성
3) 제품디자인의 단순화	3) 우수한 고객서비스
4) 저렴한 생산요소비용	4) 보다 탄력적인 배송
5) 저비용 유통	5) 브랜드 이미지에 투자
6) R&D 또는 브랜드 광고투자 거의 없음	6) R&D에 투자
7) 엄격한 원가통제시스템	7) 창의성과 혁신에 중점을 둔 통제시스템

〈그림 8-1〉 경쟁우위 창출전략

3 두 가지의 경영전략: 비용우위전략과 차별화전략

기업의 수익성은 산업구조뿐 아니라 산업내 기업의 경영전략에 의해서도 영향을 받는다. 기업의 경영전략을 구분하면 크게 두 가지로 구분할 수 있다: 비용우위전략과 차별화 전략. 이 두 가지 전략을 통해 기업은 잠재적으로 지속적인 경쟁우위를 구축할 수 있다.

그러나 비용우위전략이든 차별화전략이든 어느 한 전략을 선택하여 성공적으로 경쟁우위전략을 달성한 기업이라도 다른 전략을 무시하면 안된다. 즉, 차별화전략기업은 차별화전략이 합리적인 비용수준에서 달성되도록 원가관리에도 중점을 두어야 한다. 마찬가지로 비용우위전략기업도 제품의 질(quality)과 서비스 같은 핵심적인 측면에서 기본적인 수준의 차별화를 달성하지 못하면 경쟁할 수 없다.

4 경영전략과 경쟁우위의 원천

비용우위기업은 동일한 제품이나 서비스를 경쟁자에 비해 낮은 가격으로 공급한다. 차별화전략기업은 고객이 부여하는 가치면에서 독특한 제품이나 서비스를 공급한다. 예 소매산업에서 노드스트롬은 탁월한 고객서비스를 강조하여 차별화에 성공하였으며, 반면 TJX는 완전히 저비용을 기초로 경쟁하는 할인소매기업이다.

(1) 경영전략 1: 비용우위전략

비용우위전략은 경쟁우위를 달성하는 방법 중 가장 확실한 방법이다. 제품이나 서비스가 보통이고 표준화된 산업에서는 비용우위전략이 탁월한 수익성을 달성할 수 있는 유일한 방법이다.

비용우위기업은 경쟁자와 동일한 가격을 부과해도 평균이상의 수익성을 실현한다. 즉, 비용우위기업은 경쟁자로 하여금 가격을 낮추어 낮은 수익성을 감수하게 하거나 아니면, 경쟁자가 산업에서 퇴출하도록 한다.

비용우위기업은 엄격한 원가통제에 중점을 둔다. 예 효율적인 규모의 설비에 투자하여 제조비용을 줄이고, 간접비용을 최소화하는 제품의 디자인에 중점을 둔다. 그리고 R&D에는 거의 투자를 하지 않고, 한계고객들에 대한 서비스를 회피하며 원가통제에 중점을 두는 조직구조 및 통제시스템을 갖는다.

비용우위 요소:

1) 규모 및 범위의 경제 2) 학습효과 3) 효율적인 생산 4) 제품디자인의 단순화 5) 낮은 생산요소비용 6) 효율적인 조직구조

(2) 경영전략 2: 차별화 전략

차별화전략 기업은 고객이 상당한 가치를 부여하는 측면에서의 유일성을 추구한다. 차별화가 성공하기 위한 조건으로는 다음과 같다: 첫째, 고객이 가치를 부여하는 한 개 이상의 특성 보유, 둘째, 독특한 방방으로 선택된 고객의 필요성을 충족시킬 수 있는 능력, 셋째, 고객이 지불하고자 하는 가격이하의 원가로 차별화 달성.

차별화 요소:

1) 제품의 질, 제품의 다양성, 배송서비스 또는 정확한 배송시간을 통한 탁월한 내재가치 제공, 2) 브랜드 이미지, 제품의 모양이나 평판과 같은 가치를 나타내는 수단에 투자, 3) R&D, 엔지니어링기술 및 마케팅 가능성에 투자 필요, 4) 창의성과 혁신촉진에 중점을 둔 조직구조 및 통제시스템.

5 경쟁우위의 달성과 지속성

경영전략의 선택이 자동적으로 경쟁우위를 달성시키는 것은 아니다. 경쟁우위를 달성하려면 기업은 선택된 경영전략을 실행하고 지속시키는데 필요한 가능성을 보유해야 한다. 비용우위전략이나 차별화전략이 성공하려면 기업이 다른 경쟁자들이 모방할 수 없는 핵심자산과 가치창출활동능력을 보유해야 한다.

기업이 의도한 경쟁우위의 달성가능성에 대해 평가하려면 다음과 같은 사항에 주의해야 한다.

1) 기업이 선택한 경영전략과 연관된 핵심 성공요인과 위험요소는 무엇인가?
2) 현재 핵심성공요인과 위험요소에 대비할 수 있는 자원과 능력을 보유하는가?
3) 경쟁우위를 달성하기 위해 현재의 능력과 필요조건간의 갭을 보충할 수 있는 잠재력을 보유하고 있는가?
4) 경영전략과 일치하는 방식으로 영업활동(R&D, 디자인, 제조, 마케팅 및 물류, 지원활동 등)의 구성 능력이 있는가?
5) 기업의 경쟁우위전략은 지속가능한가? 그 기업의 전략을 모방하기 어렵게 하는 장벽이 존재하는가?
6) 기업의 경쟁우위를 소멸시킬 수 있는 산업구조의 잠재적 변화 가능성은 있는가? (예 새로운 기술, 외국과의 경쟁, 규제의 변화, 고객요구사항의 변화 등). 기업은 이러한 변화에 대비할 수 있는 만큼 탄력적인가?

6 경쟁우위전략의 활용사례: 델 컴퓨터

델 컴퓨터는 1998년 IBM, 휴렛패커드, 컴팩에 이은 4번째 거대기업이 되었다. 그 회사의 창시자인 델은 1984년 IBM 복제품 PC를 대학기숙사에서 조립하여 팔기 시작하였다. 델은 처음부터 매장(소매점)을 통하지 않고 경쟁자들보다 훨씬 더 싸게 직접 고객에게 판매하였다. 급속한 성장과 약간의 경영상 어려움을 극복하고 델은 저비용전략을 활용하여 PC산업에서 확고하게 자리를 잡았다. 탁월한 성과로 델은 매우 경쟁이 치열한 산업에서 가장 이윤을 많이 창출하는 PC 제조업자의 하나가 되었다.

델이 이러한 성과를 달성한 이유는 무엇인가? 델의 탁월한 성과는 다음과 같은 요인들로 이루어진 저비용경영전략(비용우위전략)에 바탕을 두었다.

(1) 직접판매

델은 대부분의 컴퓨터를 직접판매하여 소매점의 이윤만큼을 절약하였다. 따라서 컴퓨터 사용자들(구매자들)은 소매점의 유통마진을 절약하게 되었다. 컴퓨터 사용자들이 컴퓨터에 대해 잘 알게 되고 컴퓨터 자체가 윈도우-인텔을 바탕으로 표준화됨에 따라 소매상을 통한 유통망의 가치가 하락하였다. 델은 이러한 추세를 자본화한(capitalize) 최초의 회사이다. 1996년 델은 인터넷 웹싸이트를 통해 컴퓨터를 판매하기 시작하였다. 2003년경 델은 온라인 주문을 통해 상당한 매출을 올리게 되었다.

(2) 재고관리

델은 탄력적인 제조시스템을 개발하여 보통 주문을 받은 지 5일 이내에 매우 신속하게 컴퓨터를 조립하여 배송하였다. 이로 인해 상당한 양의 부품과 조립컴퓨터 재고를 줄일 수 있었다. 재고가 낮아져 운전자본 비용을 절약하게 되었고, 또한 급속히 변화를 하는 컴퓨터산업에서 상당한 위험요인이 되는 노후 재고에 대한 비싼 상각비용을 줄일 수 있었다.

(3) 낮은 매출채권

고객들로 하여금 구매시 신용카드로 지불하게 하거나 구매후 즉시 전자지급결제를 통해 매출채권회수기간을 컴퓨터 산업에서 최저수준으로 축소할 수 있었다.

(4) 제3자 서비스

델은 판매후 서비스(A/S)를 위해 다음과 같이 두 가지 저비용 방식을 사용하였다: 1) 전화서비스, 2) 제3자 관리서비스.

1) 델은 24시간 언제든지 전화로 고객이 연결할 수 있는 수백명의 기술지원인력을 확보하였다. 이러한 인력들은 종합전자관리시스템을 사용하여 문제를 진단하고 대부분의 경우 고객들이 문제를 해결하도록 도와주었다. 2) 현장관리가 가끔 요구되는 경우 델은 제록스와 같은 사무용설비 회사와 제3자 관리계약을 체결하였다.

이러한 서비스 전략을 통해 서비스의 질을 손상시키지 않으면서 고비용의 현장서비스망에 대한 투자를 피할 수 있었다.

(5) R&D에 집중투자

PC산업에서 대부분의 기본적인 혁신은 부품공급업자와 소프트웨어생산자에 의해 주도되고 있다는 사실에 델은 주목하였다. 예 인텔과 마이크로소프트는 각각 새세

대 프로세서와 소프트웨어를 개발하는데 수십억 달러를 투자한다.

따라서 델의 혁신은 이러한 변화에 신속하게 대응할 수 있는 저비용, 고속력의 조직구조를 창출하는데 중점을 두었다. 이러한 R&D 혁신에 집중하여 비용을 최소화하고 높은 수익률을 달성할 수 있었다.

위와 같은 경영전략을 통해 델은 PC산업에서 경쟁자들에 비해 상당한 비용우위를 달성할 수 있었다. 이러한 비교우위 때문에 산업구조상 급속한 기술변화, 공급업자와 구매자의 협상력이 상당히 크며, 치열한 경쟁의 특성을 지닌 PC산업에서 델은 급속한 성장, 시장점유율의 증대, 그리고 높은 수익성을 실현할 수 있었다.

더욱이 델의 경영전략에는 서로 매우 밀접하게 연관된 영업활동과 지속적인 조직혁신이 포함되어 있어 다른 기업들이 델의 영업모델을 모방하기가 어려워 델의 경쟁우위가 지속될 수 있었다. 델의 성공에 영향을 받아 IBM과 컴팩과 같은 여러 경쟁기업들은 델의 경영전략을 모방하려고 시도했으나 실패하였다.

7 비용우위전략과 차별화전략의 비교

(1) 높은 가격을 부과할 수 있어 비용우위전략보다 차별화전략이 더 낫다. NO.

차별화기업이 비용우위기업에 비해 높은 가격을 부과할 수는 있지만, 두 전략의 수익성은 동일할 수 있다. 차별화를 개발하고 유지하기 어렵다. 차별화를 하려면 R&D, 제품설계, 훈련, 마케팅에 상당한 투자가 필요하다. 따라서 기업들이 차별화전략하에서 제품과 서비스를 공급하려면 비용이 높게 된다. 기업의 수익성은 가격이하의 비용으로 차별화된 제품과 서비스를 공급할 수 있는 능력에 달려 있다.

비용우위전략기업들의 수익성도 매우 높을 수 있다. 비용우위기업은 보통 경쟁기업보다 매출마진과 회전율을 높게 유지할 수 있다. 경쟁기업의 비용이 높은 데도 불구하고 비용우위기업과 동일한 가격을 설정하면 경쟁기업의 수익성은 낮아지게 된다. 가격을 높게 유지하면서 이익도 높게 유지하려는 경쟁기업은 시장점유율을 잃게 된다.

(2) 저기술(LowTec) 산업보다 고기술(HighTec) 산업의 수익성이 더 높다. NO.

두 산업의 수익성이 모두 높을 수가 있다. 일반적으로 고기술 산업의 수익성이 높다고 보는 것은 고기술이 항상 진입장벽을 창출한다고 가정한 경우이다. 그러나 고기술이 항상 효율적인 진입장벽은 아니다. 또한 고기술이라 하더라도 기존기업간의 경쟁이 치열하고 새로운 기업의 진입위협과 대체재위협도 높으며, 공급업자 및 구매자의 협상력이 높을 수 있다.

예 PC산업은 고기술 산업이지만 매우 경쟁이 치열하다. 진입위험도 매우 낮고, 질적인 측면에서 제품차별화도 거의 없으며 공급업자(마이크로소프트와 인텔)의 협상력도 높다. 따라서 PC산업내 기업들의 수익성은 보통 정상이윤(normal profit) 정도에 불과하다. 반면, 월마트는 매우 낮은 수준의 기술(저기술) 산업에서 비용우위기업이지만 미국에서 수익성이 가장 높은 기업 중의 하나이다.

(3) 자금조달비용이 높아 거액의 투자가 요구되는 산업의 진입장벽은 높다. NO.

자금조달비용은 일반적으로 프로젝트의 규모보다는 프로젝트의 위험과 연관된다. 프로젝트에 대한 위험을 파악할 수 있으면 공정한 자금조달비용도 파악할 수 있다.

그러나 거액의 투자는 다음의 여러 측면에서 높은 진입장벽으로 작용한다. 첫째, 규모의 경제효과를 달성하기 위해 거액의 투자가 필요할 경우 추가적인 시설이 완전하게 활용이 안되면 새로운 진입기업이 새로운 설비투자에서 이득을 볼 수 없다. 둘째, 새로운 기업은 가장 효율적인 방식으로 새로운 자산을 활용하는 방법을 알기 시작하므로 처음에는 비용상 불이익을 감수해야 한다. 셋째, 잠재적인 경쟁기업들이 시장에 진입하려고 시도할 경우 기존 기업들은 시장을 지배하기 위해 사용가능한 예비의 초과설비를 보유 할 수도 있다.

제 9 장

산업분석

1 산업분석의 의의

기업의 잠재적 이윤을 분석하려면 우선 그 기업이 속한 산업의 잠재적 이윤을 분석해야 한다. 산업별 수익성은 기본적인 측면이나 예측적인 측면에서 시간에 따라 매우 다르다.

예 모든 미국 기업의 수익성 비율인 영업이익/총자산 비율(1981-1997년)은 8.8%이다. 반면 그 비율은 산업별로 크게 차이가 난다. 예를 들어, 제과제품 산업의 수익성비율은 43%인 반면, 은(silver)채광 산업의 수익성비율은 23%이다. 이와 같은 산업별 수익성의 차이에 대한 원인을 규명하는 것이 산업분석의 목적이다. 산업의 수익성은 보통 5 가지 요인에 의해 결정된다. 이를 다시 크게 두 가지로 나누면, 다음과 같이 경쟁강도와 협상력으로 구분할 수 있다.

(1) 경쟁강도: 기업간 경쟁강도는 한 산업의 기업들이 초과이윤을 창출할 수 있는 잠재력을 결정한다.

(2) 협상력: 협상력(한 산업의 기업들과 그들의 고객 및 공급업자와의 협상력)은 산업의 잠재적 이윤의 지속가능성을 결정한다.

2 산업 수익성의 5 가지 결정요인

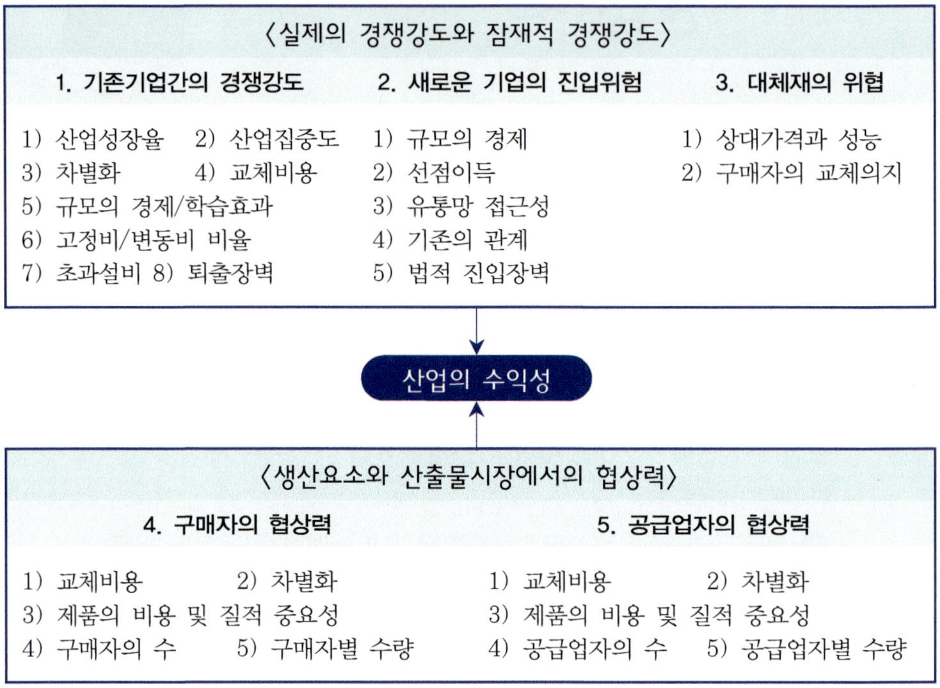

〈그림 9-1〉 산업구조와 수익성

(1) 경쟁강도

산업의 이윤은 고객이 제품이나 서비스에 대해 지불하려는 최대가격의 함수라고 할 수 있다. 가격의 핵심결정요인 중의 하나는 제품(동일한 또는 유사한)을 공급하는 기업들간의 경쟁정도에 달려 있다. 예를 들어, 1) 완전경쟁산업에서는 가격=한계비용(원가). 따라서 커다란 초과이익 기회가 거의 없다. 2) 독점산업에서는 독점이윤이 발생한다. 3) 그러나 대부분의 산업은 완전경쟁과 독점산업간의 중간에 위치에 있다.

(2) 세 가지 잠재적 경쟁요인

(1) 기존 기업간의 경쟁강도 (2) 새로운 기업의 진입위험 (3) 대체재의 위협

1) 경쟁요인 1: 기존기업간의 경쟁강도 → 기존기업간의 경쟁강도가 높을수록 수익성은 낮아진다.

대부분의 산업에서 수익성은 기본적으로 산업 내 기존기업간의 경쟁강도에 의해 영향을 받는다. 첫째, 어떤 산업에서는 가격경쟁이 치열하여 가격이 한계비용(생

산원가)과 비슷하거나 그 이하인 경우도 발생한다. 둘째, 다른 산업에서는 가격결정이 협력, 혁신이나 브랜드 이미지와 같은 비가격 경쟁에 의해 이루어진다.

기존 기업간의 경쟁강도 결정요인

① 산업의 성장률

급격한 성장산업의 경우 기존 기업들은 성장하기 위해 시장점유율에 대해 서로 경쟁할 필요가 없다. 반면, 정체된 산업의 경우 기존 기업들이 성장할 수 있는 유일한 방법은 서로에게서 시장점유율을 쟁취하는 것이다. 따라서 이러한 경우에는 기업들간의 가격전쟁이 치열하게 일어난다.

② 집중도 및 경쟁자들간의 균형

산업의 집중도는 산업내 기업들이 가격결정과 기타 경쟁적 수단에 대해 서로 협력할 수 있는 정도에 영향을 미친다. 산업의 집중도 결정요인으로는 산업내 기업의 수와 그들의 상대적인 규모가 있다.

예 1) 산업내 지배적인 기업이 존재할 경우(1970년대 메인프레임 컴퓨터산업에서 IBM), 지배적인 기업은 경쟁규칙을 설정하여 실행한다. 2) 규모가 비슷한 2-3개 기업이 존재할 경우(미국의 음료산업에서 펩시와 코카콜라), 그 기업들은 파괴적인 가격경쟁을 피하기 위해 서로 묵시적으로 협력한다. 3) 산업의 집중도가 거의 없을 경우 가격경쟁은 치열하다.

③ 차별화정도 및 교체비용

한 산업의 기업들이 경쟁을 피할 수 있는 정도는 제품(과 서비스)의 차별화 정도와 교체비용의 크기에 달려 있다. 산업내 제품이 유사하면 고객들은 가격만을 비교하여 교체한다. 그리고 교체비용(switching cost)이 낮으면 산업내 기업들의 가격경쟁 인센티브가 커지게 된다.

④ 규모의 경제효과(또는 학습효과)와 고정비 대 변동비 비율

한 산업에서 학습효과가 크거나 또 다른 형태의 규모의 경제효과가 존재할 경우 기업의 규모가 매우 중요하며 기업들이 시장점유율을 높이기 위해 공격적으로 경쟁할 인센티브가 존재한다. 마찬가지로 변동비에 대한 고정비의 비중이 높으면, 기업들은 기존설비를 활용하기 위해 가격을 낮추려는 인센티브를 가지게 된다.

예 일상적으로 가격전쟁이 발생하는 항공산업.

⑤ 초과설비와 퇴출장벽

산업내 설비(공급능력)가 고객수요를 초과하면 설비를 완전하게 활용하기 위해 기업들이 가격을 내리려는 강한 인센티브가 존재한다. 산업에서 퇴출장벽이 높을 경우 초과설비의 문제는 더욱 악화된다. 자산이 전문적인 용도로만 활용되거나 퇴출비용을 높게 하는 규제가 있을 경우 퇴출장벽이 높다.

2) 경쟁요인 2: 새로운 기업의 진입위험(진입장벽의 크기) → 새로운 기업들의 진입위험이 커질수록 가격설정을 통해 수익성이 떨어지도록 한다.

초과이득을 얻게 될 가능성이 커지면 산업에 새로운 기업이 진입하게 된다. 이처럼 새로운 기업이 한 산업에 잠재적으로 진입할 위험때문에 기존기업들의 가격결정은 제한을 받게 된다. 따라서 새로운 기업들이 한 산업에 진입할 수 있는 용이성은 수익성의 핵심결정요인이 된다. 한 산업에 진입장벽의 크기를 결정하는 요인은 다음과 같다.

① 규모의 경제

규모의 경제효과가 클 경우 새로운 진입기업들은 곧바로 활용되지 못할 수도 있는 거대한 설비에 투자해야 하거나, 또는 적정설비규모 이하인 상태에서 진입해야 한다. 따라서 어느 경우든 새로운 기업들은 기존기업들과 경쟁할 때 적어도 처음에는 비용상의 불이익을 받게 된다.

규모경제효과의 발생요인으로는 R&D(제약업이나 제트엔진산업), 브랜드광고(음료산업), 공장 및 설비(전자통신산업) 등에 대규모 투자할 때이다.

② 선점이득(First Mover Advantage)

선점이득효과가 존재할 경우 한 산업내 기존의 진입기업들은 미래 새로운 기업들의 진입을 저지할 수 있다. 선점기업들의 저지 수단에 대한 예를 들면, 산업의 표준을 설정, 저렴한 원재료의 공급업자들과 독점계약, 규제산업의 경우 희소한 면허의 취득 등이다.

학습경제효과가 클 경우 선점기업들은 절대적인 비용우위를 가진다. 고객들의 교체비용이 클 경우에도 선점이득효과가 크다. 예 마이크로소프트 DOS 운용시스템 사용자들의 교체비용은 매우 커서 소프트웨어 기업들이 새로운 운용시스템을 마케팅하는 데는 매우 어렵다.

③ 유통채널의 접근성 그리고 고객과의 연관성

기존의 유통채널에 대한 접근성이 제한되고 새로운 채널을 확보하는 비용이 클 경우 상당한 진입장벽이 존재한다. 예 미국자동차 산업에 진입할 경우 새로운 진입자는 딜러망을 확보하는데 상당히 어렵다. 새로운 소비재 생산기업들은 슈퍼마켓 진열대를 확보하기 어렵다.

한 산업에서 기업과 고객간의 기존 관계 때문에 새로운 기업들이 진입하기 어렵다. 예 감사업무산업, 투자금융산업, 광고산업 등.

④ **법적인 장벽**

연구중심산업에서는 특허, 저작권 등이 진입의 제한요인이 된다.

면허에 의한 규제가 대표적이다. 예 택시서비스산업, 의료산업, 방송산업, 전자통신산업 등.

3) **경쟁요인 3:** 대체재의 위협 → 대체재의 위협이 커질수록 기업들은 낮은 가격을 설정하므로 수익성이 낮아진다.

① **관련 대체재의 범위**

관련대체재는 기존 제품과 동일한 제품이거나, 또는 기존제품과 동일한 기능을 갖는 제품이다. 예 우리나라의 경우 비행기와 고속철도, 음료산업에서 플라스틱 병과 캔

기술발전으로 인하여 대체재가 새로 출현할 수도 있다. 예를 들어, 에너지 보존기술의 발전으로 고객들은 전기와 화석연료사용을 축소한다.

② **대체재의 위협 요인으로는 경쟁제품의 상대적 가격, 성능, 고객의 교체의도**

대체재가 존재하는 경우 고객들은 제품선택에서 가격에 크게 의존한다. 그러나 고객들의 교체의지도 경쟁의 매우 중요한 요소가 된다. 예 전문디자이너의 옷은 기본적인 기능면에서 우수하지 않더라도 가격프리미엄이 존재한다. 그 이유는 고객들이 전문디자이너의 이미지에 가치를 두기 때문이다.

(3) 구매자와 공급업자의 협상력

한 산업의 경쟁강도는 잠재적인 수익성(초과이윤)을 얻을 수 있을지의 여부를 결정한다. 반면, 한 산업의 공급업자와 고객에 대한 협상력은 실제의 수익성을 결정한다. 생산요소 측면에서 기업들은 노동, 원재료 및 부품, 그리고 자금조달에 있어서 공급업자와 거래하게 된다. 반면, 생산제품 측면에서 기업들은 최종 고객에게 직접 팔거나 유통체인점에서 중간업자들과 거래를 한다. 이러한 모든 거래에서 양쪽의 상대적인 협상력이 산업내 기업들의 수익성 결정에 중요한 요인이 된다.

1) **경쟁요인 4:** 구매자(고객)의 협상력 → 구매자의 협상력이 높아질수록 수익성은 하락한다.

구매자의 협상력을 결정하는 요인으로서 가격민감도와 상대적인 협상력 등 두 가지가 있다. 가격민감도는 구매자가 가격을 흥정하고자 하는 의도의 크기를 결정한다. 그리고 상대적인 협상력은 구매자가 가격을 떨어트릴 수 있는지를 결정한다.

① **가격민감도**

구매자의 가격민감도가 큰 요인: 제품의 차별화가 없을 때, 교체비용이 작을 때.

그리고 구매자의 제품비용에서 큰 비중을 차지할 때(예 음료생산자의 경우 용기재료) 구매자는 저렴한 부품을 찾는데 상당히 노력한다. 반면, 구매자 자신의 제품비용에서 작은 비중을 차지할 때에는(예 자동차 제조업자의 경우 윈드쉴드와이퍼) 그렇지 않다. 그리고 구매자 자신의 제품에 대한 질(quality)적 측면에서 그 부품(제품의 생산요소)의 중요성도 가격민감도의 중요한 요인이 된다.

② 협상력

구매자가 가격에 민감할지라도 협상력이 강하지 않으면 가격을 낮출 수가 없다. 구매자의 협상력 결정요인: 공급업자 수에 대비한 구매자 수, 단일구매자의 구매량, 대체재의 수, 구매자의 교체비용, 구매자의 후방통합효과(기업이 부품과 같은 투입요소에 대한 소유권과 통제력을 갖는 것) 크기.

예를 들어, 후방통합효과로서 자동차 산업의 경우 자동차회사(구매자)는 여러 공급업자로부터 부품(생산요소)을 대량으로 구매하기 때문에 부품 공급업자에 대해 상당한 협상력을 갖는다. 또한 자동차회사의 부품구입을 위한 교체비용도 낮은 편이다. 반면, PC 산업의 경우 컴퓨터 제조회사는 높은 교체비용 때문에 운용시스템 소프트웨어 제조업자에 비해 협상력이 낮다.

2) 경쟁요인 5: 공급업자의 협상력 → 공급업자의 협상력이 높아질수록 수익성은 낮아진다.

공급업자의 상대적인 협상력은 구매자의 협상력과 정반대가 된다. 공급업자의 수가 적고 구매자의 대체재가 거의 없을 때 공급업자의 협상력은 강하다.

예 음료산업의 경우 공급업자(시럽을 공급하는 업자)인 펩시와 코카콜라는 탄산음료 제조업자에 비해 협상력이 매우 강하다. 반면, 음료산업에서 캔 공급업자의 협상력은 캔 생산업자간의 경쟁이 치열하고 플라스틱 병이라는 대체재 때문에 강하지 않다.

공급업자의 제품이 구매자의 영업에 매우 중요할 경우 공급업자의 협상력은 매우 크다. 예를 들어, 항공산업에서 조종사들(공급업자)은 항공사에 비해 상당한 협상력을 가지고 있다.

공급업자가 전방통합효과(기업이 유통부문에 대한 소유권과 통제능력을 가질 경우)를 가질 경우 상당한 협상력을 가지게 된다. 예를 들어, IBM(공급업자)은 메인프레임 컴퓨터 리스회사에 비해 협상력이 강하다. 그 이유는 IBM이 메인프레임 컴퓨터의 유일한 공급업자이며 동시에 컴퓨터 리스 영업도 하기 때문이다.

3 산업분석의 활용: PC산업

PC 산업은 1981년 IBM이 인텔의 마이크로프로세서와 마이크로소프트의 DOS 운용시스템을 갖춘 PC를 생산하면서 시작되었다. 현재는 PC가 전 세계적으로 매매되고 있다. 이와 같이 매출량에 있어서 괄목할만한 성장에도 불구하고 PC산업의 수익성은 낮은 편이다. IBM, 컴팩, 델 및 애플과 같은 컴퓨터산업내의 거대 기업들까지도 1990년대 초 수익성이 낮아 내부적으로 구조조정을 할 수 밖에 없었다. 이처럼 PC산업의 수익성이 낮은 이유는 무엇인가? 다음과 같이 5요인을 중심으로 분석해 본다.

(1) PC산업의 경쟁강도

PC산업은 다음의 여러 가지 이유로 경쟁이 치열하다.

1) 기업간의 경쟁강도

① PC산업은 완전경쟁에 가까울 정도로 많은 기업들이 실제적으로 동일한 제품을 생산한다. 컴퓨터시장의 경우 1990년대에 다소 산업집중도가 높아졌지만(5대 기업의 시장점유율이 60%에 가까움) 경쟁이 치열하여 매달 가격이 하락하였다.

② 부품비용이 PC의 하드웨어비용 중 60%이상을 차지하고, 부품의 대량구입으로 이들 부품비용이 낮아졌다. 따라서 경쟁기업들간에 시장점유율 경쟁이 치열하였다.

③ 제품이 거의 동일하여 차별화가 거의 없다. 초기에는 고객들이 브랜드와 서비스에 가치를 두었으나, 고객들(PC구매자들)이 기술에 대한 정보를 알아가면서 점점 덜 중요하게 여기게 되었다.

④ 대부분의 PC가 인텔의 마이크로프로세서와 마이크로소프트의 윈도운용시스템을 사용하기 때문에 서로 다른 브랜드간의 교체비용도 매우 낮아졌다.

2) 진입장벽

① 델 컴퓨터가 보여준 바와 같이 유통망에 대한 접근성이 커다란 진입장벽은 아니었다. 델 회사는 1980년대에 우편을 통해 컴퓨터를 배송판매했고, 1990년대 중반에는 인터넷판매를 도입하였다. 여러 브랜드의 컴퓨터를 함께 파는 CompUSA와 같은 대형 컴퓨터판매업체의 출현으로 유통망의 접근성은 크게 높아졌다.

② PC생산에 필요한 거의 모든 부품은 어디에서든 구입이 가능하므로 PC산업에 대한 진입장벽은 거의 없어지게 되었다. 실제로 델 컴퓨터회사의 창업자인 델

도 1980년대 초 기숙사에서 PC를 조립하여 직접 판매를 시작하게 되었다.

3) 대체재의 위협

애플의 매킨토시가 대표적인 대체재라고 할 수 있다. 선(Sun)의 워크스테이션도 고급품 PC시장에서 잠재적인 대체재가 된다.

(2) 공급업자와 구매자의 협상력

기업에 대한 부품판매자인 공급업자와 기업의 제품을 구매하는 구매자 모두 다음과 같은 이유로 PC산업에서 기업에 비해 상당한 협상력을 가진다.

1) 공급업자

PC의 핵심 하드웨어 및 소프트웨어 부품은 실제로 독점기업들에 의해 지배되고 있다. 예 인텔은 마이크로프로세서에서 생산을 지배하고 있으며, 마이크로소프트는 DOS 및 윈도우 운용시스템으로 운용시스템 소프트웨어 시장을 지배하고 있다.

2) 구매자

1983년에서 1993년까지 10년 동안 구매자의 협상력이 커졌다. 대량으로 구매하는 기업구매자는 PC에 대한 지출비용이 기업의 비용중에서 상당한 비중을 차지하기 때문에 가격에 매우 민감하게 되었다. 기업들은 PC 기술에 대해 잘 알고 있어 구매결정에 있어서 브랜드에 의해 영향을 받지 않게 되었다. 구매자들(기업고객이나 개인고객들 모두)은 점점 PC를 보통의 상품으로 간주하여 구매결정에 있어서 가격을 가장 중요한 요인으로 사용하게 되었다.

(3) 결론

1) 현황

PC산업에서 경쟁강도가 높고 진입장벽은 낮아 PC생산 기업들간의 가격경쟁이 치열하다. 또한 새로운 제품을 신속하게 도입하고, 고품질을 유지하며 탁월한 고객서비스를 제공하는 데에 상당한 자금을 투입해야 하는 압력이 커지게 되었다. 이러한 요인들 때문에 PC산업의 잠재적인 수익성은 낮을 수 밖에 없다. 거기에다 PC생산 기업에 대한 공급업자 및 구매자의 협상력이 커서 잠재적인 수익성은 더 축소되었다. 따라서 PC산업은 기술적으로 역동적인 산업이지만 잠재적인 수익성은 낮은 편이다.

2) 전망

PC산업의 기본구조에 대한 변화징후가 거의 없다. 또한 부품시장에서 마이크로소프트와 인텔의 지배적인 위치에 도전할 수 있는 경쟁기업들이 출현할 가능성도 거의 없다. IBM과 같은 선도기업들도 대체가능한 독점기술을 창출하려는 시도가 성공하지 못하였다. 따라서 PC산업의 수익성은 가까운 장래에도 상당히 개선되기는 어려울 전망이다.

4 산업분석의 활용: 반도체산업

(1) 메모리칩 반도체산업의 특징

메모리칩 반도체는 PC와 전자기구에 사용된다. 지난 20년간 급속하게 성장한 산업중의 하나이다. 반면 메모리칩 반도체산업의 수익성은 매우 낮아졌다. 이처럼 수익성이 낮은 이유가 무엇인지 5요인 모형을 토대로 살펴 보자.

(2) 기존 기업간 경쟁강도

1) 집중도 및 경쟁자들의 균형

메모리칩 반도체시장의 집중도는 매우 낮은 편이다. 전 세계적으로 경쟁기업들이 다수 존재하며, 어느 기업도 지배적인 시장점유율을 차지 못하고 있다. 이와 같이 상당한 정도의 시장분산으로 인해 개별기업들은 시장점유율을 높이기 위해 가격을 인하하는 전략을 활용하므로 가격전쟁이 자주 일어나게 된다.

2) 차별화정도 및 교체비용

일반적으로 메모리칩은 제품차별화가 거의 안되는 일상재화이다. 칩제조업자가 더 많은 메모리용량을 단일칩에 저장하거나 또는 특정의 힘(power)이나 규모를 충족시키는 메모리칩을 생산하는 방식으로 약간 차별화된 제품이 생산되고 있다. 그러나 이러한 차별화는 보통 단기간에 그치며 산업내 경쟁수준을 크게 낮추지는 못하고 있다.

또한 메모리칩은 보통 상호교환이 가능하므로 메모리칩 구매자(컴퓨터 조립업자와 소유자) 측면에서는 교체비용이 낮아 구매자들로 하여금 메모리칩의 최저가격을 찾도록 한다. 따라서 산업내 기업들의 가격경쟁 인센티브가 크다.

3) 규모의 경제효과(또는 학습효과)와 고정비 대 변동비 비율

이들 두 요인은 메모리칩 시장에서 매우 중요하다. 메모리칩을 생산하려면 청결한 생산시설환경에 상당한 투자가 필요하다. 따라서 추가적인 수요를 충족시키기 위해 추가적으로 조금씩 투자하기 보다는 대규모의 생산설비투자를 한번에 하는 것이 덜 비싸다. 또한, 직원들이 매우 복잡하고 민감한 생산과정을 익혀가면서 양품(良品)률 비중이 상승하게 된다(학습효과). 마지막으로 메모리칩 생산시설에 대한 고정비 투자는 보통 매우 큰 반면, 재료비 및 인건비 등의 변동비는 매우 낮다. 따라서 메모리칩 생산기업들의 경우에는 생산시설을 충분히 활용하여 가격을 낮추려는 인센티브가 존재한다.

4) 초과설비

보통 메모리칩 생산시설은 집단적으로 건설되어 여러 개의 공장시설이 동시에 가동되는 경향이 있다. 따라서 이 산업은 여러 기간 동안 상당한 초과설비를 보유하게 되는 특성을 갖는다. 이에 따라 기업들은 생산시설을 최대한 충분히 활용하기 위해 가격을 낮추고자 한다.

(3) 대체재의 위협

반도체 칩의 경우 여러 가지의 대체재가 존재할 수 있다. 여러 가지 서로 다른 정보수단(예 하드드라이브와 디스크드라이브), 보다 더 효율적인 컴퓨터시스템자원의 활용을 통해 추가적으로 메모리를 창출하는 메모리관리 소프트웨어 등이 대표적인 대체재라고 할 수 있다.

(4) 구매자의 가격민감도(협상력)

대표적으로 두 그룹의 구매자로서 컴퓨터 생산업자와 컴퓨터 소유자가 있다. 제품의 차별화가 거의 없고 교체비용도 낮으므로 이들 구매자들은 가격에 매우 민감하다.

5 산업분석의 활용: 탄산음료산업

코카콜라와 펩시의 수익성이 매우 높은 이유를 살펴보기 위해 5요인 모형을 활용해 본다.

(1) 두 회사의 특징

두 회사의 생산요소로서 설탕, 병/캔, 그리고 탄산음료시럽을 들 수 있다. 두 회사는 탄산음료시럽을 자체생산하고 다른 생산요소를 구매한다. 두 회사는 그들의 제품(탄산음료시럽)을 생산하기 위해 독립적인 탄산음료 생산업자들과 독점계약을 맺는다.

(2) 두 회사의 경영전략

소비자들은 두 회사의 치열한 경쟁관계를 예상하지만, 두 회사는 비경쟁적인 부문에 영업을 집중하도록 경영전략을 취하여 산업내 이윤의 대부분을 차지한다. 두 회사는 음료산업을 다음과 같이 두 산업으로 구분한다: 1) 탄산음료시럽 생산, 2) 소매수준에서 탄산음료의 생산과 유통. 두 회사는 전자인 탄산음료시럽의 생산에 영업을 집중하는 반면, 상대적으로 매우 경쟁적인 부문이라고 할 수 있는 후자(탄산음료의 생산과 유통)는 독립적인 탄산음료 생산업자에게 맡기고 있다.

(3) 기존 기업간의 경쟁

두 회사는 가격보다는 브랜드 이미지를 가지고 주로 경쟁한다. 두 회사는 특정 지역내에서 다른 회사제품과 함께 판매할 수 있는 독점권을 가진 독립적인 탄산음료 생산업자에게 시럽을 판매한다. (다른 시럽생산업자가 있지만 보통 지역기업들이며 시장점유율이 매우 작음). 경쟁적인 탄산음료 용기(유리병, 플래스틱병, 알루미늄캔 등)가 매우 많기 때문에 독립적인 탄산음료 생산업자가 초과이윤을 얻는 것은 어렵다. 따라서 두 회사는 독립적인 탄산음료 생산업자와 독점계약을 맺어 탄산음료 생산업자들이 동시에 한 경쟁자를 위협하지 못하도록 한다. 또한, 동일 지역내에서는 두 회사의 탄산음료 생산업자가 보통 각각 존재하기 때문에, 탄산음료 생산업자들이 두 회사 제품을 서로 교체하기도 어렵다. 그 결과 독립적인 탄산음료 생산업자들의 협상력은 거의 없고 두 회사는 상대적으로 높은 가격으로 음료시럽을 그들에게 팔 수 있게 된다.

(4) 음료시럽생산에서의 새로운 기업의 진입위협

두 회사가 이미 확보한 유통망과 브랜드가치때문에 새로운 기업의 진입위협은 매우 제한적이다. 음료시럽은 비교적 저렴하고 만들기도 쉽지만, 새로운 음료시럽 생산자는 소매점(매장)의 좋은 위치에 그들의 제품을 진열시킬 수 있는 유통업자를 찾기가 어렵다. 두 회사는 광고에도 상당히 투자하여 매우 높은 가치를 창출하였고, 전 세계적으로 브랜드를 인식시켜 왔기 때문에 경쟁적인 새로운 진입기업이 모방하기는 매우 어렵다.

(5) 공급업자에 대한 협상력

음료시럽의 주요 원료는 설탕과 향료이며, 이들 원료시장은 보통 완전경쟁에 가깝다. 따라서 두 회사는 원료 공급업자에 비해 상당한 협상력을 행사할 수 있다.

예 1980년대 옥수수당이 사탕수수 설탕보다 싼 향료가 되자 두 회사는 옥수수당으로 교체하였다. 따라서 두 회사는 공급업자들에게 이윤을 뺏기지 않고 보유할 수 있었다. 소매수준에서도 탄산음료의 생산과 유통은 여러 가지 이유로 음료시럽생산보다 수익성이 낮다. 그 이유를 보면 다음과 같다: 1) 차별화를 위해 상당한 광고를 하지만 많은 사람들은 탄산음료를 비슷한 것으로 간주하여 소비자들의 교체비용이 매우 낮다. 이로 인해 어떤 탄산음료의 가격을 다른 것보다 훨씬 더 비싸게 설정하지 못한다. 2) 탄산음료의 대체품이 매우 많다. 그 예로서 물, 우유, 쥬스, 스포츠음료 등을 들 수 있다. 따라서 소비자들은 어떤 탄산음료의 가격이 상승하면 다른 대체음료로 교체할 수 있다. 3) 교체비용이 낮아 소비자들은 가격에 민감하며 독립적인 탄산음료수 생산업자들에 비해 협상력이 크다. 4) 두 회사와 탄산음료 생산업자들간의 이러한 관계 때문에 두 회사는 그들에 비해 상당한 협상력을 가지고 있다. 그 결과 독립적인 탄산음료 생산업자들은 보다 더 큰 이윤을 얻지 못하게 제한을 받고 있다.

6 진입장벽의 결정요인

(1) 진입장벽의 결정요인

규모의 경제, 절대적 비용우위, 제품차별화, 경쟁자들의 진입에 대한 정부의 규제

1) 규모의 경제

제품이나 서비스, 생산과정에 대한 설계와 디자인을 통해 규모의 경제를 창출한다. 규모의 경제 때문에 대규모 생산설비는 소규모 생산설비에 비해 보다 더 저렴한 비용으로 제품을 생산할 수 있다. 따라서 기존의 시장에 진입하고자 하는 기업은 동일한 규모의 경제효과이득을 볼 수 있어야 한다. 그렇지 않으면 더 높은 가격을 부과해야 하므로 경쟁에서 열위에 있게 된다.

2) 절대적 비용우위

바용우위기업들은 시장에 새로 진입하려는 잠재적 기업들보다 보더 더 저렴한 비용으로 영업할 수 있다. 그 대표적인 방법으로는 다음과 같다: 첫째, 우수한 제품기술의 개발, 둘째, R&D에 투자, 셋째, 영업경험의 축적, 넷째, 원료에의 특별

한 접근성, 다섯째, 판매대리점이나 공급업자와의 독점계약.

3) 차별화

탄산음료 생산업자의 차별화 전략의 예로서 대규모 광고투자를 들 수 있다.

4) 정부의 규제

정부의 규제로서 특허, 규제, 면허제 등을 들 수 있다.

(2) 진입장벽 지속성의 결정요인

1) 규모의 경제

시장의 크기 및 성장성에 달려 있다. 시장이 빠르게 성장할 경우 경쟁자는 기존 기업보다 더 저렴한 비용으로 생산할 수 있는 더 큰 규모의 공장설비를 구축할 수 있다. 시장상황이 보통일 경우 효율적인 규모로 추가생산을 할 만큼 수요가 불충분하므로 새로운 진입기업들은 높은 생산비용을 감내해야 한다.

2) 절대적 비용우위

경쟁기업들이 보다 더 우수한 생산과정을 디자인 할 수 있는가에 달려 있다. 일부 생산과정은 특허에 의해 법적 보호를 받는다. 진입기업들은 특허가 만료될 때까지 기다리거나, 아니면 특허를 피하기 위해 투자비용을 감수해야 한다.

3) 차별화

차별화에 의한 이득을 계속 유지하려면 차별화를 위해 계속 투자해야 한다. 또한, 다른 기업들이 차별화된 제품이나 서비스를 모방하기가 어려워야 한다.

4) 정부의 규제

기존기업과 잠재적 진입기업은 모두 정부에 로비를 할 수 있다. 잠재적 진입기업들이 로비활동과 대중적 캠페인을 집중적으로 실시하면 규제산업으로의 진입이 용이하도록 법과 규제 등이 변화할 수 있다. 예 항공산업, 트럭운송업, 전자통신산업 등

종합적인 기업분석사례: AOL

〈문 제〉

1. 1995년 이전 경쟁자인 CompuServe와 Prodigy에 비해 상업용 온라인산업에서 성공요인은?
2. 1995년 현재 상업용 온라인산업의 핵심변동요인과 그것이 AOL의 미래전망에 미칠 영향은?
3. 1995년 이전 회원모집비용을 자본화한 AOL의 정책은 타당한가?
4. 1995년 현재 AOL은 회계정책을 변경할 필요가 있는가?
5. 자본화된 회원모집비용 전체를 상각처리할 경우 1995년 AOL의 대차대조표에의 영향은? 1995년 AOL이 회원모집비용 전체를 비용으로 처리할 경우 손익계산서에의 영향은?
6. 1995년 11월 8일 주가=81.63달러. 1995년 10월 100백만달러의 신주발행(주당 58.73달러로 1.713백만주 발행). 1995년 6월 30일 현재 장부가치=217.944백만달러. 신주발행 이외에 장부가치 변화요인이 없다면 1995년 11월 8일 현재 PBR은?
7. 장부가치기준 장기평균성장율=매년 15% 가정. 문제 6에서 구한 1995년 11월 8일 현재 PBR을 기초로 가능한 장기적인 평균 ROE는?
8. 문제 1-5를 바탕으로 PBR에 기초한 ROE와 장기성장율 가정이 타당한가?

문제 1 (1) AOL의 성공요인

1) 사용하기 쉬운 접속(interface) 2) 회원모집을 위한 성공적인 마케팅 프로그램 3) 질 높은 콘텐츠 공급업자와의 관계. 이들 요인간의 시너지 효과도 큼. 따라서 마케팅 프로그램에 대한 거액의 투자가 성공요인.

(2) 1995년 이전 AOL의 확실한 투자수익 가능이유?

1) AOL은 온라인서비스와 인터넷 접속이 사용자에게 가장 편하게 되어 있어 고객들이 다른 회사로 교체하지 않음. 따라서 회원유지율이 높음. 2) AOL은 대규모 회원(구매자)과 질 높은 콘텐츠 공급업자간의 강력한 중개기관이므로 두 당사자(구매자와 공급업자)에 비해 상당한 협상력을 가짐. 3) 전자담화실(chat room)의 인기

문제 2 변화요인:

1) 마이크로소프트가 MSN으로 산업에 진입. MS-DOS와 윈도 운용시스템과 결합하여 상당한 경쟁대상이 됨. 2) 사용하기 쉬운 웹 브라우저를 제공하는 Netscape의 등장으로 인터넷과 광범위한 데이터에 접속이 쉬움. 3) AT&T와 MCI 등과 같은 이메일 서비스 공급업자의 출현.

이러한 경쟁요인의 변화로 인해 AOL의 협상력은 구매자와 공급업자에 비해 급격히 감소. 콘텐츠 공급업자는 더 높은 요금을 요구함, 회원유지율은 감소함.

4) 급속한 성장으로 인해 대규모 회원을 관리하지 못함. 특히, 전자통신장비, 컴퓨터 하드웨어 및 소프트웨어에 대한 대규모 투자가 필요.

전자상담실의 인기는 유지되나 미래는 불확실함.

문제 3 **회원모집프로그램에 상당한 투자. 이것은 성공요인이기도 함. 이 투자비용의 측정방법은?**

1995년 이전, 회원모집비용을 자본화. 즉, 비용발생시 자산으로 기록, 18개월 동안 감가상각. 자본화시 AOL의 가정: 이들 비용이 확실하게 미래의 수익(회원 회비)으로 회수될 것으로 가정. AOL이 이 사업분야의 개척자이므로 이러한 문제를 평가하기 위해 과거 기준이나 비교대상 기업을 구하기 어려움. 그러나 1995년 이전에는 타당함.

문제 4 〈문제 3〉의 경영전략분석에 기초하면 회원모집비용을 회수하지 못할 위험이 1995년에는 상당히 커짐. 따라서 1995년 이전 회원모집비용에 대한 적절한 회계정책이 무엇이었든지 관계없이, 새로운 상황으로 인해 보다 더 보수적인 회계정책이 요구됨. 위험의 증가로 자본화정책에서 즉각적인 비용처리정책으로 전환하는 것은 논란의 여지가 있음. 그러나 이들 비용에 대한 감가상각기간을 18개월에서 24개월로 연장한 것은 새로운 상황을 감안할 때 타당성이 결여됨.

AOL의 경영진이 의도적으로 위험의 증가를 무시, 아니면 재무보고상 공격적인 회계정책 여부를 의심?

(참고) 회원모집비용의 자본화로 인해 이러한 비용을 회수하지 못할 위험이 크게 증가했음에도 불구하고 경영진은 이러한 영업활동에 상당한 자금을 계속 투자 가능. 따라서 애널리스트 입장에서 회계정책위험 자체를 간파할 수 있을지라도 AOL의 회계정책은 실질적인 경제적 결과(실체)와 연관됨.

문제 5 1995년 6월 30일 현재 회원모집비용으로 111.761백만달러 지출(현금흐름표). 그리고 그 해에 60.924백만달러를 비용으로 인식. 전체 지출이 비용으로 처리되면 비용은 50.837백만달러 증가하여 영업이익이 감소.

대차대조표상에 77.229백만달의 이연 회원모집비용자산으로 기록. 즉각적인 비용처리정책하에서는 이들 자산이 상각처리됨. 부채 및 자기자본 측면에서는 이와 동일한 금액만큼 자기자본과 이연세금이 함께 감소.

문제 6 1995년 6월 30일 현재 장부가치 = 217.944백만달러

신주의 장부가치(1995년 10월 현재) = 100백만달러

총 장부가치 = 317.944백만달러

총 주식수 = 37.555백만주(1995년 6월 30일 현재)+1.713백만주(1995년 10월 신주발행)
= 39.268백만주

주당 장부가치 = 317.944백만달러 / 39.268백만주 = 8.10달러
1995년 11월 8일 현재 주당 주가(주당 시장가치) = 81.63달러
PBR = 81.63달러 / 8.10달러=10

문제 7 PBR=10, g=15%
PBR = (ROE − g) / (k-g)
단, ROE=장기평균 ROE, g=장기평균성장율, k=자본비용
그리고 k = 30년 국채수익률(=6.26%) + 베타(=1.4) * 시장위험프리미엄(=8%)
= 17.5%
PBR = 10
= (ROE − 0.15) / (0.175-0.15)===〉 ROE=40%

문제 8 PBR=10에 상응하는 장기성장율과 ROE는 비현실적임.
근거: 1) 미국의 장기 인플레이션율 = 3.5%, 따라서 AOL은 영원히 매년 11.5(=15−3.5)%만큼 실질성장율을 유지해야함. 이것은 거의 불가능. 2) 이러한 성장률은 과도하게 높은 ROE(=40%)를 동반해야 함. 이것은 불가능. 왜냐하면 미국기업의 과거 평균 ROE는 약 12-14%이기 때문.

제 10 장

장기재무계획과 성장

장기계획을 효과적으로 세우지 않으면 기업은 재무적 곤경이나 재무적 실패를 맞는다는 것이 일반적인 견해이다. 기업은 **장기재무계획**을 통해 미래에 예상되는 문제들을 사전에 방지할 수 있다. 또한 장기재무계획은 기업의 변화와 성장에 대한 가이드라인을 설정해준다. 즉, 장기재무계획은 기업의 재무정책 및 투자정책에 대해서 개별적인 세부정책보다는 오히려 종합적이고도 중요한 정책에 초점을 둔다.

이 장에서의 주요 목적은 우선 장기재무계획의 개념에 대해 살펴본다. 그리고 장기재무계획을 통하여 기업이 행하는 여러 가지 투자의사결정 및 재무의사결정간의 연관성을 제시한다. 즉, 이와 같은 투자 및 재무의사결정이 어떻게 이루어지는가를 자세히 검토한다. 마지막으로 장기재무계획을 세워서 기업은 무엇을 달성할 수 있는가에 대해 살펴본다.

1 장기재무계획의 정의

기업이 장기재무계획을 새우기 위해 기업의 경영자는 기업의 재무정책요소들을 설정해야 한다. 이와 같은 장기재무계획의 기본적인 정책요인들은 다음과 같다. 첫째, 새로운 자산에의 투자 등 자본예산결정이다. 둘째, 재무레버리지도(부채비율)의 결정 등 기업의 자본구조 정책이다. 셋째, 기업의 배당정책이다. 넷째, 기업의 순운전자본관리이다. 이러한 네 가지 분야에 대한 의사결정은 기업의 미래수익성, 외부자금조달 필요성, 그리고 성장기회 등에 영향을 준다.

이 장에서 주의해야할 점은 기업의 투자정책과 재무정책은 상호작용하므로 서로 분리될 수 없다는 사실이다. 따라서 기업이 구입하고자 하는 자산의 유형과 규모는 기업의 자금조달정책과 함께 고려되어야 한다. 기업의 장기재무계획은 기업으로 하여금 목표에 대해서 생각하도록 한다. 기업들이 가장 중요하게 목표로 삼는 것은 성장이다. 따라서 모든 기업들은 성장률을 장기재무계획의 주요 요소로서 간주한다. 기업이 달성하고자 하는 성장률과 재무정책간에는 직접적인 관계가 있다. 본 장에서는 장기재무계획모형을 사용하여 기업이 어떻게 목표성장률을 달성하는가를 보여준다. 또한 그러한 모형에 의해 구해진 목표성장률의 한계점에 대해서도 분석한다.

(1) 재무경영목표로서의 성장

빠른 성장이 항상 기업에게 좋은 것은 아니다. 반면, 적절한 성장률은 주주 자기자본의 시장가치를 증가시킨다. 성장은 기업의 재무 및 투자정책의 여러 가지 면을 요약해주는 편리한 수단이다. 기업에서 성장을 자기자본 시장가치의 성장률로 보면, 성장목표와 자기자본 시장가치의 증대목표는 동일하다고 할 수 있다.

(2) 재무계획의 두 요소

재무계획의 첫 번째 요소는 장기재무계획의 대상기간을 얼마로 하는가이다. 장기재무계획의 대상기간은 보통 2년에서 5년이다. 기업의 개별 투자프로젝트들이 서로 합해져 하나의 큰 프로젝트로 되는 과정을 통합(aggregation)이라고 말한다. 본 장에서는 기업의 영업활동이 각 사업부를 기준으로 통합되며 계획기간은 3년으로 가정한다. 재무계획의 두 번째 요소는 미래의 상황을 구분하는 방법이다. 일반적으로 미래의 상황은 최악의 상황, 정상적인 상황, 그리고 최상의 상황으로 구분된다. 최악의 상황은 기업의 제품과 경제상태에 대한 비관적 가정을 말한다. 이러한 상황에서는 각 부문별로 경제상태 악화에 견딜 수 있는 능력을 강조하며, 비용삭감이나 심지어는 기업의 부분매각, 청산까지 고려한다. 정상적인 상황은 보통 가능성이 가장 높은 상황을 말한다. 그리고 최상의 상황은 낙관적인 상황을 말한다. 이러한 상황에서는 신제품 생산 및 기업 확대, 그리고 기업의 확장에 필요한 자금조달을 고려한다.

(3) 동태적인 재무계획(financial planning)의 목적

동태적인 재무계획의 목적을 보면 다음과 같다. 첫째, 영업활동을 위한 투자활동과 자금조달활동간의 상호작용을 이해하고자 한다. 둘째, 여러 가지 투자 및 자금조달옵션이 개발되고 기업의 주주에게 미치는 영향이 평가될 수 있다. 신제품의 마케팅, 공장폐쇄 등의 옵션이 평가될 수도 있다. 셋째, 재무계획을 통해 우발적 상황을 피할 수 있다(Avoiding Surprises). 매출성장계획의 결여는 IBM같은 대기업에게도 문제가 된다. 넷째, 영업의 세부 분야(시장점유율, ROE, 재무레버리지 등)에 대한 목적 및 계획이 가능한지 그리고 내부적으로 일관성이 있는지를 검토한다. 목적간의 상호충돌 가능성(예 매출성장 목표와 부채비율축소 목표)에 대해서도 분석할 수 있다. 결론적으로 동태적인 재무계획의 가장 중요한 결과는 경영자가 목적에 대해 생각하게 하고 우선순위를 정하게 하는 것이다. "정태적인 재무계획(financial plans)은 경영자에게 크게 중요하지 않지만 동태적인 재무계획(financial planning)은 경영자에게 매우 중요한 도구가 된다는 것이 전통적인 사업의 지혜이다."

2 재무계획모형

(1) 재무계획모형의 구성요인

기업마다 규모 및 생산물이 다른 것처럼 재무계획과정(financial planning process)도 기업마다 다르다. 우선 재무계획모형의 구성요소를 보면 다음과 같다. 첫째, 매출을 예측하는 것이다. 거의 모든 재무계획은 외부에서 제공되는 매출예측을 요구한다. 대부분의 다른 값은 매출예측값을 기준으로 계산된다. 재무계획은 미래 매출예측과 그 매출을 지원하는 데 필요한 자산 및 자금조달에 초점을 둔다. 매출증가율을 예측하기 위해서 종종 거시경제 및 산업 예측이 수반되어야 한다. 여기에서의 목적은 여러 가지 서로 다른 가능한 매출수준에서 투자와 자금조달필요액간의 상호작용을 연구하는 것이다. 둘째, 재무제표를 예측하는 것이다. 재무제표는 미래에 예상되는 여러 가지 사건들을 요약하기 위해 사용하는 형식이다. 셋째, 자산이 얼마나 필한가를 추정하는 것이다. 이를 통해 자본지출계획의 추정을 결정한다. 추정대차대조표에는 총고정자산과 순운전자본의 변화가 포함된다. 넷째, 재무적으로 필요한 금액을 추정하는 것이다. 즉, 재무계획은 배당정책과 재무정책에 대해 결정한다. 즉, 장기자금조달, 자본구조 그리고 배당정책 등을 결정한다. 다섯째, 경제상황에 대한 정확한 예측이 필요하다. 특히 금리와 기업의 세율에 대한 가정이 필요하다. 마지막으로 재무계획모형에서 구해야 할 미지의 값은 자금조달을 할 것인가 아니면 상환을 해야 할 것인가이다. 돈이 남으면 배당지급이나 부채상환을 하고 돈이 모자라면 유상증자나 부채조달을 해야 한다. 즉, 플러그변수(미지의 변수)는 배당지급, 유상증자 및 주식재매입, 부채상환 및 조달 등이 된다.

(2) 간단한 재무계획모형

우선 계명기업의 재무제표를 다음의 〈표 10-1〉과 같다고 가정하자.

표 10-1 계명기업의 재무제표

손익계산서(단위: 억원)		대차대조표(단위: 억원)			
매출	1,000	자산	500	부채	250
비용	800			자기자본	250
순이익	200	총계	500	총계	500

비용, 자산 등의 모든 변수는 매출에 비례하고 현재의 상태가 최적이라고 가정한다. 즉, 매출이 증가하면 모든 항목들이 매출과 동일하게 증가한다. 예를 들어 매출이 20% 증가한다고 가정하자. 그러면 계명기업의 추정재무제표는 다음의 〈표 10-2〉와 같다.

표 10-2 계명기업의 추정재무제표

추정손익계산서(단위: 억원)		대차대조표(단위: 억원)			
매출	1,200	자산	600	부채	300
비용	960			자기자본	300
순이익	240	총계	600	총계	600

〈표 10-2〉의 계명기업의 추정재무제표를 해석하면 다음과 같다. 어떻게 순이익이 240억원이 되며 자기자본이 50억원 만큼 증가할 수 있는가? 첫째, 이에 대한 답은 계명기업이 190억원(=240억원-50억원)을 현금배당으로 지급했어야 한다. 이 경우 구해야 할 미지수의 값은 배당금액이 된다.

둘째, 계명기업이 190억원을 배당으로 지급하지 않는다고 가정하자. 이 경우 이익잉여금의 증가액은 240억원(순이익)이 되며 계명기업의 자기자본은 총 490억원(=250억원+240어원)이 된다. 따라서 대차대조표 항등식이 성립되도록 하기위해 부채가 110억원(=600억원-490억원)이 되도록 상환되어야 한다. 즉, 140억원(=250억원-110억원)만큼의 부채가 상환되어야 한다. 이 경우 구해야 할 미지수의 값은 부채의 상환금액이 된다.

표 10-3 예측대차대조표: 배당을 지급하지 않았을 경우(단위: 억원)

자산	600(+100)	부채	110(−140)
		자기자본	490(+240)
총	600(+100)	총	600(+100)

〈표 10-3〉의 예측대차대조표의 예에서는 매출성장과 재무정책간의 상호작용을 보여주고 있다. 매출이 증가하면 그에 비례하여 자산도 증가한다. 그 이유는 기업이 더 높은 매출수준을 지원하기 위해 순운전자본과 고정자산에 투자하기 때문이다. 자산이 증가하기 때문에 그에 따라 부채 및 자기자본도 증가한다. 한 가지 주목해야 할 사항은 부채 및 자기자본이 어떻게 기업의 자금조달정책과 배당정책에 달려있는가이다. 즉, 자산의 성장은 기업이 그 성장을 위해 자금을 조달하는 방법에 대해 결정할 것을 요구한다. 이것은 분명히 경영자가 결정해야할 사항이다.

3 매출액백분율법

매출액백분율법에서는 우선 매출액에 비례하여 변하는 것과 변하지 않는 것으로 구분하는 것이 중요하다. 예를 들어, 장기차입은 경영자에 의해 결정되는 것이므로 매출액수준과는 반드시 직접적으로 관계있는 것은 아니다.

2008년 기준 성주기업에 대한 다음의 〈표 10-4〉와 같은 손익계산서를 가정한다.

표 10-4 성주기업의 손익계산서(단위: 억원)

매출액	1,000
비용	800
과세대상소득	200
법인세(세율=34%)	68
순이익	132
배당	44
내부유보	88

표 10-5 성주기업의 추정손익계산서(단위: 억원)

(2009년 기준)

매출액	1,250
비용	1,000
과세대상소득	250
법인세(세율=34%)	85
순이익	165

〈표 10-5〉에서와 같이 성주기업의 2009년도 기준 추정손익계산서를 작성하기 위해 매출액증가율은 25%라고 가정하며, 총비용은 매출액의 80%로 가정한다. 이 가정은 매출액 대비 순이익비중이 일정하다고 가정하는 것이다. 순이익 중 배당지급액 비중을 나타내는 **배당성향**(dividend payout ratio)은 33 1/3%(=44억원/132억원*100)이다. 따라서 순이익에 대한 유보이익의 비중을 나타내는 **유보율**(retention ratio, plowback ratio)은 66 2/3%(=88억원/132억원*100)이다. 그리고 배당지급액/순이익 비율이 일정하다고 가정한다. 그러면 예상되는 주주에 대한 배당지급액은 55억원(=165억원*1/3)이고 내부유보의 증가금액은 110억원(=165억원*2/3)이 된다.

그리고 성주기업에 대한 다음의 대차대조표를 가정한다.

〈표 10-6〉은 2008년말 기준으로 작성한 대차대조표이며, 〈표 10-7〉은 매출액이 25%증가한 2009년말 기준으로 작성한 추정대차대조표이다. 〈표 10-6〉과 〈표 10-7〉에서는 대차대조표 항등식이 성립되지 않는다. 반면, 〈표 10-8〉의 경우에는 대차대조표 항등식이 성립된다.

표 10-6 2008년말 기준 대차대조표(단위: 억원)

유동자산	비중*(%)		유동부채	비중*(%)	
현금	160	16%	매입채무	300	30%
매출채권	440	44	단기차입금	100	-
재고자산	600	60	계	400	-
계	1,200	120	비유동부채	800	-
비유동자산					
순고정자산	1,800	180	자본금	800	-
			이익잉여금	1,000	-
			자기자본 계	1,800	-
총자산	3,000	300	부채 및 자기자본	3,000	-

* 비중은 매출액 대비 비중을 의미한다.

이미 가정한 바와 같이 자산의 각 항목들은 매출액에 비례한다. 예를 들면, 재고자산은 매출액의 60%이다. 그리고 매출액 대비 총자산의 비중은 300%(=3,000억원/1,000억원)이다. 이것은 1원의 매출을 일으키기 위해 소요되는 자산의 양으로서 자본집중율(capital intensity ratio)을 나타낸다. 예를 들어, 매출이 100원 증가하면 자산은 300원 증가한다.

그러나 부채 및 자기자본은 매입채무를 제외하면 매출액에 따라 변하지 않는다. 매입채무는 매출액의 30%라고 가정한다. 유보이익은 매출액에 따라 변하기는 하나 비례하지는 않는다. 왜냐하면 유보이익은 예상되는 순이익과 배당정책에 따라 달라지기 때문이다. 매출액 대비 순고정자산의 비중은 180%이므로 매출액이 1,250억원으로 예측되면 다음의 〈표 10-7〉)에 나타난 바와 같이 순고정자산은 2,250억원(=1.80 * 1,250억원)이 되어 450억원이 증가한다. 유보이익의 증가분은 이미 110억원이라는 것을 주의해야 한다. 총자산은 750억원증가했으나 부채 및 자기자본은 185억원만 증가하였다. 따라서 565억원(=750억원 − 185억원)가 부족하여 외부자금이 조달되어야 한다.

표 10-7 2009년말 기준 추정대차대조표(단위: 억원)

유동자산		변화*	유동부채		변화*
현금	200	40	매입채무	375	75
매출채권	550	110	단기차입금	100	0
재고자산	750	150	계	475	75
계	1,500	300	장기부채	800	0
고정자산					
순고정자산	2,250	450	자본금	800	0
			이익잉여금	1,110	110
			자기자본 계	1,910	110
총자산	3,750	750	부채 및 자기자본	3,185	185
			외부자금조달필요액	565	565

* 변화는 전년도 대비 변화금액을 의미한다.

그러면 외부자금을 어떻게 조달해야 하는가는 다음의 시나리오에 따라 다르다.

1) 시나리오 1

차입(장단기 차입)이나 유상증자를 하지 않으면 25%의 매출증가율은 가능하지 않다. 부족 자금을 어느 방법으로 조달하는가는 전적으로 경영자에 달려 있다. 시나리오 1에서는 장단기의 차입으로 자금을 조달하기로 결정한다고 하자. 예를 들어, 유동자산이 300억원만큼 증가하였으므로 유동부채도 300억원만큼 증가시키기로 하자. 그런데 이미 매입채무가 75억원 증가했으므로 다음의 〈표 10-8〉에 나타난 바와 같이 225억원(=300억원-75억원)만큼 단기차입금으로 조달하면 된다. 따라서 필요자금 565억원 중 나머지 340억원(=565억원-225억원)만큼 장기차입으로 조달해야 한다(〈표 10-8〉 참조). 이 경우에는 유동비율과 부채비율 등을 다시 점검해야 한다.

표 10-8 시나리오 1에 의한 추정대차대조표(단위: 억원)

유동자산		변화*	유동부채		변화*
현금	200	40	매입채무	375	75
매출채권	550	110	단기차입금	325	225
재고자산	750	150	계	700	300
계	1,500	300	비유동부채	1,140	340
비유동자산					
순고정자산	2,250	450	자본금	800	0
			이익잉여금	1,110	110
			자기자본 계	1,910	110
총자산	3,750	750	부채 및 자기자본	3,750	750

* 변화는 전년도 대비 변화금액을 의미한다.

2) 시나리오 2

시나리오 1에서는 비유동자산을 100%로 활용하고 있다고 가정하였다. 그러나 시나리오 2에서는 유휴초과설비(excess capacity)가 존재한다고 가정한다. 예를 들어 70% 수준만 공장설비를 사용하고 있다고 가정하자. 그러면 다음의 식이 성립한다.

$$현재매출 = 1{,}000억원 = 0.70 \times 전체가동시\ 매출$$

따라서 전체가동시 매출은 1,429억원(= 1,000억원 / 0.70)이 된다. 이것은 매출이 약 43%까지 증가(금액으로는 430억원 증가)할 경우에는 비유동자산을 구입할 필요가 없다는 것이다. 매출액이 1,250억원으로 증가할 경우 시나리오 1에서는 순고정자산이 450억원 만큼 더 필요하다고 하였다. 그러나 시나리오 2에서는 매출액이 약 1,430억원까지 증가할 때까지는 순고정자산에 대한 지출이 필요하지 않다. 따라서 시나리오 1에서 구한 외부자금조달 필요액인 565억원은 너무 많다. 그리고 새로운 순고정자산투자에 필요한 금액은 450억원이라고 추정하였으므로, 현재 공장설비의 70%만을 이용할 경우에는 115억원(=565억원-450억원)정도만 외부자금조달이 필요하다.

4 외부자금조달과 성장

이미 살펴본 바와 같이 외부자금조달과 성장은 서로 밀접하게 연결되어 있는 것이 확실하다. 앞에서는 매출성장률이 주어졌을 경우 그 성장률이 달성되기 위한 외부자금 필요액이 얼마인가를 구하는 데 중점을 두었다. 그러나 여기에서는 기업의 재무정책을 주어진 것으로 가정하고 재무정책과 새로운 투자자금을 조달하여 성장할 수 있는 능력간의 관계를 분석한다.

(1) 외부자금조달 필요액(external financing need: EFN)과 성장

다음의 〈표 10-9〉와 〈표 10-10〉은 매출액이 증가하기 전후의 손익계산서를 각각 나타낸다.

표 10-9 매출액 증가전 손익계산서와 대차대조표

〈손익계산서〉

(단위: 억원)

매출액	500
비용	400
과세대상소득	100
법인세(세율=34%)	34
순이익	66
배당	22
내부유보	44

〈대차대조표〉

(단위: 억원)

	금액	비중(%)		금액	비중(%)
유동자산	200	40%	총부채	250	-
순고정자산	300	60%	자기자본	250	-
총자산	500	100%	총부채 및 자기자본	500	-

표 10-10 매출액 증가(증가율 20%)후 손익계산서와 대차대조표

〈손익계산서〉

(단위: 억원)

매출액	600
비용	480
과세대상소득	120
법인세(세율=34%)	40.8
순이익	79.2
배당	26.4
내부유보	52.8

〈대차대조표〉

(단위: 억원)

	금액	비중(%)		금액	비중(%)
유동자산	240	40%	총부채	250	-
순고정자산	360	60%	자기자본	302.8	-
총자산	600	100%	총부채 및 자기자본	552.8	-
			외부자금조달필요액	47.2	-

총부채 및 자기자본은 매출과 비례하지 않는다고 가정한다. 또한 손익계산서상의 비용에는 감가상각비, 이자비용 등이 모두 포함된다고 가정한다. 매출액이 100억원 증가하여 600억원이 된다고 가정하자. 즉, 매출증가율이 20%이다.

매출액백분율법을 사용하여(단, 100% 공장설비 활용가정), 대차대조표 및 손익계산서를 추정한다. 유보이익의 증가분이 52.8억원이므로 외부자금필요액은 47.2억원(=100억원-52.8억원)이 된다. 부채비율은 처음에 〈표 10-9〉에서 250억원/250억원=1.0이었다. 회사는 유상증자를 원하지 않으므로 47.2억원만큼 차입해야 한다. 그러면 새로운 부채비율은 얼마인가? 위의 〈표 10-10〉에서 자기자본은 302.8억원이고 부채는 297.2억원(=250억원+47.2억원)가 되므로 부채비율은 297.2억원/302.8억원=0.98로서 약간 하락한다.

다음의 〈표 10-11〉은 성장률에 따라 외부자금조달 필요액이 달라지는 것을 나타낸다. 여기서 부채비율을 결정할 때, 필요자금은 모두 차입으로 이루어지고 잉여자금은 부채를 상환하는 것으로 가정한다. 〈표 10-11〉에서 주목할 것은 매출성장시 필요되는 자산의 금액은 최초의 자산 500에다가 성장률을 곱한 값이 된다는 것이다.

표 10-11 성장과 외부자금조달필요액간의 관계(단위: 억원, %)

예상 매출증가율	필요자산 의 증가	유보이익 의 증가	외부자금조달 필요액	예상 부채비율
0%	0억원	44.0억원	-44.0억원	70%
5	25	46.2	-21.2	77
10	50	48.4	1.6	84
15	75	50.6	24.4	91
20	100	52.8	47.2	98
25	125	55.0	70.0	105

위의 〈표 10-11〉에서 보는 바와 같이 상대적으로 성장률이 낮으면 자금이 남아 부채비율이 하락한다. 그러나 성장률이 10%를 넘어서면 자금은 모자라게 된다.

특히, 성장률이 약 20%를 넘어서면 부채비율은 1.0을 초과하게 된다.

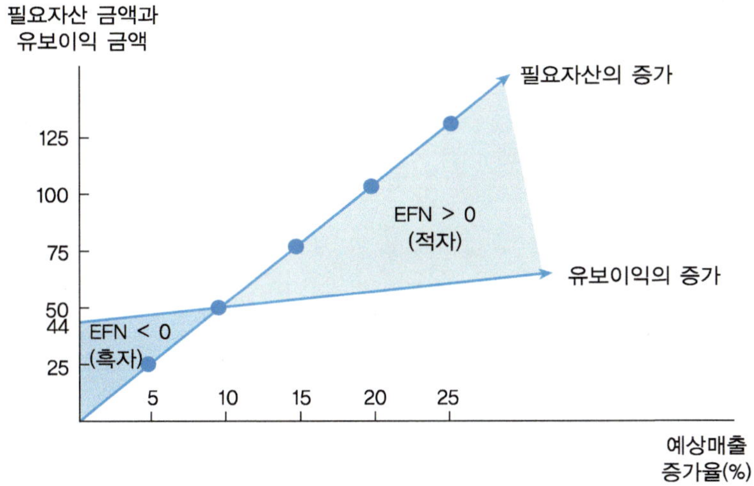

〈그림 10-1〉 성장과 외부자금조달 필요금액(EFN)간의 관계

〈그림 10-1〉에서 X축은 예상매출증가율, Y축은 필요자산금액 및 유보이익금액을 각각 나타낸다. 이 그림은 매출증가율과 외부자금필요액간의 관계를 나타낸다. 즉, 새로운 자산필요액이 유보이익증가분보다 훨씬 더 빨리 증가하므로 유보이익증가에 의한 내부자금조달금액이 빨리 사라진다. 기업이 현금잉여냐 현금적자이냐는 성장에 달려있다. 최근 삼성전자 등 우리나라의 기업들이 경기침체에 따른 불확실성의 증가로 투자를 축소하여 성장이 둔화되자 기업들의 현금보유량이 크게 증가하였다. 이것은 바로 성장과 외부자금조달 필요액간의 관계를 나타내는 대표적인 사례가 된다.

(2) 재무정책과 성장

앞에서 본 바와 같이 성장률과 외부자금조달간에는 직접적인 관계가 존재한다. 여기에서는 장기재무계획에서 매우 유용한 두 가지 성장률에 대해서 분석한다.

1) 내부성장률

내부성장률(internal growth rate)이란 외부자금의 조달없이 기업이 실현가능한 최대의 성장률을 의미한다. 즉, 내부자금만으로 가능한 성장률을 말한다. 〈그림 10-1〉에서 두 직선이 교차하는 성장률이다. 즉, 이 점에서 자산증가의 필요액은 유보이익의 증가액과 같으므로 외부자금조달 필요액이 0이 된다.

내부성장률을 구하는 공식은 다음과 같다.

$$\text{내부성장률} = (ROA \times b) / (1 - ROA \times b).$$

ROA는 총자산에 대한 순이익의 비율이며, b는 내부유보율을 나타낸다. 어느 기업의 ROA = 66/500 = 13.2%, b = 44/66 = 2/3이면 내부성장율은 9.65%가 된다.

2) 지속가능성장률

지속가능성장률(sustainable growth rate)이란 부채비율을 일정하게 유지하며 유상증자를 통한 외부자금조달을 하지 않고 가능한 기업의 최대 성장률을 말한다. 지속가능한 성장률이란 기업이 재무레버리지를 증가시키지 않고 기업이 유지할 수 있는 성장률을 말한다.

기업이 유상증자를 하지 않는 이유는 여러 가지가 있다. 첫째, 자기자본은 부채에 비해 매우 비싸기 때문이다. 둘째, 현재의 주주들은 새로운 주주들이 진입하는 것을 싫어하거나 추가적으로 유상증자대금을 납입하기를 원하지 않기 때문이다.

위의 〈표 10-11〉을 기초로 하여 지속가능한 매출성장률을 20%로 한다. 왜냐하면 그 성장률에서 부채비율이 원래의 1.0에 근접하기 때문이다.

$$\text{지속가능성장률} = (ROE \times b) / (1 - ROE \times b)$$

여기에서 ROE는 자기자본에 대한 순이익의 비중, 그리고 b는 내부유보율을 나타낸다.

계명기업의 순이익은 66, 자기자본은 250이다. 따라서 ROE는 26.4%(=66 / 250 × 100)이고 b는 2/3이다. 그러므로 계명기업의 지속가능성장률은 21.36%이다.

예제 1 다음은 지속가능성장률이 21.36%일 때 추정대차대조표 및 추정손익계산서이다.

우선 매출증가율이 21.36%이면 매출액은 500억원에서 606.8억원으로 증가한다. 따라서 추정손익계산서는 다음의 〈표 10-12〉와 같다.

표 10-12 추정손익계산서 (단위: 억원)

매출액	606.8
비용	485.4
과세대상소득	121.4
법인세(세율=34%)	41.3
순이익	80.1
배당	26.7
내부유보	53.4

이 경우 내부유보가 53.4억원 증가했으므로 다음 〈표 10-13〉의 추정대차대조표에서와 같이 자기자본은 250억원에서 303.4억원(=250억원+53.4억원)으로 증가한다.

표 10-13 추정대차대조표 (단위: 억원)

	금액	비중*(%)		금액	비중*(%)
유동자산	242.7	40%	총부채	250.0	-
순고정자산	364.1	60%	자기자본	303.4	-
총자산	606.8	100%	총부채 및 자기자본	553.4	-
			외부자금조달필요액	53.4	-

* 비중은 매출액 대비 비중을 의미한다.

위의 〈표 10-13〉에서 보는 바와 같이 외부자금조달필요액은 53.4억원이다. 성주기업이 이 금액을 모두 차입하면 총부채는 303.4억원이 되며 자기자본 대비 부채비율은 1.0이 된다. 즉, 성장률이 변하면 무엇이든 변해야 할 것이다. ✲

3) 성장률의 결정요인

앞에서 본바와 같이 ROE는 지속가능성장률의 중요한 요인이다. 따라서 ROE를 결정하는 요인이 바로 성장률의 결정요인이 된다. 듀퐁항등식에서 본바와 같이 ROE의 결정요인은 다음과 같다.

$$\text{ROE} = \text{이윤마진} \times \text{총자산회전률} \times \text{자기자본승수}$$

이와 지속가능성장률을 함께 보면 다음의 결론을 얻을 수 있다.

첫째, 이윤마진이 증가할수록 내부자금의 증가로 지속가능성장률이 증가한다. 둘째, 배당정책의 결과 순이익중 배당의 감소는 내부유보비율(retention ratio)의 증가를 가져오고 이는 내부자기자본의 증가를 가져온다. 따라서 지속가능성장률은 증가한다. 셋째, 재무정책으로서 부채비율의 증가는 기업의 재무레버리지를 증가시킨다. 이는 추가적인 부채조달이 가능하므로 지속가능성장률을 증가시킨다. 넷째, 총자산회전률의 증가로 인해 자산 1원당 창출되는 매출액이 증가되어, 매출이 성장함에 따라 새로운 자산의 필요액을 감소시킨다. 따라서 지속가능성장률이 증가한다. 총자산회전율의 증가는 자본집중화의 감소가 된다.

지속가능성장률은 매우 유용한 계획수치이다. 이는 기업의 주요 네 가지 분야, 즉 영업효율성, 자산활용의 효율성, 배당정책, 재무정책간의 관계를 명시적으로 나타낸다. 재무계획의 주요 장점중의 하나는 기업의 여러 목표간의 내부적 일관성을 확인하는 것이다. 바로 지속가능성장률이 이러한 기능을 한다. 그리고 재무계획모형은 계획된 성장률의 타당성(feasibility)을 검증하는 데 사용될 수 있다.

5 현금흐름의 항등식과 자금소요액 예측

현금흐름분석을 토대로 다른 형태의 자금조달 필요액의 예측이 가능하다. 즉, 대차대조표의 항등식(자산가치=부채가치+자기자본가치)처럼, 현금흐름의 항등식을 다음의 〈표 10-14〉과 같이 정의할 수 있다.

표 10-14 현금흐름의 항등식

자산으로부터의 현금흐름 = 채권자에의 현금흐름 + 주주에의 현금흐름

	유동자산	부채(채권자)	
현금흐름창출 〈——			〈—— 현금흐름지급
(-법인세)	비유동자산	자기자본(주주)	

이 항등식은 기업이 경영활동을 통해 자산으로부터 현금을 창출하고, 이렇게 창출된 현금흐름은 기업에게 부채를 제공한 채권자와 자기자본을 제공한 주주에게 돌아간다는 것을 의미한다.

(1) 자산으로부터의 현금흐름

자산으로부터의 현금흐름은 잉여현금흐름(Free Cashflow)라고도 말하며, 영업현금흐름, 순자본지출, 그리고 순운전자본의 변동으로 구성된다. **영업현금흐름**은 기업의 생산과 판매활동에서 창출된 현금흐름을 의미한다. **순자본지출**은 비유동자산에 대한 순지출로서 기말비유동자산에서 기초비유동자산을 빼고 기간중 감가상각비를 더하면 된다. 그리고 **순운전자본의 변동**은 순운전자본에 소요된 금액을 말한다. 순운전자본이란 기업의 영업활동과 관련된 매출채권과 재고자산 등의 유동자산에서 매입채무 등의 유동부채를 뺀 값을 말한다.

1) 영업활동현금흐름

영업활동현금흐름은 영업이익에서 감가상각비를 더하고 법인세를 빼서 구한다. 이것은 영업활동으로부터 창출된 현금유입이 어느 정도 현금유출을 감당할 수 있는가를 나타낸다.

기업의 손익계산서를 기초로 영업활동현금흐름을 구하면 다음과 같다.

영업활동현금흐름 = 영업이익 + 감가상각비 − 법인세

한 가지 주의할 것은 여기에서의 현금흐름은 회계상의 영업현금흐름과 지급이자액만큼 차이가 난다는 점이다. 회계상의 영업활동현금흐름은 순이익과 감가상각비의 합으로 계산된다. 즉, 회계상으로는 지급이자가 영업비용으로 처리되기 때문에 차감된다. 그러나 여기에서의 영업활동현금흐름에서는 지급이자가 영업비용이 아니라 금융비용이기 때문에 차감되지 않는다.

2) 순자본지출

순자본지출은 비유동자산에의 순투자금액으로서 기말의 비유동자산에서 당해 기간 중 감가상각비를 차감한 기초의 순고정자산을 빼서 구한다.

기업의 대차대조표와 손익계산서를 기초로 순자본지출을 구하면 다음과 같다.

순자본지출 = 기말 순고정자산 − (기초순고정자산 − 감가상각비)

3) 순운전자본의 변동

기업은 영업활동상 유동자산에도 투자를 하며 그에 따라 유동부채도 변한다. 따라서 유동자산에서 유동부채를 뺀 순운전자본도 변하게 된다. 이러한 순운전자본은 다음과 같이 구한다.

순운전자본의 변동=기말 순운전자본-기초 순운전자본.

따라서 자산에서의 현금흐름은 다음과 같이 구해진다.

자산에서의 현금흐름 = 영업활동현금흐름 − 순자본지출 − 순운전자본의 증가.

(2) 채권자와 주주로의 현금흐름

채권자로의 현금흐름은 지급이자에서 순차입(차입-상환)을 뺀 값이다. 그리고 주주로의 현금흐름은 지급된 배당금에서 순유상증자(유상증자-주식재매입) 금액을 뺀 값이 된다. 따라서 채권자와 주주로의 현금흐름을 계산하면 다음과 같다.

채권자로의 현금흐름 = 지급이자 − 순차입금(=차입 − 상환).
주주로의 현금흐름 = 지급배당금 − 순유상증자(=유상증자 − 자사주재매입)

(3) 현금흐름 항등식

마지막으로 현금흐름의 항등식이 성립하려면 다음과 같이 자산에서의 현금흐름은 채권자와 주주로의 현금흐름과 일치해야 한다.

자산으로부터의 현금흐름 = 채권자에의 현금흐름+주주로의 현금흐름.

다음에는 현금흐름 항등식을 이용하여 미래 자금조달 필요액을 추정하는 예를 들어 보기로 한다. 우선 추정손익계산서와 기초 및 기말 대차대조표가 〈표 12-15〉에서부터 〈표 12-17〉와 같이 각각 주어져 있다고 가정한다. 그리고 다음과 같은 가정을 전제로 한다.

〈가정〉

1) 순이익 79억원 중 배당은 30억원, 유보이익은 49억원으로 주어져 있다.
2) 자금조달 필요액은 순차입(=차입-상환)으로 한다.
3) 순유상증자(=유상증자-자사주재매입)는 0으로 한다.

〈예측 지표〉

1) 매출액 증가율 2) 매출액 대비 매출원가 비율 3) 매출액 대비 판관비 비율
4) 매출채권회전율 5) 재고자산회전율 6) 매입채무회전율
7) 비유동자산 투자액

표 10-15 추정 손익계산서

(단위: 억원)

순매출액	600
-매출원가/판관비	300
-감가상각비	150
영업이익(EBIT)	150
-이자비용	30
경상이익	120
-법인세	41
순이익	79

표 10-16 기말대차대조표(단위: 억원)

유동자산 800	유동부채 250
비유동자산 750	

표 10-17 기초대차대조표(단위: 억원)

유동자산 770	유동부채 260
비유동자산 500	

1) 영업현금흐름=영업이익(150) + 감가상각비(150) -법인세(41)=259억원
2) 순운전자본의 변화=40억원 증가
기말 유동자산 − 기말 유동부채 = 550
기초 유동자산 − 기초 유동부채 = 510
즉, 순운전자본은 40(=550-510)억원 증가한다.

3) 순자본지출(순 고정자산 투자지출) = 400억원 증가
기말 비유동자산 − (기초비유동자산 − 감가상각비)
= 750 − (500 − 150)
= 400
즉, 순자본지출은 400억원 증가한다.

여기에서 순운전자본과 순자본지출의 증가는 자산의 증가와 마찬가지이므로 현금 유출이 된다. 따라서 자산에서의 현금흐름은 다음과 같다.

자산에서의 현금흐름 = (1) − (2) − (3)
= 259 − 40 − 400
= −181 억원.

이는 기업의 경영활동의 결과 181억원이 부족하다는 것이다. 따라서 채권자나 주주로부터 자금을 조달해야 한다.

채권자에게 지급되는 현금흐름은 이자와 상환금이 되며, 채권자로부터 나오는 현금흐름은 차입금이 된다. 따라서 채권자에게 지급되는 현금흐름은 다음과 같다.
4) 채권자에의 현금흐름 = 이자지급(30억원) − 순차입(=차입 − 상환)
=30억원 − 순차입

그리고 주주에게 지급되는 현금흐름은 배당과 주식재매입금이 되며, 주주로부터 나오는 현금흐름은 유상증자가 된다. 따라서 주주에게 지급되는 현금흐름은 다음과 같다.
5) 주주에의 현금흐름 = 배당지급(30억원) -순유상증자[=유상증자(0) − 주식재매입(0)]
= 30억원

따라서 −181 억원 = 60 억원 − 순차입.

즉, 순차입이 241 억원으로서 기업에서는 241 억원만큼 차입을 해야 한다. 이는 이 기업의 평균차입금리를 10%로 가정할 때 부채금액은 300억원이라고 할 수 있는데, 부채잔액에 비해 향후 조달해야할 부채가 상대적으로 너무 크다고 판단할 수 있다.

6 재무계획모형의 한계

위와 같은 재무계획모형의 장점에도 불구하고 다음과 같은 한계점도 있다. 첫째, 장기재무계획모형은 재무상의 관계가 아니라 회계상의 관계에 의존한다. 특히, 기업가치를 결정하는 세 가지 기본요소인 현금흐름크기, 위험, 시간(time) 등의 요소가 그 모형에는 배제되어 있다. 둘째, 재무계획모형은 어느 전략이 기업가치를 증가시키는가에 대해서는 의미있는 결과를 제시하지 못한다. 단지 재무계획모형은 내부적으로 일관성에 대한 여부를 확인하고 재조정하며, 재무적으로 필요한 것이 어떠한 것인가를 제시하는 데에만 유용하다.

요약

1. 장기재무계획을 통해 기업은 미래를 대비하게 된다. 본 장에서는 여러 가지 동태적인 장기재무계획의 특성에 대해 살펴보았다. 첫째, 장기재무계획을 통해 기업은 무엇을 달성할 수 있는가와 재무계획모형의 구성요인에 대해 살펴보았다. 둘째, 성장과 외부자금조달 필요금액간의 관계를 구축하고 그러한 관계를 설명할 때 장기재무계획모형이 얼마나 유용한가에 대해 검토하였다.
2. 기업의 장기재무계획(financial planning)은 단순히 기계적인 계획이 되어서는 안 된다. 특히, 정태적인 계획(plans)은 종종 기업의 가치창조와는 관계없이 성장의 관점에서만 설정된다. 그러나 그러한 계획은 회계장부상의 수치만을 너무 강조하여 비현실적이다.

연 습 문 제

1 동태적 재무계획의 목적을 서술하시오.

2 내부성장률이란 무엇인가?

3 지속가능성장률이란 무엇인가?

4 다음은 대명기업의 손익계산서와 대차대조표이다.

손익계산서(단위: 억원)	
매출액	500
비용	400
과세대상소득	100
세금(세율=34%)	34
순이익	66
단, 배당은 순이익의 1/3 지급, 나머지는 내부유보함.	

대차대조표(단위: 억원)			
유동자산	200	총부채	250
순고정자산	300	자기자본	250
단, 유동자산은 매출액 대비 40%, 순고정자산은 매출액 대비 60%로 가정함.			

(1) 매출증가율이 20%라고 가정할 때, 매출액백분율법을 사용하여 대차대조표 및 손익계산서를 추정하시오.
단, 100%의 공장설비 활용, 순이익중 1/3은 배당, 나머지는 내부유보 가정. 매출액 대비 비용은 80%, 그리고 매출액 대비 유동자산 및 순고정자산의 비중은 각각 40%와 60%로서 변동이 없는 것으로 가정함. 유상증자도 하지 않는 것으로 가정함.

(2) 외부자금조달 필요액을 구하시오.

(3) 처음의 부채비율과 매출이 증가한 후의 부채비율을 구하고 서로 비교해 보시오. 또한 그 의미를 서술하시오.

제 11 장

신용분석과 도산예측

1 신용분석의 의의

신용분석은 채권자 또는 잠재적 채권자의 관점에서 기업을 평가하는 것이다. 부채에는 매입채무, 대출, 회사채 등이 있다. 신용분석의 핵심은 기업이 재무적 곤경에 직면할 가능성을 예측하는 것이다.

2 신용분석의 활용

(1) 상업은행(→ 대출)

1) 기업대출을 실행할 것인가? 대출조건의 구성 및 대출가격결정은?
2) 대출실행 이후: 신용을 계속 제공할 것인가? 대출조건을 이행할 가능성은? 아닐 경우 대출조건을 재구성할 것인가? 대출상환요청을 가속화시킬 만큼 상황이 긴박한가?

(2) 잠재적 투자자(→ 회사채 투자)

1) 회사채가 안정적인 투자인가? 기업이 곤경에 빠져 채무불이행 가능성은 없는가? 금리가 도산위험비용을 반영했는가?
2) 부도기업의 채권을 구입하려는 잠재적 투자자: 기업의 회생가능성은 어느 정도인가? 금리는 높지만 원금을 모두 상환받지 못할 위험을 감수할 것인가?

(3) 잠재적 공급업자(→ 매입채무 제공)

기업에 제품이나 서비스를 판매할 것인가? 신용규모는 크게 하되, 단기간에만 제공할 것인가? 회수위험은 관리가능한가?

(4) 제 3자

기업이 재무적 곤경을 벗어날 가능성이 얼마나 되는지에 관심을 둔다.

1) **감사(auditor)**: 이 기업이 장기적으로 생존할 가능성은 있는가?
   기업의 재무제표를 평가할 때 청산가능성의 여부는?
2) **현재 또는 잠재적 피고용자**: 장기적으로 계속 근무할 수 있는가?
3) **잠재적 고객**: 보증서비스, 부품교체, 제품업데이트 등의 서비스 제공이 지속가능한가?
4) **경쟁기업**: 이 기업이 현재의 산업합리화에서 생존가능성은 있는가? 이 기업의 잠재적인 재무적 곤경이 경쟁기업의 가격과 시장점유율에 미칠 영향은?

3 기업이 부채를 사용하는 이유

(1) 법인세 절약효과

부채의 이자에 대해 법인소득세를 공제해준다. 이와 같은 법인세 절약효과는 배당이나 유보이익에 대해서는 적용이 안된다. 이러한 혜택 때문에 유효세율이 높고 이자이외에 소득세공제가 거의 없는 기업들은 부채조달을 선호한다.

(2) 가치창조를 위한 경영자 인센티브

비교적 레버리지가 높은 기업들은 원리금지급을 위해 현금흐름을 창출해야 하는 압력을 받으므로, 정당성이 없는 비용과 주주가치 극대화에 반하는 투자에 이용될 수 있는 가용자금을 축소시킨다. 따라서 부채를 이용한 자금조달은 경영자가 가치창조에 중점을 두도록 하게 되어 경영자와 주주간의 이해상충을 줄여 준다.

그러나, 부채조달 비용도 존재한다. 기업이 부채를 증가시키게 되면 재무곤경 가능성이 높아져 그 기업은 채권자에게 부채의 원리금 상환의무를 다할 수 없을 수 있다. 이렇게 되면 기업은 공식, 비공식적으로 파산절차에 따라 재무구조조정을 해야 한다. 재무적 곤경은 기업에게 다음과 같이 여러 가지 부정적인 결과를 초래한다:

1) 재무적 곤경의 법적 비용

구조조정비용이 매우 높다. 그 이유는 변호사, 은행가 및 회계사를 고용해야 하며, 공식적인 법률적 절차를 밟을 경우에는 재판비용도 지불해야 하기 때문이다. 이러한 것을 보통 재무적 곤경의 간접비용이라고 한다.

2) 투자기회 포기비용

잠재적인 새로운 투자자와 채권자들이 기업의 법적 분쟁에 휩쓸릴까봐 조심하므로 도산기업은 자본을 조달할 때 상당한 어려움에 직면한다. 따라서 새로운 투자안이 주주에게 수익성이 있을지라도 도산기업들은 종종 그 투자안에 대해 자금조달을 할 수 없다.

3) 채권자와 주주간의 갈등비용

기업이 재무적 곤경에 직면하게 되면 채권자들은 기업의 부채원리금 상환능력에 중점을 두는 반면, 주주들은 기업이 도산할 경우 그들의 지분(몫)이 채권자에게 돌아갈 것을 염려한다. 따라서 경영자들은 보통 주주의 이익에 공헌하는 의사결정을 하도록 압력을 더 받게 된다. 반면 채권자들은 기업(주주)에 대해 차입비용을 증가시키는 것으로 대응한다.

결론적으로 부채자금조달에 대한 기업의 장기의사결정은 법인세 절약 및 부채의 인센티브혜택과 재무적 곤경비용간의 상충관계(tradeoff)에 달려 있다. 기업의 레버리지가 높아질수록 재무적 곤경비용이 부채의 세금 및 모니터링혜택보다 더 커지게 된다.

기업들은 영업위험(사업위험)이 높고 자산이 재무적 곤경시 쉽게 파괴되면 더 쉽게 재무적 곤경에 빠지게 된다.

예 인적자본과 브랜드와 같은 무형자산이 많은 기업은 불만족한 직원과 고객들이 다른 대안기업(alternative firms)을 찾아 떠나기 때문에 특히 재무적 곤경에 민감하다. 이와 반대로 유형자산이 많은 기업은 재무적 곤경에 처할 경우 자산을 팔 수 있고 대출자에게는 추가적으로 담보를 제공하여 재무적 곤경비용을 낮출 수 있다. 그러므로 무형자산이 많은 기업의 레버리지는 대부분 유형자산을 많이 갖고 있는 기업에 비해 낮은 편이다.

다음의 표는 2005년말 기준 일부산업의 상장기업에 대한 레버리지비율을 나타낸다.

표 11-1 미국 주요산업의 레버리지(중위값)-2005년말 기준

산업	이자부 순부채 / 장부가치 자기자본	
	상장기업 전체	NYSE 상장기업
컴퓨터소프트웨어	-54.5%	-41.6%
제약업	-60.9	-11.8
정유산업	-2.2	-2.2
호텔 및 모텔	40.0	45.9
급수업(water supply)	78.0	78.0
전기서비스업	92.4	95.1

급수산업과 전기서비스산업의 부채비율(레버리지)이 가장 높다. 이들 산업은 보통 경기에 크게 민감하지 않으며 핵심자산도 주로 재무적 곤경시 채권자에게 쉽게 이전될 수 있는 설비자산과 부동산이다. 이와 반대로, 소프트웨어 및 제약 산업의 핵심자산은 연구인력이다. 이러한 유형의 자산에 대한 소유권은 기업이 재무적 곤경에 직면하고 연구인력들이 임금삭감에 민감하다면 채권자에게 쉽게 이전될 수 없다. 그 결과 이러한 산업에 속한 기업들의 부채비율은 비교적 낮은 편이다. 정유산업과 호텔업 기업들의 부채비율은 그 중간에 있다. 이것은 대규모 실물자산을 소유하는 것과 매출액 변동성이 커지기 쉬운 영향을 서로 조화시킬 필요성을 반영한다.

또한 같은 산업내에서 일반적으로 NYSE상장기업들의 부채비율은 비 NYSE상장기업에 비해 더 높은 것이 특징이다. 특히 제약업의 경우가 가장 두드러지게 나타난다. 이것은 아마도 비교적 큰 NYSE상장기업들의 경우에 제품의 수가 더 많고 지리적으로도 더 분산되어 있다는 사실을 반영하기 때문이다. 이러한 요인 때문에 단일제품이나 단일시장에 비해 부정적 사건에 대한 취약성이 축소되고 NYSE상장기업들이 더 많은 부채를 사용하도록 한다.

4 신용시장의 종류

신용분석을 이해하기 위해서는 신용시장에서 부채를 제공하는 주요 경기자들을 통찰해야 한다.

(1) 상업은행

상업은행은 신용시장에서 중요한 경기자이다. 은행은 고객에게 여러 가지 서비스를 제공하고 기업 고객과 그의 영업에 대해 잘 알기 때문에, 은행은 신용을 제공할 때 다음과 같은 비교우위를 가지고 있다:

1) 기업경영진과의 긴밀한 접촉을 통해 얻은 정보 때문에 은행은 이미 파악하고 있는 신용위험을 줄일 수 있다.
2) 기업에 대해 철저하게 모니터링을 하여 신용위험을 줄일 수 있다.
   전체적인 대출포트폴리오의 질(quality)이 높은 수준이라는 것을 감독기관에게 보증하기 위해, 은행의 대출영업은 낮은 수준의 위험만을 허용해야 할 만큼 제한된다. 은행부문의 대중적 신뢰유지의 중요성과 예금을 위험으로부터 보호하려는 욕구 때문에 감독기관은 은행의 신용위험에 대한 노출위험을 억제하려는 인센티브를 가지고 있다. 또한 은행도 만기가 장기인 고정금리 대출을 회피함으로써 이자율변동위험으로부터 자신을 방어하려는 경향이 있다. 은행의 자본은 대부분 단기예금으로 조성되므로 위험이 파생상품으로 헤지되지 않을 경우 그러한 장기대출로 인하여 은행은 이자율 상승위험에 노출되게 된다. 따라서 기업이 장기부채조달을 필요로 할 때 은행의 역할은 작아질 수밖에 없다. 그러나 일부 은행들은 장기신용노출위험을 추구하는 투자자로부터 장기자금을 조달한다.

(2) 비은행 금융기관

대출시장에는 여러 경쟁자가 있다.

1) 저축대부조합(미국)은 주택담보대출에 중점을 둔다.
2) 금융회사는 자산담보대출(매출채권, 재고자산 및 설비자산과 같은 특정의 자산을 담보로 하는 대출)에 중점을 둔다.
3) 보험회사는 여러 유형의 대출을 실행한다. 생명보험회사는 장기지급의무를 가지고 있으므로 주로 장기의 듀레이션을 갖는 투자수단(예 장기채권이나 장기의 상업부동산 및 개발프로젝트를 지원하는 거액 대출)을 찾는다.
4) 투자은행은 개인투자자(생명보험회사나 연기금)나 공모채권시장에서 자금을 조달한다.

(3) 공모채권시장(Public Debt Markets)

일부 기업은 은행을 이용하지 않고 상업어음(CP)매각이나 채권발행을 통해 투자자로부터 직접 자금을 조달할 수 있는 규모, 힘, 신용도를 가지고 있다. 채권발행은 기업의 신용도를 측정하고 투자자에게 제공되는 시장금리를 결정하는 채권신용등급부여에 의해 촉진된다.

은행은 종종 공모채권발행이나 다른 자금조달원천과 제휴하여 자금을 제공한다. LBO같은 부채비율이 매우 높은 차입거래에서 은행은 보통 파산시 우선순위가 낮은 공모채권과 더불어 자금을 제공한다. 은행의 선순위 대출(senior financing)은 보통 공모채권보다 먼저 상환되며, 은행대출 금리는 채권금리보다 더 낮다. 소기업이나 창업기업의 경우 은행은 보통 벤처캐피털의 지분투자자금(equity financing)과 더불어 신용을 제공한다. 주목할 것으로는, LBO와 창업기업의 경우 모두 은행은 거래가 성사되도록 하는데 필요한 현금을 제공하여 도움을 준다. 그러나 은행부문에 허용되지 않을 만큼 높은 위험으로부터 자신을 방어할 수 있는 수준에서 은행은 자금을 제공한다.

(4) 자금조달수단을 제공하는 공급업자

제조회사와 제품 및 서비스 공급업자도 자금조달수단을 제공한다. 물론, 이러한 기업들은 30일에서 60일 기간동안 무담보로 고객의 구매액수만큼 자금조달수단을 제공한다. 또한 공급업자들은 가끔 보증어음을 사용하여 자금조달기간을 연장하기도 한다. 공급업자는 고객(기업)이 현금부족에서 벗어나 미래에도 계속 중요한 고객이 될 것으로 예상하여 그러한 대출을 허용하려고 한다. 그러나 고객은 보통 은행자금조달이 가능하지 않을 경우에만 그러한 자금조달수단을 이용한다. 왜냐하면 그러한 자금조달수단 때문에 고객(기업)은 공급업자를 선정하거나 공급업자와 협상할 때 유연성에 제약을 받기 때문이다.

5 대출시장(Private Debt Markets)에서의 신용분석

(1) 대출의 목적 고려

대출목적에 대한 이해는 대출실행여부의 결정은 물론 대출조건(기간, 목적 및 규모에 기초)의 결정에도 중요하다. 대출기간은 몇 개월에서 수년, 그리고 영구적일 수 있다.

대출목적

1) 다른 차입수단을 대체
2) 필요한 운전자본을 지원
3) 장기자산의 구입이나 또 다른 기업을 구입(M&A)하기 위한 장기자금조달

대출금액의 결정

1) 중소기업의 경우 은행은 보통 단일의 자금제공자가 되기를 선호한다. 그 이유는 그 기업에 여러 가지 금융서비스를 제공하는 데 따른 이득을 얻고, 또한 그 기업의 파산시 용이하게 권리를 확보하고자 하기 때문이다. 그러나 다른 채권자들이 은행보다 후순위로 채권자가 되고자 한다면 그것은 가능하다.
2) 모회사-자회사 관계를 갖는 기업을 취급할 경우 적합한 거래상대방이 누구인가를 찾는 것은 어렵다. 일반적으로 담보로 사용될 자산을 소유한 회사가 차입자로서 행동한다. 만약 자산을 소유한 이 회사가 자회사이며, 모회사가 자회사와 독립적으로 재무적 건전성을 가지고 있다면 모회사의 보증은 고려될 수 있다.

(2) 대출유형과 가능한 담보 고려

대출유형은 대출목적과 차입자(기업)의 재무적 건전성(strength)의 함수가 된다. 따라서 대출유형은 어느 정도 재무분석에 의해 결정된다.

대출유형

① **한도거래대출**(Open line of credit)

이러한 대출은 차입자의 필요자금을 예측하기 어려울 때 유용하다. 차입자(기업)가 특정 기간동안 필요에 따라 일정한 최대한도까지 차입할 수 있는 대출이다. 이러한 옵션을 유지하기 위해 차입자는 사용금액에 대한 금리는 물론 미사용잔액에 대해서 수수료(예 1%의 3/8)를 지급한다.

② **회전한도거래대출**(Revolving line of credit)

기업이 장기적으로 자금을 필요로 할 때 유용한 대출유형이다. 가끔 기업이 운전자본을 필요로 할 때에도 유용한 대출로서, 차입자(기업)는 재고 및 매출채권이 현금화되면 원리금을 상환해야 한다. 그러나 운영주기가 지속되고 차입자의 상태가 양호할 경우에는 대출이 계속 일어날 것으로 예측된다. 이 대출의 경우에도 대출잔액에 대한 이자와 더불어 미사용잔액에 대해서는 수수료가 부과된다.

③ **운전자본대출**(Working capital loan)

재고 및 매출채권에 대한 대출로서 보통 담보대출이다. 대출금액의 최고한도는 운전자본 금액과 연결되어 있다. 예 60일 미만의 매출채권 잔액의 80%이하까지 대출이 가능하다.

④ **장기대출**(Term loan)

장기자금을 필요로 할 때 유용한 대출이며 공장이나 설비와 같은 장기자산이 담보로 활용된다. 보통 정기적으로 분할상환된다.

⑤ **기업간 신용**(Trade credit)

기업간 신용은 다음과 같이 일반적으로 두 가지 형태를 취한다.

1) 수출업자에 대한 은행의 잠정적 대출: 수입업자가 수출대금을 지급하면 수출업자는 대출을 상환한다.
2) 수출업자와 수입업자간의 신용: 실물이전 후 일정 시점에서 자금이 이전된다.

⑥ **부동산담보대출(모기지대출)**

보통 장기이며 정기적으로 원리금이 분할상환된다.

⑦ **리스자금조달**

모든 자산의 구입을 용이하게 하기 위한 대출이다. 그러나 보통 차량이나 건물을 포함한 설비자산구입을 위한 대출에 많이 활용된다. 기간은 대상자산의 수명에 따라 다르며 1년에서 15년까지이다.

많은 은행대출은 담보대출이며, 특히 중소기업이면서 부채가 많은 기업의 경우에는 담보대출이 요구된다. 대출기간이 단기이고 차입자의 부도위험이 매우 작은 경우에는 담보가 필요하지 않다. 담보가 필요할 경우 담보가치가 대출이상이 되는지 검토해야 한다. 담보에 의한 대출금액을 결정할 때 사업적 판단은 물론, 차입 기업이 재무적 곤경에 직면할 경우 담보의 유동성에 영향을 주는 다양한 요인들을 검토해야 한다.

은행대출에서의 담보유형

① **매출채권**

담보자산 중 매출채권의 유동성이 가장 크므로 가장 바람직한 형태의 담보물이다. 연체되지 않은 매출채권 잔액의 50-80% 정도의 대출이 가능하다.

이 비중은 다음의 경우 낮아진다: 첫째, 기업이 곤경에 처할 경우 회수비용이 높은 소규모 매출채권이 많을 때. 둘째, 규모가 큰 매출채권이 소수에게 집중되어 단일 고객의 문제가 심각해질 때. 셋째, 기업고객의 재무적 건전성(health)이 기업(차입자)의 재무적 건전성과 밀접하게 연결되어 있어 기업(차입자)의 부도시 회수가능성이 위험에 처했을 때. 이를 근거로 은행들은 모회사가 차입을 할 때 종종 계열회사의 매출채권을 유효한 담보로 받아들이지 않는다.

② **재고자산**

재고자산의 담보가치는 변동성이 크다. 가장 우수한 담보가치를 갖는 재고자산은 차입자(기업)가 부도가 날 경우 쉽게 팔 수 있는 일반 상품이다. 특정의 구매자에게만 유용하거나, 저장 및 운송에 비용이 크게 소요되는 특수한 재고자산의 담보가치는 낮다. 보통 원재료의 경우 60%, 완제품의 경우 50%, 그리고 재공품의 경우 20% 정도가 담보가치로 인정된다.

③ **기계 및 설비**

기계 및 설비의 담보가치는 낮은 편이다. 사용 및 저장이 가능해야 하고, 보험에 가입해야 하며 시장성이 있어야 한다. 이러한 비용들을 감안하여 은행은 보통 경매와 같은 강제매각시 자산가치의 50%까지 대출이 가능하다.

④ 부동산

부동산의 담보가치는 매우 변동성이 크다. 은행은 보통 즉시 매매가능한 부동산의 평가금액의 80%까지 대출해준다. 반면, 특정 목적에만 사용될 수 있는 공장의 담보가치는 더 낮다.

처음에는 대출에 대한 담보가 없었다 할지라도 은행은 기업자산에 대해 기업이 다른 채권자에게 그 자산을 담보로 이용할 수 없다고 하는 "담보금지(negative pledge)"를 요구할 수 있다. 이 경우 차입자(기업)가 어려움에 처해 대출에 대해 부도가 발생하고, 고려해야 할 다른 채권자가 존재하지 않는 다면, 은행은 대출을 지속시키고자 할 경우 그 대출에 대해 담보를 요구할 수 있다.

(3) 잠재적 차입자(기업)에 대한 재무분석 실행

여기서는 기업이 약속대로 대출의 원리금을 상환할 수 있는가를 평가한다. 부외리스채무와 기업의 영업이익흐름의 지속성과 같은 요인들이 검토되어야 한다. 분석의 초점은 고려대상인 차입유형에 달려 있다.

예 재고자산의 계절적 변동성을 지원하기 위한 단기대출의 경우에는 기업이 적절한 시점에 재고자산을 현금화할 수 있는 능력을 중점적으로 분석해야 한다. 이와 반대로, 공장 및 설비자금지원을 위한 장기대출의 경우에는 기업의 장기수익가능성을 중점적으로 분석해야 한다.

이를 위해서는 비율분석을 이용하여 잠재적 차입자의 재무상태를 평가해야 하며, 미래 지급가능성을 평가하기 위해 예측을 해야 한다.

1) 비율분석

궁극적으로 재무분석의 핵심문제는 대출 원리금을 상환할 수 있을 만큼 충분한 현금흐름이 존재하는가이다. 따라서 은행들은 기업의 지급능력비율분석에 중점을 둔다: 원리금상환에 대한 이익 및 현금흐름의 상대적 크기.

채권자(은행)관점에서의 비율분석은 주주의 관점과 다소 다르다.

$$\text{이자보상비율} = (\text{EBIT}+\text{감가상각비}) / [\text{이자}+\text{부채원금상환} / (1-\text{법인세율}) + \text{우선주배당}/(1-\text{법인세율})]$$

영업이익(EBIT)은 이자비용이 세전이익에서 지급되므로 이자비용과 직접적으로 비교가 가능하다. 그러나 특정연도의 원금상환은 세금공제가 안되므로 세후이익에서 지급된다. 이를 반영하기 위해 원금상환액을 1/(1-법인세율)로 조정한다. 세금공제가 안되는 우선주에 대한 배당도 마찬가지로 조정된다.

이자보상비율은 기업의 자금흐름이 고정적인 지출(대출의 원리금 상환 등)을 어느 정도 커버할 수 있는가를 나타낸다. 보통주배당이나 자본지출과 같은 금액은 대출의 원리금지급을 위해 필요할 경우 지출하지 않아도 되므로 이자보상비율의 계산에서 제외된다. 그러나 기업이 장기적으로 생존하려면 현금흐름은 부채원리금의 상환뿐만 아니라 설비자산을 유지할 수 있을 만큼 충분해야 한다. 그러므로 장기적인 기업의 생존을 위해 이 비율은 1을 초과해야 한다.

이 비율과 더불어 분자(EBIT+감가상각비)의 변동성(분산)을 측정하면 채무불이행(부도) 확률을 알 수 있게 된다. 그러나 대출이 정당화 받을 수 있는 이 비율의 경계값을 설정하는 것은 너무 단순화시키는 것이다. 차입자(기업)가 가까운 장래에 어려움에 처하더라도 채권자는 약정대로 원리금에 대해 상환 받을 수 있는 상황을 원한다. 즉, 침체기의 시나리오 하에서는 이 비율이 1을 초과해야 하고, 어느 정도의 자본지출을 허용할 경우에는 이 비율이 더 높을 때에만 대출한다는 것을 의미한다.

재무분석(기업분석)을 통해 채무불이행(부도)위험 평가이상의 결과물을 얻어내야 한다. 또한 재무분석을 통해 중요한 위험요소가 무엇인지도 파악해 내야 한다. 많은 은행들은 보통 **부도위험의 핵심요인**과 대출이 이루어질 경우 그러한 부도위험요인을 **통제하는데 활용될 수 있는 요인**들을 열거하는 식으로 기업분석을 요약한다. 이러한 정보는 차입기업에 문제가 발생할 경우 은행이 시정조치를 취할 수 있을 만큼 조기에 부도를 파악하기 위해 대출의 세부조건을 구성할 때 활용될 수 있다.

2) 예측

비율분석은 묵시적으로 기업의 미래 원리금상환능력을 평가한다. 또한 신용분석을 잘하기 위해서는 예측을 적극적으로 해야 한다. 예측의 핵심요소는 민감도분석이다. 민감도분석을 통해 경기나 기업의 경영전략의 변화와 같은 여러 가지 시나리오 하에서 차입자가 원리금을 상환할 능력에 대해 검토한다. 이상적으로는 매출하락이나 순이익감소와 같은 하향위험을 극복할 수 있을 만큼 기업이 강해야만 한다.

가끔 대출기간이 연장되거나 할부상환유형이 변화될 수도 있다. 은행은 종종 대출이 지속적으로 갱신되어 영구대출(evergreen loan)이 될 것이라는 예상을 가지고 대출을 실행한다. 이러한 경우 대출기간은 단기간인 것처럼 되며 은행은 실행가능한 출구전략을 확인해야 한다. 그러나 차입자인 기업은 단순히 이자만을 지급하면 된다고 예상한다.

(4) 대출조건의 설정

지금까지의 분석을 통해 대출이 타당하다는 것을 확인했다면, 마지막으로는 대출의 세부조건을 결정하는 것이다.

1) 재무약정(Loan Covenants)

재무약정에 차입자(기업)가 해야 할 것과 하지 말아야 할 것을 규정하여 차입자가 이를 지킬 것을 차입자와 대출자가 서로 약속한다.

재무약정의 세 가지 형태

① 재무제표의 정규항목과 같은 특정의 행위를 요구하는 재무약정
② 대출담당자의 허락없이 (자산이나 다른 기업의) 매입시도와 같은 특정의 행위를 배제하는 재무약정
③ 특정 재무비율의 유지를 요구하는 재무약정

재무약정은 대출자의 이익을 보호하는 것과 경영자가 기업을 경영하는데 필요한 탄력성간에 조화를 이루도록 해야 한다. 재무약정은 대출실행시에 두 당사자가 예상한대로 영업이 잘 될 것이라는 것을 보증하는 수단을 나타낸다.

기업경영을 제한하는 주요 재무약정의 예:
① 다른 부채에 대한 제한, ② 다른 대출자에게 자산담보 제한, ③ 실질적인 자산매도 제한, ④ M&A참여 제한, ⑤ 배당지급의 제한.

재무약정은 재무분석에서 확인된 중요한 위험을 중점적으로 취급해야 한다. 또는 재무약정을 통해 최소한 그러한 위험이 표면화되어 조기에 경고신호를 보낼 수 있도록 해야 한다.

재무약정 공통사례

① 최저 순자산(자기자본)의 유지

이 조항은 대출자를 보호하기 위해 완충장치로서 기업이 자기자본을 유지하도록 한다. 재무약정에서는 보통 특정수준의 매출액보다는 일정한 수준의 순자산이 요구된다. 재무분석에서 대출자는 그 순자산이 매출의 증가, 배당축소, 또는 유상증자 중 어느 방법에 의해서 유지되는가에는 관심이 없을 수도 있다. 순자산에 대한 재무약정은 부도를 피하기 위해 이들 중 어느 방법이라도 사용할 수 있는 탄력성을 기업에게 부여한다.

② 최저의 이자보상비율

특히 장기대출의 경우 대출자는 이자나 원금에 대한 보상비율을 활용하여 순자

산에 대한 재무약정을 보완하고 싶어한다. 이자보상비율이 대표적이다. 최저 이자보상비율을 유지하도록 하면 기업의 내부자금 창출능력이 장기대출을 정당화시킬 만큼 충분한가를 확인하는 데 도움이 된다.

③ 총부채/순자산(자기자본) 비율의 최대값 제한

이 비율은 높은 레버리지위험을 제한하며, 내부유보나 유상증자를 통하지 않고 성장을 추구하는 것을 방지한다.

④ 최저의 순운전자본 잔액 또는 유동비율

이 비율에 대한 제한을 통해 기업으로 하여금 유동성을 일정하게 유지하도록 한다. 즉, 영업활동을 통한 자금을 사용하여 유동부채(장기자산의 구입에 반대되는 것)를 상환하도록 한다.

⑤ 자본지출/영업이익 비율의 최대값 제한

이 비율에 대한 제한을 통해 성장을 위한 자금조달이 내부적으로 불가능하다면(내부자금의 일부는 원리금상환에 활용되어야 함) 기업으로 하여금 성장을 위한 투자(성장을 위한 비유동자산에 대한 투자를 포함)를 하지 못하도록 한다.

재무약정에서 요구되는 재무비율은 보통 대출이 실행되는 시점에 기준을 두며, 재무비율이 약간 악화되는 것을 허용하나 종종 시간에 따라 개선될 것을 예상한다. 재무약정을 지키지 못한다는 것은 부채상환을 즉각적으로 가속화시킬 수 있는 부도발생가능성을 나타낸다. 그러나 대부분의 경우 대출자는 부도상황을 재점검할 수 있는 기회로 활용한다. 즉, 재무약정 불이행을 면제해주거나 아니면 그 대출에 대해 재협상을 한다.

재무약정은 개별적인 대출뿐만 아니라 회사채와 같은 공모사채에도 활용된다. 그러나 공모사채에 대한 재무약정은 다음의 두 가지 이유로 대출보다 덜 구속력을 지닌다. 첫째, 공모사채에 대한 재무약정의 불이행시 협상비용이 비싸므로(관재인뿐만 아니라 채권자도 포함하기 때문에) 심각한 상황에서만 재무약정조항이 이행되도록 계약한다. 둘째, 커다란 고수익-고위험의 회사채 시장이 존재할지라도, 공모사채는 보통 신용도가 높은 기업에 의해서 발행된다. 신용등급이 높은 대부분의 재무건전 기업들의 경우, M&A와 같이 기업의 영업상 급격한 변화를 제한하는 데 필요한 약정을 제외하고는 재무약정이 거의 사용이 되지 않는다.

2) 대출금리결정

대출금리 결정요소

① 대출자의 차입자금비용

② 대출자의 간접비용(행정사무비용 등)

③ 부도위험 프리미엄[예상손실률=부도확률 * (1-회수율)]

④ 대출영업에 필요한 자기자본에 대한 정상이윤(normal return)

대출금리는 보통 은행의 우대금리(최상급의 차입자에게 부과되는 금리) 또는 리보금리(여러 나라의 대형은행간 대규모 대출에 적용되는 금리)에다 가산금리를 더하여 표시된다.

예 우대금리 + 1(1/2)%, 리보금리 + 1/2%

대출영업의 경쟁은 매우 치열하여 부도위험비용을 커버하기 위해 부도위험 프리미엄(또는 예상손실률)을 2% 이상 받지 못한다.

예 부도위험 스프레드 = 1%, 부실대출에 대한 회수율 = 50% 가정.
예상손실율(1%) = 부도확률*(1-회수율) = 부도확률*0.5
===> 부도확률 = 2%: 은행은 대출 중 2%만을 부실대출에 포함시킬 수 있다.

이것은 은행들이 철저한 분석을 통해 대출포트폴리오의 부도위험을 포함시키는 것이 얼마나 중요한가를 강조한다.

6 재무제표분석과 공모사채(Public Debt)

기본적으로 공모사채분석과 관련된 문제는 은행대출 및 사모사채분석과 다르지 않다. 그러나 제도적으로 배경은 다르다.

은행담당자들은 최초의 신용위험 평가서를 만들고 대출기간 중 고객들의 행동을 모니터링하기 위해 고객들과 긴밀한 관계를 유지할 수 있다. 반면, 공모사채의 경우 투자자들은 발행자와 관계가 멀다. 투자자들은 채권위험을 평가하고 지속적인 기업활동을 모니터링하기 위해 신용평가기관을 포함한 전문적인 채권분석가에게 상당히 의존해야 한다. 따라서 채권분석가 및 신용평가기관들은 투자자와 발행자간의 정보갭을 줄여주는데 중요한 역할을 한다.

(1) 회사채신용등급결정의 의미

기업의 채권신용등급은 채권금리(유통금리)에 영향을 준다. 채권발행 이후 신용평가기관은 기업의 재무상태를 계속해서 모니터링한다. 신용등급의 변화는 채권가격의 변동성과 연관되어 있다. 미국의 주요 신용평가기관은 Moody′s사와 Standard & Poor′s(S&P)사이다. 기타 신용평가기관으로는 Fitch Ratings사, A.M.Best

사, Dun & Bradstreet사이다.

Standard & Poor's사의 등급시스템을 이용하면, AAA,AA,A.BBB,BB,B, CCC,CC,C, and D. 단, D는 부도기업의 회사채를 의미한다. 다음의 표는 신용등급별 예시기업과 평균금리를 보여 준다.

표 11-2 신용등급별 예시기업과 평균금리

S&P등급	예시기업(2006년 기준)	비중	평균금리	평균가산금리
AAA	GE, 존슨&존슨, 도요타	0.7%	4.92%	0.08%
AA	홈디포, 글랙소, 월마트	2.4	5.06	0.22
A	코카콜라, 맥도널드, 타깃	15.4	5.21	0.37
BBB	크라이슬러, 베스트바이, 듀크에너지	25.4	5.75	0.91
BB	포드, 아마존, British Airways	27.3	7.60	2.76
B	GM, Lucent Technologies,	24.6	7.88	3.04
	American Airlines			
CCC	XM Satellite, Silicon Graphics	3.3	12.0	7.16
CC	Fedders Corporation	0.2	16.81	11.97
D	Norwest Airlines, Calpine Corporation	0.8	39.91	35.07

출처: 2006년 S&P Compustat.
* 비중은 S&P 동일등급을 받은 상장산업중 비중. 평균금리는 2005년 기준. 평균가산금리는 12개월물 리보금리 기준임.

상장 비금융기업들 중 AAA를 받을 만큼 재무상태가 탁월한 기업들의 비중은 1% 미만이다. 예를 들면, GE, 존슨&존슨, 도요타로서 이들 기업은 세계에서 규모가 가장 크고 수익성도 가장 높다. AA등급 기업들의 재무상태도 매우 좋으며 마이크로소프트, 월마트가 이 등급에 속한다. AAA와 AA 등급 기업들의 부채조달비용은 최저가 된다. 2005년말 기준으로 그들의 평균금리는 12개월물 리보금리에다 0.25%미만을 더한 값이다.

투자적격등급을 받기 위해서 기업은 최소한 BBB이상의 등급을 받아야 한다. 많은 펀드들은 이 등급미만의 채권에 투자하는 것이 계약서에 금지되어 있기 때문에 이 등급은 경계값으로서 중요하다. 그러나 투자적격등급인 BBB등급을 받는 것조차도 어렵다. 2006년 5월 기준으로 자동차회사이며 벤츠의 소유자인 크라이슬러회사의 등급은 BBB로서 간신히 투자적격등급에 속한다. 동일 시점에서 크라이슬러와 경쟁자인 포드와 GM의 등급은 각각 BB와 B이다. 세계에서 가장 큰 항공사인 British Airways와 American Airlines도 투자적격등급을 받지 못했다.

위의 표는 신용등급이 일단 투자적격등급미만으로 떨어지면 부채조달비용(채권금리)이 크게 증가한다는 것을 보여주고 있다. 예 2005년말 기준 BBB등급 회사채금리는 기준금리인 리보금리에 비해 1%미만만큼 높은 반면, B등급 회사채금리는 3%이상 높았다. 파산에 가까운 CCC등급을 받은 기업의 채권금리는 7%이상 높았고, 거래중인 부도기업의 채권금리는 30%에서 40%정도 높았다.

다음의 표는 신용등급별 재무비율을 나타낸다.

표 11-3 신용등급별 재무비율(중위수): 2006년 1월 기준(금융기관 제외)

S&P등급	수익성	이자보상비율	현금흐름	부채비율
AAA	25.3%	31.4	118%	-3%
AA	32.2	16.7	85	14
A	20.2	9.2	52	27
BBB	16.5	5.5	38	32
BB	15.1	3.9	26	40
B	10.6	1.4	12	65
CCC	2.9	0.2	1	116
CC	-6.9	-1.2	-5	100
D	-18.1	-0.4	15	93

출처: 2006년 S&P Compustat.
* 수익성=영업이익/순자본, 이자보상비율=영업이익/이자, 현금흐름=영업현금흐름/총부채, 부채비율=순부채/순자본

AAA와 AA등급의 기업들은 레버리지(부채비율)가 최저일뿐만 아니라 수익성(영업이익/순자본)과 현금흐름 비율도 매우 높다. AAA등급 기업들은 종종 거액의 현금을 보유하여 순부채가 음(-)이 된다. BBB등급 기업들의 경우 부채비율(순부채/순자본)이 32%로서 레버리지가 적당하다. BBB등급 기업들의 수익성도 높은 편이어서 이자보상비율(영업이익/이자)이 5.5이며 현금흐름보상비율(영업현금흐름/총부채)은 38%이다. 그러나 하위등급기업들은 상당한 위험에 직면해 있다: 이들 기업들의 경우 손실이 발생하고 레버리지가 높으며 이자보상비율도 1 미만이다.

(2) 회사채신용등급의 결정요인

계량모형에 의한 연구결과에 의하면, 신용등급의 변동성은 재무제표비율에 의해 부분적으로 설명될 수 있다. 일부 채권신용평가기관들은 이러한 유형의 계량모형에 상당히 의존한다. 또한 이러한 계량모형은 공개적인 신용등급을 구할 수 없는 채권의 위험도를 평가할 때 보험회사, 은행 등에 의해서 주로 사용되고 있다.

다음의 표는 계량적 신용등급결정모형에서 세 기업(평가기관)이 사용한 요인들을 열거한 것이다.

표 11-4 계량적 신용등급결정모형에서 사용된 요인들

	기업 1	기업 2	기업 3
1) 수익성	장기자본수익률	장기자본수익률	장기자본수익률
2) 레버리지	장기부채 / 자기자본	장기부채 / 자기자본 총부채 / 총자본	장기부채 / 자기자본
3) 수익성과 레버리지	이자보상비율 현금흐름 / 장기부채	이자보상비율 현금흐름 / 장기부채	고정비보상비율 단기부채, 고정비보상비율
4) 기업규모	매출액	총자산	
5) 기타		수익률의 변동성, 후순위 여부	

이들 기업에는 사모채권평가시 모형을 사용하는 보험회사와 은행이 포함되고, 자체적으로 보유채권을 평가하거나 채권구입시 평가를 위해 모형을 사용하는 투자연구기업이 포함된다. 모든 경우 수익성과 레버리지가 등급결정에서 중요한 역할을 한다. 기업규모도 결정변수로 사용되어 기업규모가 클수록 신용등급도 높아진다.

신용등급결정에 대한 여러 계량모형들 중 Kaplan과 Urwitz 모형은 다음과 같다.

표 11-5 Kaplan-Urwitz 신용등급결정모형

기업(채권특성)	특성반영변수	모형 1	모형 2
	상수항	5.67	4.41
기업규모	총자산	0.0010	0.0013
채권후순위여부	1=후순위, 0=후순위아님	-2.36	-2.56
레버리지	장기부채 / 총자산	-2.85	-2.72
체계적위험	시장모형베타(평균=1.0)	-0.87	-
수익성	순이익 / 총자산	5.13	6.40
비체계적위험	시장모형 잔차의 표준편차(평균=0.10)	-2.90	-
이익흐름의 위험	5년간 순이익의 변동계수(표준편차 / 평균)	–	-0.53
이자보상비율	영업이익 / 이자	0.07	0.06

* 시장모형은 시장변동에 대한 주가의 민감도를 의미함. 시장모형은 지난 5년간 월별자료를 사용하여 개별기업의 주식수익률을 시장지수에 회귀분석하여 추정함.
* 모형점수는 다음과 같이 채권등급으로 전환:
점수가 6.76을 초과하면 AAA, 5.19를 초과하면 AA, 3.28을 초과하면 A, 1.57을 초과하면 BBB, 0.00보다 작으면 BB 예측.

모형 1은 채권등급의 변동성을 더 잘 설명한다. 그러나 모형 1에서는 모든 기업

에 대해서는 구하지 못하는 주식시장자료에 기초한 요인들이 포함되어 있다. 모형 2는 단지 재무제표자료에만 의존한다.

모형 1에서 요인들은 통계적으로 중요한 순서대로 열거되어 있다. 특징적인 것으로서 등급을 결정하는 가장 중요한 요인은 재무비율이 아니고 기업규모라는 것이다. 대기업들은 소기업들에 비해서 등급을 더 잘 받는 경향이 있다. 그 다음으로는 채권의 후순위 여부, 레버리지가 중요하다. 수익성(순이익 / 총자산)은 비교적 덜 중요한 것처럼 보이는데, 그것은 수익성을 나타내는 다요인모형(ROA와 이자보상비율)에서 부분적으로 반영되고 있다. 따라서 수익성의 설명력은 이들 두 변수로 나누어진다.

모형추정과정에서 사용되지 않은 표본채권에 적용한 경우 모형 1은 64 표본 중 44표본(=63%)에서 등급범위를 정확하게 예측했다. 예측이 빗나갈 때에도 그 모형은 1개 등급범위 이상을 벗어나지 않았다. 그리고 잘못된 예측범위 중 1/2 정도에서 예측등급은 실제등급보다 채권의 시장금리와 더 잘 일치했다. 실제등급과 모형에 의한 예측등급간의 불일치는 채권등급평가기관들이 재무비율 이외의 요인들을 고려하고 있다는 것을 의미한다. 이러한 재무비율 이외의 요인으로는 경영전략, 회계정책, 미래예측과 같은 요인들이다.

채권등급이 공개적인 자료에 기초한 몇몇 재무비율 관점에서 상당히 설명될 수 있다고 할지라도, 등급의 변화는 중요한 신호효과를 갖는다. 예 자본시장이 등급변화에 반영된 많은 정보를 예상할지라도, 채권등급의 하락은 채권 및 주가의 하락을 초래한다. 그 이유는 등급변화는 종종 최근에 알려진 사건에 대한 반응을 나타내며, 등급평가기관들은 등급변화가 고려된다는 것을 보통 미리 표시하기 때문이다.

7 도산예측과 기업회생

신용분석에서의 핵심과제는 기업이 재무적 곤경에 직면하여 대출을 상환할 수 없을 확률을 평가하는 것이다. 이와 연관된 분석으로서 기업이 일단 재무적 곤경에 직면하기 시작할 경우 그 기업의 회생가능성이 있는가를 평가하는 것이다.

재무적 곤경 또는 회생가능성을 예측하는 것은 지금까지의 모든 분석단계(경영전략분석, 회계분석, 재무분석, 예측분석)를 거쳐야 하는 복잡하고, 어려우며 주관적인 일이다. 단순하게 계량모형을 사용하여 예측할 수 있는 일이 아니다. 그러나 계량모형에 대한 연구를 통해서 어떠한 재무지표들이 도산예측에서 유용한가를 파악할 수 있다. 더욱이 광범위한 신용조사의 비용이 너무 비싸므로 계량도산예측모형이 유용한 경우가 있다.

(1) 도산(또는 재무적 곤경) 예측모형

도산예측모형은 신용등급예측모형과 유사하다. 그러나 도산예측모형은 등급을 예측하지 않고 특정기간(예를 들어, 1년)동안 기업의 도산(또는 파산)가능성 여부를 예측한다. 1년 먼저 파산을 예측할 때 가장 유용한 요인으로는 **기업의 수익성 수준**, **수익성의 변동성**(ROE의 표준편차), 그리고 **레버리지**가 있다. 특이하게도 유동성 측정치는 훨씬 덜 중요한 것으로 나타났다. 기업이 급속도로 손실을 볼 경우에는 현재의 유동성이 그러한 불건전 기업을 구제하지는 못하기 때문이다.

1) Altman Z 점수모형

파산점수를 예측하기 위해 다섯 가지 변수를 사용한다. 상장기업을 대상으로 한 모형은 다음과 같다.

$$Z = 1.2(X_1) + 1.4(X_2) + 3.3(X_3) + 0.6(X_4) + 1.0(X_5)$$

단, X_1 = 순운전자본 / 총자산(**유동성** 측정치)

X_2 = 이익잉여금 / 총자산(**누적 수익성** 측정치)

X_3 = 영업이익 / 총자산(**수익성** 측정치)

X_4 = 시장가치 자기자본 / 장부가치 총부채(시장레버리지-**안정성** 측정치)

X_5 = 매출액 / 총자산(**활동성** 측정치)

Z값이 1.81보다 작으면 모형은 파산을 예측한다. 1.81과 2.67사이의 Z값은 회색지대이다.

〈참고〉 비상장기업의 경우

$$Z = 0.717(X_1) + 0.847(X_2) + 3.11(X_3) + 0.420(X_4) + 0.998(X_5)$$

단, X_4 = 장부가치 자기자본 / 장부가치 총부채(장부레버리지 측정치)

Z값이 1.23보다 작으면 모형은 파산을 예측한다. 1.23과 2.90사이의 Z값은 회색지대이다.

다음의 표는 두 기업, 월마트와 GM에 대한 Altman Z 점수를 보여준다.

월마트(2006년 1월 기준)　GM(2005년 12월 기준)

	모형계수값	재무비율	점수	재무비율	점수
순운전자본 / 총자산	1.2	-0.036	-0.04	-0.042	-0.05
이익잉여금 / 총자산	1.4	0.363	0.51	-0.002	0.00
영업이익 / 총자산	3.3	0.111	0.37	-0.023	-0.08
시장가치 자기자본 / 장부가치 총부채	0.6	2.299	1.38	0.027	0.02
매출액 / 총자산	1.0	2.260	2.26	0.430	0.43
			4.47		0.32

위의 표에서 보는 바와 같이 미국에서 유명한 두 기업의 성과차이는 매우 크다.

월마트의 Z 점수는 재무적으로 강함을 나타내며 AA등급을 반영한다. 월마트는 지난 10년간에 걸쳐 꾸준하게 매출과 이익의 성장세를 보여 왔다. 그리고 부채는 시장가치 자기자본 대비 43%에 불과하여 재무레버리지가 낮은 편이다.

반면, GM의 Z 점수는 성과가 좋지 않음을 보여 주고 있으며, 미국 자동차산업의 허약성을 상징한다. GM의 순이익은 2003년 이후 계속 하락하였고, 2005년도의 손실로 인해 기업의 유보이익이 모두 없어졌다. 2005년에는 부채원리금 지급 전에도 영업손실을 기록하였다. GM의 부채는 시장가치 자기자본의 37배에 달하여 재무상태가 불안정하다는 것을 의미한다. 그 결과 2005년 GM의 채권등급은 B로 하락하였다.

Altman 모형이 33개 도산기업과 33개 비도산기업(모형을 추정하는데 사용된 동일표본비중)으로 구성된 검증표본(holdout sample)에 적용될 경우 그 모형은 66 경우 중 63 경우를 정확하게 예측하였다. 그러나 도산-비도산 기업의 비중이 추정모형에 사용된 비중과 동일하지 않을 경우 그 모형이 검증표본(holdout sample)에 적용되면 그 모형의 예측력은 상당히 떨어질 것이다.

Altman이 개발한 ZETA 모형은 Z 점수모형보다 예측력과 정확성이 더 높다. 그 모형에는 7개의 변수가 포함되며, 이익의 안정성, 이자보상비율, 그리고 기업 규모 등이 포함된다.

도산예측모형은 신용분석의 전체가 아니며, 재무제표자료를 통해 기업성과의 중요한 특성을 요약할 때 유용한 방법이다. 뿐만 아니라, 도산예측모형은 기업의 경영전략, 경영능력, 시장에서의 위치, 그리고 재무비율성과를 심도 있게 분석하기 전에 상당히 많은 기업을 선별할 때 유용하다. 예 ZETA 모형은 제조기업들이 그들 고객들의 신용도를 평가하기 위해 사용된다.

(2) 도산기업(재무곤경기업)에 대한 투자기회

도산기업의 채권은 액면가에 비해 상당히 할인된 가격으로 거래된다. 일부 헤지펀드매니저와 투자자문사는 이들 채권에 투자하는 것에 특화한다. 심지어 그들은 파산보호하에서 운영되는 기업들의 채권을 구입하기도 한다. 이들 채권에 투자하는 투자자들은 기업이 어려운 현금흐름에서 회복할 경우 상당한 수익을 얻을 수 있다.

부도채권 투자자들은 기업이 현재의 현금흐름문제를 극복할 가능성이 있는지와 그 기업이 장기적인 미래 성장성(생존가능성)을 가지고 있는지를 평가한다. 도산기업에 대한 분석시 다음의 두 가지 요소가 특히 중요하다:

1) 기업이 속한 산업과 경쟁포지셔닝을 철저하게 분석하고 영업위험을 평가하는 일이다.
2) 경영분석의 관점에서 미래 현금흐름과 이익에 대해 합리적이고 정확하게 예측을 해야 한다.

8 토론사항

문제 1 소매업과 금융회사의 신용분석시에 고려해야 할 핵심성과요인과 관련 비율은?

(1) 소매업의 핵심성과요인:
  1) 자산회전율=매출원가 / 평균재고자산
  2) 순이익마진=순이익 / 매출액

(2) 금융회사의 핵심성과요인:
  1) 자산의 질(예 대출포트폴리오의 부도위험) =대손충당금 / 대출잔액
  2) 자산과 부채의 만기불일치(예 이자율 변동위험)=자산과 부채의 만기 비교
  3) 수익성 = 순이익 / 순자산(=ROE)

문제 2 기업이 수수료를 지급하고 신용평가기관으로부터 부채(회사채 및 CP)등급을 받는 이유는? 받지 않을 수도 있는가?

(1) **부채의 신용등급은 그 부채의 금리에 영향을 준다.** 어느 기업이 차입에는 유리한 정보이면서 동시에 비밀을 유지해야 할 정보를 가지고 있다고 가정하자. 비밀이 유지된다는 조건으로 신용평가기관에 그 정보를 제공한다. 신용평가기관은 기업과 투자자간의 정보갭을 줄이는(close) 중개역할을 할 수 있다. 신용도가 높은 평가기관은 기업이 **낮은 비용으로 자금조달을 할 수 있도록** 도움을 줄 수 있다.

(2) **부채등급은 경영진의 경영성과를 모니터링하는 수단으로 사용될 수 있기 때문에, 경영진은 또 하나의 모니터링수단인 부채등급을 원하지 않을 수도 있다.** 부채등급이 하락하면 채권가격과 주가가 하락하므로, 채권자와 주주는 모두 부채등급하락시 경영진의 성과를 의심하게 된다.

문제 3 많은 부채계약에서 차입자들은 주요한 위험자산의 인수나 매각 전에 대출자의 허락을 받도록 되어 있다. 대출자가 이러한 유형의 제약을 하는 이유는?

(1) 기업이 재무적 곤경에 직면할 때 채권자와 주주간의 갈등이 발생할 수도 있다. 주주의 이익을 대표할 가능성이 높은 경영진은 보다 더 위험한 자산에 투자할 것이다. 주식은 옵션가치를 갖기 때문에 재무적 곤경하에서 **주요한 위험자산의 인수**는 주가를 높일 수 있으나, 부채가치를 감소시킨다. 사업위험의 증가가능성에 대비하기 위해 대출자들은 재무약정을 통해 차입자들이 **주요한 위험자산을 인수**하기 전에 대출자의 허락을 받도록 한다.

(2) **자산매각**은 기업의 재무적 곤경시에 잠재적으로 대출자들이 갖는 담보를 축소시키게 된다.

문제 4 어느 기업의 CFO가 새로운 대출을 신청하면서, "나는 주주에게 배당을 지급할 수 있는 능력을 제한하는 재무약정에 동의하지 않는다. 그 이유는 그것이 주주의 부를 축소시키기 때문이다." 이 의견이 맞는가?

→ CFO의 주장에 의하면, (배당성향결정과 같은) 경영의사결정의 유연성을 제한하면 주주의 부는 감소한다. 그러나, 배당성향결정이 제한을 받지 않으면 기업의 재무적 곤경시에 경영진은 회사를 청산하여 주주에게 현금배당을 지급할 수 있다. **배당성향에 대한 제약이 없을 경우 (현금배당을 통한 기업의 청산가능성을 염려하는) 합리적인 대출자들은 더 높은 금리를 요구하게 된다.** 따라서 CFO의 견해와는 반대로 배당성향에 제약이 없을 때 주주의 부는 축소될 수 있다. 그 이유는 제약이 없을 경우 차입비용이 더 높아지기 때문이다.

문제 5 어느 은행가의 대출정책: "나는 영업활동현금흐름이 음(-)인 기업에게는 대출을 회피한다. 왜냐하면 그러한 기업은 너무 위험하기 때문이다." 이 대출정책은 합당한 정책인가?

NO. 은행가는 차입기업이 예정대로 부채의 원리금을 상환할 능력이 있는가를 파악해야 한다. 현재의 영업활동현금흐름이 음(-)이라는 사실은 은행가가 고려해야 할 요인 중의 하나이지만 유일한 요인은 아니다. 은행가는 다음을 고려해야 한다:

(1) 그 기업이 미래에 현금흐름을 회생시킬 수 있는가? 만약 그 기업이 미래에 양(+)의 현금흐름을 창출할 수 있다면 그 기업에 대한 대출은 위험하지 않다.

(2) 은행은 그 기업에 대출시 충분한 담보를 확보할 수 있는가? 가용담보가 대출

보다 상당히 더 크면 은행은 기업부도시 손실위험을 최소화할 수 있다.

(3) 제 3자의 대출보증이 있는가? 만약 차입자가 자회사이고 모회사는 자회사와 독립적으로 재무적 강점을 가지고 있다면, 모회사의 보증은 손실위험을 축소시킬 것이다.

문제 6 어느 소매기업은 자신이 재무적 곤경에 직면해있다는 것을 발견한다. 그 기업의 영업활동현금흐름은 성장을 위한 필요자금조달액에 미치지 못하며, 그 기업의 부채비율(부채 / 총자산)은 재무약정에서 허용된 최대값을 위반할 수 있는 수준에 도달하였다. 마케팅담당이사가 다음과 같이 제안한다: "우리는 기존의 점포를 팔고 다시 리스하면 성장을 위한 자금을 조달할 수 있다. 이러한 자금조달원천의 비용은 싸다. 그 이유는 그러한 자금조달원천을 통해 재무약정에서 허용된 부채비율이나 이자보상비율을 위반하지 않을 수 있기 때문이다."

이러한 분석에 대해 동의하는가?

NO.

(1) 회계규정에 의하면, 리스조건에 따라 그 기업의 부채비율이나 이자보상비율에 실질적인 변화가 없을 가능성이 높다. 만약 그 리스가 자본리스로 기록되면 그러한 상황이 발생한다.

(2) 운용리스계약을 통해 그 기업은 부

채를 축소할 수 있으나, 그로 인해 자산도 축소된다. 그러므로 은행가는 그 기업이 더 위험하다는 것을 알게 된다.

부록1

신용평가회사의 기업경영분석기법 사례

1 개요

신용평가는 특정 채권 혹은 관련 채무를 발행인이 만기까지 원리금을 상환할 수 있는 능력 또는 의지를 측정하는 것이다. 원리금 상환능력은 현재나 과거가 아닌 미래의 특정시기에 특정규모의 현금이 창출될 가능성에 의해 좌우되기 때문에, 기업의 현금흐름에 영향을 주는 모든 요소들을 고려하여 미래의 현금흐름을 정확하게 예측하는 것이 신용평가의 핵심이라고 할 수 있다.

기업의 미래 현금창출능력에 영향을 미치는 위험요소는 정치, 경제, 문화 뿐만 아니라 특정한 시점에 따라서도 매우 다양하다. 서로 복잡하게 얽혀있는 다양한 위험요소들에 대한 분석이 이루어진다 하더라도 신용평가는 궁극적으로 불확실한 미래를 예측해야 하기 때문에 절대로 완벽할 수 는 없다.

그러나 미래의 불확실성에도 불구하고 몇몇의 사건들은 과거의 경험에 기초할 때 합리적인 예측범위 내에 있는 것이 사실이다. 기업분석 측면에서 보더라도 사업주기, 신용주기, 기술주기 그리고 채무자의 행동과 경영자의 심리 등은 과거 행태들이 상당히 반복되는 경향을 보여주고 있다. 따라서 이러한 현상들에 대해 풍부한 경험을 가지고 있는 전문가들은 기업의 미래에 대해 보다 합리적인 예측을 할 수 있을 것이다.

그러면 원리금 상환가능성을 예측하기 위해 사용 가능한 정보들을 최대한 합리적으로 이용하는 방법은 무엇일까? 사실상 이에 대한 정확한 답은 없다. 신용평가와 관련하여 모든 상황에 적용시킬 수 있는 도식화된 정형적인 방법을 찾기가 어렵기 때문에 신용평가가 과학(science) 보다는 오히려 예술(art)에 가까운 영역이라고 말하는 사람도 있다. 그러나 장기적인 펀더멘탈 변화에 근거한 미래 현금흐름을 예측하는 신용평가는 체계적으로 구축된 방법론에 기초하여 전문가들이 적정한 절차에 의해 결론을 도출함으로써 일관성과 보편타당성을 확보하기 위해 노력하고 있다.

(1) 기업신용평가요소 분석 시각

1) 질적 측면의 강조

특정 시기에 기업의 상태를 가장 잘 나타내고 있는 것이 재무제표다. 따라서 재무제표에 대해 면밀히 분석하면 기업의 현재 상황에 대한 매우 유용한 정보를 파악할 수 있다. 특히 일관된 행동패턴이 반영되어 재무제표가 일정한 추세를 가지고 있으면, 재무제표를 통해 기업의 미래상황을 예측하는 것이 쉬워질 수 있다. 최근 공시활성화를 통한 DB의 축적, 컴퓨터 및 통계기법의 발달 등으로 계량분석의 유용성이 높아지면서 상대적으로 객관화가 용이한 재무제표 분석이 중요도가 높아지기도 하였다.

그러나 재무제표는 대차대조표, 손익계산서, 이익잉여금처분계산서, 현금흐름표 등과 같은 제한된양식에 회계라는 약속된 언어로 기록된 한정된 요약정보일 뿐이다. 재무제표가 동일하다 하더라도 그러한 구체적인 수치가 발생하게 된 궁극적인 원인들은 기업마다 상당히 다르며, 회계관습에 따라 동일한 재무제표가 다른 의미로 해석될 수도 있다. 특히 시간이 경과함에 따라 미래의 새로운 요인들이 크게 영향을 미칠 가능성이 높다면, 과거수치에 의존한 단순한 정량분석은 장래의 기업위험도를 파악하는데 상당히 제한적일 수밖에 없다.

재무제표는 신용도의 근간이 되는 기초여건의 변화를 파악하는 데 단지 단서로서의 역할을 할 뿐이다. 현재의 재무자료는 기업이 가지는 강점과 약점, 그리고 향후 재무자료에 영향을 미칠 다양한 요인들의 변화가능성의 관점에서 분석된다. 이는 신용분석이 기본적으로 질적분석이라고 인식되고 재무제표 이외의 부가적인 정보들에 대한 분석이 반드시 병행되어야 하는 이유이다.

2) 장기 펀더멘탈 분석

채권투자의 장기성이라는 속성을 감안하면 신용분석 시 현재의 사건이나 혹은 회사의 근본적인 신용도에 관련되지 않은 단기적인 상황에 지나치게 과잉반응을 해서는 안된다. 경기순환과 관련된 예측 가능한 실적변화를 펀더멘탈의 변화로 판단하지 않는다. 경기순환주기의 정점에서 우수한 실적이 나타났다면 경기 하향기에서 직면할 수 있는 더욱 어려운 상황에 대해서도 고려해야만 한다.

주요한 산업재해, 예상치 못한 소송결과, 자산에 대한 클레임, 경영진 및 지분구조의 변화 등과 같은 돌발적인 사건을 제외하면, 경쟁심화, 영업이익의 감소, 생산원가의 장기적인 상승, 연이은 규제 변화, 빈번한 사업구조 변화 등으로 발생하는 기초여건의 악화신호는 사전에 어느 정도 감지할 수 있다. 신용평가가 3~5년에 걸쳐서 발생할 수 있는 신용위험의 근간에 대한 구조분석이라는 점을 고려하면,

기초자료에 대한 분석은 펀더멘탈 변화요인을 파악하는 데 집중되어야 한다.

외부역경에 대한 대응력이 강건하지 못한 투기등급의 회사들은 투자등급 회사들에 비해 상대적으로 기초여건의 변화가 빠르게 나타난다. 특히 채무상환 요구나 긴박한 상황에 대처할 수 있는 자체적인 재무여력이 거의 없는 경우에는 채무상환능력의 불확실성이 급격히 커지는 경향이 있으므로, 산업내 위치나 다른 장기적인 기초여건 보다는 단기적인 유동성 상황과 재무탄력성에 분석이 집중될 수 있다. 그러나 사전에 투자등급과 투기등급을 구분할 수 있는 기준은 역시 펀더멘탈에 근거한 판단이었다는 사실을 간과해서는 안된다.

3) 스트레스를 감안한 미래 현금흐름 추정

신용분석은 기업을 보는 관점에 있어서 주식평가와는 상당한 시각차이를 가지고 있다. 발행사의 미래 수익증가가 향후 채무상환능력에 매우 긍정적인 요인으로 작용할 수는 있지만, 채권투자는 기본적으로 고정수입(fixed income)만을 기대하고 회사의 수익에 대해서는 직접적으로 공유하지는 않기 때문에, 신용평가는 미래에 어떤 일이 잘못될 위험(부도 및 기대손실)을 더욱 중요시 한다. 따라서 영업성과나 재무안정성을 추정할 때는 항상 경기하강, 산업전반에 걸친 공급과잉, 규제의 불리한 변화, 혹은 경영진의 변화 등과 같이 원리금 지불에 어려움을 야기시킬 수 있는 다양한 스트레스 상황을 고려한다.

어느 한 기업이 양호한 채무상환능력을 유지하기 위해서는 유동성(영업으로부터 발생하는 미래 현금흐름, 축적된 자산의 단기적 전환으로 현금화 할 수 있는 잠재현금)이 일정기간 동안 부담해야 할 총채무(만기 또는 청산 시에 현금흐름에 우선순위 청구권을 포함하고 있는 것도 고려)에 대해서 충분한 완충력을 가지고 있어야 한다. 회사가 부담하고 있는 고정적인 지불의무보다 현금이나 자산을 통한 완충장치가 크면 클수록 만기도래 채무에 대한 상환가능성은 그만큼 크다고 할 수 있으며, 이는 자연스럽게 높은 신용등급으로 이어진다.

하지만 많은 경우에 있어서 현존 채무에 대한 완충력의 크기보다는 예측가능성 및 안정성이 더욱 중요하다. 예를 들면 어느 공기업이 차입금에 비해서 현금흐름 창출력이 취약하다고 하더라도 정부의 지원강도, 규제 및 영업상의 독점적 지위 등은 향후 현금흐름에 대한 신뢰감을 크게 높여주기 때문에 상대적으로 높은 신용등급을 부여 받을 수 있다. 반대로 치열한 경쟁과 짧은 제품수명으로 인해 경기순환주기가 빠른 산업들의 경우에는 일정 기간동안 채무수준 이상의 높은 수익을 달성했다 하더라도 미래 현금흐름에 대한 예측가능성과 안정성이 취약하기 때문에, 고정된 이자를 지급 받기 원하는 채권자로부터 높은 신뢰도를 얻기는 어려울 것이다. 따라서 미래 현금흐름에 대한 추정은 반드시 불확실성을 감안한 적절한 스트레스 분석과 병행되어야 한다.

(2) 주요 평가요소

전문가가 해당기업의 신용도를 평가하기 위해서는 일반 경제 및 금융상황 분석, 관련 산업의 특성 및 동향분석 그리고 해당기업의 재무상태, 경영성과, 경영관리 실태 등에 대한 기본적인 조사가 선행되어야 한다. 이를 기초로 사업의 본질에 대한 철저한 검토, 기업 경쟁력 위상에 대한 판단, 경영진 및 경영전략에 대한 평가 등 기업의 펀더멘탈에 대한 폭넓은 분석이 이루어진 후, 대상기업의 신용도 또는 특정부채의 원리금 상환능력을 평가한다.

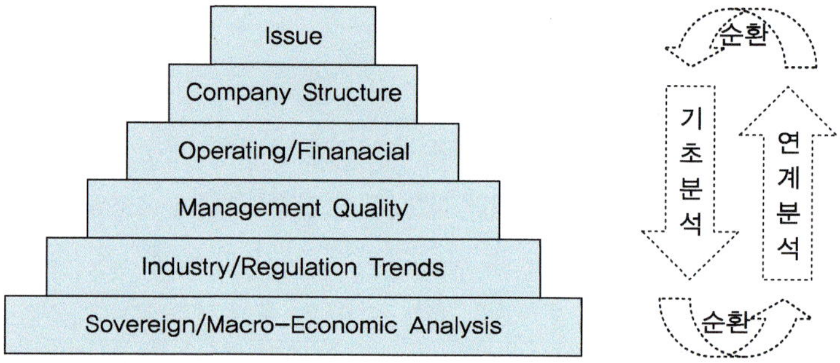

[그림 1] Rating Pyramid

국가신용도, 일반 경제 및 금융상황에 대해서는 차치하더라도 기업의 채무상환능력에 영향을 미치는 위험요소(risk factor)는 기업 내부 및 외부환경 여건에 따라 다양하다. 특히 〔그림2〕에서 보는 것처럼 현금흐름에 영향을 미치는 각 위험요소들은 상호 밀접하게 연결되어 있기 때문에 개별적으로 분리하여 판단하기는 어렵다. 다만 신용평가의 일관성과 효율성을 유지하기 위해 기본적인 고유위험요소를 산업위험, 영업위험, 재무위험, 경영관리위험, 계열위험 등과 같이 크게 5가지 범주별로 세부분석을 실시한 후 각 범주별 위험요소 분석결과를 종합하여 신용등급을 결정한다.

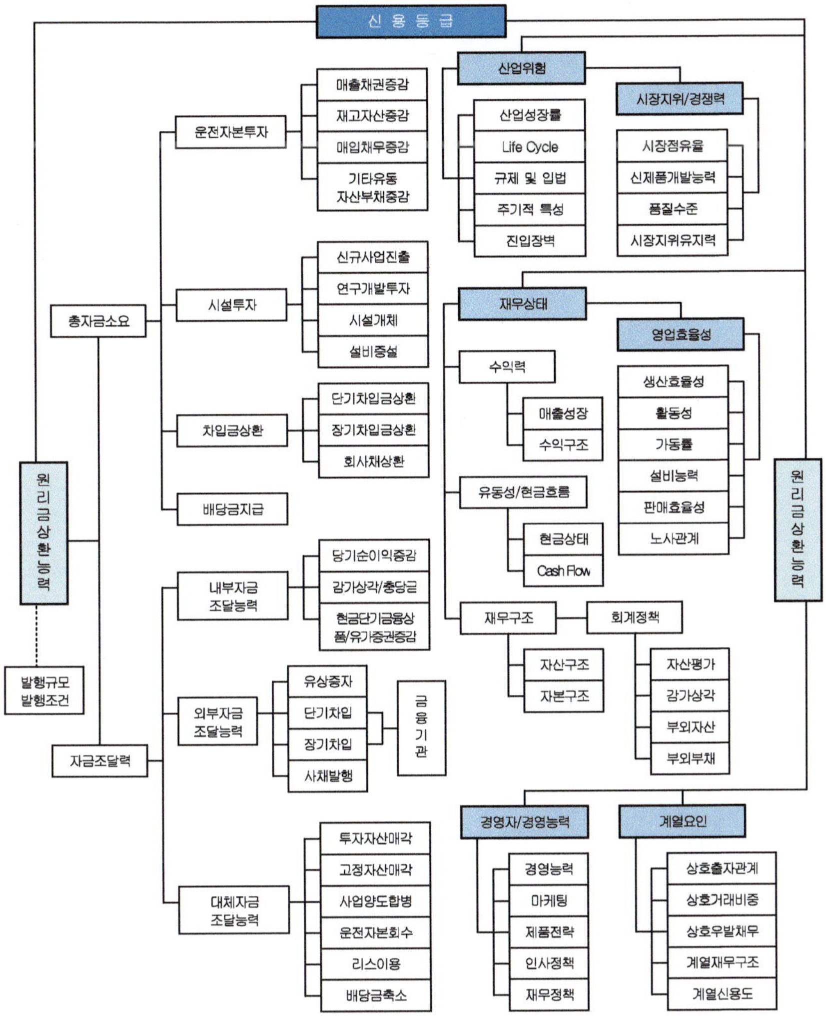

[그림 2] KIS 원리금상환능력 평가흐름도

표 1 주요 신용평가 요소

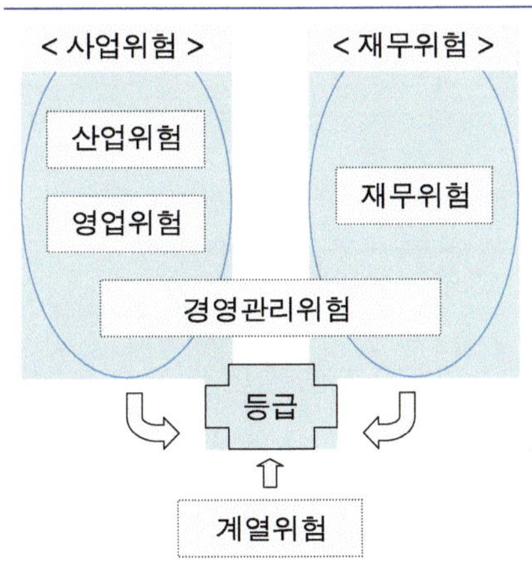

구 분	평 가 요 소
산업위험	산업개요, 성장과정 및 수명주기, 경기순환, 수급분석, 생산위험, 산업의 구조적 특징 및 경쟁구조 결정 요소
영업위험	사업구성, 시장점유율, 매출창출력, 내부경쟁력 원천, 사업전략
재무위험	회계정책, 매출 및 수익구조, 자본구조 및 안정성, 유동성 및 현금흐름, 재무탄력성, 자산 건전성 등
경영관리위험	지배구조, 경영능력 및 성향
계열위험	계열 전체 신용위험, 계열간 긴밀도 및 신용 절연

2 산업분석

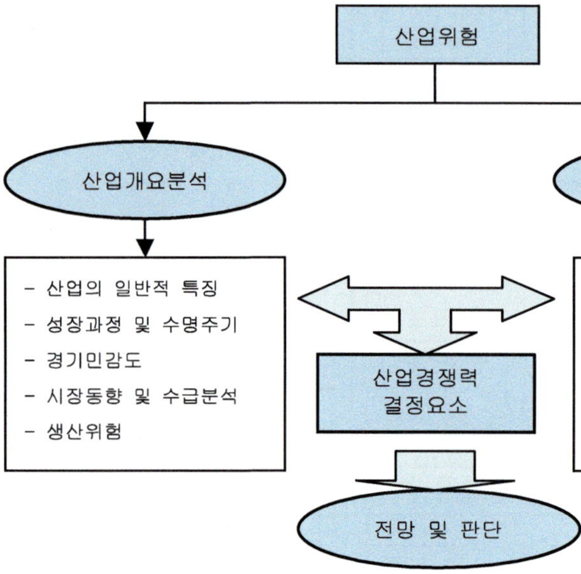

[그림 3] 산업위험 분석체계

(1) 산업개요

1) 분석산업 범위설정

2) 산업개황

표 2 산업개황 주요 검토내용

구분	주요 내용	
산업개황	- 산업의 정의, 체계 및 분류	
	- 산업의 국민경제적 위치 및 중요성(GDP 대비 비중)	
	- 전후방 연관사업(산업연관표)	
	- 산업의 brief history, 해외유사 사례	
	- 산업적 특성(정책적 육성여부, 자본집약, 노동집약, 기술집약, 에너지 다소비 등)	
산업환경	사회문화적 환경	Life-Style의 변화, 세대수의 변화 및 인구증가, 연령분포, 인구이동, 출생률, 수명
	경제적 환경	GDP, 금리, 통화량, 인플레, 환율, 실업률, 임금/가격통제, 에너지
	기술적 환경	R&D투자(경제 및 산업전체), 기술혁신, 특허, 신기술의 출현, 자동화, 생산성 향상
	정치·법률적 환경	독점규제, 자연보호, 조세, 무역규제, 해외통상압력, 근로관계법, 정부의 안정성

3) 성장과정 및 수명주기

표 3 수명주기단계별 주요 특징

구분	도입기	성장기	성숙기	쇠퇴기
구매자 및 구매자형태	· 고소득 구매자 · 구매자의 무반응 · 적극적인 수요 권장	· 구매집단 확대 · 품질차별화 인지	· 대량판매 시장 · 반복구매 · 브랜드충성도 중시	· 까다로운 제품 선택
제품 및 제품변화	· 품질 열등 · 제품개발이 관건 · 기본제품 디자인 · 다양한 제품변형	· 제품차별화 · 제품신뢰도 중시 · 경쟁적인 제품 향상 · 우량품질	· 월등한 품질 · 제품차별성 축소 · 표준화 증가 · 사소한 모델변화 · 중고품 대체현상	· 제품차별성 소멸 · 품질의 균등성 상실
마케팅	· 광고비부담 큼 · 공격적 마케팅	· 광고비 증가 억제 · 광고와 유통 강조	· 시장세분화 · 수명주기 연장 노력 · 제품라인 확대 · 서비스와 홍정 증가 · 제품포장 중시 · 광고경쟁 격화	· 광고비 감소 · 마케팅 비용 감소
생산 및 유통	· 과잉설비 · 짧은 생산조업 시간 · 숙련기술 향상기 · 높은 생산원가 · 전문화된 유통경로	· 과소설비 · 양산체제로 이동 · 유통경로 확보 경쟁 · 대량유통채널 등장	· 부분적인 설비과잉 · 생산공정 안정화 · 숙련도 중시 약화 · 제품라인 확대 · 유통경로 특화 기미	· 설비과잉 · 대량생산 · 전문화된 유통경로
무역	· 약간의 수출	· 수출량 급증 · 약간의 수입	· 수출량 감소 · 수입량 급증	· 수출량 격감 · 수입량 증가
전략	· 점유율 상승 주력 · 연구개발 주력	· 마케팅 주력 · 인지도 향상 도모	· 점유율 경쟁 둔화 · 가격경쟁력 확보 · 이미지 전환 어려움 · 효율성 향상 주력	· 비용통제
경쟁	· 경쟁 미미	· 경쟁기업 다수 진출 · 기업합병과 도산	· 가격경쟁 · 시장구조 재편 · 개별상표 증가	· 철수 · 경쟁기업 감소
위험부담	· 높은 위험부담	· 위험선호도 증가	· 위험과 안정의 순환	
이윤	· 낮은 마진율 · 가격탄력성 낮음	· 높은 이윤율 · 가격 하락 기미	· 가격 및 마진 하락 · 점유율 안정 · 가격구조 안정	· 가격 및 마진 저하 · 가격상승 가능성

4) 경기변동

표 4 반응방향 및 민감도별 특징

GDP탄성치	반응형태	주요 특징	재화
$0 < G_{탄}$	경기순행	- 일반경기변동과 유사한 패턴으로 산업경기 반응 - 일반경기가 호전되면 산업경기도 호전 - 양(+)의 소득효과	- 일반재 - 사치재

GDP탄성치	반응형태	주요 특징	재화
$G_{탄} < 0$	경기역행	- 일반경기변동과 반대로 산업경기가 반응함 - 일반경기가 침체되면 산업경기가 오히려 호전 - 음(-)의 소득효과	- 열등재(라면, 소주)
$0 \approx \|G_{탄}\| \leq 1$	경기독립	- 일반경기와 무관한 움직임을 보임 - 소득에 대해 비탄력적	- 생필품 - 기호품(담배)

GDP탄성치	민감도	주요 특징	사례
$\|G_{탄}\| \leq 1$	경기방어형	- 경기순환과 무관하게 안정적 실적 유지 - 대체로 성숙산업 및 필수재 산업이 해당	- 전력, 가스 - 생필품, 담배 - 정부공급자
$0 \leq G_{탄}$	경기연동형	- 실적이 경기변동에 직접적으로 연동 - 소폭적인 경기변동에도 실적의 변화가 큼 - 소비가 소득수준에 민감한 재화	- 유통 - 건설 - 자동차
$1 \leq G_{탄}$	성장형	- 경기침체기에도 평균 이상의 성장률 시현 - 기술력에 의존한 성장산업 - 독과점상태의 필수재	- 신기술,신제품 - 디지탈가전 - 소프트웨어

5) 수급분석

표 5 진입장벽

제도적 장벽	생산능력 장벽
- 제도나 법규를 통한 진입제한 - 정책산업 및 유치산업의 보호와 육성 - 높은 가격 통제 - 시장지배력에 비해 수익성 높지 않음 - 시장은 안정적 - 초과수요 지속시 제도완화 가능성 내재	- 기술 및 자본에 의한 진입장벽 (고도의 기술축적, 대규모 투자자본) - 대부분의 산업에서 생산능력 장벽 존재 (자본 및 기술상의 진입장벽이 높은 산업일수록 시장이 안정적) - 높은 시장지배력은 높은 수익성으로 연결
- 안정적인 시장구조, 초과수요·고수익성 지속 → 제도완화 가능성 증가	- 경쟁구조에 노출, 높은 시장지배력 → 고수익성 연결

6) 생산위험

원재료

표 6 원재료 검토항목

구분	검토항목	검토내용
원재료 수급현황	생산여건 가격 구매량	- 조달처의 원재료 확보 정도 - 장기계약, 선물시장을 이용한 헷징, 환율 - 대량구매 여부
원재료 구매선	고정구매처 불특정구매처	- 고정구매처 선호 - 범용재의 경우 불특정다수가 유리할 수도 있음

구분	검토항목	검토내용
원재료 구매방법	장기구매계약 단기구매계약 현물시장구매	- 장기구매 선호 - 일정비율의 단기구매 및 현물시장 구매 병행
구매조건	신용구매 현금구매	- 장기 신용구매 선호, 유산스 거래 - 현금구매를 통한 할인의 활용
공급자의 자금능력	공급자신용	- 일부 대형 프로젝트에 한정

생산설비

표 7 생산설비 검토항목

구분	검토항목	검토내용
생산시설	생산능력 시설연수 감가상각비, 투자규모 경쟁사 투자동향 시장점유율, 투자규모	- 잠재수요 및 경쟁사와 비교한 생산능력 - 생산시설의 노후화 정도 - 교체(보수)시기의 적정성 - 경쟁력 차이를 초래하는 신설비 유무 - 영업전략과 신규투자 계획
투자 차입금	만기구조 장기시설자금	- 예상회수기간 대비 총차입금 만기 - 장기시설자금의 만기 및 비중, 정책자금
생산효율성	가동률(물량, 시간) 불량률 기존투자의 효율성	- 가동률 추이(연간 및 계절성, 경쟁사간 비교) - 가급적 시간보다는 물량 기준으로 계산 - 설비간 불량률 차이, 과거추세와 비교 검토 - 총투자액 대비 매출

노동력

표 8 노동력 검토항목

구분	검토항목	검토내용
임직원수	매출규모 대비 임직원수 임원과 직원의 구성비 생산직과 관리직 구성비	자본집약적산업과 노동집약적산업간 차이 직원수에 비해 임원수가 너무 과다한지 검토 구성비 추이 검토
노동의 질	고학력 및 자격증소지자 수 근속연수 평균임금	경쟁사와 비교 평균 근속연수가 짧아지는 것은 부정적 경쟁사 및 과거수준과 비교 검토
노사관계	노동조합 유무 파업	노동조합 유무보다 성향이 중요 (파업으로 인한 생산중단 여부 파악)

기술력

표 9 기술력 검토항목

구분	검토항목	검토내용
산업	산업규모 기업매출 시장점유율	기술개발이 기업과 산업에 미치는 영향 선두기업의 매출추이를 통해 기술과 전략 검토 기술개발투자가 시장지위의 향상으로 이어지는 지 검토
기술력	원천기술력 양산기술력 제품화	소수 연구원에 집중되는 경향 연구원 뿐만 아니라 생산직에도 축적 시장수요 충족여부, 원가경쟁력 확보 여부
기술투자	특허 및 수상 연구인력 연구개발투자 투자지속성	특허의 수와 내용, 기술력과 관련된 수상 내역 연구소 여부 및 연구원 보유 현황, 연구 성과 기술개발에 대한 투자규모와 지속성 몇 년간 누적투자규모 및 연간 투자규모의 지속성

(2) 산업구조

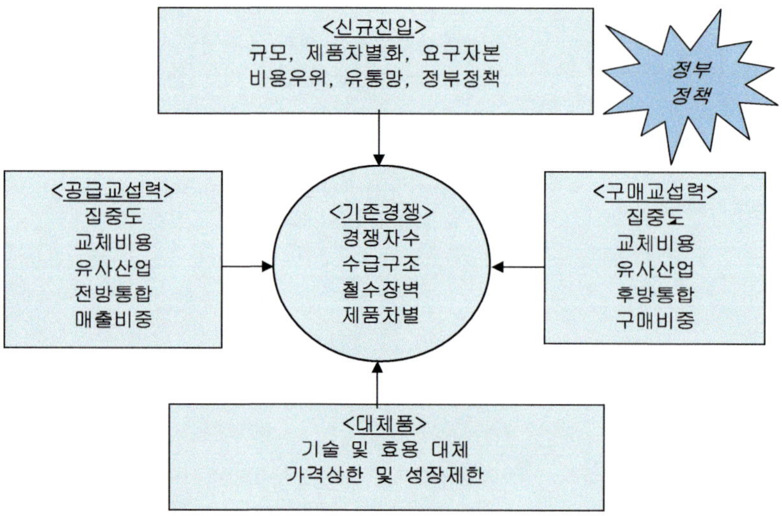

[그림 4] 산업구조분석 평가요소

1) 산업 내 기존기업 간 경쟁

검토항목	경쟁심화 사례
경쟁업체수와 균형정도	경쟁업체수가 많고 업체별 규모가 비슷한 경우 → 순수독점, 독점적 기업 → 견고한 과점, 느슨한 과점 : 소수 지배, 담합 유효성 차이 → 독점적 경쟁, 순수 경쟁 : 절대적인 시장지배자 없음
산업의 성장속도	완만한 성장
고정비 및 재고비용	고정비 부담이 큰 경우, 가동률제고를 통한 가격인하 경쟁

검토항목	경쟁심화 사례
제품차별화의 용이성	제품차별화가 쉽지 않은 경우(가격·서비스경쟁 심화)
설비투자규모	규모의 경제를 위한 시설확장으로 대규모 투자비용이 소요될 때 → 주기적인 과잉설비 및 공급부족 현상 초래
경쟁업체의 동질성/다양성	경쟁사들의 전략·규모·모기업지원 등이 다양한 경우
해당산업의 전략의 중요성	해당산업이 유망산업인 경우
퇴출장벽	퇴출장벽이 다음과 같이 높을 경우 - 자산 · 자원의 용도 국한 - 높은 퇴출비용(파급효과) - 해당산업이 전략적으로 타 사업부 등과 연관 (회사내 타사업부, 그룹내 타회사 등과 마케팅·설비·부품공급등에서 연관되어 있는 경우) - 해당산업에 대한 애착 - 정부의 제약

2) 신규회사 진입위험

검토항목	진입장벽이 큰 사례
규모의 경제여부	생산, 연구개발, 유통측면 등에서의 규모의 경제가 존재할 경우
제품차별화 정도	기존회사의 상표인지도 및 고객의 구매충성도가 매우 높은 경우
초기투자의 규모	다음과 같이 사업수행에 요구되는 초기 투자자본이 매우 큰 경우 - 고정설비부담이 큰 장치산업 - 광고 및 마케팅 비용, 연구개발비투자, 회원확보 - 금융자원투자
고객의 공급선 전환비용	주고객이 공급선을 전환하는데 많은 비용이 소요될 경우 - 종업원교육비, 보조설비도입비
유통경로	기존회사가 유통구조를 장악하고 있을 경우
원가경쟁력	기존회사가 다음과 같은 원가경쟁력을 가질 경우 - 특허권 또는 독창적 기술 보유 - 유리한 원재료 원천 확보 - 유리한 공장입지 - 학습곡선(경험축적에 의한 단위비용 절감효과)
정책 및 규제	정부의 인허가제도, 산업합리화정책, 중소기업보호육성책 등으로 규제 및 입법강화
기존참여자의 대응 강도	다음과 같은 이유로 기존의 시장참여자가 신규 경쟁자에 대한 공격을 강화할 경우 - 기존회사의 보유 현금 및 추가자금 조달력, 생산능력, 원가경쟁력, 유통망, 고객장악력 등의 측면에서 신규진입자를 물리치기에 충분한 자원을 보유한 경우 - 기존회사가 시정점유율을 유지하려는 목적으로, 혹은 초과 생산력으로 인해 가격을 인하할 것으로 예상되는 경우 - 신규진입을 흡수할 능력에 영향을 주고 모든 참여자들의 재무성과를 하락시킬 정도로 산업성장이 느린 경우

3) 전 · 후방산업에 대한 교섭력

검토항목	교섭력이 큰 사례
거래처 수 및 집중도	대량거래처가 적고 특정 거래처에 대한 의존도도 낮은 경우
대체재	원재료의 차별성은 크지 않은 반면 생산하는 제품의 차별화는 큰 경우
전후방통합가능성	전후방 산업에 대한 통합능력이 큰 경우
전환비용	거래처를 전환할 때 발생하는 비용이 크지 않은 경우
정보력	거래처에 비해 월등한 기술력이나 다양하고 정확한 정보를 가지고 있을 경우
정부정책	정부의 산업정책 일환으로 해당산업에 대한 보호의지가 높을 때

4) 대체재

검토항목	해당산업의 경쟁력을 저하시키는 사례
대체재의 상대가격	대체관계에 있는 재화의 상대가격이 낮을 경우
대체성의 강도	대체성(생산기술 및 효용성 대체)이 매우 강한 범용재의 경우 신상품 개발로 인해 경쟁이 증가되고 가격인하 또는 성능개선을 유발할 때 대체성이 크게 증가
전환비용	대체재로 전환하는데 드는 비용이 큰 경우
소비자 기호	기존 제품이 오랫동안 고착화되어 소비자가 기존 제품에 매우 익숙해진 상황

3 영업분석

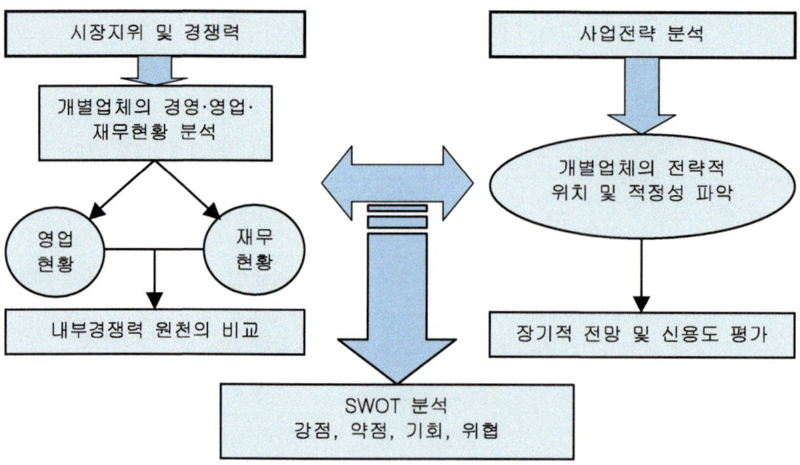

[그림 5] 영업위험 분석체계

(1) 시장지위 및 경쟁력

표 10 시장지위 검토항목

검토항목	시장지위 검토내용
사업구성	- 시장위험 분산(제품다각화, 지역다변화) - Target Market, 제품차별화 및 기술력 확보 여부 - 제품구성상의 수익변동
시장점유율	- 해당업종 시장점유율 - 상대시장점유율(경쟁사의 변화추이) - 절대수치 외에도 점유율 추이의 안정성도 중요
매출창출력	- 산업의 성장 및 해당기업의 매출창출력(장기적 수익기반 검토) - 신제품 개발, 신시장 개척, 마케팅 전략 - 신규사업의 실적과 추이

1) 사업구성

2) 시장점유율

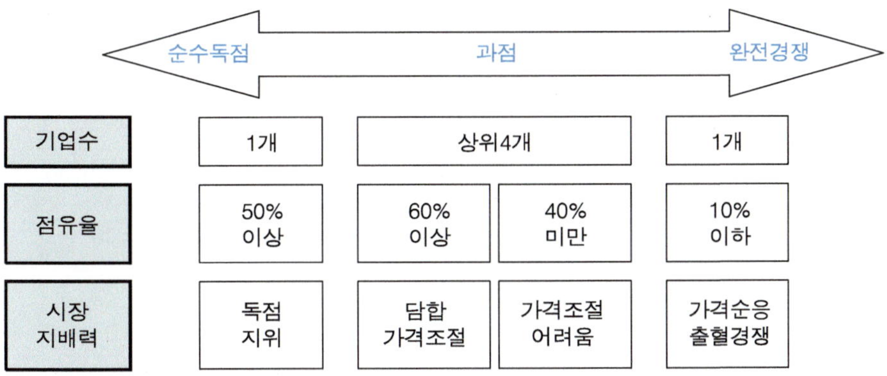

[그림 6] 시장점유율과 시장지배력

3) 성장잠재력

4) 내부경쟁력 원천

표 11 내부경쟁력 원천 검토항목

검토항목	검토내용
본원적 차별화 품질과 가격	- 성능, 원재료, 내구성, 디자인 등으로 표출되는 품질수준 - 시장에서의 상대적인 가격 위치 및 거래조건 - 사용자가 판단하는 개개 시장부문에서의 제품 평판 - 제품라인의 폭과 깊이

검토항목	검토내용
생산효율성	- 공장입지, 생산규모의 적정성, 설비노후화, 공정의 현대화 - 생산효율성(불량률,수율), 가동률, 설비능력, 생산실적 - 원재료 : 원재료 가격 및 조달처의 안정성, 구입조건 - 노동력 : 고급인력, 이직률, 평균임금 - 수직적 계열화
유통채널	- 유통망의 범위와 질적수준 - 유통채널 관계상의 강점 - 유통채널에 대한 서비스능력
마케팅과 판매	- 마케팅조합(market mix)의 개개 측면에서 발휘되는 능력 - 시장조사와 신제품개발상의 기술 - 판매요원들의 훈련과 이들의 노련성 - 최종소비자에 대한 브랜드 인지도
운용(operations)	- 규모의 경제, 학습곡선(learning curve) - 시설확장, 품질관리, 공작기계 관리상의 기능 - 인력관리상의 여건, 노동조합 조직상황
기술	- 독점적 노하우, 특허권이나 저작권 - 연구 및 개발을 추진하는 자체능력 (제품연구, 공정연구, 기초연구, 개발, 모방 등) - 창의성, 성실성, 신뢰성, 우수성의 측면에서 평가된 연구개발요원의 자질 - 외부에 있는 연구 및 기술원에의 접근형태 (공급자, 구매자 및 하청업자 등)
원가경쟁력	- 전반적인 제조원가 및 판매비용 - 다른 사업단위와 공동으로 분담하여 비용을 절감하는 부문 - 경쟁기업이 비용상의 유리한 위치를 차지하는 핵심요인(규모의 경제 등)
재무상 강점	- 현금의 흐름 - 단기 및 장기차입능력 - 예측 가능한 장래에 이루어질 증자 능력 - 증권유통, 자본조달, 신용판매, 재고, 미수금처리 등을 포함한 자금조달력
조직	- 조직내의 가치기준의 통합성과 목적이 명확성 - 근래에 가해진 여러가지 요구로 인한 조직의 과중한 부담 - 조직편제와 전략실행의 조화
경영관리능력	- 경영진의 경영지도 역량과 동기부여 능력 - 특정한 직능부서나 직능그룹간의 조정능력(ex)제조 vs 연구 vs 관리) - 경영관리층의 연령과 훈련 및 기능적 지향성 - 경영관리의 강도 - 경영관리상의 신축성과 적응성
사업의 다양성	- 재원 및 다른 자원면에서 모든 사업단위의 계획된 활동전환을 뒷받침할 수 있는 모기업의 능력 - 사업단위의 강점으로 보강할 수 있는 모기업의 능력
기타	- 정부기관의 특별한 대우를 받거나 그 기관과 쉽게 접촉할 수 있는 능력 - 보충인원 수

5) 비용구조

(2) 사업전략

1) 개별시장에 대한 영업전략

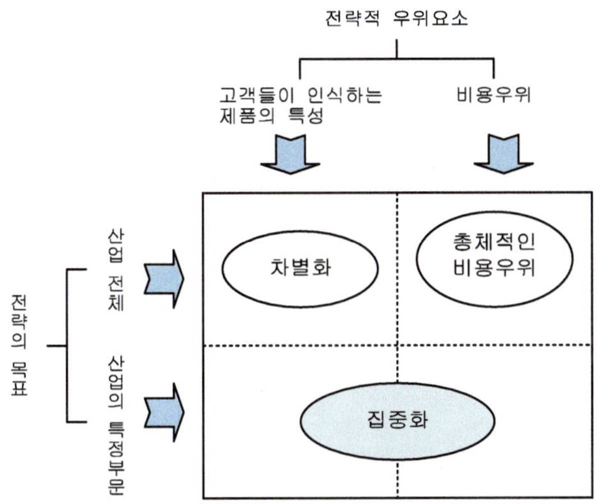

[그림 7] 개별시장에 대한 영업전략

표 12 영업전략 성패 검토항목

전략구분	성공요인		실패요인
	자원 · 기술상 요인	조직상 요인	
비용우위	• 대규모 자본투자와 재원확보 • 생산공정의 기술적관리 • 집중적 노동관리 • 제조상의 편의성을 도모하는 설계기술 • 유통체계의 비용절감	• 철저한 비용관리 • 내부통제 및 관리 • 조직의 체계화 및 명확한 책임소재 • 목표량 달성을 위한 인센티브 제도	• 과거의 투자나 축적한 경험을 무산시키는 기술상의 변화 • 신규진출기업이나 타경쟁기업이 모방 또는 동일설비 도입을 통해 비용우위를 달성 • 비용구조에 심혈을 기울이다가 제품이나 마케팅 변화에 적응하지 못한 경우 • 비용증가로 타업체의 차별화 효과를 상쇄할만한 가격상의 우위를 유지못한 경우
차별화	• 강력한 마케팅 능력 • 생산기술의 창의성 • 활발한 기초조사 연구활동 • 품질 및 기술상의 선도 • 유통경로의 협조	• 연구개발, 제품개발, 마케팅 상호간의 효율적 기능조절 • 양적성과 대신 질적 성과에 의한 인센티브 제도 • 근무여건의 쾌적성	• 비용우위업체와의 비용구조 격차로 구매자가 차별화에 대한 가격 프레미엄을 인정하지 않을 경우 • 차별화내용에 대해 구매자가 만족하지 않을 경우 • 타업체의 모방으로 차별화 인식이 희박해지는 경우

<table>
<tr><th rowspan="2">전략구분</th><th colspan="2">성공요인</th><th rowspan="2">실패요인</th></tr>
<tr><th>자원 · 기술상 요인</th><th>조직상 요인</th></tr>
<tr><td>집중화</td><td>• 특정 전략에 대한 비용 우위 및 집중화 요소의 적정 배합</td><td>좌동</td><td>• 전체시장을 대상으로 하는 기업과 집중화 전략을 택한 기업간의 큰 가격격차로 집중화의 이득이나 차별성이 없어 사실상 개별 시장화되는 경우(고급의상실, 디자인가구)
• target market 과 전체시장에서 요구하는 제품이나 서비스의 차이가 없는 경우
• 경쟁기업이 시장을 보다 더 세분화하여 집중적인 전략을 추진하는 경우</td></tr>
<tr><td>2개이상 전략채택</td><td colspan="2">• 각 개별전략의 성공요소를 갖추고 있으며, 여기에 기술혁신 및 획기적인 생산방식의 개발 등이 이루어진 경우</td><td>• 집중화, 차별화의 동시추진으로 시장점유율 하락 및 판매액 감소
• 차별화, 집중화에 대한 비용수반으로 원가 경쟁력 약화</td></tr>
<tr><td>전략채택 없는경우</td><td colspan="2">없음</td><td>• 자본투자나 시장점유율 유지를 적시에 실행하지 못한 경우
• 이익을 희생하면서 판매에 주력
• 차별화 실패로 가격우위가 없는 경우</td></tr>
</table>

2) Space Chart 분석

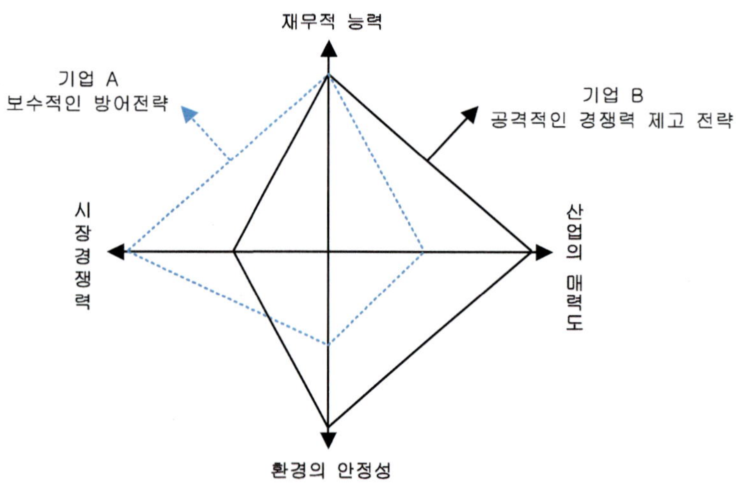

[그림 8] Space Chart에 의한 영업전략

3) 산업매력도와 영업지위

구 분		영업지위		
		상	중	하
산업매력도	고	선두유지	경쟁력 강화	선택적 추진
	중	성장정책 선두유지	신중접근 성장정책	신중접근 단계적철수
	저	Cash cow	단계적철수	철수

(3) SWOT 분석

	강점(Strength)	약점(Weakness)
내부요인	시장지위 : 사업구성, 시장점유율, 매출창출력, 제품차별화 경쟁력 : 차별화, 생산, 유통, 수익성 재무안정성, 현금흐름 경영관리능력, 영업전략	
	기회(Opportunity)	**위협(Tthreat)**
외부환경	산업동향 : 시장동향, 수급분석 산업매력도 : 성장과정 및 수명주기, 경기민감도, 진입장벽 산업구조 : 시장경쟁강도, 신규 진입자, 대체품, 시장교섭력 정부정책, 경기변동(세계경기 및 국내경기 전망)	

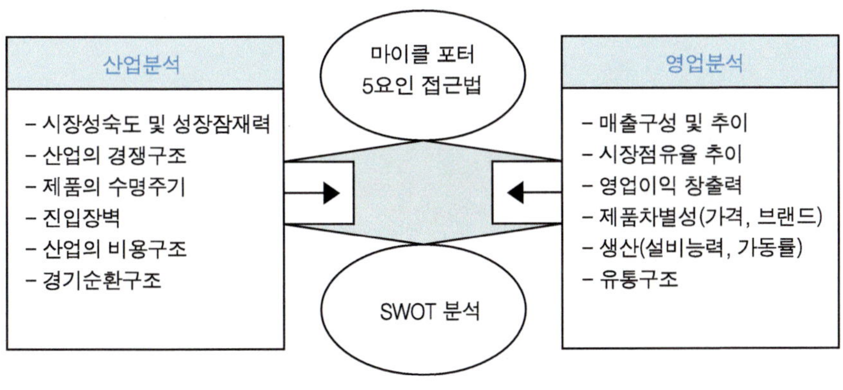

[그림 9] 사업분석

4 재무분석

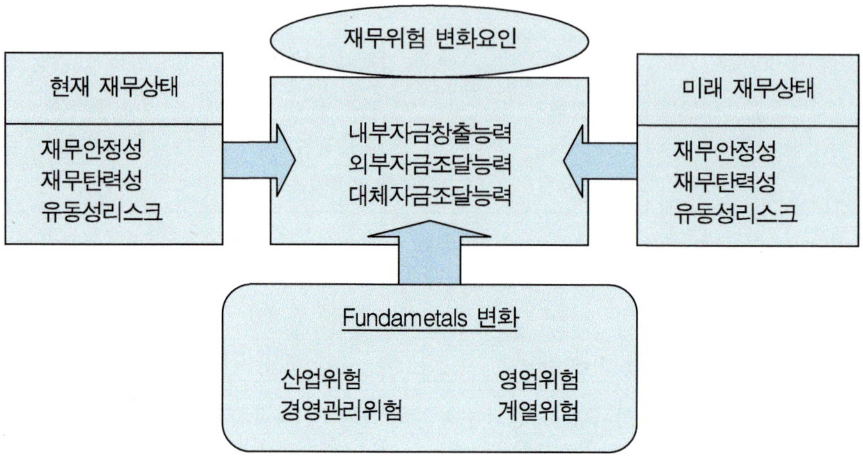

[그림 10] 재무위험 분석체계

(1) 회계 및 재무정책

(2) 재무제표 조정

1) 현금흐름 조정

2) 자산 조정

3) 부채 조정

(3) 현금흐름

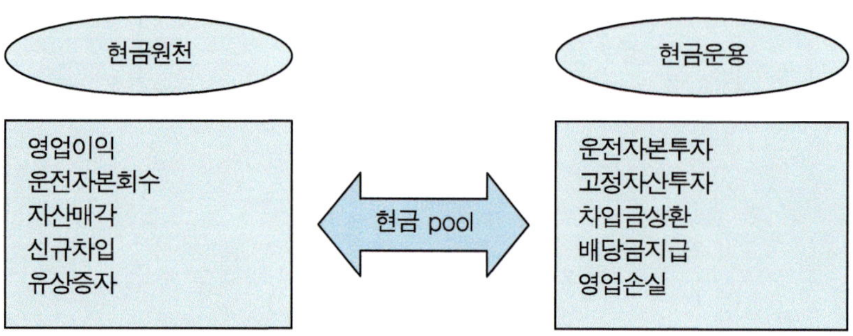

[그림 11] 현금흐름의 원천 및 운용

KIS 현금흐름 분석체계

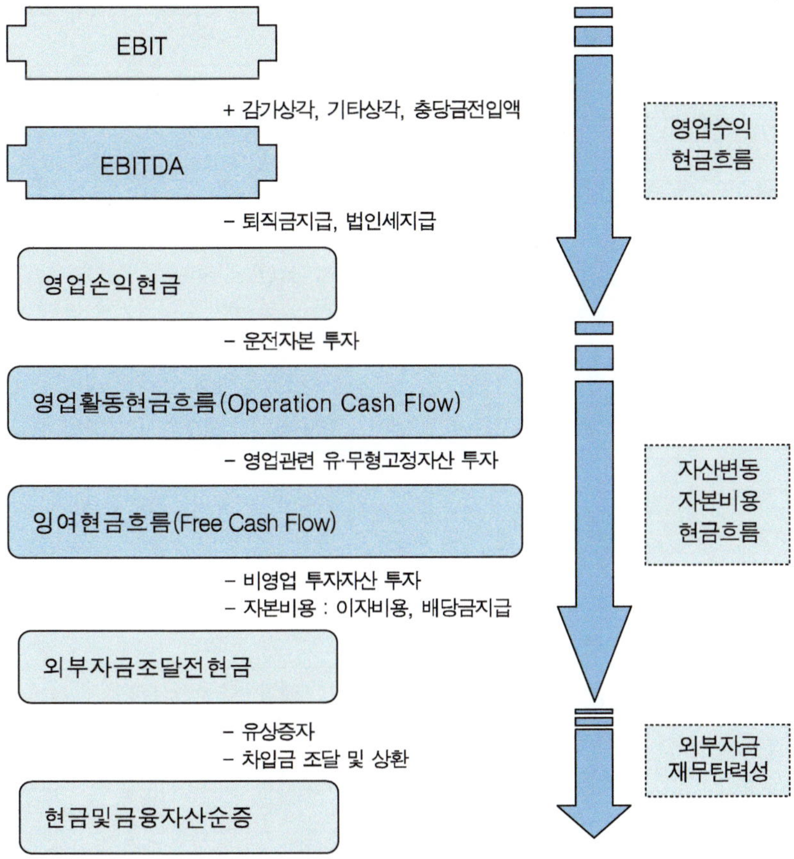

[그림 12] KIS 현금흐름 분석체계

현금흐름 관련 재무비율

비율명	산식	의미
부채상환계수	(경상이익+감가상각+기타상각+금융비용)/(단기차입금+유동성장기부채+금융비용)	차입원리금 상환도래분에 대해 경상적인 영업활동을 통해 창출되는 내부자금으로 충당할 수 있는 정도 측정
단기상환의무/EBITDA	(단기차입금+유동성차입금+할인어음등+순금융비용)/EBITDA	유동성면에서의 회사의 부담정도를 파악하기 위한 지표
차입금/EBITDA	차입금/(영업이익+감가상각비 등)	현금영업이익으로 차입금을 상환할 수 있는 능력 파악
현금당기순이익/부채	(당기순이익+비현금비용-비현금수익)/부채총계*100	영업활동에서 조달되는 현금당기순이익으로 부채를 상환할 수 있는 기업의 능력 측정
EBITDA/금융비용	(영업이익+감가상각비 등)/(지급이자)	경상적으로 지출되는 금융비용에 대한 영업현금의 Coverage

비율명	산식	의미
EBITDA/순금융비용	(영업이익+감가상각비 등)/(지급이자-수입이자-수입배당-임대수입)	경상적으로 지출되는 순금융비용에 대한 영업현금의 Coverage
EBITDA/자본비용	(영업이익+감가상각비 등)/(지급이자+배당금지급)	경상적으로 지출되는 자본비용에 대한 영업현금의 Coverage
영업활동현금/매출액	영업활동현금/매출액	영업활동을 통한 현금창출력 측정. 매출채권이나 재고자산을 통한 분식효과 제거
고정재무비용보상비율	(EBIT+리스이자비용)/(이자비용+리스이자비용+우선주배당)	고정적인 재무비용을 영업활동을 통해 창출되는 수익으로 얼마나 커버하고 있는지를 측정
영업활동현금/CAPEX	영업활동조달현금/고정자산투자	CAPEX에 대한 영업현금의 Coverage
영업손익현금/WCEX	영업손익현금/운전자본투자 운전자본	투자에 대한 영업손익현금의 Coverage

(4) 유동성

유동성 관련 재무비율

비율명	산식	의미
유동비율	유동자산/유동부채	유동부채에 대한 유동자산의 Coverage로, 단기지급능력 및 유동성여력을 측정
현금대유동부채 비율	현금 및 단기금융상품/유동부채	유동부채에 대한 유동자산의 Coverage로, 단기지급능력 및 유동성여력을 가장 보수적으로 측정
당좌비율	(유동자산-재고자산)/유동부채	유동자산 중 현금화가능성이 낮은 재고자산을 차감하고 단기지급능력 및 유동성여력을 측정
총자본(총자산) 회전율	매출액/평균총자본	투하한 총자본의 운용능력을 총괄적으로 표시하는 지표
매출채권회전율	매출액/평균매출채권	매출채권의 현금화속도로서 기업유동성측정의 동태적 의미
재고자산회전율	매출액/평균재고자산	비율이 높을수록 재고손실방지, 보험료, 보관료 절약 등 재고관리비용 절감. 재고가 적정수준 이하이면 수요 변동에 대한 대응력 떨어질 수도 있음
순영업자본대매출비율	(매출채권+재고자산-매입채무+할인어음)/매출액	영업을 영위함에 있어 순영업자본으로 인한 자금부담을 측정하여 영업내 유동성 압박정도를 파악
단기상환의무EBITDA	(단기차입금+유동성차입금+유동성리스부채+순금융비용)/EBITDA	1년 이내에 지급의무가 발생하는 차입금 및 이자에 대한 유동성 커버 능력을 측정

(5) 수익성

수익성 관련 재무비율

비율명	산식	의미
총자본순이익률	당기순이익/평균총자본X100	경영에 투하된 총자본의 최종성과 표시. 총자본은 운전자본, 유형자산 등 영업활동을 위해 사용하고 있는 모든 자산을 포함
총자본경상이익률	당기경상이익/평균총자본 X100	총자본을 통한 경상적인 성과표시 총자본경상이익률 = 매출액경상이익률 * 총자산회전율로 표시하여 원인분석 가능. 매출액경상이익률은 높으나 총자본회전율이 낮은 경우에는 판매마진은 높았으나 판매활동은 부진하였음을 의미
자기자본순이익률	순이익/평균자기자본X100	자기자본에 대한 수익성을 나타내며 투자안 평가시 자본 조달에 대한 기회비용지표로 사용
매출액순이익률	순이익/매출액X100	매출액 단위당 순이익. 영업외적인 변화에 따른 영향도 모두 반영
매출액경상이익률	경상이익/매출액X100	매출액 단위당 경상이익. 특수한 상황하에서의 실적을 제외한 수익성
매출액영업이익률	영업이익/매출액X100	매출액 단위당 영업이익. 영업활동을 통한 수익성으로 회사의 구조적인 수익성을 표시하므로 가장 중요한 의미가 있는 것으로 간주
금융비용부담률	금융비용/매출액X100	매출액에 대한 금융비용부담정도 동업계 비교시 잠재적인 가격경쟁력을 나타냄
이자보상배율	(세차감전순이익+금융비용)/금융비용	세차감전순이익에 의한 금융비용 Coverage를 측정
EBITDA/매출액	(영업이익+감가상각비 등)/매출액 X100	회계기준 차이에 따른 차이를 제거한 실질 수익성 파악
자본이익률	(세전이익+이자비용)/(차입금+자본금+자본잉여금)X100	레버리지로 인한 왜곡을 제거한 자본의 이익률을 측정

(6) 레버리지

레버리지 관련 재무비율

비율명	산식	의미
자기자본비율	자기자본/총자본*100	자기자본 충실도
부채비율	총부채/자기자본*100	100% 이하를 표준비율로 보나 기업경영측면에서는 단기적인 상환압력이 없는 한 투자수익률이 이자율을 상회하면 타인자본을 이용하는 것이 유리.

비율명	산식	의미
유동부채비율	유동부채/자기자본*100	부채비율의 보조지표로 100% 상회시 자본구성의 안정성 결여
고정장기적합률	고정자산/(자기자본+고정부채)*100	자본배분의 적정여부를 판단하는 대표적인 지표. 장기자금을 통한 고정자산투자 정도 판단. 100% 이하 표준비율.
당좌비율	(현금+유가증권+매출채권)/유동부채*100	단기 부채에 대한 현금화가능 자산의 비율을 나타낸 것으로 당기부채 지급능력 파악에 유용
차입금의존도	차입금총계/총자산*100	기업의 자본구성의 안정성과 관계가 있으며, 금융비용부담으로 수익성과 밀접
차입금비율	총차입금/자본총계	자기자본에 대한 차입금 부담능력으로 부채상환부담을 측정하는 자료로 사용
순차입금비율	(총차입금-현금및단기금융상품)/자본총계	기업이 보유한 현금을 차감한 실질적인 차입금 상환부담을 측정
총차입금/EBITDA	차입금총계/EBITDA	자산가치 평가에 대한 왜곡효과를 감소시키기 위해 차입금을 EIBTDA를 기준으로 채무부담을 부담을 측정
지급의무부채/EBITDA	(총차입금+장단기매입채무+장단기미지급금+장단기미지급비용+임대보증금)/EBITDA	현금상환의무가 있는 총부채에 대한 부담을 EBITDA를기준으로 측정

(7) 재무탄력성

표 13 재무탄력성 검토항목

검토항목	검토내용
자금수지계획	차입금 만기일까지의 종합적인 자금수급계획을 검토하여 향후 자금조달
자금조달정책	계획 및 가능성에 대해 분석
금융거래실적	금융기관별 차입한도 및 조건 등을 검토하여 안정적인 자금이용여부를 판단
신용도	금리수준을 파악하여 대 금융기관 신용도를 추론
장단기자금조달여건	차관도입, 해외기채능력, 장기시설자금, 정책자금 등의 조달능력 판단 자본시장을 통한 발행여건 파악
대체자금조달능력	금융긴축 또는 자금경색으로 소요자금차입이 곤란할 경우 계열사 차입, 지급보증 또는 담보제공지원, 투자자산 또는 고정자산 매각, 운전자본투자자금 회수, 계열사 처분 등의 다각적인 대체자금 조달원이 풍부한 지 검토
금리 및 환율변동	금리변동에 따른 자금조달의 용이성 및 환율변동에 따른 상환부담의 변동 정도를 검토

(8) 재무지표 상호연계

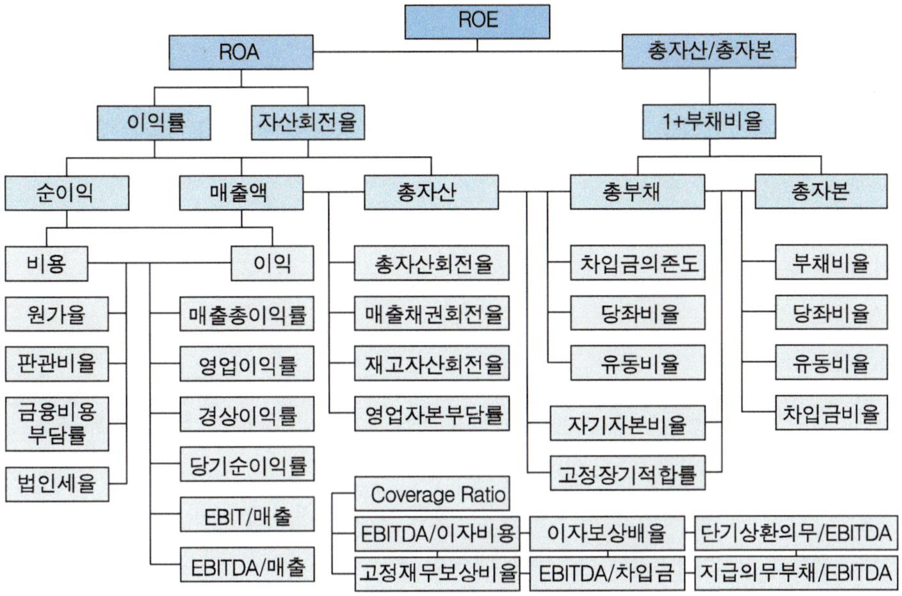

[그림 13] 주요 재무지표

5 경영관리분석

경영관리위험은 한마디로 회사운영 주체에 대한 신용위험으로, 기업 신용도의 토대를 이루는 가장 중요한 것들 중의 하나이다. 경영관리위험은 경영의 질적 수준 및 예측가능성, 경영진의 의중, 경영계획 및 전략 등과 연관되어 있는데, 이는 경영진의 회계 및 재무정책에 대한 철학, 재무위험에 대한 성향 등에 따라 좌우된다.

궁극적으로 기업의 현금창출능력은 기업에 존재하는 자원과 시장의 기회를 최대한 활용하는 경영기술과 능력에 좌우된다. 또한 발생할 지 모르는 역경에 효과적으로 대응하는 능력, 주요 참여시장에서 주요 구성원(고객, 공급자, 채권자, 규제당국 등)들과 건설적인 관계를 유지하는 능력 등에 의해서도 좌우된다. 제품 또는 원재료 가격이 계속해서 변화하는 환경에서 향후 가격하락 또는 기타 경제적 난관에 대응하기 위해 전략적으로 어떠한 대비책을 가지고 있는지는 신용평가에 있어 매우 중요한 요소이며, 기업으로부터 입수한 정보의 질과 신뢰도도 경영진의 태도를 통해서도 유추할 수 있다.

경영관리위험의 가장 대표적인 것으로 지배구조와 관련된 문제를 들 수 있으며, 이 외에도 경영진의 경영능력, 경영정책의 성향 등이 중요한 요소로 지적될 수 있다. 경영관리위험은 신용평가에 있어 매우 중요한 요소임에도 불구하고 기준이 되는 객관적 지표의 부재, 자료입수의 한계, 주관적 판단의 오류 가능성 , 신용도와의 인과관계 정립 부족 등으로 분석에 있어 큰 어려움이 있는 부문이다. 그럼에도 불구하고 지배구조의 안정성, 합리적인 내부통제 장치, 경영진의 역량, 공시와 투명성, 윤리경영 등이 기업의 신뢰도에 미치는 영향이 커지고 있기 때문에, 연혁, 경영진 이력서, 경영계획 수립 내용과 그 추진 실적, 경영진과 대주주와의 관계, 언론 또는 기타 비공식적 정보를 통한 경영상의 특기 사항 등을 기초로 이에 대해 면밀히 분석한다.

(1) 지배구조

지배구조란 기업의 이해관계자들간의 이해관계를 조율하기 위한 소유구조, 의사결정구조, 경영관리구조 등의 통합시스템으로 정의될 수 있다. 결국 지배구조 평가는 기업의 의사결정구조가 주주를 포함한 이해관계자의 이익을 보호하는 수준이 어느 정도인지를 판가름하는 것이 핵심이라고 할 수 있다. 신용평가에 있어 이해관계자는 지배주주, 소수주주, 경영자 등의 소유권과 지배권에 대한 문제 뿐만 아니라, 주주와 채권자간의 이해관계도 고려할 수 있는 광범위한 의사결정구조가 바람직한 지배구조라고 할 수 있다.

기업이 채무를 상환할 충분한 현금창출능력을 갖는 것과 채권자의 이익을 보존하는 방식으로 경영이 이루어지는 것은 별개의 문제이다. 경영진은 회사의 가치를 유지하고 주주이익을 최대화하기 위해 주주에 대해서는 신의성실의 책임을 갖는 반면, 채권자에 대해서는 기채계약서 상에 명시된 제한적인 계약적인 의무만을 부담한다. 따라서 경영진이 어떠한 의사결정 구조를 가지고 있는 지를 파악하는 것은 원리금 상환가능성을 평가하는 데 있어 매우 중요한 의미를 가진다.

표 14 지배구조 검토항목

구분	주요 검토 항목
지분구조	대주주 지분율, 상호출자 지분, 투기성자본 지분보유,
의사결정 과정	이사회 구성, 의결권 및 역할, 이사회 제출자료의 질
정보 공유	회계정책, 공시정보 정확성 및 적시성,
내부통제 장치	권한 및 책임 규정, 감사제도, 보상체계

지배구조를 평가함에 있어 지분구조 상의 경영권 장악력, 이사회 구성 및 의결권, 규정과 감사제도를 통한 내부통제, 정보의 공유 등에 대해 투명성과 안정성에

대한 평가가 이루어진다. 대주주의 지분율이 낮아 소유구조의 불안요인이 잠재해 있거나 단기 투자수익이 목적인 특정펀드(hedge fund, spot fund, 사모펀드 등)가 대주주일 경우에는 경영의 안정성은 현저히 낮아진다.

대주주의 독단적인 결정을 견제할 수 있는 장치가 미흡하거나 대내외적으로 경영정보의 접근성에 비대칭성이 존재할 경우에는 채권자의 이해와 상충할 수 있는 의사결정이 이루어질 가능성이 높아진다. 특히 재무정보에 대한 투명성이 부족하고 정보 공개수준이 매우 취약하여 기업 실체에 대한 정확한 판단이 어려울 때는 다른 평가항목에 대한 점수가 높다 하더라도 쉽게 높은 등급이 부여되기는 어렵다.

국내 기업들은 혈연관계를 통한 소유권 집중현상이 심한 편이며, 그룹 내 상호출자를 통해 소액자본으로 독점적인 지배권을 형성하고 있는 경우가 많다. 특히 이사회나 감사인을 통한 견제장치가 미흡한 상황 하에서 경영권 보호라는 미명 아래 전횡적인 의사결정이 관행화되어 기업 외부자의 이익을 손상시키는 경우가 많이 발생하기도 하였다. 소유경영과 전문경영의 효율성 차이에 대해서는 논란의 여지가 있을 수는 있지만, 왜곡된 지분구조와 견제장치 부족으로 소액주주 및 채권자의 권익이 손상될 가능성이 존재할 경우 신용등급에 상당히 큰 악영향을 미친다는 사실은 국제화를 표방하고 있는 국내 대기업들에게도 함의하는 바가 크다고 하겠다.

(2) 경영능력 및 성향

기업의 운영주체는 사람이다. 기업의 중요한 의사결정을 책임지고 있는 최고 경영진의 역량은 해당 기업의 미래를 좌우한다고 해도 과언이 아니다. 따라서 미래에 대한 판단이 주가 되는 신용평가의 입장에서 보면 경영자의 자질에 대한 평가도 매우 중요한 평가항목이 아닐 수 없다.

경영진에 대한 능력을 평가한다는 것은 상당히 주관적인 작업이다. 과거 경영실적을 통해 객관적으로 평가할 수 있다고 주장하기도 하지만, 회사실적 중 경영진 능력에서 비롯된 부분이 어느 정도인지 판단하기란 쉽지 않다. 전문경영인의 경우 재임기간의 실적을 과장하려는 유혹에 쉽게 빠질 수 있고, 경영진의 역량에 가장 중요한 요소라 할 수 있는 위기대처능력은 실적이 좋지 않은 불황기에 발휘되는 것이기 때문에 단순히 영업실적만으로 경영자의 자질을 속단하기 어렵다. 다만 경영진이 기업여건 및 경제상황에 부합하는 일관된 정책과 목표를 설정하고 있는지 또한 재무정책과 관련하여 신중한 자세를 견지하고 있는지를 파악함으로써 다양한 변화에 충분히 대처할 수 있는지를 판단한다.

표 15 경영능력 및 성향 검토항목

구분	주요 검토 항목
경영능력	창업주 또는 2세 여부, 학력 등의 개인신상기록, 과거의 위기대처 결과, 경영성과, 장기 경영비젼, 조직구조와 경영전략과의 부합여부
경영성향	성장지향 vs 보수성향, 경영전략, 신규투자 방향, 재무정책
기업관	윤리경영 의식, 친인척 경영참여, 종업원 임금 및 복리수준, 소비자 보호정책 등
기타	대주주 신용도, 계류중인 소송사건, 탈세·체납 기록, 부도발생 여부

경영자의 개인적인 능력 뿐만 아니라 경영성향 및 기업관도 기업의 신용도에 매우 큰 영향을 미친다. 영업환경에 내재되어 있는 위험과 기회라는 관점에서 과거의 경영문제 발생요인과 대응책, 경영진이 가지고 있는 기준 투자수익률 수준, 지향하고 있는 사업방향, 사업확장 방식(신규투자, M&A 등)과 레버리지 정도를 파악, 채권자의 권익을 손상하지 않을 정도로 경영진이 신중한 경영전략을 구사하고 있는 지를 판단한다.

예를 들어 기업의 차입능력을 적절히 활용하는 경영방침은 매우 중요하다고 할 수 있다. 특히 영업변동성이 큰 기업을 무리한 차입금에 의존하여 인수하는 경우는 채권자의 관점에서 보면 부정적이다. 또한 영업 또는 자산 매출로부터 창출된 현금을 기업의 미래를 위해 투자하기 보다는 주주에게 과도한 배당을 지급하는 것도 채권자의 입장에서 부정적이다. 경영진이 재무위험을 감시하고 통제하는 시스템이 적절히 운영되고 있지 않거나, 현금흐름이 이자율과 환위험에 노출되어 있음에도 불구하고 적절한 헷지전략을 구사하고 있지 않을 때는 재무정책에 대한 주의깊은 판단이 요구된다. 특히 이윤 극대화라는 미명아래 시장의 질서에 반하는 의사결정이 이루어지는 경우가 있거나 종업원에 대한 처우 및 사회에 대한 책임의식이 사회통념 상 용인되는 윤리기준에 크게 미흡하다고 판단되는 경우에는, 평가기업의 미래에 대해 상당히 보수적인 관점을 유지한다.

경영진의 역량은 이미 기업실적에 상당부분 반영되어 있기 때문에 독자항목으로서 높은 가중치가 부여되는 경우는 많지 않지만, 경영진의 역할이 모호하고 전문성이 결여되어 있다고 판단될 경우에는 신용등급 산정 시 상당히 보수적인 자세를 취한다. 특히 전형적인 소유 경영체제를 가지고 있고 대주주에 대한 경영의존도가 절대적인 대부분의 중소기업은 기업주의 역량과 성향이 기업의 신용도와 직결된다. 따라서 기업주의 재산상태, 담보 및 보증제공 능력 등을 통한 대체자금 조달능력 뿐만 아니라 계류중인 소송사건, 과거 탈세 전력, 체납, 세무조사대상 여부, 불량거래처 여부, 과거의 부도발생 사실 등도 미래의 지급태도에 관한 중요한 평가자료로 활용된다.

6 계열분석

어느 한 기업의 신용위험을 파악하기 위해서는 해당 기업의 신용도에 영향을 미치는 모든 요소들이 고려되어야 한다. 즉, 산업위험, 영업위험, 재무위험, 경영관리능력 외에도 평가기업의 신용도에 영향을 주는 다른 경제적 실체가 존재한다면, 이에 대한 영향력을 측정하여 평가기업의 신용도에 적절히 반영해주어야 한다. 특히 그룹 내 결속력이 강한 우리나라의 일반적인 지배구조 상황을 감안하면, 평가기업이 계열사들과 서로 밀접한 관계를 형성하고 있다는 사실은 매우 중요한 신용평가요소 중의 하나로서 간주된다.

평가기업이 창출한 현금흐름으로 그룹 내 계열사들을 지원하게 되면 평가기업은 채권자에 대한 채무불이행의 완충력을 그만큼 상실하게 된다. 어느 특정 계열사가 어려움에 봉착했을 때 지원을 포기하고 관계를 단절하는 것보다 지원을 통해 지속적인 관계를 유지하는 것이 경제적으로도 더욱 유리한 경우가 있을 수 있다. 그러나 통상적으로 보면 계열 상의 지원여부를 결정할 때 지원주체가 되는 기업의 입장에서 경제적 타당성을 따지기 보다는 그룹 전체의 입장에서 전략적인 효율성, 대외적인 평판위험(reputation risk) 등을 고려해 의사결정이 이루어지는 경우가 많다. 이러한 경우에는 실질적으로 지원을 담당하는 기업의 채권자에게 불리한 영향을 미치게 되는 것이 일반적이다.

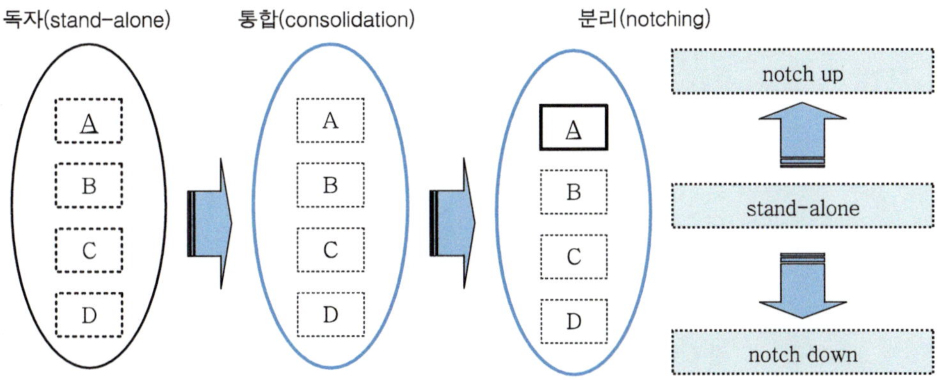

[그림 14] 계열요인 평가반영

계열요인을 감안한 평가기업의 신용도를 파악하기 위해서는 우선 평가기업의 독자적인 신용도에 대한 평가(stand-alone rating)와 더불어 계열 전체 신용도에 대한 평가(consolidated rating)가 선행되어야 한다. 통합신용평가를 통해 계열위험에 대한 가이드라인이 정해지면, 그 다음에 평가기업과 계열사들과 얼마나 결속력이 강한지 또한 평가기업이 계열위험으로부터 어떤 영향을 받는지를 검토하여 독자신용등급에서 적절한 조정이 이루어진 최종 신용등급을 산출한다.

법률 및 제도적인 기업집단이 아니라, 지분구조, 그룹 내 소속기업 상호간 지급보증, 영업관계, 경영지배력 등을 감안할 때 의사결정의 주요사항이 통일적으로 이루어지는 실질적인 경제적 단일체를 의미한다. 또한 계열위험이 평가의 범주에 포함될 경우 각 계열사간 현금흐름의 연계성을 이해하는 것이 필요하며, 지분관계로 나타나는 표면적인 현상 뿐만 아니라 우발채무, 법률적 책임, 지원 가능성 등과 같은 잠재적인 가능성까지도 검토한다.

한편 그룹의 신용등급 상한(group ceiling)은 그룹 전체의 평균신용도라고 할 수 있는 통합신용등급(consolidated rating)의 상한선을 의미하는 것이 아니고, 독자신용등급(stand-alone rating)에서 그룹의 통합신용등급을 반영하여 결정된 각 계열사의 최종적인 개별신용등급 중 최상위 등급을 의미한다. 따라서 그룹 내 최고의 신용도를 가지고 있는 기업이 만약 특수한 상황에 의해 부실 계열사들과의 절연정도가 높아졌다면 계열전체의 신용도에 큰 변화가 없다고 하더라도 해당 기업의 신용등급이 상향될 수 있다. 따라서 그룹의 등급상한(ceiling)의 상향이 반드시 그룹 신용도의 향상을 의미하는 것은 아니다.

(1) 통합신용평가

모든 계열사들을 포함하는 그룹의 통합신용평가를 위해서는 기업집단 전체를 하나의 경제적 실체로 합치는 과정이 전제되며, 영업거래, 자본거래, 재무거래 등의 모든 내부거래가 제거된 연결자료를 토대로 분석이 이루어진다. 다수의 기업을 통합하여 신용도를 평가할 때는 지주회사 평가방법론과 마찬가지로 Building Block Approach와 Enterprise Approach가 많이 사용된다.

Building Block Approach

계열사 수가 많고 다양한 사업을 영위함에 따라 개별 계열사들이 각각 상이한 사업위험을 가지고 있을 경우에 사용한다. 개별 계열사 수준에서 독자적인 신용도를 구한 후 적절한 가중치를 사용하여 자회사들의 가중평균등급을 산출한다. 가중치는 이익 및 현금흐름 기여도, 자산 및 자본의 비중 등을 고려하여 산정하며, 이렇게 산출한 자회사들의 가중평균등급을 그룹의 통합신용등급으로 정한다.

Enterprise Approach

적은 수의 계열사들이 유사한 사업을 영위하고 있거나 특정 회사의 비중이 압도적으로 커서 하나의 사업위험 및 재무위험으로 통합이 원활할 때 사용한다. 계열사들의 연결재무자료를 토대로 경제적 단일체를 가정함으로써 개별 기업의 신용도를 평가할 때와 동일한 방법론을 적용한다.

통합신용평가 시 Building Block Approach를 적용하기 위해서는 각 계열사들의 영업이 상이하고 계열사간의 긴밀도도 낮아야 한다. 대개 미국의 지주회사 체제에서는 자회사간의 독립성이 높은 편이어서 Building Block Approach가 유용한 경우가 많지만, 주력회사의 비중이 크고 계열사간의 긴밀도도 높은 우리나라에서는 Enterprise Approach가 더 유용하다.

Enterprise Approach를 적용하기 위한 통합재무자료가 작성되면, 개별기업 분석과 마찬가지로 산업위험, 영업위험, 재무위험, 경영관리능력에 대한 분석을 실시한다. 다만 그룹평가 시에는 통합된 재무자료의 성격과 한계에 대한 충분한 이해가 선행되어야 하며, 위험분산 및 전략방향과 관련한 사업포트폴리오 분석에 보다 심혈을 기울인다.

안정성을 중시하는 신용평가의 입장에서는 사업다각화 여부는 매우 중요하다. 사업다각화는 단순히 업종의 분산측면에서 파악되는 것이 아니라 경쟁포지션과 산업매력도에 따라 개별업종의 전략적 포지션이 적절하게 구성되어 있는지 여부를 판단하는 것이 중요하다. 이에 대한 분석도구로 일반적으로 많이 사용되고 있는 것이 BCG 포트폴리오 매트릭스로, 주력 사업(Cash Cow)의 현금창출력 및 지속성 여부, 차기 전략사업(Star)에 대한 적절한 투자여부, 부실사업에 대한 구조조정 방안 등을 판단한다.

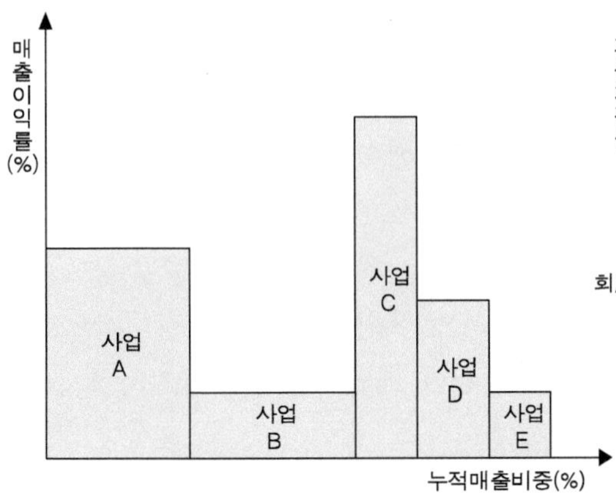

[그림 15] 사업수익풀 그래프

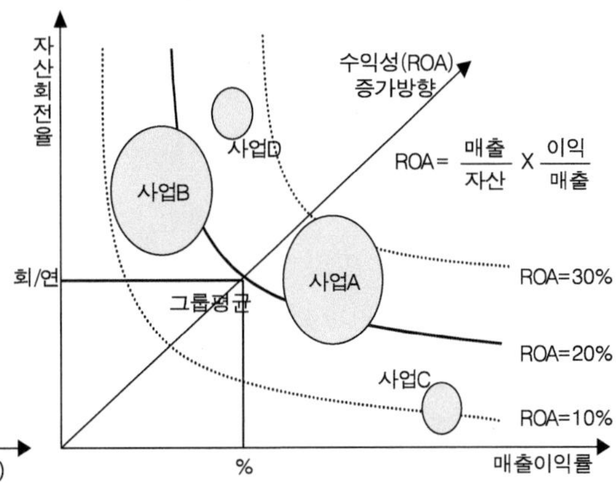

[그림 16] ROA 사업전략 매트릭스

BCG 포트폴리오 분석 외에도 실무적으로 사업수익풀 그래프와 ROA(Return on Asset) 사업전략 매트릭스를 활용하기도 한다. 〔그림12〕에서 보면 사업A와 사업B가 높은 매출비중을 차지하고 있지만 이익기여도 측면에서는 사업A가 훨씬 크며, 사업C는 매출비중은 크지 않지만 가장 높은 이익기여도를 나타내고 있다.

다만 재무분석에 있어서 재무지표는 분석의 출발점일 뿐이며 개별 재무비율은 한 측면만이 부각된 것이라는 점을 상기할 필요가 있다. 사업B가 매출이익율이 낮음에도 불구하고 자산회전율이 높아 ROA 기준에서 보면 사업A와의 격차가 상대적으로 크지 않을 수도 있다. 특히 사업C와 사업D처럼 자산회전율의 월등한 격차로 인해 ROA의 서열순위는 매출이익률의 서열순위와 오히려 반대로 나타날 수도 있는 것이다.

그룹 전체를 통합하여 분석하는 것은 단순한 합산분석 이외의 많은 것을 포함하고 있다. 재무지표로 나타나는 숫자는 그 자체로서의 의미만을 가질 뿐이며, 이를 해석하고 이용하는 것은 전적으로 애널리스트의 몫이다. 따라서 다양한 사업위험을 고려하고 이에 대한 상관관계를 분석해야 하는 그룹분석에 있어서 사업포트폴리오와 재무지표에 대한 더욱 주의 깊은 해석이 요구된다.

(2) 신용절연과 Notching

그룹 전체에 대한 신용위험 분석이 완료된 이후에는 개별기업의 신용위험과 계열의 신용위험간의 긴밀도 및 신용절연 정도를 감안하여 최종등급을 산출한다. 만약 우량한 기업이 다른 부실 계열사들과 신용위험이 잘 단절되어 있다면 독자신용등급에 근접하는 최종등급을 부여 받을 수 있지만, 부실계열사에 대한 부담으로부터 자유로울 수 없다면 계열위험이 많이 반영되어 독자신용등급에 비해 상당히 낮은 등급을 부여 받을 수 밖에 없다.

예를 들어 〔그림12〕에서 보면 2개의 그룹에 대한 통합신용평가 결과는 모두 BBB로 동일하며, 그룹 내 계열사들의 최고 독자신용등급(AAA)과 최저 독자신용등급(CCC)도 동일하다고 가정해보자. 그룹B의 경우에는 신용위험의 운명공동체적 연결고리가 강해서 모든 계열사들이 계열위험에 큰 영향을 받는 반면, 그룹A는 계열사간 신용절연이 많이 이루어져 있어 상대적으로 운명공동체적 성격이 약하다. 이에 따라 그룹B 계열사들의 독자신용등급은 통합신용등급을 중심으로 등급조정이 많이 이루어진 반면, 그룹A 계열사들의 독자신용등급은 상대적으로 등급조정이 작게 이루어져, 최종적으로 산출된 개별 개열사간의 등급격차가 그룹B에 비해 상대적으로 크다.

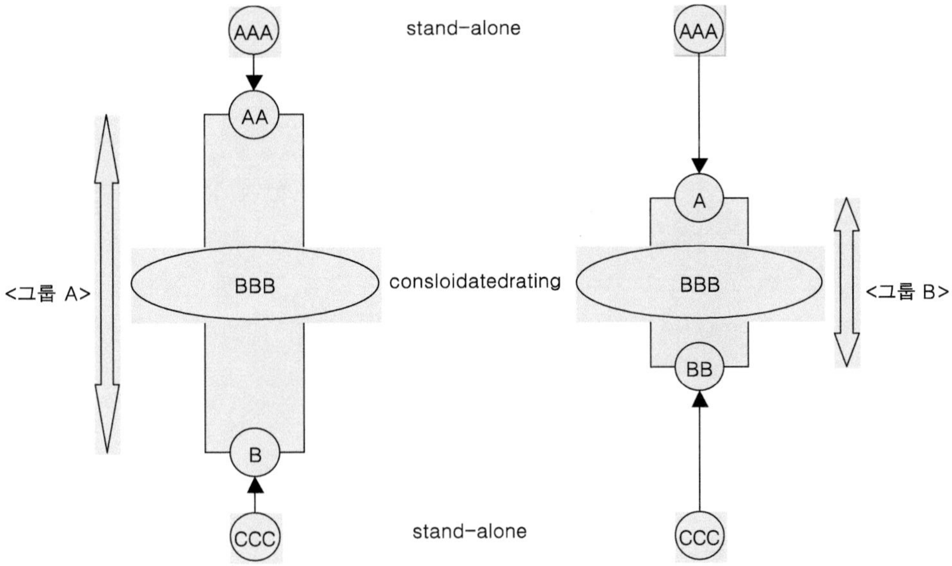

[그림 17] 계열요인을 반영한 Notching의 예

운명공동체적 성격을 규정하는 계열간의 긴밀도 및 신용절연에 대한 판단은 계열위험 분석의 핵심이며 미래의 행동패턴을 예측하는데도 중요한 사항이다. 계열사와의 거래, 자금대여 및 차입, 담보제공, 채무보증 등의 현황 및 변동상황을 검토하며, 계열기업 중 주 자금조달기업과 주 자금소요기업간의 자금흐름을 추적하여 계열간 자금지원체제 구성여부, 계열기업 자금사정, 추가 차입 및 자금창출 여력 등도 검토한다. 특히 금융기관 또는 제3의 기업을 매개로 이루어지는 자금거래도 포착하여 계열기업의 자금부족 상황 및 이에 따른 차입소요, 지급보증 및 담보제공 여력 등에 대해서도 면밀한 분석이 이루어진다. 채무보증과 같은 재무적인 연결고리 뿐만 아니라 지분구조, 실질적인 경영지배력, 영업 및 재무전략, 그룹 이미지(reputation risk), 법적·제도적 규제 등을 포괄해서 판단해야 하며, 채권의 구조적인 선·후순위성도 고려되어야 최종 등급이 산출된다.

채무보증

신용평가에 있어 운명공동체적 성격을 가장 강하게 포괄하는 것이 그룹 계열사간 채무보증이다. 표면적인 연결고리가 없어도 완전한 채무보증 관계가 성립되면 피보증기업의 신용도는 보증기업의 신용도와 같아질 수도 있다. 다만 채무보증도 보증금액의 절대규모가 중요하다. 예를 들어 채무보증 규모가 크지 않거나 피보증기업 채무의 일부에 대해서만 보증을 제공한 경우에는 보증기업과 피보증기업간의 신용도 차이는 커질 수 있다.

지배구조

지배구조도 운명공동체를 판단하는 데 중요한 평가요소다. 단순히 지분구조 상의 공동체 여부 뿐만 아니라 경영진의 실질적인 영향력을 감안한 통합적인 지배구조가 고려되어야 한다. 투자결정이나 자금관리에 있어 상당한 수준의 객관성이 보장되고 주주이익을 위한 경영이 가능한 지배구조가 구축되어 있어야 신용평가에 긍정적인 요인으로 고려될 수 있다. 경영투명성 제고를 위해 도입된 사외이사제는 아직까지 신용도 상승요인으로 적용하기는 무리지만, 주로 제한적인 의사결정구조가 명시되어 있는 외국합작법인의 경우에는 지배구조가 신용등급에 큰 영향을 미치기도 한다.

전략요소

그룹의 대외이미지(reputation risk)와 전략방향도 중요한 판단요소다. 사업다각화, 수직계열화, 차기 성장사업 확보, 여타 사업부에 대한 기업이미지 타격여부 등을 고려한 지원의 경제적 동기여부도 매우 중요하다. 수평적 다각화의 경우 계열의 업종별 포트폴리오 분석을 통해 산업 및 영업위험을 측정할 수 있으며, 수직적 계열화의 경우 부품, 원재료의 안정적 조달 및 공급, 판매망의 확보 등에 대한 분석이 이루어진다. 직접적인 채무보증관계가 없다 하더라도 실질적으로 동일한 경영통제 하에 있고 영업으로도 매우 밀접한 관련을 맺고 있다면 계열사간 신용등급 격차는 상당히 줄어들 수 있다.

기타

이 외에도 상호출자 금지 및 출자총액 제한, 채무보증 제한, 거래 제한 등과 같은 법규 및 제도적 규제 뿐만 아니라 유사 시 발생했던 부실기업에 대한 과거의 의사결정 패턴도 운명공동체와 관련한 미래의 의사결정을 추론하는데 중요한 평가요인이 된다. 또한 채무보증 여부와 규모에 따라 채무의 변제순위 및 상환가능성이 변화될 수 있으므로 발행자가 아닌 특정 유가증권에 초점을 맞추어서 평가를 진행할 경우에는 채권의 선·후순위성에 대해 심도 깊은 분석이 이루어진다.

그룹들은 모두 다양한 사업구조와 상이한 지분구조를 가지고 있다. 이에 따라 그룹 전체의 신용위험을 반영하여 개별기업의 신용등급을 결정할 때 많은 신용절연 요소를 획일적으로 적용하기는 어렵다. 외환위기 이전과 비교해볼 때 채무보증, 자금대여, 순환출자 등과 같은 표면적인 연결고리가 많이 약화되어 부실한 계열사만 부분적으로 퇴출(selective default)시킬 가능성도 배제할 수 없는 상황이 되었다.

다만 부실 계열사의 규모가 너무 커서 그룹 전체의 생사를 좌우한다거나, 계열사간의 영업간 결속력이 너무 큰 경우에는 여전히 계열사간 신용등급 격차가 크지 않으며, 이러한 현상은 상위에 속해 있는 대규모 그룹보다 중견 그룹에서 많이 나타난다. 따라서 상위그룹에 속해 있는 계열사들을 평가할 때와는 달리 중견그룹에 속해 있는 계열사들에 대해서는 자체적인 신용위험 보다는 상대적으로 계열위험에 대해 보다 면밀한 분석을 실시할 필요가 있다.

Appendix

신용평가 주요 Check-List

〈업체개요〉	
업력	경기변동 대처능력(성장과정, 업력)은 확인하였나 연혁에서 특기사항은 없었는가 부도발생, 법정관리, 은행관리를 받은 적은 없는가 합병, 인수 등이 있었을 경우 그 이유는 확인하였나
경영진	경영진의 출신경력 및 전문성은 확인하였나(특히 중소기업의 경우) 경영진 및 대주주 개인의 불량신용정보는 없는가 최근 경영진 구성에 변동은 없는가 직원으로부터 최고경영진의 평판에 대해 들었는가 업계 내 최고경영진의 영향력에 대해 알아보았나 대주주는 일선 경영에 어느 정도 참여하고 있나
지분	출자자들 관계는 살펴보았나 최근 지분구조에 변동은 없는가 경영권을 둘러싼 내부분쟁요소는 없는가 조만간 지분변동(매수합병 등)의 여지는 없는가
계열사	계열사의 존재여부와 상호관계는 확인하였나 계열사들의 영업 및 재무상태는 살펴보았나(특히 지급보증으로 연결된 경우) 계열사에 대한 지급보증 및 자금지원은 없는가 계열사 상호간의 내부거래비중은 어느 정도인가 연결재무제표를 작성할 필요성은 없는가
〈사업현황〉	
사업구성	제품별 매출구성 및 추이는 작성하였나 내수와 수출의 비중은 파악하였나 주력제품의 매출실적에 이상은 없는가 사업구성의 변화에 특징은 없는가 사업부문별로 경쟁사와 비교분석을 실시하였나
산업분석	해당산업의 라이프사이클상 위치는 어디인가 해당산업의 현재 경기변동상 위치는 어디인가 해당산업의 수급상황은 파악하였나 해당산업 주요 제품의 가격동향은 어떠한가 현재의 경쟁상황은 파악하였나 신규진입의 가능성은 없는가

경쟁력	업계지위 및 시장점유율은 어느 정도인가 제품시장 내 지배력은 있는가 경쟁사대비 우위요소는 무엇인가 조만간 시장점유율 변동의 가능성은 없는가 가격경쟁력에 변동요인은 없는가 개발중인 신제품은 없는가
판매상황	주요판매처(고정고객)는 확인하였나 최근 판매조건 상에 변화는 없는가 판매가 변동의 가능성은 없는가 경영진이 따로 밝힌 판매계획은 없는가
원재료조달	원자재가격 동향은 파악하였나 주요 원자재 조달처는 확인하였나 최근 원자재 구매조건에 변화는 없는가 원자재 조달에 애로사항은 없는가
생산현황	생산능력면에서 업계지위는 어느 정도인가 가동율의 추이는 확인하였나 설비의 노후화가 두드러지지 않은가 생산성향상의 요인은 없는가 외주가공 의존도는 파악하였나 외주가공업체에 대한 통제력은 있는가 대규모 설비투자계획은 없는가
인력상황	직원들의 평균근속기간은 어느 정도인가 임금상승의 가능성은 없는가 자동화투자는 진척되고 있는가 가시적인 인력부족 현상은 없는가 노사분규의 조짐은 없는가 전망 매출전망은 구체적으로 하고 있나 수익구조의 변화방향을 제시하고 있나 적정한 자금수지계획과 이에 대한 대처방안은 있는가
〈재무분석〉	
회계정책	최근 3개년도 감사의견은 확인하였나 회계처리방식은 일관성을 유지하고 있나 회계상 분식의 징후는 없는가 부외부채(리스등)는 확인하였나 계열사간 지급보증수수는 확인하였나 계류중인 법적소송건은 없는가
대차대조표	대차대조표에 이상변동의 계정은 없는가 전반적인 자산구성은 살펴보았나(특히 경쟁사와 비교하여) 현금보유가 과다하거나 과소하지 않나 거액의 악성매출채권은 없는가 재고자산의 진부화 정도는 파악하였나 관계사대여금의 회수가능성은 어느 정도인가 투자자산의 내역은 살펴보았나

	사용이 제한된 금융자산 여부와 규모는 파악하였나 고정자산의 재평가여부는 살펴보았나 건설가계정의 내역은 파악하였나 두드러진 매입채무의 증감은 없는가 차입금의 증감요인은 확인하였나 차입금의 구성은 살펴보았나 업체가 제출한 차입금자료와 기타 공시자료와의 차이가 없는지 대조해 보았나 고정자산중 차입금담보로 제공된 자산의 비율은 어느 정도인가 회사채발행에 여유는 있는가 유상증자의 계획은 없는가 최근 주가추이는 어떠한가(상장업체의 경우) 경쟁사대비 부채비율은 과다하지 않은가 자본잠식의 소지는 없는가 부외자산, 부외부채(특히 lease와 관련하여)의 존재가능성은 없는가
손익계산서	손익계산서상에 이상변동의 계정은 없는가 5개년 매출증가율에 특별한 추세는 없는가 추세상 매출증가율의 변동은 과다하지 않나 매출증가율의 변화는 충분히 설명이 되나 원가율의 변동요인은 파악하였나 판관비비중의 변동요인은 분석하였나 금융비용부담율의 추이는 살펴보았나 평균이자율은 계산해보았나 환차손의 위험은 없는가 특별손익의 내용은 파악하였나 대손처리사실은 없는가
제조원가명세서	제조비용의 구성비에 변화는 없는가 원재료비의 증감요인은 파악하였나 노무비의 증감요인은 파악하였나
현금흐름	내부자금창출의 원천은 무엇인가 내부자금창출력에 변동은 없는가 순영업자본 추세와 증감요인은 파악하였나 운전자금부담의 추세와 증감요인은 파악하였나 현금흐름상 고정자산투자가 과다하지 않은가 최근 고정자산의 매각사실은 없나 자금부족상황은 만성적이지 않는가 자금부족의 주요원인은 확인하였나 현금흐름분석표에 특별한 패턴은 없는가 자금조달패턴은 확인하였나 최근의 자금조달패턴은 건전한가

부록2

유동성위험 분석

1 유동성 위험분석(Liquidity Risk Assessments)의 개념

유동성(Liquidity)에 대한 개념은 다양하게 정의될 수 있으나, 본 방법론에서는 "발행자의 직접 또는 우발적 단기채무에 대한 상환능력"으로 이해되며, 이 때 기업의 상환능력은 내부자금창출능력 뿐만 아니라 외부차입능력 등 다양한 자금의 원천을 의미한다.

유동성 위험 분석은 기업의 1년 미만의 단기채무에 대한 상환능력 분석인 기업어음 신용평가를 위한 하나의 Tool이며, Fundamental 분석이 지닌 부분적 한계점을 보완하기 위한 수단으로 이용된다. 유동성 위험 분석은 발행자의 유동성 원천(resources of cash)과 사용(uses of cash) 및 유동성 확보 기간(LRA months) 분석으로 크게 구분되며, 일반적으로 기업어음 만기[1]까지 유동성 위험 수준에 대한 분석이다.

특히 Event risk 또는 시장의 시스템적 결함으로 인해 기업의 자본시장에 대한 접근이 차단되거나 축소될 경우에도 상환대상 채무와 상환재원의 조달가능성을 종합 비교 검토함에 따라 시장 신용위험에 따른 기업의 유동성 위험을 측정하는 데 직접적인 도움이 될 것으로 판단된다.

2 기업어음 신용등급 vs 유동성 위험 분석

기업어음 신용등급은 발행자 중심 평가(Issuer specific rating)이다. 우리나라 기업어음은 발행규모가 대규모임에도 불구하고 관련 정보의 공시제도 부재 등으로 인

1) 평가유효기간에 근거한 기간(일반적으로 1년)을 의미하며, 기업에서 실제로 사용하는 CP의 만기를 의미하는 것은 아니다.

해 발행기업의 발행규모를 가늠하기가 어려워 건별 평가(Issue specific rating)가 이루어질 수 없다.

기업어음 평가는 통상 1년간 발행자의 신용도에 대한 평가로 기업의 Fundamental credit quality, 외부 충격에 대한 취약성(Vulnerability of shock risk), 단기자금 조달의 신뢰성, 자산의 질(quality)과 이의 유동성, 대체 유동성의 질과 적합성 등에 대한 분석이 종합적으로 이루어진다.

반면, 유동성 위험 분석은 상기 기업어음 평가 요소 중 단기자금 조달의 신뢰성, 자산의 질과 유동성, 대체 유동성의 질과 적합성 등 3가지 분석에 초점을 두고 있어 기업어음 신용등급과 일치하지 않는다. 다만, 전술한 바와 같이 기업어음 신용등급을 부여하기 위한 하나의 분석 Tool로만 이용된다.

기업의 단기신용도를 의미하는 기업어음 신용등급이 기업 자체의 유동성 위험 정도 뿐만 아니라 Fundamental credit quality, 제 3자로부터의 지원 가능성 등이 종합적으로 감안되어 부여되는 점을 감안할 때, 유동성 위험 분석과 기업어음 신용등급과의 괴리는 크다고 할 수 있다.

3 분석방법론

유동성 위험 분석은 크게 유동성의 원천과 유동성의 사용 분석으로 크게 구분되며, 이를 바탕으로 기업의 유동성 확보 기간(LRA months)을 분석하는 것이 주요 과정이다. 모든 분석은 기업의 향후 1년간 영업실적과 평가기준일 현재 재산상태에 기초한다.

유동성의 원천은 크게 내부 원천(Internal sources)과 외부 원천(External sources)으로 구분된다. 내부원천은 영업을 통한 자금창출력(Free cash flow)과 보유 자산에 근거한 대체자금조달능력을 의미한다. 외부원천은 좁은 의미에서는 자본시장을 통한 자금조달능력(Accessibility of capital market)[2]이라 할 수 있으나, 대기신용제도(Backup line of credit)가 도입될 경우 이를 포함한 원천이다.

---

2) 자본시장의 접근성은 기업의 실적 뿐만 아니라 평판, 신인도 등에 따라 영향을 받기 때문에 계량화하기 어려운 작업일 수 있다. 은행의 back-up facility가 발전되지 않은 상황에서의 자본시장에 대한 접근능력 또는 외부원천은 금융권의 한도거래 여신을 기본으로 한다.

표 1　유동성의 주요 원천 및 사용

유동성의 원천(Sources of cash)		유동성의 사용(Uses of cash)
내부원천	FCF(Free cash flow)	기업어음 등 단기차입금 유동성 장기차입금 지급보증 등 지급 가능 우발채무
	현금 및 현금등가물	
	단기금융상품 및 유가증권	
	자산매각	
외부원천	금융기관 신용공여 한도	
	Committed back-up facility	

(1) 내부원천(Internal Sources)

내부원천은 크게 영업을 통한 조달자금, 보유 현금 및 현금등가물, 매각가능 유동자산으로 구성된다. 기업의 내부자금조달능력은 EBITDA, OCF(operating cash flow), RCF(retained cash flow) 등 다양하게 정의될 수 있다. 그러나 본 분석에서는 EBITDA, 운전자금, 고정자산투자, 배당금 지급 등을 감안한 FCF(free cash flow)를 내부원천의 기준점으로 정한다. 분석기간은 1년을 기준으로 하며, 매분기별 추정의 정확성을 검증한다.

현금 및 현금등가물과 모든 금융상품, 투자유가증권, 보유자산의 분석은 평가일을 기준으로 하며, 장부가격 보다는 시장가격에 기초한다. 유동성 분석에 있어서는 유동성 확보를 위한 즉시성(immediacy)과 자산의 질(quality), 유동화 경로의 다양성(diversity)이 무엇보다도 중요한 판단 근거로 작용됨에 따라 시장가격에 대해 일정 수준의 할인이 필요하며, 이를 위해서는 기업 및 시장 상황에 대한 전반적인 이해와 정성적(qualitative) 분석이 병행된다.

예를 들어 유가증권 중 담보제공 주식은 유동화 가능 자산에서 제외되며, 매각 가능 공정 시장가격(fair market price)이 존재하는 상장 및 코스닥 주식은 과거 1년 간의 가격 변동성을 감안하여 적절한 할인율이 적용된다. 반면 공정한 시장가격이 존재하지 않을 경우는 매각의 즉시성에 제한됨에 따라 할인율이 더욱 높게 적용될 수 있다. 반면, 매각 경로가 매우 안정적일 경우 또는 경영권 포함한 지분 매각이 이루어질 경우 등은 할인율이 적용되지 않거나 프리미엄이 가격 산정에 반영될 수 있다.

(2) 외부원천(External Sources)

외부원천은 유사시 제 3자로부터 제공받을 수 있는 신용을 의미한다. 본 방법론에서 외부원천을 정의하기 전에 우선 우리나라 기업어음 발행 제도에 대한 이해가 필요할 것으로 보인다. 우리나라에서는 기업어음이 발행될 경우 일종의 담보역할을 할 수 있는 Backup line이 설정되지 않고 있어 그 자체로의 신용도는 매우 취약한 편이다.

기업에 대한 Back up facility의 부재는 외부원천을 정의함에 있어 근본적인 제약으로 작용하고 있다. 최근 외자유치의 일환 등으로 Committed credit line이 도입된 사례는 나타나고 있으나, 대부분 국내 기업의 경우 이의 이용 사례가 일반화되지 않는 등 신용보강장치가 제도적으로 자리잡지 않고 있는 형편이다.

따라서 현재 우리나라의 제도적 상황에서는 금융기관과 기업간의 계약차원(포괄여신한도거래약정)에서 관리되는 한도거래여신[3]이 유일한 외부원천이라 할 수 있다. 다만, 금융기관과 기업간의 약정상 제약요인과 기업의 신용상태 변동 등에 따라 여신한도가 탄력적으로 운용될 수 있음을 간과해서는 안될 것이다.

이상의 논의를 통해 볼 때 본 분석에서는 제한적 의미를 지니지만 금융권의 Committed credit line 뿐만 아니라 여신한도를 외부원천으로 이용한다. 여신한도의 변동성을 고려하더라도 '정상적인 계속기업'의 경우 급격히 변화지 않는 점을 감안하여 외부원천에 포함한다. 다만, 신용공여 규모 및 신뢰성에 대한 검증은 평가 과정의 일환으로 진행된다.

다만, 시장의 신용경색 또는 기업의 Event risk를 감안한 시나리오/민감도 분석에서는 기업의 추가적인 자금시장 접근이 축소 또는 봉쇄됨을 가정함에 따라 외부조달 원천을 엄격히 적용, 신용공여 한도의 일부를 제외하거나 외부원천의 고려대상으로 제외하여 분석하기도 한다.

(3) 유동성의 사용(Uses of Cash)

유동성의 사용은 크게 기업어음을 포함한 단기차입금, 유동성 장기차입금(회사채, 장기차입금, 금융리스), 우발채무 등으로 구성된다. 단기차입금을 제외한 유동부채는 내부원천 중 운전자금분석에 감안됨으로 제외된다. 유동성의 사용 분석에 있어 차입금의 기간구조 분석이 선행되며, 만기구조에 따른 현금흐름의 matching 여부, 운전자금 및 투자부담의 관리능력이 함께 검토된다.

우발채무는 일반적으로 1년 내 현실화에 대한 가능성이 검토된다. 현재 계류중인 소송, 파생상품 거래, 부외부채, 타 법인에 대한 지급보증 등이 이에 해당된다. 타 법인에 대한 지급보증에 있어서는 상대기업의 신용도에 따라 우발채무의 실현 가능성을 판단한다.

---

3) 금융권의 여신은 담보유무, 거래방식, 대출재원, 자금용도 등 다양하게 분류된다. 본 방법론에서는 거래방식에 따른 분류 - 건별거래 여신, 한도거래 여신, 포괄한도 여신 - 중 한도거래 여신을 외부원천으로 정의한다. 거래방식에 따른 각 거래여신은 다음과 같이 정의된다. 1) 건별거래 : 해당 대출과목별로 대출이 발생하되 상환한 금액을 재사용할 수 없는 방식의 거래, 2) 한도거래 : 여신한도를 약정하고 약정한 금액 범위 내에서 동일과목의 여신을 회전사용하되 금융기관이 정한 회전기간을 두고 미사용 금액에 대해 기업은 수수료를 지급하는 거래, 3) 포괄한도거래 : 차주에게 일정 한도의 신용공여를 하여 서로 다른 계정과목의 대출을 포괄로 한도산정하고 약정체결하여 운용하는 거래.

참고문헌

Barth, M. and A. Hutton, "Information Intermediaries and the Pricing of Accruals." *working paper*, Stanford University. 2000.

Barth, M. and R. Kasznik, "Share Repurchases and Intangible Assets," *Journal of Accounting & Economcis* 28 (December 1999): 211-241.

Berger P. and Eli Ofek, "Diversification's Effect on Firm Value", *Journal of Financial Economics* 37 (1994): 39-65.

Collins, W.E., E. Collins, E. Maydew, and I. Weiss, "Changes in the Value-Relevance of Earnings and Book Value over the Past Forty Years, *Journal of Accounting and Economcis* 24 (1997): 39-67.

Copeland, T. T. Koller, and J. Murrin, **Valuation: Measuring and Managing the Value of Companies**, 2nd edition (New York: John Wiley & Sons, 1994).

Datar, S. R, Frankel, and M. Wolfson, "Earnouts: The Effects of Adverse Selection and Agency Costs on Acquisition Techniques," *Journal of Law, Economics, and Organization* 17 (2001): 201-238.

DeAngelo, L., "Manageria competition, Information Costs, and Corporate Governance: The Use of Accounting Performance Measures in Proxy Contests," *Journal of Accounting and Economics* 10 (January 1988): 3-36.

Dechow, Hutton, and Sloan, "An empirical assessment of the residual income valuation model," *Journal of Accounting and Economics* 23, January 1999.

Ferson, W. and K. Khang, "Conditional Performance Measurement Using Portfolio Weights: Evidence for Pension Funds." *Journal of Financial Economics* 65 (August 2002): 249-282.

oster, G., "Briloff and the Capital Market," *Journal of Accounting Research* 17 (Spring 1979): 262-274.

Francis, J. P. Olsson, and D. Oswald, "Comparing Accuracy and Explainability of Dividend, Free Cash Flow and Abnormal Earnings Equity Valuation Models," *Journal of Accounting Research* 39 (Spring 2000): 45-70.

Gilson, S. P. Healy, C. Noe, and K. Palepu, "Analyst Specialization and Conglomerate Stock Breakups," *Journal of Accounting Research* 39 (December 2001): 565-573.

Frankel, R. M. Johnson, and D. Skinner, "An Empirical Examination of Conference Calls as a Voluntary Disclosure Medium," *Journal of Accounting Research* 37, no, I (Spring 1999): 133-150.

Hand, J. R. Holthausen, and R. Leftwich, "The Effect of Bond Rating Announcements on Bond and Stock Price," *Journal of Finance* (June 1992): 733-752.

Healy, P., S. Myers, and C. Howe, "R&D Accounting and the Tradeoff Between Relevance and Objectivity," *Journal of Accounting Research* 40 (June 2002): 677-711.

Healy, P. and K. Palepu, "Audit the Audit Committees: After Enron Boards Must Change the Focus and Provide Greater Financial Transparency," Financial Times, June 10, 2002, p. 14.

Healy, P. and K. Palepu, "The Fall of Enron,“ *Journal of Economic Perspectives* 17, no. 2 (Spring 2003): 3-26.

Healy, P. and K. Palepu in "Earnings and Risk Changes Surrounding Primary Stock Offers," *Journal of Accounting Research* 28 (Spring 1990): 25-49.

Hemmer,T. S. Matsunaga, and T. Shevlin, "Optimal Exercise and the Cost of Granting Employee Stock Options with a Reload Provision," J*ournal of Accounting Research* 36, no. 2, 1998.

Hertzel, M. and P. Jain, "Earnings and Risk Changes Around Stock Repurchases," *Journal of Accounting & Economics* (September 1991): 253-276.

Holthausen, R., D. Larcker, and R. Sloan, "Annual Bonus Schemes and the Manipulation of Earnings." *Journal of Accounting and Economics* 19 (February 1995):

olthausen, R. and D. Larcker, "The Prediction of Stock Returns Using Financial Statement Information," *Journal of Accounting and Economics* 15 (June/September 1992): 373-412.

Holthausen, R. and R. Leftwich, "The Effect of Bond Rating Changes on Common Stock Price," *Journal of Financial Economics* (September 1986): 57-90.

Hutton, A. G. Miller, and D. Skinner. "The Role of Supplementary Statements with Management's Earnings Forecasts," *working paper, Harvard Business School*, 2003.

Jensen, M. and R. Ruback, "The Market for Corporate Control: The Scientific Evidence," *Journal of Financial Economcis* 11, (April 1983): 5-50.

Kaplan, R. and G. Urwiz, "Statistical Models of Bond Ratings: A Methodological Inquiry," *Journal of Business* (April 1979): 231-261.

Kasturi Rangan, V. and Marie Bell, "Dell Online", Harvard Business School Publishing Division, Case 9-598-116.

Lang, L., A. Poulsen, and R. Stulz, "Asset Sales, Firm Performance, and the Agency Costs of Managerial Discretion" *Journal of Financial Economics* 37 (January 1995): 3-37.

Lang, L. and R. Stulz, "Tobin's q, diversification, and firm performance" *Journal of Political Economy* 102 (1994): 124.

Lintner, J., "Distribution of income of corporations among dividends, retained earnings, and taxes," *American Economic Review* 46 (May 1956):97-113.

Matsumoto, D., "Management's Incentives to Avoid Negative Earnings Surprises," *The Accounting Review* 77 (July 2002): 483-515.

Miller, M.H. and F. Modigliani in "Dividend Policy, Growth and the Valuation of Shares," *Journal of Business* 34 (October 1961): 411-433.

Miller, M., "Debt and Taxes," *Journal of Finance* 32 (May 1977): 261-276.

Skinner, D.J., "Earnings disclosures and stockholder lawsuits," *Journal of Accounting and Economics* (November 1997): 249-283.

Montgomery, C. "Corporate Diversification," *Journal of Economic Perspectives*, Summer 1994.

Narayands, D. and V. Kasturi Rangan "Dell Computer Corporation", Harvard Business School Publishing Division, Case 9-596-058.

Nelson, M. J. Eliott, and R. Tarpley, in "Evidence from Auditors About Managers' and Auditors' Earnings Management Decisions," *The Accounting Review* 77 (2002 Supplement): 175-202.

Nissim, D. and Penman S., "Ration Analysis and Valuation: From Research to Practice," *Review of Accounting Studies* 6 (2001): 109-154.

Ohlson J.,, "Earnings, book values, and dividends in security valuation," *Contemporary Accounting Research* 11, Spring 1995.

Ou, J. and S. Penman, "Financial Statement Analysis and the Prediction of Stock Returns," *Journal of Accounting and Economics* 11 (November 1989): 295-330.

Palepu, K.G., "Anatomy an Accounting Change" in **Accounting & Management: Field Study Perspectives,** edited by W. Bruns, Jr. and R. Kaplan (Boston: Harvard Business School Press, 1987).

Palepu, K.G., P.M. Healy and V.L. Bernard, **Business Analysis & Valuation Using Financial Statements**, 3rd ed., 2004, Thomson, South-Western.

Penman and T. Sougiannis, "A Comparison of Dividend, Cash Flow, and Earnings Approaches to Equity Valuation," *Contemporary Accounting Research* (Fall 1998): 343-383.

Porter, M. E., **Competitive Strategy** (New York: The Free Press, 1980)

Scherer, F. M., **Industrial Market Structure and Economic Performance**, second edition, by

(Chicago: Rand McNally College Publishing Co., 1980).

Schipper, K. and A. Smith, "Effects of Recontracting on Shareholder Wealth: The Case of Voluntary Spinoffs", *Journal of Financial Economics* 12 (December 1983): 437-67.

Sloan, R., "Do Stock Prices Fully Reflect Information in Accruals and Cash Flows about Future Earnings?" *The Accounting Review* 71 (July 1996): 298-325.

Sweeney A.,, "Debt-Covenant Violations and Managers' Accounting Responses," *Journal of Accounting and Economics* 17 (May 1994): 281-308.

Teoh, S.H., I. Welch, and T. J. Wong, "Earnings Management and the Long-Run Market Performance fo Initial Public Offerings," *Journal of Finance* 53 (December 1998a): 1935-74.

Teoh, S.H., I. Welch, and T. J. Wong, "Earnings Management and the Post-Issue Underperformance of Seasoned Equity Offerings," *Journal of Financial Economics* 50 (October 1998):63-99.

Teoh, S.H. T. Wong, and G. Rao, "Are Accruals During Initial Public Offerings Opportunistic?" *Review of Accounting Studies* 3, no. 1-2 (1998): 175-208.

Watts, R. and J. Zimmerman, **Positive Accounting Theory** (Englewood Cliffs, NJ: Prentice-Hall, 1986).

Weston, F., "The Exxon-Mobil Merger: An Archetype," *Journal of Applied Finance* 12, no, I, Spring/Summer 2002.

찾아보기

A~C

Altman 모형 275
BCG 포트폴리오 매트릭스 307
CVP분석 116

D

DCL(degree of combined leverage) 172
DFL(degree of financial leverage) 168
DOL(degree of operating leverage) 164

E

EBITDA 마진 비율 96
EBITDA 비율 26

K~P

KSI 모형 65
MS(margin of safety)비율 125
Notching 308
PC산업 227

R

ROA(Return on Asset) 사업전략 매트릭스 307
ROE의 분해: 전통적인 방법 89
ROE의 분해: 현대적인 방법 90

S~Z

SWOT 분석 295
TJX 87
ZETA 모형 275

ㄱ

가변비용 18
가중평균자본비용(WACC) 93
간접법 51
간접법에 의해 현금흐름표 52
감가상각비 17
개별비용법(계정과목조사법) 158
결합레버리지 효과의 측정 172
결합레버리지(combined leverage) 150, 155
경계기업 70
경기변동 285
경영관리분석 301
경영관리위험 282
경영전략 86
경영전략 분석 213
경영정책의 성향 301
경영진의 경영능력 301
경제분석 3
경제적 부가가치(EVA) 91
계량적 분석 3
계열분석 305
계열위험 282
고정비 117
고정비용 18, 193
공급업자 34

공급업자의 협상력 226
공학적 방법 162
관찰대상기업 69
구매자(고객)의 협상력 225
금융기관 2
금융비용보상비율
(interest coverage ratio) 62
기본적 분석(fundamental analysis) 3
기술력 288
기업간 상호비교분석
(cross-section analysis) 35
기업경영분석 1
기업분석 3
기업신용평가요소 280
기업어음 신용등급 315
기업위험 174
기업의 현금지출 우선순위 66
기업이 부채를 사용하는 이유 258
기업회생 273
기존 기업간의 경쟁강도 222

ㄴ

내부분석(internal analysis) 2
내부성장률 247
노동력 287
노드스트롬 87

ㄷ

다품종제품 생산 기업 126
단위당 공헌이익
(contribution margin per unit) 195
단위당 공헌이익(contribution margin) 122
당기순이익 대 영업활동현금흐름 비율 60
당좌비율 25, 101
대기신용제도(Backup line of credit) 316
대차대조표 9, 11
대체재 290
대체재의 위협 222
대출시장(Private Debt Markets)에서의
신용분석 262
델 컴퓨터 216
도산 70
도산기업(재무곤경기업) 276
도산예측 273
독자신용등급(stand-alone rating) 306
동태적인 재무계획 238
듀퐁분석기법 34
듀퐁항등식 34

ㄹ

레버리지 299
레버리지(leverage) 효과 147

ㅁ

매입채무상환기간 30
매입채무회전율 28
매출액과 영업비용의 비선형성 128
매출액백분율법 241
매출액순이익률 31
매출액에 대비한 영업변동비의 비율 122
매출액영업이익률 31
매출채권회전율 28
매출총이익 마진 95
목표 이익 123
민감도분석 190

ㅂ

반도체산업 229
발생주의 회계원칙 43
배당성향 105
배당지급계수 64
변동비 117
변동비용 194
변동비율 117
부실화에 따른 현금흐름의 6단계 과정 67
부채관련비율 23
부채비율 26
비계량적 분석 3
비례율법 158
비용-매출액-이익분석

(cost-volume-profit analysis) 116
비용우위전략 214, 215
비용우위전략과 차별화전략의 비교 218
비용의 분해 157
비유동부채 13
비유동자산 12
비율분석 4
비현금성비용(non-cash expenses) 43

ㅅ

사업다각화 307
사업수익풀 그래프 307
사업전략 293
산성시험비율(acid test ratio) 26
산업 내 기존기업 간 경쟁 288
산업 수익성의 5 가지 결정요인 222
산업구조 288
산업분석 3, 221, 284
산업위험 282
새로운 기업의 진입위험 222
생산설비 287
생산위험 286
성장과 외부자금조달 필요금액(EFN) 간의 관계 247
성장과정 및 수명주기 285
성장률의 결정요인 249
세무당국 2
손익계산서 9, 16
손익분기점(break-even-pont: BEP) 115
손익분기점 분석의 한계 133
손익분기점분석(break-even analysis) 193
손익분기점분석 도표 117
손익분기점의 측정 120
수급분석 286
수익성 299
수익성(ROE)의 측정 88
수익성비율 23
순영업이익 마진(NOPAT 마진)비율 96
순운전자본(net working capital) 14, 44
순운전자본(NWC) 59
순운전자산(NWA) 56, 59
순재무레버리지 92
순현재가치 187
스프레드 92
시계열분석(time series analysis) 5
시나리오분석 186
시뮬레이션분석(simulation analysis) 192
시장가치 대 장부가치 비율(market-to-book value ratio : MBR) 33
시장가치 대 장부가치 비율(PBR) 32
시장가치비율 32
시장지위 및 경쟁력 291
신규회사 진입위험 289
신용분석 257
신용분석의 활용 257
신용시장의 종류 260
신용절연 308
신용평가 279
신용평가 주요 Check-List 311
신용평가기관 2, 34
실수분석 4

ㅇ

영업 ROA 92, 93
영업고정비 117
영업관리평가: 순이익 마진의 분해 94
영업레버리지(operating leverage) 149, 204
영업레버리지 효과의 측정 163
영업레버리지와 손익분기점 203, 206
영업레버리지의 결정요인 150
영업변동비 117
영업분석 290
영업운전자본 98
영업위험 282
영업위험(business risk) 102
영업위험(operating risk) 175
영업이익 17, 131
영업현금흐름비율 101
영업활동에서 발생하는 현금흐름 49
영업활동으로 인한 현금흐름 57
영업활동현금흐름 111

영업활동현금흐름 대 유형자산순투자지출 비율 61
영업활동현금흐름 대 투자활동순현금지출 비율 61
외부자금조달 필요액 243, 245
외부적 분석(external analysis) 2
요주의 기업 69
우량기업 68
원리금 상환능력 279
유동부채 12
유동비율 25, 101
유동성 11, 298
유동성 위험분석 315
유동성비율 23
유동성의 사용 분석 316
유동성의 원천 316
유동자산 12
유휴초과설비(excess capacity) 244
이익계획(profit planning) 115
이익잉여금처분계산서 9
이자보상비율 26

ㅈ

자금(funds) 44
자기자본 13
자기자본순이익률 31
자본예산결정방법 185
자본조달분기점 분석 130
자산으로부터의 현금흐름 250
장기재무계획 237
재고기간 29
재고자산회전율 28
재무계획 및 통제(financial planing and control) 115
재무계획모형 239
재무관리의 평가: 재무레버리지 100
재무레버리지(financial leverage) 14, 149
재무레버리지도의 측정 168
재무레버리지의 결정 요인 152
재무분석 296
재무비율분석 23
재무위험(financial risk) 176, 282
재무적(financial) 손익분기점 201
재무제표 9
재무제표 조정 296
재무탄력성 300
재무활동에서 발생하는 현금흐름 49
재무활동현금흐름 112
전·후방산업에 대한 교섭력 290
정부 2
정상기업 68
제조원가명세서 9
주가 대 현금흐름 비율(PCR: price to cashflow ratio) 63
주가관련 비율 23, 63
주가순이익비율(price earnings ratio : PER) 32, 33
주당순이익 131
주당현금흐름 63
증권분석가 2
지급능력에 관한 지표 61
지렛대 작용 148
지배구조 301
지속가능성장률(sustainable growth rate) 105, 248, 249
직접법 51, 54
직접법에 의한 현금흐름표 54
진입장벽의 결정요인 232

ㅊ

차별화 전략 214, 215
채권신용등급의 결정요인 271
채권자 34
채권자와 주주로의 현금흐름 251
총운전자본 44
총자산순이익률 31
총자산영업이익률 32
총자산회전율 28
추세분석(time-trend analysis) 35
추세분석(trend analysis) 5
충당금(provision) 57

ㅌ

탄산음료산업 230
통합신용등급(consolidated rating) 306
통합신용평가 306
투자가 2
투자관리의 평가: 총자산회전율의 분해 98
투자자 34
투자활동에서 발생하는 현금흐름 49
투자활동현금흐름 112

ㅍ

평균회수기간 29
표준 대차대조표 21
표준 손익계산서 21

ㅎ

현금(cash) 손익분기점 매출수량 201
현금과 이익의 관계 43
현금과 자금의 관계 44
현금보상비율(cash coverage ratio) 62
현금분기점 분석 129
현금비율 25, 101
현금유입이 없는 수익 50
현금유출이 발생하지 않는 비용 49
현금의 순환과정 41
현금창출능력 56
현금창출능력에 관한 지표 60
현금흐름 296
현금흐름 대 단기차입 비율 62
현금흐름 대 매출액 비율 60
현금흐름 대 총부채 비율 61
현금흐름 대 총자산 비율 60
현금흐름 비율 분석 59
현금흐름 항등식 251
현금흐름과 기업의 재무상태 64
현금흐름분석 41
현금흐름에 영향을 주는 요인 185
현금흐름에 의한 기업 부실화 판정사례 72
현금흐름을 통한 부실기업 예측 모형 73
현금흐름의 항등식 250
현금흐름표 9, 20, 45
회계 및 재무정책 296
회계적 손익분기점
(accounting break-even) 195
회귀분석법 160
회사채신용등급결정 269
회전율 23

기업경영분석

저 자 정기웅

발행처 IB Book
주 소 서울시 종로구 평동 75-6 2층
전 화 (02) 736-1290
팩 스 (02) 736-1290
이메일 ibbook@naver.com
발행인 김성남

발행일 2010년 8월 30일 초판인쇄
등록번호 제300-2010-109호(2010년 8월 20일)

ISBN 978-89-964986-2-9 92320

값 24,000 원